Service Management

서비스 경영

김종원 · 박진영

도서출판
청람

들어가며

현대 사회는 정보화 사회, 지식기반 사회, 네트워크 사회, 서비스 사회 등으로 불리고 있다. 이러한 사회의 특징은 지식과 정보의 중요성 증대, 네트워크의 중요성 증대, 서비스 산업의 비중 확대, 고객지향적 사고의 중요성 증대 등이다. 이와 같은 사회변화의 흐름에 따라 서비스 경영의 중요성이 날로 증대되고 있다.

서비스 경영이란 서비스 기업이 고객의 요구를 충족시키고 고객만족을 극대화하기 위해 수행하는 경영활동을 말한다. 서비스 경영은 서비스 제품의 설계, 생산, 제공, 마케팅, 고객관리 등과 관련된 모든 활동을 포괄한다.

서비스 경영의 목표는 고객만족을 극대화하는 것이다. 고객만족은 고객이 서비스 제품이나 서비스 경험에 대해 느끼는 만족도의 정도를 말한다. 고객만족은 서비스 기업의 수익성, 성장성, 생존성 등과 밀접히 관련 있기 때문에 서비스 기업의 매우 중요한 경영 목표가 된다.

서비스 경영의 중요성은 다음과 같은 여러 가지 측면에서 확인할 수 있다.

첫째, 서비스 산업의 비중이 확대되고 있다. 세계 경제에서 서비스 산업의 비중은 지속적으로 증가하고 있다. 1990년대에는 세계 GDP의 약 60%가 서비스 산업에서 창출되었으며, 2020년대 이후에는 약 70% 이상이 서비스 산업에서 창출될 것으로 예상된다.

둘째, 서비스 산업은 고용 창출의 주된 원천이다. 세계적으로도 마찬가지이다. 1990년대에는 세계 취업자의 약 70%가 서비스 산업에서 일하고 있었으며, 2020년대 이후에는 약 80% 이상이 서비스 산업에서 일할 것으로 예상된다.

셋째, 서비스 산업은 현재 경제 성장의 견인차 역할을 하고 있다. 오늘날 세계 경제의 성장과 발전은 주로 서비스 산업의 성장에 의해 주도되고 있다.

넷째, 서비스 산업은 우리의 일상생활에서 매우 중요한 역할을 하고 있다. 교육, 의료, 금융, 통신, 교통, 관광 등과 같은 서비스 산업은 우리 생활의 편리함과 삶의 질을 향상시키는 데 매우 중요한 역할을 하고 있다.

이러한 서비스 산업의 중요성에 따라 서비스 경영에 대한 관심이 높아지고 있으며, 서비스 경영에 관한 연구와 교육이 활발히 이루어지고 있다.

본 교재는 서비스 경영에 관한 기초적인 내용을 다루고 있다. 서비스 경영의 개념, 서비스 제품의 설계, 서비스 생산, 서비스 제공, 고객관리 등과 관련된 다양한 주제를 다룬다. 구체적으로 살펴보면, 본 교재는 총 3부로 구성되어 있다. 즉, 1부의 서비스 경영의 기초, 2부의 서비스시스템의 설계, 그리고 3부의 서비스시스템의 운영 및 관리로 구성된다.

1부의 서비스 경영의 기초에서는 서비스의 개념과 특성, 서비스 산업에 대해 살펴본다.

2부의 서비스시스템의 설계에서는 서비스 운영전략, 서비스 설계, 서비스 시설 입지, 서비스 설비 배치 등과 관련된 내용을 다룬다.

3부의 서비스시스템의 운영 및 관리에서는 서비스 수요와 공급관리, 서비스 대기행렬, 서비스 일정관리, 서비스 재고관리, 서비스 품질관리, 서비스 산업의 정보기술 활용 등과 관련된 내용을 다룬다.

본 교재는 서비스 경영을 처음 접하는 학생들을 위해 주로 작성되었다. 이를 위해 본 교재는 서비스 경영에 대한 기본적인 이해를 제공하고, 서비스 경영의 다양한 측면을 살펴보고자 하였다. 또한 본 교재는 서비스 경영을 실무에 적용하는 데에도 도움이 되도록 구성하였다. 각 장에서는 서비스 경영의 이론을 실제 사례와 함께 설명하고, 서비스 경영의 다양한 도구와 방법을 소개하고 있다.

본 교재를 통해 독자들이 서비스 경영에 대한 기초적인 이해를 넓히고, 서비스 경영의 다양한 측면에 대해 배울 수 있기를 기대해본다.

2023년 8월

김종원 · 박진영 공동 저자

차 례

1부

서비스 경영의 기초

SERVICE MANAGEMENT

1장 서비스의 이해

1절 서비스의 정의 및 특성

1. 서비스의 정의

1) 서비스의 일반적 정의

서비스란 무엇인가? 이렇게 질문한다면, 우리는 먼저 상대방에 대한 친절, 봉사, 접대, 배려, 또는 덤, 공짜(무료)와 같은 단어를 머릿속에 떠올릴 것이다.

이러한 의미는 서비스에 대한 사전적인 의미나 어원에서도 그대로 나타난다. 서비스(service)란 "타인을 위해 자기 스스로 애쓰고 수고하는 것, 또는 헌신적으로 국가나 사회를 위하여 공헌하는 것"이라고 사전에 정의되어 있다. 또한 어원상으로 볼 때 서비스는 라틴어 SERVUS에서 유래된 것으로 영어로는 servitude(노예상태), servant(하인)의 의미로 사용된다.

이처럼 서비스는 처음에는 노예들이 주인이나 권력자의 이익을 위해 자기희생을 하는 의미로 사용되었으며, 그 후 점차로 의미가 변하여 지금은 상대를 위해 성심성의껏 봉사한다는 의미로 발전하였다.

그러나 서비스의 의미는 서비스 제공자의 일방적인 봉사만을 뜻하는 것은 아니다. "고객은 왕이다."라는 말에서도 알 수 있듯이 고객은 자신의 선택권을 최대한 존중받으려 하며, 서비스를 제공받음으로써 즐거움, 편안함, 안전함, 안락함 등의 만족감을 느끼려 한다. 즉 고객은 원하는 서비스를 받음으로써 자기의 문제를 해결하는 것이다. 그리고 서비스 제공자 또한 고객의 문제 해결을 도와줌으로써 그에 대한 대가를 받게 된다.

이처럼 서비스는 서로가 거래의 당사자로서 대등한 수준에서 상대방이 베푸는 배려에 대해 서로가 감사하고 만족을 느끼는 것이다. 그러나 서비스에 대한 이러한 일반적 개념은 서비스가 주로 사람에 의존할 때 해당하는 것이며, 점점 복잡해져 가는 현대적인 의미로서의 서비스 개념을 포괄적으로 정의하기에는 부족하다.

2) 현대적 의미의 서비스 정의

최근 서비스 산업의 대량화, 표준화, 기계화, 자동화 등으로 인해 서비스 산업이 점차 자본집약적 · 정보집약적 산업으로 변모해감에 따라 서비스에 대한 포괄적인 정의를 내리기가 어려워지고 있다. 이러한 상황에서 현대적 의미의 서비스에 대한 다양한 정의를 살펴보면 다음과 같다.

① 미국마케팅협회(American Marketing Association: AMA, 1960): 서비스란 독자적으로 판매되거나 상품의 판매와 연계되어 제공되는 활동이다.

② 레간(Regan, 1963): 서비스는 직접 만족을 주는 무형상품(수송, 주거), 혹은 다른 제품과 서비스(신용, 상품 인도), 그리고 구매와 연계되어 만족을 제공하는 무형상품을 지칭한다.

③ 브로이스(Blois, 1974): 서비스란 현재의 형태에 물리적 변화를 가하지 않으면서 혜택과 만족을 제공하는 행위이다.

④ 라스멜(Rathmell, 1974): 서비스란 시장에서 판매되는 무형의 상품이며, 무형과 유형의 구분은 손으로 만질 수 있느냐의 여부에 따라 판단한다.

⑤ 베리(Berry, 1980): 서비스는 무형적 활동이나 노력이므로 '구매하는 대상의 본질'이 유형적 혹은 무형적인가 여부로 판단해야 한다.

⑥ 레티넨(Lehtinen, 1983): 서비스는 대인 접촉 또는 물리적 설비 장치와의 상호관계에서 발생하는 일련의 행위로 소비자에게 만족을 제공하는 것이다.

⑦ 코틀러(Kotler, 1988): 서비스는 일방이 타인에게 제공할 수 있는 활동이나 혜택으로서 무형적이며 소유될 수 없는 것이다. 서비스 생산은 유형적 제품과 연계될 수

있으나 그렇지 않을 수도 있다.

⑧ 그뢴루스(Grönroos, 1990): 서비스란 고객의 문제들을 해결하는 솔루션을 제공하는 일련의 활동이다.

⑨ 피츠사이먼스 등(J. Fitzsimmons & M. Fitzsimmons, 2008): 서비스는 시간 소멸적이고 무형적인 경험을 공동생산자의 역할을 수행하는 고객에게 제공하는 것이다.

이상의 다양한 서비스에 대한 정의는 각각 장단점을 가지며 상호보완적이므로 이를 종합하여 공통되는 점을 추출하면 다음과 같은 결론을 얻을 수 있다.

첫째, 서비스는 고객이 요구하는 주관적 · 심리적 효용인 만족이나 혜택을 제공한다. 예를 들면, 제품설계, 시장조사, 회계, 데이터 분석 등의 활동을 제조업 내부에서 수행할 때는 제조 활동의 일부가 되지만, 사용자의 혜택을 위해 이를 외부에서 공급할 때는 서비스로 간주된다.

둘째, 서비스는 흐름(flow)의 행위로 파악되며, 저장(stock)이 가능한 유형제품과 구별된다. 서비스가 행위라는 의미로부터 무형성, 생산과 소비의 동시 발생 등 서비스의 주요 특성이 파악된다.

셋째, 고객과 서비스 제공자 또는 서비스 운영시스템과의 상호작용은 서비스의 정의 중 가장 중요한 특징이다. 서비스를 창출하는 과정은 곧 서비스의 생산과정에 고객이 필수적으로 참여하게 되고, 따라서 상황에 따라 이질적인 서비스가 창출될 수밖에 없다는 특성이 나온다.

넷째, 서비스는 시간적 · 장소적 · 형태적 가치를 제공한다. 빠른 우편과 같은 서비스는 고객에게 시간적 가치를 제공하고 있으며, 백화점은 장소적 가치를, 포장이사와 같은 서비스는 형태적 가치를 제공한다. 이러한 가치는 서비스 기업의 전략과 직접 연관되는 요소로 작용한다.

2. 서비스의 특성

서비스는 유형의 제품에서 볼 수 없는 여러 가지 특성이 있으며, 이러한 특성은 서비스 과정을 설계하는 데 중요한 역할을 한다.

일반적으로 서비스는 다음과 같은 특성이 있다.

1) 무형성(intangibility)

서비스는 서비스 제공자와 소비자 간의 상호작용에 의해 이루어지므로 본질적으로 형태가 없다. 즉, 객관적으로 누구에게나 보이는 형태로 제시할 수 없으며 물체처럼 만지거나 볼 수 없다.

그러나 실질적으로 서비스 제공에는 유형 및 무형의 특성이 있으며, 다만 각각의 특징에 있어서 상대적인 비중이 다를 뿐이다. 예를 들어, 고급식당은 유형적 상품인 음식을 제공하지만, 이 음식은 고객이 지급하는 전체 비용의 일부분에 불과하고 나머지는 고급스러운 분위기나 입지가 제공하는 편리성 등 무형적 요인이 차지하므로 서비스로 분류된다.

한편 서비스는 형태가 없으므로 서비스의 제공과정에서 고객의 오해와 불만을 초래할 수 있다. 즉 서비스의 가치는 소비자의 경험, 신뢰, 편의, 느낌 등과 같이 추상적이고 주관적인 기준에 의하여 판단되기 때문에 그 가치를 정확하게 파악하거나 평가하는 것이 어렵다.

2) 생산과 소비의 동시성(비분리성, inseparability)

서비스는 생산과 소비가 동시에 이루어진다. 즉, 서비스 제공자에 의해 생산되는 것과 동시에 고객에 의해 소비되는 성격을 가진다. 영화관람, 연극공연, 음악공연 등이 대표적인 예이다.

제품은 생산과 소비가 분리되어 일단 생산된 후 판매되고 나중에 소비된다. 그러나 서비스는 생산과 동시에 소비되기 때문에 대부분 고객이 생산과정에 직접 참여해야 하는 경우가 많으므로 서비스 제공자와 고객과의 긴밀한 접촉이 필요하다.

생산과 소비의 동시성은 서비스 품질관리뿐만 아니라 수요와 생산능력의 균형을 특히 어렵게 만든다.

3) 고객의 서비스 제공과정 참여(participation)

제조업은 생산시스템과 소비자 사이의 직접 접촉 기회가 적거나 거의 없는 경우가 대부분이지만 서비스는 생산과 소비가 동시에 일어나므로 고객접촉의 빈도가 높다. 따라서 서비스는 소비자가 서비스를 제공받는 고객일 뿐만 아니라 생산요소의 하나로서 서비스제공자의 생산과정에도 참여하게 된다.

물리적 접촉이 필요하거나 의사소통이 필요한 경우에 고객이 서비스 창출과 제공과정에 참여하고 '**공동생산자**'가 된다. 고객이 생산자원 일부로서 서비스 창출의 일부 기능을 수행하는 것이다. 그러므로 공동생산자인 고객은 부분적인 직원 혹은 조직 인적자원의 일부로 볼 수 있다. 할인점에서 고객이 직접 카트로 운반하고 계산대에서 협조하는 경우와 은행의 ATM(현금자동입출금기)을 통한 현금인출 등의 경우가 그 예이다.

고객이 서비스 제공과정에 참여하는 서비스의 특성은 서비스 기업의 계획생산을 불확실하게 한다.

4) 소멸성(저장불능성, perishability)

서비스는 제공(생산) 즉시 소비되므로 사용하고 나면 그 자체는 소멸하며 저장할 수 없다. 즉, 제공되는 서비스는 소비자에 의해 즉시 사용되지 않으면 사라지고 만다.

제품은 생산·판매 후 남은 재고는 저장할 수 있지만, 서비스는 무형성 내지 저장불능성으로 인해 판매되지 않으면 없어진다. 영화관람, 연극공연, 열차 또는 항공기 운행 등에서 볼 수 있는 것처럼 많은 서비스의 수요는 시한성이 있다.

그러나 서비스의 저장불능은 서비스업에서 재고가 전혀 존재할 수 없다는 것이 아니다. 서비스업에도 업종의 성격에 따라 재고가 꼭 필요한 부문이 있다. 일반 사무실의 비품이나 도소매업의 재고, 정비센터의 수리용 부품, 병원의 의료 비품이나 소모품 등은 여기에 속한다. 여기서 서비스의 저장이 불가능하다는 것은 제조업처럼 미리 재고 비축 생산을 한다거나 원자재 확보와 중간재 준비 등을 통해 생산 준비를 하는 것이 어렵다는 것이다. 이러한 서비스의 소멸성으로 말미암아 다음과 같은 경영 관리상의 문제점이 생긴다.

첫째, 서비스는 소멸성으로 인해 서비스의 수송이 불가능하다. 예를 들면, 에버랜드나 롯데월드와 같은 레저 서비스의 경우 소비자가 해당 장소에 있지 않는 한 서비스를 직접 제공받을 수 없으며 수요자에게 서비스를 운송해 주는 것도 불가능하다.

둘째, 서비스는 일반적으로 수요에 의해 생산된다. 서비스의 소멸성으로 인해 서비스 생산량과 서비스 수요량은 동일하게 될 수밖에 없다.

셋째, 서비스에 대한 원가관리가 힘들다. 서비스는 생산과 소비의 동시성으로 인해 생산과 소비 사이에 시간적 격차가 없다. 유형적 제품의 경우에는 재고라는 완충장치가 있으므로 수요의 변동에 크게 영향을 받지 않고, 생산량을 일정하게 유지할 수 있어 단위당 생산비용의 변동 폭이 크지 않다. 그러나 서비스의 경우는 수요량의 변동에 따라 단위당 생산비용이 크게 변하게 되어 원가관리가 곤란하게 된다.

넷째, 서비스는 교환과 복원이 어려우므로 고객의 서비스 구매 실패와 서비스 결함에 대한 보상이 불확실하다. 이로 인해 제공받은 서비스에 어떤 결함이 발견될 때 소비자는 상품에 비해서 상대적으로 더 큰 불만을 품게 된다.

5) 이질성(heterogeneity)

제조업에서는 생산의 투입 요소가 달라지지 않는 한 제품이 동질성을 유지한다. 그러나 서비스에서는 창출과 제공과정에서의 고객과 직원 등 인적요소가 서비스 결과의 이질성을 일으킨다. 예를 들어, 같은 서비스 업체에서도 종업원에 따라 제공되는 서비스의 내용이나 질이 달라진다. 또 같은 종업원이라도 시간이나 고객에 따라 다른 서비스를 제공할 수 있다.

같은 서비스도 고객에 따라 차이가 나는 것은 고객이 어떻게 품질을 인지하는가, 혹은 서비스에 대한 기대가 무엇인가에 따라 다르기 때문이다. 심지어는 종업원이 아니라 기계를 사용할 때도 서비스 품질이 달라질 수 있다. 은행의 ATM을 사용할 때 스크린의 지시사항을 잘 이해하지 못한 고객이 경험하는 서비스 품질은 다른 고객과 다를 것이다.

서비스의 이질성은 서비스 경영자가 고객에게 제공하는 서비스의 품질을 표준화하기 힘들게 만든다. 또한 고객도 서비스가 완료되기 전에는 서비스의 품질을 예측하기 힘들다. 예를 들어, 축구 경기를 보러 갈 때 경기가 얼마나 재미있을지는 입장권을 사는 시점에서는 모르는 것이며 경기가 종료되었을 때, 즉 서비스가 완성되었을 때야 비로소 알 수 있는 것이다.

2절 서비스 산업

1. 서비스 활동의 유래 및 변화

서비스 활동[1]은 제조 활동 이상으로 오랜 역사를 보유하고 있다. 우리 고유의 한방의술이나 민간요법(의료 서비스), 소규모 수업으로 진행되던 서당(교육 서비스), 그리고 봉화제도(통신 서비스) 등은 그 예가 될 수 있다. 이렇게 긴 역사에도 불구하고 아직 서비스에 대한 이해가 부족하며 일반의 오해가 많은 것이 사실이다.

[그림 1-1]에서와 같이 과거 고대사회에도 시장이 형성되기 전 자급자족 경제하에 의료, 샤머니즘 등 인간의 기본생활을 영위하기 위한 서비스가 존재하였다. 전문적인 직업의 형태가 아니라 공동체 생활 속에서 일을 처리하는 과정에서 출현했다. 산업혁명 이전인 중세시대까지도 본격적 의미의 시장이 형성되지는 못했으나 유통과 중개, 금융 등을 비롯한 다양한 형태의 생산자 서비스가 발생하여 과거 자급자족 시대의 생활방식이 상당한 변화를 겪게 된다. 그리고 산업혁명 이후 본격적 시장경제가 출현하고부터는 시장메커니즘의 수요 · 공급 원리에 따라 다양한 서비스가 나타나 과거 상부상조 활동이나 가사생활 등을 대체하게 되었다. 정보화 사회가 본격화되는 현대에는 정보기술을 이용한 각종 서비스가 시공의 제약을 제거해 나가고 있다.

그림 1-1 ▌서비스 형태의 시대적 변천

고대 (자급자족시대)	중세 (산업혁명 이전)	근대 (산업혁명 이후)	현대 (정보화시대)
• 수렵, 어로, 농경 기술전수 • 제사의식 • 경호 • 국방/치안	• 가정교사 • 성직 • 점성술 • 고리대금업 • 길드 • 숙박	• 공장관리 • 수리서비스 • 병원 • 전화교환 • 보험	• 고도통신서비스 • 원격진료 • 레저 · 오락 • 온라인쇼핑 • 렌탈서비스 • 가상/증강현실 • 인공지능 • 모빌리티/로봇 • 사물인터넷

자료: 원석희, 서비스 운영관리, 형설출판사, 2010, 수정

1 본 교재에서 '서비스'란 용어는 '서비스 활동' 혹은 '서비스업'과 같은 의미로 사용된다.

2. 서비스의 다양화 · 정교화

최근 서비스는 매우 다양한 형태를 가지며 빠른 속도로 발전하고 있다. 앞서 언급된 이러한 추세는 후기 산업사회의 사회변화와 자원 · 환경문제로 인해 더욱 가속화될 전망이다. 그리고 제조업처럼 물적자원의 제약을 받지 않는 서비스업은 미래에 가장 많은 고용과 활동을 창출할 것으로 예상된다.

미래 서비스의 발전 방향을 살펴보면 다음과 같다.

첫째, 서비스는 정보통신기술(ICT)과의 융합으로 새로운 사업기회를 확대해 나갈 것이다.

둘째, 쾌적한 환경을 추구하는 환경 분야 서비스가 강조될 것이다. 대표적인 예로는 폐수처리, 폐기물처리, 생태계보호, 소음방지 등이 포함된다.

셋째, 인간 삶의 질적 향상을 추구하는 분야의 서비스가 발전할 것이다. 이를 위해 고도의 정신적 만족을 추구하는 방향으로 나아가며, 여기서 창출되거나 파생될 서비스는 다양한 형태가 될 것이다.

이렇게 향후 미래에는 서비스 활동이 상당한 변화를 겪게 될 것으로 보인다. 물적 충족보다 다양성을 중시하고 삶의 질(quality of life)을 추구할 것이기 때문이다. 또 환경 및 자원으로부터의 제약이 가시화됨에 따라 제품보다는 서비스로 대체 가능한 것을 찾아 새로운 제품 대체성 서비스가 다양하게 출현하여 번창할 것으로 전망된다.

3. 서비스 산업의 부상

1) 서비스 경제의 새로운 패러다임

(1) 서비스 경제의 특징

우리는 지금 경제활동의 커다란 변화를 경험하고 있다. 우리 경제는 GNP의 약 50% 이상이 서비스 활동을 통해 산출되는 **서비스 경제**(service economy)로 바뀌고 있다. 하지만 이러한 변화추세나 데이터로 과거를 해석하고 미래를 예측하는 데는 매우 혼란스

럽고 당혹스러운 면이 있다. 그 이유는 서비스 경제에서 볼 수 있는 몇 가지의 모호성에서 찾을 수 있다.

첫째, 데이터 수치를 그대로 믿을 수 없다는 것이다. 예를 들어, 어느 가정주부가 청소 대행 회사에 취업하기 위하여 아이를 보육원에 보냈다면 경제활동 수치의 증가가 일어난다. 하지만 실제로는 산업 밖에서 행해지던 일이 산업 안으로 들어와 수치의 증가를 가져온 것뿐이다. 즉, 이것은 새로운 서비스의 창출이라기보다는 기존의 서비스가 재구성되었을 뿐이다.

둘째, 서비스 부문의 증가는 대체로 제품생산 분야의 생산성 향상 결과로 나타난 것이다. 농업에서 제조업으로의 전환은 농업 생산성의 엄청난 증가로 사람들이 농업이 아닌 다른 일을 할 수 있도록 자유로워졌기 때문이다. 또한 농업 생산성의 향상은 효율적인 영농기계의 발달과 제조업의 발전에 기인한다. 그리고 제조업 분야의 지속적인 생산성 향상은 서비스 산업의 새로운 일자리를 창출시켜 서비스 분야의 증가를 가져온다. 이와 같은 서비스 분야의 성장은 대부분 교육 및 보건 분야의 폭발적 증대에 기인한다.

셋째, 서비스 산업 분류기준이 다소 자의적이다. 미국의 American Can이나 RCA 같은 회사는 Fortune이 선정한 500대 제조 기업에서 500대 서비스 기업으로 옮겨졌다. 반면, IBM 같은 기업은 컨설팅이 주사업 분야임에도 여전히 500대 제조 기업 명단에 남아 있다.

(2) 서비스 경제의 성격

서비스 경제활동의 성격을 더 깊이 이해하기 위해서는 공식적 경제활동과 비공식적 경제활동을 구분할 필요가 있다. 또한, 공식적 경제활동뿐만 아니라 비공식적 경제활동도 어떤 가치를 창출한다는 점을 인식해야 한다. 예를 들면, 집안에서 행해지는 무보수 작업, 물물교환, 친구를 돕는 일, 조직적인 집단 봉사활동 등은 나름대로 가치가 있는 활동이다.

그러나 공식적 경제활동이나 비공식적 경제활동은 사회와 그 구성원을 위해 '실제적 가치'로 반드시 연결되는 것은 아니다. 예를 들어, 어떤 부모가 아이를 탁아소에 맡긴다면 그 서비스 활동은 비공식적 경제활동에서 공식적 경제활동으로 단지 옮겨갈 뿐이지 사회에 실질적 가치를 제공하지 않는다.

서비스 경제활동의 생산적 가치는 그것이 비공식적 경제활동으로 행하여 금전적으로 보상되지 않거나 공식적 경제활동으로 행하여 금전적으로 보상되든 간에 관계없이 본질적으로 같은 경제활동이다.

전통적으로 농업 활동은 비공식적 경제활동 내에서 행해지는 자급경제 단위로 대부분 구성됐고, 산업 경제활동은 물리적 · 시간적 · 기능적 분화 및 전문화로 철저한 변화를 보였으며, 산업사회의 도래로 농업 경제활동에서 가치 창출 비율의 증가는 비공식적 경제활동 차원에서 공식적 경제활동 차원으로 이동해 갔다고 볼 수 있다.

공식적 경제활동의 국가 간 제조업 및 서비스 부문의 활동 수준을 비교한 독일의 분야별 경제통계자료에서 미국보다 서비스 산업 분야가 상대적으로 적게 나타났다고 해서 독일의 서비스 산업 분야가 덜 발달하였다는 것을 의미하는 것은 아니다. 독일 제조업 분야의 기업들은 자체적으로 서비스 기능을 비교적 많이 가지고 있으며, 이러한 기능들은 다른 나라와 비교해 볼 때 전형적으로 전문화된 분리된 조직체로 수행되고 있음을 이해해야 한다.

그러나 앞으로 경제활동의 특성은 비공식적인 것에서 공식적 영역으로 훨씬 더 많이 옮겨가리라 예상되며, 제조업 활동보다는 서비스 활동에서 이와 같은 기업의 전문화 영역이 더 많이 늘어나게 될 것이다.

오늘날 우리가 실감하고 있는 현상은 한 가지의 전문화가 다른 형태의 경제 단위에 많은 활동 기회를 만들어 주어 서로 다른 경제 단위 간에 엄청난 변화를 일으키고 있다는 점이다.

한편 새로운 형태의 제품과 서비스는 소비자가 자신을 위하여 더 넓은 범위의 활동과 기능을 동시에 수행할 수 있게 한다. 예를 들어 개인은 음악을 들으면서 연주할 수 있으며, 자신이 빵을 구우면서 맛있는 음식을 요리할 수 있으며, 집안에서 영화감상을 하면서 건강관리도 동시에 할 수 있다. 그리고 새로운 형태의 제품과 서비스는 개인의 시간을 절약하고, 공간 제한을 극복하며, 개인의 지식과 자원을 더 잘 이용할 수 있는 방향으로 바뀌고 있다.

비공식적 경제활동에서 공식적 경제활동으로의 이동은 결코 일방적이지 않다. 우리는 오늘날 서비스 경제활동이 성장함에 따라 많은 가치를 창출하는 서비스 활동이 비공식적 활동으로 되돌아가는 역 현상도 관찰할 수 있다. 예를 들면, 기계생산 능력으로 만들어진 제초기는 정원사를 대신하였고, 세탁기는 세탁 서비스나 가정부를 대신하였다. 즉, 개인이 행한 서비스는 비공식적 경제활동으로 바뀌었고, 이로 인해 셀프서비스가 가능하게 되었다.

그러므로 서비스 산업 분야의 구조변화는 제품생산 과정의 서비스가 매우 중요하게 인식되어야 하며, 소비자를 자기 생산인력의 한 부분으로 파악해야 한다. 특히 혁신적인 서비스 기업은 서비스만을 판매하는 것이 아니라 지식, 기구, 그리고 관리도 함께 판매하는 것임을 명심해야 한다.

(3) 제조 기업에 대한 사고의 전환

오늘날 제조 기업에 대한 사고의 전환은 두 가지 관점에서 보아야 한다. 하나는 기업 자신이 지향하는 최종목표를 위하여 어떤 과정에 초점을 두고 기업활동을 해야 할 것인가 하는 인식의 중요성 차이와 또 다른 하나는 제품생산 가격구조의 기능 비중에 근거하여 활동의 중요성을 보는 것이다.

첫 번째 관점에서 보면, 제조 기업과 서비스 기업의 차이는 분명하게 드러나 보이지 않는다. IBM은 상품을 판매하는 것인가 아니면 서비스를 파는 것인가? 볼보사가 생산된 자동차만 파는 것이 아니라 보험이나 유지관리를 포함한 패키지로 판다면 서비스 기업으로 보아야 하는 것일까? 제조 기업의 업무가 제품생산 그 자체보다는 정보처리와 내부서비스 관련 업무가 점점 더 많아지고 제조공정이 점점 자동화되어 가는 현상을 어떻게 해석해야 할 것인가? 제조 기업 및 서비스 기업의 상대적 수에 대한 통계치는 우리에게 시사점을 줄 수는 있지만, 제조 및 서비스 업무에 관한 통계는 전혀 별개의 문제이다. 한 가지 분명한 것은 자신들을 제조 기업이라고 생각하고 있던 많은 조직체가 새로운 사고를 받아들여 자신을 서비스 조직체로 인식하는 것부터 배워야 한다는 사실이다.

이러한 기업들은 전통적 생산으로부터 마케팅 지향적 사고로 전환하기 위하여 끊임없이 노력을 기울여 온 기업들이며, 고객들의 욕구를 충족시켜 줄 수 있는 우수한 제품을 만드는 능력과 강력한 시장 지향성은 서비스지향적인 기업으로 변모시키고 있다. 따라서 시장지향적이면서 고객지향적인 제조 기업들은 더 효과적인 서비스 수행의 방법과 수단을 개발시키기 위하여 새로운 통찰력과 관리개념의 변화에 지대한 관심을 가지게 될 것으로 예상된다.

두 번째 관점인 제품의 가격구조 비중에 대한 분석을 통하여 볼 때, 서비스 활동이 차지하는 실질적 가치가 제품가격의 거의 절반 이상을 차지하고 있다. 그것은 제조 기능을 물질을 물리적으로 변환시키는 활동으로서 정의하고, 서비스 기능을 유형의 물질거래를 연결하는 행위와 물리적 대상에 대한 접근성 및 이용 가능성에 영향을 미치는 행위,

그리고 유 · 무형의 물질을 이용하는 데 영향을 미치는 행위로서 규정한다면, 제조 기업의 제품생산비용 구조 면에서 이러한 서비스 활동비용이 차지하는 비중이 지속해서 증가할 것이기 때문이다.

가격구조에서 서비스 기능이 갖는 중요성이 증가함에 따라 제조업 경제보다는 서비스 경제의 중요성이 더욱 강조되고 있으며, 그것은 서비스 기능 자체가 더욱 고급화되도록 고객들이 요구하고 있기 때문이다.

이상의 두 가지 관점에서 제조 기업들은 서비스에 대한 새로운 사고 전환을 하기 위하여 노력할 것으로 기대된다.

(4) 제조업의 서비스화

전통적으로 제조 기업은 유형제품 자체에 초점을 두고 경영의 모든 역량을 집중시킨 경향이 있었으나 최근에 기업들은 서비스 부문에 더 많은 관심을 가지게 되었다. 그 이유는 기업의 경쟁력과 수익이 유형제품 그 자체보다는 서비스 부문에 있음을 인식하기 시작했기 때문이다. 따라서 제조 기업들은 서비스를 유형제품이나 설비를 팔기 위해 부수적인 활동 정도로 인식했던 사고에서 이제는 제조 기업 활동에 있어서 가장 중요한 핵심 활동으로 인식하고, 이를 위해 기업은 유형제품 자체에 서비스 개념을 융합시켜 모든 관리 활동의 역량을 서비스 생산에 초점을 맞추는 추세로 바뀌고 있다.

예를 들어, 고객으로부터 자사 제품의 신뢰감을 쌓기 위한 애프터서비스, 고객 불편을 덜어주기 위한 운송 서비스, 신속한 배달로 고객과의 약속이행, 고객이 기업 자문에 응함으로써 고객으로부터 얻게 된 정보, 고객 욕구에 부응하는 설치, 제품 사용에 관한 설명과 고객훈련, 제품의 신뢰성을 높이기 위한 유지보수 등에 대해 제품수명주기가 끝날 때까지 관리해 줌으로써 유형제품 판매 자체의 수익으로 끝나는 것이 아니라 이러한 제반 서비스 활동을 통해 기업의 수익을 더 많이 가져올 수 있도록 하는 것이다.

심지어 이러한 서비스를 자사 제품뿐만 아니라 경쟁사 제품에 대해서도 고객 유지 차원에서 제공해 주고 있다. 또한 대규모 제조 기업들은 신용 대출이나 리스부서를 개발하여 서비스 사업영역으로 기업을 확장하는 예도 있는데, 이것은 제조 기업들이 서비스 부문에 그만큼 관심을 가지고 서비스화하고 있음을 대변해 준다.

전통적 제조 기업의 하나인 IBM은 컴퓨터를 생산하는 기업에서 IT 컨설팅과 경영컨설팅으로 전환하여 수익을 내고 있고, GE사도 수익의 1/3 이상을 서비스 분야로부터 얻고 있다고 한다. 이는 기존의 제조 기업들이 제품에 서비스를 융합화한 성과를 잘 나타내고 있는 것으로 이러한 현상을 **제품의 서비스화**(servitization of products)라고 한다. 또 반대로 서비스 개념을 제품화한 서비스의 제품화도 성행하여 최근 들어 점차 제품과 서비스의 경계가 모호해져 가고 있음을 알 수 있다.

이처럼 제품의 서비스화가 빠르게 진행되고 경쟁우위를 획득하기 위한 기술혁신이 급속하게 진행되는 현실 속에서 제조 기업들은 이에 대한 대응으로 서비스 개선방법과 서비스 재포지셔닝(re-positioning)을 중시하게 되었다. 예를 들면, 최근 설날이나 추석 귀성길에 자동차 서비스 회사가 고객 서비스 차원에서 헬기를 동원하여 이동수리센터를 운영함은 물론 차 고장이 나면 자사의 차량을 실비로 대여하고 고장이 난 차를 수리하여 집까지 배달해 주는 서비스도 등장하고 있는데, 이는 제조 기업이 더 이상 유형제품의 생산 · 판매만으로는 경쟁우위를 달성할 수 없으며, 서비스에 의한 부가가치 창출이 기업경쟁력에 중요한 변수임을 인식하여 서비스 활동을 강조하는 경영행위로 이해된다.

(5) 서비스 산업의 환경변화

급변하는 사회변화의 환경 속에서 사람들의 욕구는 다원화되어가고 기업은 이에 대처하기 위해 여러 가지 방안들을 모색하고 있다. 즉, 과거에는 기업 운영의 논리에 고객들이 적응하는 형태였으나 오늘날은 반대로 고객들의 요구에 기업의 모든 경영역량을 적응시킬 수 있도록 노력해야 한다.

그러나 대부분의 서비스 기업들은 수많은 업종 형태와 다양한 방법의 서비스 제공 형태 그리고 영세한 운영 규모 등의 기업환경 아래에서는 이러한 사회적 변화에 대응하기란 그리 쉽지 않다고 볼 수 있다. 따라서 서비스 기업들이 이러한 사회환경적 변화에 대처하기 위한 자구책으로 프랜차이즈 운영 방식이나 임대형식의 운영방법을 증가시키면서 서비스 산업은 이와 관련된 새로운 사업영역으로 확대 운영되어 가고 있다.

특히 차량임대업, 이 · 미용업, 자동차 수리 서비스업, 외식산업, 의류판매업 등 영세적으로 운영되던 다양한 소규모 업종에 프랜차이징이 도입되어 대규모화되고 있다. 이는 서비스의 특징과 가격이 표준화되고 상표명과 심벌마크가 어디에서든지 쉽게 인식되므로 고객에게 신뢰감을 주는 이점이 있으며 종업원 훈련이나 마케팅조사 활동을 한 곳에서 체계적으로 할 수 있다. 그리고 대중매체 광고를 통해 전체적 인지도를 높일 수 있기 때문에 이러한 문제에 취약점을 갖는 소규모 서비스 기업에 적합한 운영 형태이다. 즉, 규모의 경제(economy of scale)를 얻을 수 있는 장점이 있으므로 최근 들어 점진적으로 서비스 기업에 확산하여 가고 있다.

그리고 최근 들어 급속히 확산하고 있는 산업이 임대 및 리스업이다. 현대 사회는 다원화되어가고 사람들은 변화를 즐기며 다양성을 추구한다. 그러나 기업의 입장에서는 사람들의 이러한 변화 욕구를 충족시키기에 위험이 뒤따르므로 고객과 기업 양자 모두 이러한 부담을 덜어줄 수 있다는 관점에서 임대 및 리스업이 성행한다고 볼 수 있다. 예를 들어, 어린이에게 고가의 장난감을 사주었을 때 그 장난감의 효용가치는 보통 3일을 넘지 못한다. 만약 그 장난감 구매가격으로 임대를 한다면 10배 이상의 효용가치를 얻을 수 있을 것이다. 따라서 최근에 이러한 임대 및 리스업이 장난감뿐만 아니라 서점, 생활잡화, 자동차, 컴퓨터 등 다양한 업종으로 확산하여 가고 있다. 즉, 기업이나 개인이 물건을 실제로 소유하지 않고도 사용하며 즐길 수 있기를 원하기 때문이다. 미국 캘리포니아주에서 벤츠 승용차를 타는 사람 중 80%가 소유하기보다는 리스한 것이라는 통계가 있으며, 항공사도 비행기를 구매하는 대신 리스하여 사용하는 것이 보통이다.

이러한 임대나 리스는 고객에게 폭넓은 유연성을 제공하고 자본 부족 문제를 해결해 주며 기업은 고객 욕구를 만족시켜 소비를 창출함으로써 많은 부가가치를 가져오게 한다. 또한 이러한 임대 및 리스는 제품뿐만 아니라 관련 서비스에 대해서도 함께 일어나는데 트럭을 장기 리스할 때 페인팅, 세차, 유지, 타이어, 연료, 라이선스비 등을 함께 계약함으로써 부수적인 부가가치를 창출시킨다.

또한 정보환경의 변화로 인해 새로운 형태의 서비스 유통업이 생겨나고 있다는 사실이다. 특히 컴퓨터의 발달로 인터넷을 이용한 SNS와 전자상거래시스템을 활용한 서비스가 많이 생겨나고 있는데, 이는 기존 재래시장의 행태를 전환하는 사회변혁이며 경제의 질서를 뒤바꾸는 경제혁명이다. 기존의 중간 유통업체를 배제한 채 생산자가 직접 고객에게 제품을 팔고 고객은 집에 앉아서 제품을 구매하며 전자화폐 혹은 계좌이체로 대금을 지급하는 것이다. 컴퓨터로 주식을 팔고 사며 은행에서 돈을 자유자재로 입출금시킬 수 있는 것이 가능해진 것이다. 하나의 예로서 미국의 유명한 인터넷서점인 아마존은 이러한 전자상거래로 세계 어느 곳에든지 어떤 제품과 책을 팔 수 있는 시스템을 갖추고 있어 일약 세계 최고의 상점과 서점이 되었다. 이는 서비스 시장의 환경변화가 새로운 경제질서를 재편시켜 줄 수 있음을 예고하는 것이라 볼 수 있다.

2) 서비스 산업의 중요성 부각

과거 서비스 산업은 제조업의 보조 산업 또는 제조업 성장에 종속적으로 발전하는 부수 산업 정도로 인식되었으나, 오늘날 서비스 산업이 제조업을 대신하여 경제를 견인하는 새로운 성장엔진으로 주목받고 있다. 이러한 개념이 이미 선진국에서는 금융, 정보통신, 물류 등 서비스업 강화를 통한 경쟁력 향상이 기업들의 주요 화두로 자리 잡고 있으며, 서비스 부문에 대한 비중은 서비스 산업 자체에서뿐 아니라 제조업과 같은 2차산업으로의 비중도 나날이 커지고 있어 서비스가 차지하는 중요성이 증대되고 있다.

이렇듯 서비스 산업의 중요성이 강조되는 가운데, 서비스 산업을 둘러싼 환경이 급속도로 변화됨에 따라 이러한 변화에 신속하게 대응하고 경쟁력을 확보하는 것이 기업과 국가 발전을 위해서 매우 중요시되고 있다.

더욱이 최근에는 서비스 산업의 중요성이 두드러지면서 서비스 산업 육성의 필요성이 증대되고 있는데, 이는 서비스 산업이 경제에서 차지하는 비중이 증가할 뿐만 아니라 향후 성장과 발전의 여지가 크기 때문이다.

국내 서비스 산업의 중요성은 다음 두 가지 측면에서 주목받고 있다.

(1) 서비스 산업은 유망산업일 뿐만 아니라 경제 선진화 달성의 중요한 기반

① 소득수준이 높아질수록 서비스 수요가 다양화 · 고도화되는 등 서비스 산업의 성장 가능성 확대

② 서비스 산업이 선진화되면 의료, 교육, 문화 등 국민 생활과 직결된 서비스 수요를 충족시킬 수 있어 삶의 질도 향상

③ 금융, 물류, 운송, 사업 서비스 등[2] 대부분 서비스 산업은 제조업의 경쟁력 강화 및 경제 전반의 성장에 기여

(2) 서비스 산업발전은 고용문제 해결과 내수시장 활성화의 효과적인 대안

① 서비스 산업의 고용창출 효과는 제조업보다 높은데, 자동화 · 기술개발 등으로 제조업의 취업유발효과가 향후 더 악화할 것을 고려하면 그 격차는 더욱 확대될 전망

2 기업경영을 지원하는 서비스로 경영컨설팅, 시장조사, 연구개발, 광고, 직업교육 등을 포함.

② 생산과 소비가 동시에 발생하는 서비스의 특징상 서비스 산업은 전형적인 내수산업으로 해외수요 급감 등 대외충격에 대한 완충 역할을 수행

참고 자료 **서비스 산업은 왜, 어떻게 키워야 하나?**[3]

최근 정부는 저성장 함정을 극복하고 한국경제의 재도약을 위해 경제혁신 3개년 계획을 발표했다. 경제혁신 3개년 계획의 핵심 세부 과제 중 하나가 서비스업 활성화이다. 정부는 보건 · 의료, 교육, 관광, 금융, 소프트웨어 등 5대 유망 서비스업을 선정하고 해당 서비스업을 육성할 세부 전략을 제시했다.

◆ **한국의 서비스업은 현재 어떤 상황인가?**

서비스업이란 눈에 보이지 않는 무형의 용역을 생산해 부가가치를 창출하는 산업을 의미한다. 한 국가의 경제가 성장할수록 1차산업(농축산업)이나 2차산업(제조업)보다 3차산업인 서비스업 비중이 커지는 경향이 있다. 따라서 선진국일수록 제조업보다 서비스업 비중이 높다. 하지만 한국은 다른 선진국들보다 서비스업 비중이 낮은 편이다. 한국은행 발표에 따르면 국내 산출액에서 제조업이 차지하는 비중은 2005년 45.2%에서 2010년 기준 49.0%로 증가했지만, 서비스업 비중은 42.3%에서 40.3%로 줄었다. 제조업 비중은 OECD 21개국 가운데 제일 높지만, 서비스업 비중은 OECD 국가 중에서 최하위에 머물러 있다.

그런데 우리나라 근로자 중에서 자영업자 비중은 28.2%(2011년 기준)로 OECD 국가의 평균인 16.1%(2010년 기준)보다 훨씬 높다. 즉 서비스업에서 종사하는 인력은 많지만, 이들의 부가가치 창출 비중은 OECD 국가보다 훨씬 낮은 수준(OECD 평균 대비 82.8%)이다. 이에 따라 고부가가치를 창출할 수 있는 유망 서비스업 육성 필요성이 제기되고 있다.

◆ **서비스업이 성장하면 어떤 효과가 있나?**

무엇보다 제조업 의존을 낮출 수 있다. 글로벌 금융위기 이후 저금리 · 저성장 기조가 이어지고 있어 예전 같은 제조업 기반의 고성장을 이루기는 어려운 상황이다. 게다가 세계경기가 더 나빠지기라도 한다면 한국경제는 큰 위기에 직면할 수 있다. 서비스업 성장은 이런 위기를 극복하는 완충 역할을 할 수 있다.

서비스업은 비용 대비 생산성이 높다는 점에서도 매력적이다. 서비스업은 제조업과 달리

3 이효섭 자본시장연구원, 조선경제, 2014년 4월 10일

공장, 시설 등 대규모 유형자산이 필요하지 않다. 실제 서비스업은 비용 대부분을 인건비, 임대료 등이 차지한다. 동시에 서비스업은 무형의 연구 · 개발(R&D)과 기술혁신을 바탕으로 무한한 수요를 창출할 수 있어 사업 성공 시 기대수익률이 매우 높다. 수요 기반이 글로벌 시장인 것도 높은 기대수익을 가능케 한다. 한류를 대표하는 미디어 콘텐츠 산업과 게임 · 소프트웨어 산업이 대표적인 예이다.

아울러 서비스업은 일자리 창출 효과가 뛰어나다. 한 통계에 따르면, 10억 원당 서비스업의 취업 유발 효과(15.8명)는 제조업(8.7명)의 약 두 배에 이른다. 산출액 10억 원 생산을 위해 투입된 취업자 수를 뜻하는 취업 계수 역시 서비스업이 12.0명으로 제조업(2.4명)의 5배나 된다. 가수 '싸이'의 예를 들어 보면, '강남 스타일'의 성공으로 음반 제작 회사는 공연, 캐릭터, 모바일 콘텐츠뿐 아니라 관광에 이르기까지 연관 산업에 수많은 일자리를 창출했다.

◆ **서비스업 활성화를 위해 논의되는 방안은 무엇인가?**

서비스업 활성화를 위해서 무엇보다 규제 완화가 최우선 과제로 논의되고 있다. '학교 주변 호텔 건립 금지'처럼 서비스업 성장의 발목을 잡는 각종 규제를 과감히 풀어야 창업과 투자가 활발하게 이루어질 수 있다.

다음으로는 분야 간 융합이 필요하다. IT와 금융의 융합을 통한 금융 보안 인프라 확충, 의료와 관광이 융합한 호텔식 병원 등이 서비스업 간 융합의 예이다. 서비스업은 제조업과도 융합할 수 있다. 정부가 발표한 울산 · 여수의 동북아 오일 허브는 석유 제품 저장 시설의 하드웨어와 트레이딩, 석유 거래소 등 서비스업 기반의 소프트웨어를 융합한 사례이다.

마지막으로 서비스업 활성화를 위해서는 유망 서비스업 분야의 인재를 육성하는 전략이 필요하다. 인재 육성 없이는 서비스업의 지속 성장은 불가능하기 때문이다. 인재 육성을 통해 첨단 기술을 축적하고, 축적된 기술을 바탕으로 성공적인 서비스업 모델을 만들어 다시 신규 고용을 창출하는 선순환 효과를 누릴 수 있다.

3) 서비스 산업의 성장배경

(1) 경제 진화 혹은 경제주도권 이동

부가가치의 차이와 산업 간 소득격차를 주장한 페티(Petty)는 "농업보다는 제조업이 부가가치가 높고 제조업보다는 상업(서비스업)이 더욱 이익이 크다"라며 경제발전에 따른 산업구조의 진화를 주장하고 있다. 이와 유사하게 클라크(Clark)는 경제발전과 함께 산업 간의 소득격차가 원인이 되어 1차산업(농 · 어업)에서 2차산업(광업, 제조, 건설)으로, 그리고 다시 2차에서 3차산업(도 · 소매업, 금융, 운수, 기타 서비스)으로 노동력이 이동한다고 했다.

일반적으로 경제발전 단계의 선두를 점하는 선진 각국의 예를 보면 소득수준의 향상과 함께 1차 인구는 감소하고 2, 3차 노동인구의 비중이 증가하기 시작한다. 그다음 단계에서는 3차산업이 급속하게 확대되지만, 2차산업의 비중은 일정한 점에 이르러 감소하기 시작하는 '페티-클라크의 법칙'이 적용됨을 확인할 수 있다. 이는 이미 10여 개국의 통계자료로도 실증된 바 있다. 따라서 시간이 지나며 농업이나 광업 분야에서 제조업으로, 다시 서비스업으로 경제의 중심이 이동한다.

선진국은 정보산업, 레저산업, 리스산업, 교육 관련 산업 등이 경제의 최대부문을 차지하고 있다. 서비스 부문의 매출이 증가하여 이익이 늘면 급료가 높아지게 되고 그 결과 서비스에 인력이 집중되는 것이다.

고대에 번성했던 국가들은 무역과 금융업을 바탕으로 했던 경우가 많다. 그리고 역사적으로 강대국들은 금융 및 유통의 중심지로서 역할을 충실히 수행했다. 중국의 무역로인 실크로드나 런던금융시장 등이 간단한 예를 제공한다.

국가만이 아니라 조직이나 개인 단위에서도 부의 축적에 따라 유통과 금융 등 서비스 부문의 비중이 커지게 된다. 기업 단위에서는 세계의 금융 부문 성장이 이를 대변하고 있다. 또 개인 차원에서 유수 제조 기업들도 이공대 졸업생의 서비스업 선호와 제조업 기피 현상에는 서비스업과 제조업 간 임금 격차와 근무조건 등이 배경이 되고 있다.

(2) 정보화 사회의 도래

정보화 시대의 여파로 거시적 추세에 따른 사회 · 경제적 변화로 인하여 서비스 부문이 성장한다는 논리가 설득력을 얻고 있다. 이러한 추세는 정보기술의 발달로 더욱 가속화될 것이다. 특히 전 세계적으로 2차산업이 성숙기에 접어들고 제품 대부분이 제품주기상의 성숙 · 포화기에 접어드는 현시점에서 서비스가 새로운 수요 창출 및 확대의 돌파구를 제공할 것이라는 예상이 지배적이다.

(3) 고령화의 진전

평균수명의 연장으로 65세 이상 노령인구가 증가함에 따라 의료서비스, 노후 관련 보험, 양로 등의 특수 집단요양 시설을 포함하는 실버산업 분야가 성장할 것이다. 특히 노년층은 제품의 소비가 많은 젊은 세대와는 달리 서비스 소비를 선호하는 경향이 두드러진다.

최근 생활수준의 향상과 의료기술의 발달로 평균수명이 연장되고 출산율과 사망률이 감소하면서 노령화 사회가 더욱 가속화되고 있다. 특히 한국은 [그림 1-2]와 같이 2000년에 전체 인구에서 65세 이상 노인이 차지하는 비율이 7.2%로 이미 유엔이 규정한 '고령화 사회(aging society, UN 기준 7% 이상)'에 진입하였으며, 2020년에는 UN이 14% 이상으로 규정한 '고령 사회(aged society)'에 도달한 상태이다. 2025년에는 UN이 20% 이상으로 규정한 '초고령 사회(super aging society)'로 진입할 것으로 예상된다. 이처럼 고령화 사회 → 고령 사회 → 초고령 사회로의 이행 기간이 짧아 세계에서 유사한 사례를 찾아볼 수 없을 정도로 빠르게 고령화가 진행되고 있다.

그림 1-2 ▌국내의 인구 고령화 추세

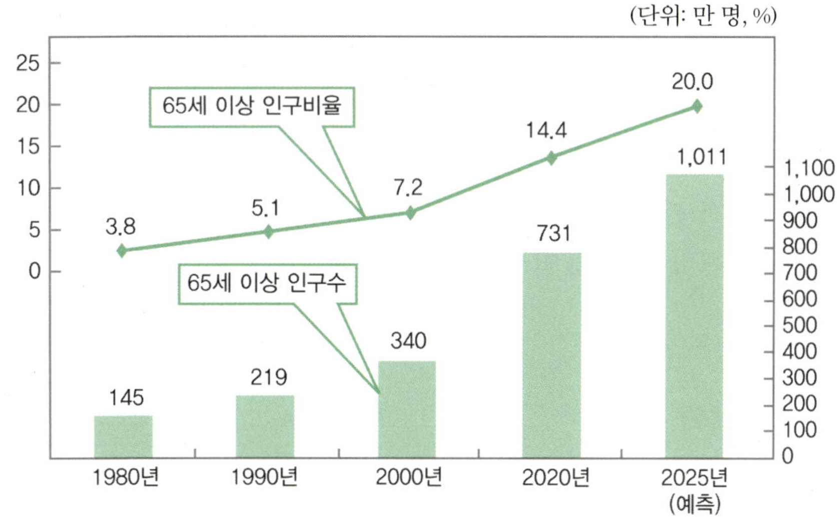

자료: 통계청, 장래인구추계, 2020.

(4) 여성의 사회진출

여성의 사회진출은 자아실현욕구가 급격하게 확대되는 추세에 미루어 더욱 빠르게 진행되고 있다. 특히 감성, 미적 감각, 커뮤니케이션 등에서 능력을 보유한 여성들은 패션, 대중매체, 인테리어 분야로 활발하게 진출하고 있다. 이는 해당 분야의 수요를 자극하고 창출할 것으로 기대된다.

(5) 여가의 증대

여가의 증대는 물적 생산 · 소비 위주 생활로부터 인간을 해방시켜 정신 활동, 에너지 절약, 유지보수 및 자급자족적 서비스 활동을 증가시킨다. 이와 동시에 삶의 질을 추구하려는 욕구는 여가의 증대와 맞물려 레저, 오락, 스포츠, 문화 · 예술 활동을 촉진하게 되고 이는 다시 다양한 서비스 개발로 이어질 것이다.

(6) 사회의 정교화 · 복잡화

사회의 다양성이 증대되며 취미나 교양, 스포츠, 패션 등이 개성화 · 다양화된다. 또한 사회의 다양성 증대는 즉시 소비생활에 반영되어 더욱 다양하고 개성화된 상품에 대한 수요를 유발한다. 이렇게 개성을 중시하는 경향은 고용 형태에도 취업보다 창업이나 자영업을 선호하게 하며, 특히 서비스 분야에서 자신의 전문영역을 자유롭게 추구하게 한다. 또한 대중교육의 확산과 고학력화도 과거 단순 · 반복 작업을 감수하던 제조업으로부터의 인력을 더욱 이동시킬 것이다. 그리고 고학력층의 다양하고 차원 높은 정신적 · 문화적 욕구는 고도의 서비스를 요구할 것이다.

4. 서비스 산업의 분류

서비스 정의가 다양하고 복잡할수록 서비스 종류도 늘어난다. 따라서 서비스의 정의가 어려운 것처럼 서비스를 분류하는 것도 쉬운 일이 아니다. 분류의 관점과 기준에 따라 분류 결과가 달라지기 때문이다.

여기에서는 [그림 1-3]에 나타나 있는 것처럼, 시간의 흐름을 따라 서비스 분류 체계가 어떻게 변화하였는지 초점을 맞춘다.

그림 1-3 ▎서비스 분류에 대한 관점 및 초점의 변화

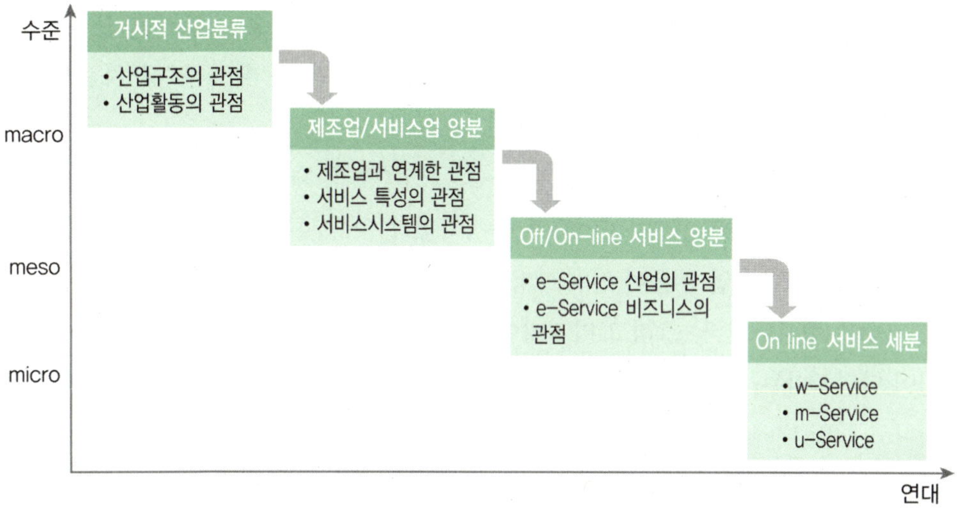

가장 오래전에 나온 분류 체계는 거시적 산업분류 개념에서 제시된 것이다. 산업혁명 이후 많은 종류의 산업이 생겨나면서, 그 산업을 몇 가지의 영역으로 나누는 과정에서 처음으로 서비스 산업이라는 분류가 만들어졌다.

그다음의 분류 체계는 서비스 산업 자체를 세분하는 과정에서 나온 것들이다. 서비스 산업이 제조업에서 분리된 후 서비스 산업 내부를 좀 더 잘게 나누는 과정에서 새로운 분류들이 만들어졌다.

서비스 분류의 또 다른 전환기는 온라인 개념이 등장한 시점이다. 전통적인 오프라인 방식에 대비한 서비스 개념이 나오면서 자연스럽게 새로운 분류들이 만들어진 것이다.

마지막 분류 체계는 온라인 분류가 더 잘게 나누어지는 현상으로 만들어진 것이다. 기술적 진보와 시장환경의 변화로 온라인 개념이 기존의 웹 개념을 넘어 모바일이나 유비쿼터스 개념까지 아우르면서 이러한 변화를 반영한 새로운 분류들이 나오게 된 것이다.

1) 거시적 산업의 관점

(1) 산업구조의 관점

이미 앞에서 설명한 것처럼, 산업구조의 관점에서 만들어진 초기 분류는 산업을 1차, 2차, 3차로 나눈다. 이 분류는 경제학자 클라크(Clark, 1940)가 제시한 '제3차산업 증가 법칙'을 토대로 하고 있다.

클라크는 먼저 1차산업(농업, 어업 등)과 2차산업(광업, 제조업, 건설업 등)을 제외한 나머지 부분을 서비스업인 3차산업으로 규정하였다. 이 분류를 토대로, 클라크는 시간의 흐름을 따라 3차산업 부문이 전체 고용(노동력) 속에서 차지하는 비중이 점점 높아진다는 가설을 제시하였다. 그리고 마지막에 각국의 데이터를 통계적으로 분석하여 위의 가설이 타당하다는 사실을 실증적으로 보여주었다. 하지만 나중에 다양한 산업이 새로 생겨나고 산업 내에서도 지속적인 분화가 일어나면서 이 분류의 타당성은 흔들리게 되었다. 모든 산업을 단지 세 가지 영역으로 나누는 것이 점점 어렵게 된 것이다. 이에 따라 3차산업을 다시 3차, 4차, 5차산업 등으로 세분하기도 하고 2차와 3차의 중간쯤에 2.5차산업을 넣기도 하는 새로운 분류가 제시되기도 하였다.

(2) 산업활동의 관점

가. 표준산업분류

산업활동의 관점에서 가장 널리 알려지고 가장 많이 사용되는 분류 체계는 **표준산업분류**(Standard Industry Classification: SIC)이다. 표준산업분류는 한편으로는 소비자의 관점에서 재화나 서비스의 특성이 얼마나 유사한지, 다른 한편에서는 생산자의 관점에서 산출물의 물리적 구성 및 가공 단계가 얼마나 비슷하며 생산에 사용된 투입물(원자재)이 얼마나 유사한지를 모두 고려하여 산업을 나누게 된다.

한국표준산업분류(통계청 참조)의 분류구조 및 부호체계를 간략히 살펴보면, 우리나라의 경우 분류구조는 대분류(알파벳문자 사용/sections), 중분류(2자리 숫자 사용/divisions), 소분류(3자리 숫자 사용/groups), 세분류(4자리 숫자 사용/classes), 세세 분류(5자리 숫자 사용/sub-classes)의 다섯 단계로 구성된다.

한국표준산업분류에서는 대분류로 A에서 U까지 21개로 구성되어 있다. 대분류를 들여다보면 서비스업이 크게 보아 어디에 속하는지를 알 수 있고 이 줄기를 따라 더 내려가면 수많은 작은 가지들을 만날 수 있다.

표 1-1 ▌표준산업분류의 분류도

(단위: 명/10억 원)

기호	대분류	중분류	소분류	세분류	세세분류
A	농업, 임업	2	6	17	29
B	어업	1	2	4	8
C	광업	3	7	12	18
D	제조업	23	71	174	473
E	전기, 가스 등	2	4	6	7
F	건설업	2	7	13	43
G	도·소매업	3	21	54	162
H	숙박, 음식	1	2	6	22
I	운수업	4	12	21	48
J	통신업	1	2	5	9
K	금융, 보험	3	5	15	34
L	부동산, 임대	2	5	10	21
M	사업 서비스	4	16	29	70
N	행정, 국방 등	1	5	8	25
O	교육 서비스	1	5	11	23
P	보건, 복지	2	4	10	22
Q	오락, 문화 등	2	7	21	55
R	공공, 개인	4	11	24	49
S	가사 서비스	1	1	1	2
T	국제, 외국	1	1	1	2
20		63	194	442	1,121

주: 숫자는 분류의 총 수

나. 서비스 산업 분류

이 분류는 서비스 산업 안에서 다시 구체적인 세부 산업 내지 서비스 영역으로 나누는 것이다. 이 분류 체계는 서비스 산업의 정책 수립이나 조사분석 과정에서 흔히 사용되는 분류로 서비스 산업을 다음 다섯 가지 분야로 나눈다.

① **비즈니스 서비스**(business service): 컨설팅, 재무, 금융 등과 같이 산업활동에 필요한 자본을 중개하거나 지식을 제공하는 것을 주업으로 하는 서비스

② **교역 서비스**(trade service): 도 · 소매, 유지보수 등과 같이 직접적인 서비스를 제공하거나, 상품을 유통하는 것을 주업으로 하는 서비스

③ **하부구조 서비스**(infrastructure service): 정보통신, 운송 등과 같이 물리적인 하부구조를 제공하고 사용하는 것을 주업으로 하는 서비스

④ **개인 서비스**(personal service): 음식점, 의료 등과 같이 개개인의 욕구나 필요를 만족시키는 것을 주업으로 하는 서비스

⑤ **공공 서비스**(public administration service): 교육, 행정 등과 같이 공공의 편의나 복지를 만족시키는 것을 주업으로 하는 서비스

다. 생산물 분류

생산물 분류(Central Product Classification: CPC)는 앞의 한국표준산업분류와 대비되는 분류 체계다. 한국표준산업분류가 '생산활동' 중심으로 산업을 나눈 것인데 반해, 생산물 분류는 말 그대로 '생산물' 중심으로 나눈 것이다.

[표 1-2]에서처럼 UN이 만든 이 분류 체계에서는 제품의 분류 체계뿐만 아니라 서비스 분류 체계도 동시에 제공하고 있다. 10개의 기본 대분류 중 1~4번까지는 제품의 분류 체계며, 5번의 건설 서비스에 이어 6~10번까지가 서비스의 분류 체계다.

표 1-2 ▌UN의 산업분류

대분류	
1. 농업 · 수렵 · 수산업 · 임업	6. 도매 · 소매 · 호텔 · 레스토랑
2. 광업 · 토석	7. 운수 · 통신
3. 제조업	8. 금융 · 보험 · 부동산 · 비즈니스 서비스
4. 전기 · 가스 · 수도	9. 커뮤니티 · 개인 서비스
5. 건설 서비스	10. 정부 서비스

2) 제조업과 대비한 서비스의 관점

산업이라는 거시적 관점에서 시작하여 기업이라는 미시적 관점으로 좀 더 내려가면 서비스는 다른 기준에서 분류되기 시작한다. 여기에서는 먼저 전체 산업을 서비스업과 제조업으로 분리한 후, 서비스업만을 대상으로 다양한 분류 체계를 제시하게 된다. 즉, 서비스업 안에서 서비스 자체의 요인과 특성에 따라 서비스를 나누는 것이다.

(1) 제조업과 연계한 관점

서비스를 분류하려는 초기 시도는 기존의 제조업과 맞물려서 이루어졌다. 제조 프로세스의 분류에 널리 활용되어 온 분류기준을 서비스의 분류에도 적용한 것이다. 대표적인 예로는 [표 1-3]과 같이 서비스를 프로세스의 특성에 따라 크게 5가지, 프로젝트(project), 개별작업(job), 일괄처리(batch), 라인(line), 연속 프로세스(continuous process)로 구분하는 분류를 들 수 있다(Sasser et al., 1978). 하지만 이 분류는 제조업의 특성에 기반한 분류이기 때문에 서비스만의 독특한 특성을 반영할 수 없다는 한계점을 가지고 있다.

표 1-3 ▌제조 프로세스 분류기준에 따른 분류

분류	예시
프로젝트(project) 서비스	컨설팅, 은행
개별작업(job) 서비스	소프트웨어 개발, 컴퓨터 설계
일괄처리(batch) 서비스	컴퓨터판매점
라인(line) 서비스	패스트푸드점의 조리작업
연속 프로세스(continuous process) 서비스	해당 없음(N/A)

(2) 서비스 특성의 관점

서비스의 범위를 다양성이라는 관점에서 보면, 서비스는 크게 표준화 서비스(standardized service)와 고객화 서비스(customized service)로 나눌 수 있다. 당연히 표준화 서비스로 갈수록 서비스의 범위는 좁아지고 고객화로 갈수록 서비스의 다양성은 올라가게 된다.

이 분류를 좀 더 넓히면 서비스의 대상과 서비스 활동의 특성을 동시에 고려한 분류가 나올 수 있다. 대표적인 예로, 먼저 서비스의 대상을 사람과 사물로 나누고 다음으로 서비스 활동을 무형과 유형으로 나눈 후, 둘 간의 결합을 통해 서비스-사람의 신체, 서비스-사람의 정서, 서비스-유형의 재화, 서비스-무형의 재화 등의 네 가지 유형으로 구성되는 분류를 [그림 1-4]와 같이 만들 수 있다(Lovelock, 1983).

그림 1-4 ▌서비스의 본질에 의한 서비스 분류

서비스 활동의 특성	서비스 대상: 사람	서비스 대상: 사물
유형	서비스가 사람의 신체에 적용 • 의료 • 여객운송 • 미용 • 운동치료 • 음식점 • 이발	서비스가 유형재화에 적용 • 화물수송 • 산업용 장비 보수/정비 • 건물관리용역 • 세탁 • 조경 • 수의업
무형	서비스가 사람의 정서에 적용 • 교육 • 방송 • 정보 서비스 • 영화 • 박물관/전시관	서비스가 무형재화에 적용 • 은행 • 법률 서비스 • 회계 • 보안 • 보험

(3) 서비스시스템의 관점

가. 서비스 기반

다음으로 서비스의 기반, 서비스를 제공하는 원천에 따라 나누는 분류를 보자. 이 기준의 대표적 분류는 서비스를 크게 장비 기반 서비스(equipment-based services)와 사람 기반 서비스(people-based services)로 나누는 것이다(Thomas, 1978). 서비스를 제공하는 데 필요한 기능을 장비가 제공하느냐 아니면 사람이 제공하느냐에 따라 [표 1-4]와 같이 서비스의 종류를 두 가지로 나눈 것이다.

표 1-4 ▌서비스 제공 원천에 따른 분류

분류	예시
장비 기반 서비스	항공사, 운송, 자동판매기 등
사람 기반 서비스	경영 컨설팅, 수리, 의료 등

나. 서비스 프로세스

서비스를 제공하는 운영 프로세스(operational processes)를 기준으로 서비스를 나누기도 한다. 대표적인 분류로는 [표 1-5]와 같이 서비스를 사람 처리 서비스, 사물 처리 서비스, 정보 기반 서비스로 나누는 것이다(Lovelock and Yip, 1996).

표 1-5 ▌서비스 대상과 내용에 따른 분류

분류	예시
사람 처리 서비스	의료, 음식, 숙박, 여행 등
사물 처리 서비스	화물, 창고, 설치 및 유지보수, 세탁 등
정보 기반 서비스	회계, 은행, 컨설팅, 교육, 보험, 법률 등

다. 고객 개입도

서비스시스템과 고객이 얼마나 넓게 그리고 깊이 개입하느냐 하는 점도 서비스의 분류에 중요한 기준이 된다. 고객의 개입 정도는 흔히 서비스시스템과 고객 간의 접촉 수준으로 판단한다. 서비스를 제공하는 서비스시스템과 서비스를 받는 고객이 어떤 형태로 접촉하는지, 어느 정도로 접촉하는지를 기준으로 서비스를 나누는 것이다. 이 기준에 따라 서비스를 나눈다면 우선 접촉의 형태에 따라 직접접촉 서비스, 간접접촉 서비스로 분류할 수 있다.

고객접촉의 개념을 서비스시스템의 분류와 설계에 적용한 가장 대표적 분류 체계로는 **고객접촉모형**(customer contact model)을 들 수 있다(Chase, 1978).

이 모형은 서비스시스템이 서비스를 창출하고 제공하는 모든 과정에서 고객과의 접촉 정도, 서비스를 제공하는 데 소요되는 전체 시간에서 고객이 그 시스템에 존재해야 하는 시간의 비율에 따라 서비스시스템을 [표 1-6]과 같이 크게 세 가지 형태로 나눈다.

표 1-6 ▌고객접촉모형의 서비스 분류

고객접촉 정도	서비스	예시
높은 접촉수준 (high-contact)	순수 서비스 (pure service)	회원제 헬스센터, 고급 호텔 레스토랑, 소규모 전문교육시스템, 개인 서비스
중간 접촉수준 (medium contact)	혼합 서비스 (mixed service)	은행 지점, 자동차수리센터
낮은 접촉수준 (low−contact)	유사제조업 서비스 (quasi−manufacturing service)	은행 본사, 우편 서비스, 홈쇼핑, 도매업

첫 번째는 **순수 서비스**(pure service)이다. 이 유형은 우리가 본연의 의미로 서비스를 정의하는 경우를 가리킨다. 여기서는 고객과의 접촉빈도가 매우 높고 접촉시간도 매우 길다.

두 번째는 **유사제조업 서비스**(quasi-manufacturing service)이다. 고객과의 접촉이 거의 없어 마치 제조업과 비슷한 시스템을 의미한다.

세 번째는 **혼합 서비스**(mixed service)이다. 이 유형은 앞의 두 유형의 성격을 모두 가지고 있다. 따라서 고객과의 접촉 정도가 중간 정도인 시스템을 가리킨다.

대부분 서비스시스템은 고객이 서비스시스템에 들어가면 바로 만나면서 오래 머무르게 되는 앞부분이 있고, 고객에게 잘 안 보이고 또 고객이 들어갈 필요가 없는 뒷부분이 있다. 고객과 앞에서 바로 만나는 공간이 **전면공간**(**전방공간**, front office)이고 고객과의 접촉이 거의 없는 뒤쪽의 공간이 **배후공간**(**후방지원공간**, back office)이라고 한다. 이들이 어떤 형태로 나누어지고 또 어떤 형태로 연결되는가에 따라 앞에서 분류한 각각의 서비스시스템은 [그림 1-5]와 같이 그 모양이 달라진다.

순수 서비스시스템에는 전면공간에서만 고객과의 접촉이 일어나고 배후공간은 사실상 존재하지 않는다. 이에 반해 유사제조업 서비스시스템에는 배후공간은 중요하지만, 전면공간에서 고객과의 접촉이 일어날 일은 거의 없다. 한편 혼합 서비스시스템에서는 전면공간과 배후공간 모두 균형적으로 존재하게 된다.

그림 1-5 ▌서비스시스템의 분류와 비교: 전면공간과 배후공간의 구성

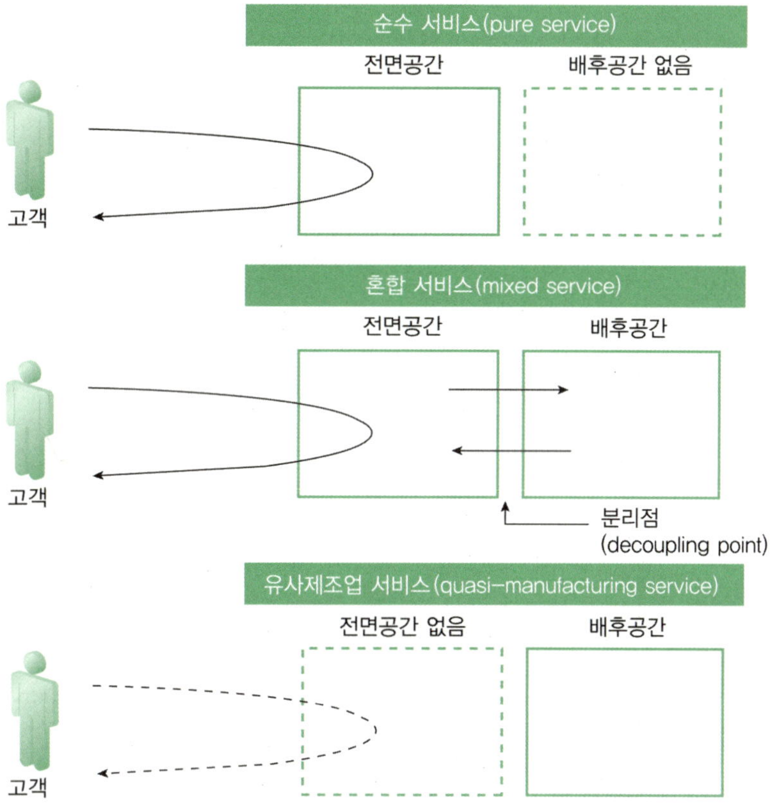

(4) 복합적 관점

서비스시스템의 요소와 서비스 특성의 요소를 결합하면, 좀 더 구체적이면서 동시에 좀 더 복잡한 분류들이 만들어진다. 이러한 분류들은 대부분 위의 두 가지 요소를 묶어서 2×2 매트릭스를 만든 후, 각 분면 위에 서로 다른 유형을 올려놓는 방식으로 만들어진다. 이러한 접근으로 만들어진 분류들은 서비스시스템을 분석하거나 설계하는 데 유용하게 사용될 수 있다.

먼저 고객과의 접촉 정도가 높은지 낮은지, 고객화의 정도가 높은지 낮은지를 기준으로 만든 분류를 살펴본다. [그림 1-6]에서 보듯이, 서비스는 위의 두 가지 기준의 결합으로 만들어지는 2×2 매트릭스 위에서 네 가지 형태의 서비스로 나누어진다(Maister and Lovelock, 1982).

여기서는 낮은 수준의 고객접촉 정도와 낮은 수준의 고객화 정도를 보이는 '공장

그림 1-6 ▎복합적 분류: 고객접촉 정도와 고객화 정도

고객과의 접촉 정도 \ 고객화 정도	낮음	높음
낮음	공장 (factory)	개별공정 (job shop)
높음	대량 서비스 (mass service)	전문 서비스 (professional sevice)

factory)', 낮은 고객접촉 정도와 높은 고객화 정도를 보이는 '개별 공정(job shop)', 높은 고객접촉 정도와 낮은 고객화 정도로 설명되는 '대량 서비스'(mass service), 마지막으로 높은 고객접촉 정도와 높은 고객화를 보이는 '전문 서비스(professional service)'의 네 가지 형태로 서비스를 나눈다.

위의 분류와 유사하면서 널리 알려진 분류 체계로는 **서비스 프로세스 매트릭스 모형**(service process matrix model)을 들 수 있다(Schmenner, 1986). 이 기준은 고객화의 정도와 노동집약도의 정도라는 두 가지 요소에 의해 서비스시스템을 분류한다.

[그림 1-7]에 도시되어 있는 것처럼, 프로세스 매트릭스도 네 가지 형태의 서비스를 제시하고 있다. 낮은 노동집약도/낮은 고객화를 보이는 '서비스 공장(service factory)', 낮은 노동집약도/높은 고객화를 보이는 '서비스 숍(service shop)', 높은 노동집약도/높은 고객화를 갖는 '전문 서비스(professional service)', 높은 노동집약도/낮은 고객화로 설명되는 '대량 서비스(mass service)'의 네 가지 형태로 구성되는 것이다.

그리고 두 가지 기준에 또 다른 기준을 더하면 좀 더 복잡한 매트릭스가 만들어진다. 예를 들어, 고객접촉 유형(type of customer contact), 규칙화 정도(degree of routinization), 서비스 처리 대상(object of service processes)의 세 가지 변수를 바탕으로 만든 **서비스 프로세스 분류도**(service process taxonomy)를 살펴보기로 한다(Wemmerlov, 1990).

그림 1-7 ▌서비스 프로세스 매트릭스에 의한 분류 체계

노동집약도 \ 고객화 정도	낮음	높음
낮음	서비스 공장 (service factory) 항공사, 운송업, 호텔, 레크리에이션 시설	서비스 숍 (service shop) 병원, 수리센터, 정비시설
높음	대량 서비스 (mass service) 도 · 소매업, 교육기관, 은행	전문 서비스 (professional sevice) 의료 서비스, 법률 서비스, 회계 서비스, 건축설계사

표 1-7 ▌서비스의 프로세스 분류도

구분		경직적			유동적		
		상품	정보/이미지	사람	상품	정보/이미지	사람
비접촉		드라이클리닝, 자동판매기 재고관리	호텔체크인, 신용카드 지불		자동수리, 옷 재단	프로그래밍, 건축설계	
간접접촉			홈쇼핑 주문, 폰뱅킹			TV 경매	
직접접촉	상호작용 있음	자동판매기 운영, 가구 조립	ATM을 이용한 현금인출, 스튜디오에서의 사진촬영	엘리베이터, 에스컬레이터	뷔페, 장보기	의료기록 문서화, 도서관 탐색	임대자동차 운전, 운동시설 사용
	상호작용 없음	음식 시중, 자동차 세탁	교육, 은행	대중교통, 예방접종	카펫청소	초상화, 카운슬링	이발, 외과수술

우선 고객접촉 유형은 비접촉, 간접접촉, 상호작용이 있는 직접접촉, 상호작용이 없는 직접접촉의 네 가지로 구분된다. 규칙화 정도는 유동적(fluid) 형태와 경직적(rigid) 형태

의 두 가지로 나누어진다. 마지막 서비스처리 대상은 상품, 정보/이미지, 사람의 세 가지로 구성된다. 이것들을 모두 묶으면 [표 1-7]과 같이 총 24(=4×2×3)개의 셀(cell)이 존재하는 분류도가 만들어지고, 각 셀 위에 적합한 서비스들을 위치시킬 수 있다.

3) 온라인 서비스의 관점

웹(World Wide Web: WWW)의 등장은 서비스의 패러다임을 근본적으로 바꾸는 계기가 되었다. 정보교환 방식은 물론 재화교환 방식도 달라지면서 서비스 방식에도 근본적인 변화가 일어나고 있고 서비스 영역도 훨씬 넓어지고 있다. 이러한 변화를 바탕으로, 서비스를 기존의 오프라인(off-line) 서비스와 새로운 온라인(on-line) 서비스로 나누는 분류 체계가 만들어지게 되었다.

더구나 온라인 서비스 자체의 내용과 대상도 끝없이 확대되고 또 진화하고 있다. 이러한 추세를 맞추어 온라인 서비스라는 용어를 더 폭넓게 해석한 e-Service라는 용어가 널리 사용되게 되었다. 따라서 서비스의 분류도 자연스럽게 온라인 서비스의 분류라는 말보다는 e-Service의 분류라는 말을 더 자주 쓰게 되었다.

정보통신기술의 발전에 따라 e-Service의 기법과 내용은 지금도 계속 확장 및 변형되고 있다. 그러므로 e-Service에 대한 분류 체계를 한 가지로 제시하기는 불가능하다.

(1) e-Service 산업분류

먼저 가장 상위의 산업 차원에서 보면, e-Service 관련 산업은 [표 1-8]과 같이 네 가지로 나눌 수 있다.

첫째는, **인터넷 기반 서비스**이다. 이 계층의 서비스는 네트워크의 인프라를 구축하는데 필요한 접속 서비스와 하드웨어를 공급하는 산업을 포함한다. 주로 IP(Internet Protocol) 기반의 네트워크 인프라에 관련된 분야로서 인터넷 백본망 사업자, 인터넷 서비스 사업자(Internet Service Provider), 보안산업 등으로 구성되어 있다.

둘째는, **인터넷 애플리케이션 서비스**이다. 이 계층은 위의 인터넷 인프라 계층을 기반으로 온라인에서 비즈니스를 할 수 있도록 기술적으로 지원해 주는 애플리케이션 서비스 사업자나 애플리케이션 소프트웨어 제품을 제공하는 기업들을 포함한다. 구체적인 관련 업종으로는 인터넷 컨설팅, 전자상거래 솔루션업, 멀티미디어 솔루션업, 웹사이트

개발업 등이 있다.

표 1-8 ▌e-Service 관련 산업분류

대분류	소분류	사례
인터넷 기반 (Internet Infrastructure) 계층	인터넷 백본 제공자	Quest, MCI Worldcom
	인터넷 서비스 제공자(ISP)	Mindspring, AOL, Earthink
	네트워킹 하드웨어 및 소프트웨어회사	Cisco, Lucent, 3Com
	PC 및 서버 제조회사	Dell, Compaq, HP
	보안 관련 벤더	Axnet, Checkpoint, Network Associates
	광통신 회사	Corning
	라인접속 하드웨어 제조업자	Ciena, Tellabs, Pairgain
인터넷 애플리케이션 (Internet Application) 계층	인터넷 컨설턴트	USWeb/CKS, Scient
	인터넷 상거래 애플리케이션	Netscape, Microsoft, Sun, IBM
	멀티미디어 애플리케이션	RealNetworks, Micromedia
	웹 확장 소프트웨어	Adope, NetObjects, Allaire, VigNette
	서치엔진 소프트웨어	Inktomi, Verity
	온라인 교육회사	Sylvan Prometric, Assymetrix
	웹 데이터베이스	Oracle, IBM DB2, Microsoft SQL Server
인터넷 중개업 (Internet Intermediary) 계층	수직적 산업 내의 시장 창출자	VerticalNet, PCorder
	온라인 여행 대행사	TravelWeb.com, Travel.com
	온라인 브로커	E*Trade, SchWab.com, DLJDirect
	콘텐츠사업자	Cnet, ZDnet, Broadcast.com
	포털, 콘텐츠제공자	Yahoo, Excite, Geocities
	인터넷광고 브로커	Doubleclick, 24/7 Media
	온라인광고	Yahoo, ESPNSportszone
인터넷 상거래 (Internet Commerce) 계층	전자상점	Amazon.com, eToys.com
	온라인 판매제조업자	Cisco, Dell, IBM
	요금 및 가입비 기반회사	trestreet.com, WSJ.com
	온라인 항공권 판매항공사	AA(America Airline)

셋째는, 인터넷 중개업 서비스이다. 이 계층은 말 그대로 인터넷상에서 중개역할을 해주는 분야로서 광고, 아웃소싱 수수료, 회원 가입비, 커미션 등을 주요 수익원으로 하고 있다. 또한 대부분 기업이 인터넷을 기반으로 비즈니스 활동을 하고 있다. 관련 업종으로는 인터넷 여행 대행업, 콘텐츠 제공업, 포털 사이트업 등을 들 수 있다.

마지막으로, 인터넷 상거래 서비스이다. 여기에는 직접 제품을 생산하여 인터넷 채널을 통해 판매하는 기업도 있고 외부에서 제품을 조달한 후 인터넷을 통해 판매만 하는 기업도 있다. 따라서 이 유형에 속하는 기업들은 기존의 오프라인상의 전통적 사업자와 순수 인터넷 사업자로 구분된다. 취급하는 상품도 물리적 상품은 물론 디지털 상품도 포함한다. 그런가 하면 법률, 의료, 교육 등 제품이 아니라 전문지식 서비스를 제공하는 기업도 여기에 속하게 된다.

(2) e-Service 비즈니스 분류

산업 차원에서 비즈니스 차원으로 내려가면 인터넷상의 사업 방식이나 사업 비중에 따라 e-Service를 분류할 수 있다. 가장 대표적인 분류기준으로는 아래의 세 가지를 들 수 있다.

가. 사업주체에 의한 분류

우선 누가 거래의 주체로서 비즈니스에 참여하는가에 따라 여러 유형으로 나눌 수 있다. 이 기준에 의해 [그림 1-8]에 도시되어 있는 것처럼, 기업 간(Business to Business: B2B) 거래, 기업과 소비자 간(Business to Customer: B2C) 거래, 기업과 공공기관 간(Business to Government: B2G) 거래, 개인과 공공기관 간(Customer to Government: C2G) 거래, 개인과 개인 간(Customer to Customer: C2C) 거래 등으로 나뉜다.

나. 시장주도권에 의한 분류

이 분류는 참여 주체뿐 아니라 그 시장을 통제하는 시장주도권이 누구에게 있는가에 따라 여러 유형으로 나눈다. 여기서 말하는 주도권이란 제품 및 서비스에 대한 시장구매력, 가격결정력 등을 나타낸다. [그림 1-9]에서 보듯이, 비즈니스는 크게 판매자주도형 시장(seller-controlled marketplace), 구매자주도형 시장(buyer-ntrolled marketplace), 중개상주도형 시장(neutral marketplace)의 세 유형으로 나뉜다.

그림 1-8 ▌사업주체 간 관계에 따른 e-Service 분류도

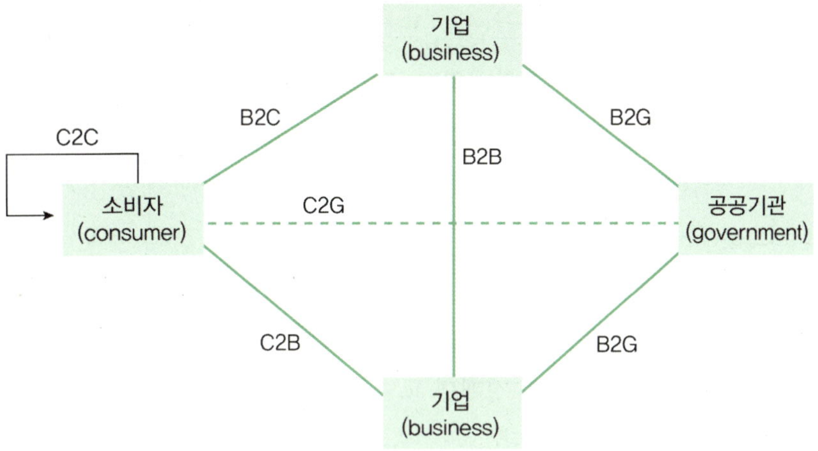

그림 1-9 ▌시장주도권에 의한 e-Service 분류도

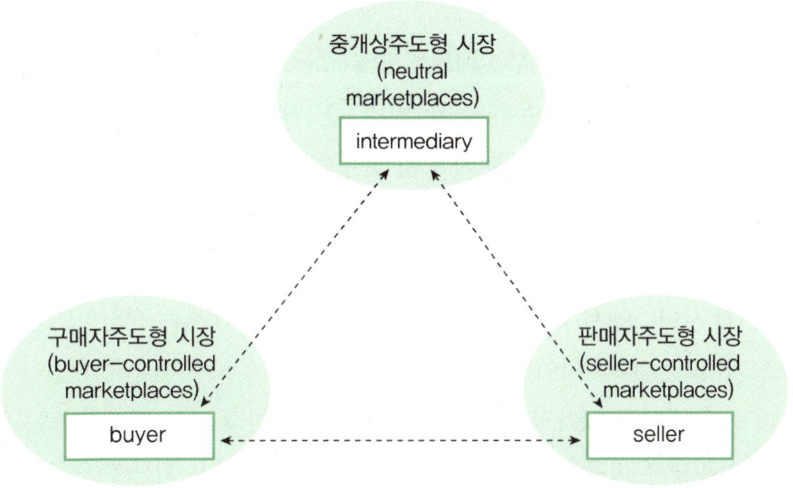

다. 제품 및 정보의 흐름에 따른 분류

제품이나 정보의 근원지인 공급자로부터 최종적인 소비자에게까지 전달되는 과정의 차이에 따라 크게 세 가지의 e-Service 유형을 제시할 수 있다(Julta 등, 1999). 여기서 보여주는 분류는 가장 기본적인 형태로서 세 가지 유형의 결합에 따라 끊임없이 새로운 모델이 창출될 수 있다.

첫째는 전자브로커(e-broker) 모델로, 공급자와 소비자 사이에서 중개인 역할을 하는

비즈니스 유형을 의미한다.

둘째는 제조업체(manufacturer) 모델로, 특화된 제품을 직접 생산하고 동시에 전문적인 마케팅부서를 가지고 있는 제조업체의 비즈니스를 가리키는 모델이다.

셋째는 경매형(auction) 모델로, 상품을 구매하고자 하는 측에서 먼저 제품의 구매가격을 제시한 후 공급자가 그 가격에 동의하는 일련의 절차에 의해 제품의 거래가 이루어지는 비즈니스를 의미한다.

여기서 제시한 분류도를 앞에서 시장주도권에 의해 만들어진 분류도와 대비시키면 1:1의 연계가 가능하다. 앞의 판매자주도형 거래는 여기의 제조업체 모델과 연결되고, 앞의 구매자주도형 거래는 여기의 경매형 모델과 연결되며, 앞의 중개상주도형 거래는 여기의 전자브로커 모델과 연결된다.

4) 온라인 서비스 진화 단계의 분류

무선기기(wireless device)와 무선네트워크(wireless network)의 급속한 발전과 확산으로 인하여 기존의 e-Service는 또 한 번의 큰 변화를 맞이하고 있다. 이에 따라 e-Service의 동태적 변화를 설명하는 새로운 분류 체계가 제시되기도 한다. 이런 맥락에서 최근에 가장 자주 언급되는 분류 체계는 웹 서비스(w-Service), 모바일 서비스(m-Service), 유비쿼터스 서비스(u-Service)로 나누는 것이다. 발전이나 진화의 관점에서 보면 초기의 웹 서비스에서 출발하여 이제 모바일 서비스 단계로 진입하고 있고 앞으로 유비쿼터스 서비스를 향해 나아갈 것으로 보인다.

처음부터 중심에 있었고 아직도 가장 큰 비중을 차지하고 있는 **웹 서비스**는 폭넓은 고객층을 대상으로 낮은 비용과 빠른 속도로 서비스를 창출한다. 최근 떠오르고 있는 **모바일 서비스**는 선별적 고객층을 대상으로 이동성(mobility)과 개인화(personalization)에 기반한 서비스를 제공한다. 차세대 유형으로 주목받고 있는 유형인 **유비쿼터스 서비스**는 이질적 고객집단을 대상으로 확산성(pervasion)과 융합성(convergence)에 초점을 맞춘 서비스를 제공한다.

5. 서비스 산업의 위상

서비스 산업은 제조 산업과 관련된 채로 중복된 위치에 있는 경우가 대부분이며 공생적 관계를 맺으므로 상호보완 및 동반관계로 인식하는 것이 요구된다. 제조업이 없는 서비스는 그 기반이 약해 지속적 발전이 어렵지만, 서비스 없는 제조시스템도 역시 고부가가치 창출에는 한계가 있을 것이다. IBM이 컴퓨터 관련 산업의 제조 기술이 없이는 컴퓨터 관련 서비스를 지속해서 창출시킬 수 없으며 또한 세계적 초일류 자동차 기업들이 강력한 서비스시스템이 없이 고부가가치의 제품을 창출하는 일은 어려울 것이다

그런데 전통적인 서비스 개념에는 서비스를 제조업과 관련된 부수적인 사업으로 또는 그 위상이 천하고 낮은 것으로 규정하는 경향이 있었다. 위상이 낮은 것으로 평가되는 서비스 사업들은 주로 다음과 같은 기능들을 수행하는 사업들이었다.

① 전통적으로 비공식적 경제의 한 부분으로서 신분 계층이 낮은 사람들에 의하여 수행되었던 기능들

② 모든 사람이 저마다 전문가이며 그에 상응하는 지식을 가지고 있다고 주장하는 기능들

③ 공식적인 교육 수준이 낮은 고용인들에 의하여 수행되는 기능들

④ 지저분하거나 사회에서 필요악으로 여겨지는 기능들

세탁, 요리, 어린이 보육 등은 전통적으로 여성들에 의해서 집에서 수행되는 서비스이며 그에 상응하는 높은 지식이 요구된다. 그러나 여권신장 운동가들의 지적에 따르면 사람들은 이러한 서비스와 이를 수행하는 사람들을 낮게 평가해 왔으며 지금도 일부에서는 여전히 그렇게 생각하는 경향이 있다고 한다. 우리는 고객으로서 이러한 서비스를 제공하는 사람들이 하는 일을 경멸하기도 하고 때로는 그들의 잘못에만 주목하기도 한다. 심지어는 이러한 분야의 사업과 관계된 기업들을 천하게 평가하고 또한 그러한 기업에 소속되어 일하는 것 자체를 별로 탐탁하게 여기지 않는 경향이 있다.

본래 서비스란 가치 있는 서비스만을 수행하는 것이 아니므로 이러한 생각은 잘못된 것이며, 서비스의 올바른 수행을 위한 세련된 사고가 요구된다. 사실 서비스 산업처럼 폭넓은 위상을 갖는 산업도 없다. 교회나 예술단체 같은 일부의 서비스 산업은 우리들의 은근한 욕구를 충족시켜 주며, 은행이나 병원 같은 곳에서는 우리가 필요로 하는 수요와

중요한 자원을 취급해 주므로 비록 진보된 서비스 산업으로 생각되지는 않지만 높은 위상을 갖는 경향이 다분하다. 수많은 형태의 서비스가 낮은 위상을 갖는 산업과 기업에 의해서뿐만 아니라 높은 위상을 갖는 산업과 기업에 의해서도 제공되고 있다.

그러면 왜 이러한 문제들이 위상으로 반영되는가? 그 이유는 서비스관리, 성취동기, 기술을 지닌 사람의 채용 가능성, 문화를 발전 · 유지하는 방법 등과 관련되어 있기 때문이다. 위상이 낮은 서비스 산업의 경우에서도 높은 품질의 서비스관리를 요구하고 있으며 또한 성취동기가 분명하고도 능력이 뛰어난 관리자를 채용하는 문제는 매우 심각한 문제이다. 사실상 이러한 사업들은 관리에 어려움이 따르기 때문에 철저한 전문의식과 도덕적인 직업정신이 필요하게 된다.

2장 서비스 운영관리

1절 서비스시스템

1. 생산 · 운영시스템의 본질

기본적으로 조직은 [그림 2-1]에서와 같이 투입을 산출로 변형시키는 시스템에 대한 계획 및 통제를 수행한다. 여기서 **시스템**(system)이란 일반적으로 "공동목표 달성을 위해 서로 관련성을 가진 구성요소들의 모임"을 의미하며, 모든 **생산 · 운영시스템**은 투입(input), 변형과정(process), 산출(output)의 세 부분으로 구성된다.

그림 2-1 ▌투입–변형과정–산출 관계

투입(input)은 원자재, 기계, 건물, 노동, 경영, 자본 등이며 변형기술을 통해 산출물로 바뀐다. **변형과정**(process)은 투입된 것을 변형시켜 무엇인가 고객이 요구하는 형태로

산출한다. 그리고 산출(output)은 고객의 필요나 욕구를 충족시키는 상품이나 무형적 서비스의 형태를 가진다. 운영시스템은 직접적인 변형을 담당하고, 조직 내 여타 부문은 변형을 지원하는 기능을 한다. 이렇게 변형과정을 직접 담당하는 분야가 바로 생산 · 운영시스템인 것이다. 제조업의 생산시스템은 변형과정이 유형적이며 부가가치가 쉽게 인지될 수 있으나 서비스 운영시스템은 무형적 측면이 강하므로 이해가 쉽지 않고 관리 및 통제의 어려움이 커진다.

생산 · 운영시스템은 그 형태에 따라 [표 2-1]처럼 다양한 변형과정을 가진다. 물론 이러한 변형은 상호 배타적이 아니므로 동일 시스템 내에서도 여러 가지 변형이 가능하다.

표 2-1 ▌생산 · 운영시스템의 예

시스템	투입요소	변형과정	산출
자동차공장	여러 부품, 작업자, 공구, 장비	조립	완성된 자동차
대학	신입생, 교수, 교재, 도서관, 강의실	교육, 연구	졸업생(지식인)
은행	은행원, 예금상품, 현금지급기, 금고	고객재산 보호 · 증식, 안전한 보관	높고 안정적 이자, 각종 예금 · 대출 · 신탁
병원	환자, 의사, 간호사, 약품, 의료기구	진료 · 치료 · 수술, 건강상담	건강한(완치된) 사람
식당	배고픈 고객, 음식재료, 종업원, 요리사, 주방기구	맛있는 음식 및 서비스	배부른(만족한) 고객
항공	비행기, 기장, 스튜어디스	빠른 수송, 안전운행	목적지 도착
컴퓨터 통신	각종 프로그램, 정보이용자, 장비	다양한 정보에 접속	정보취득
이/미용실	이/미용사, 기기, 화장품	커트, 퍼머, 면도, 화장	깔끔한(멋있는) 외모

2. 서비스시스템의 구성

서비스시스템은 크게 나누어 기술적인 변형을 담당하는 서비스 운영시스템과 고객과 상호작용이 필요한 서비스 제공시스템으로 분리할 수 있다. 소규모 고객 서비스에서는

양자의 구분이 모호하지만 분리하는 것이 유리한 경우가 많다.[1]

1) 서비스 운영시스템

(1) 기술적 핵심

서비스 운영시스템에서는 서비스 활동으로 투입 · 산출의 변형이 일어난다. 그리고 '운영(operations)'이란 투입을 산출로 변환하는 과정을 포함하는 것으로 정의된다.

[그림 2-2]에 나타난 서비스시스템은 고객에게 보이는 부분과 보이지 않는 부분으로 나눌 수 있다. 보이지 않는 부분을 '기술적 핵심(technical core)'이라고 부르며 고객은 이 존재 자체를 의식하지 못하는 경우가 많다. 이 기술적 핵심은 후방지원 활동으로서 고객 접촉 활동인 전방 활동과 구분된다. 이는 서비스가 기본적으로 역할수행(role performance) 측면이 강하다는 점에 기인한다.

그림 2-2 | 서비스시스템

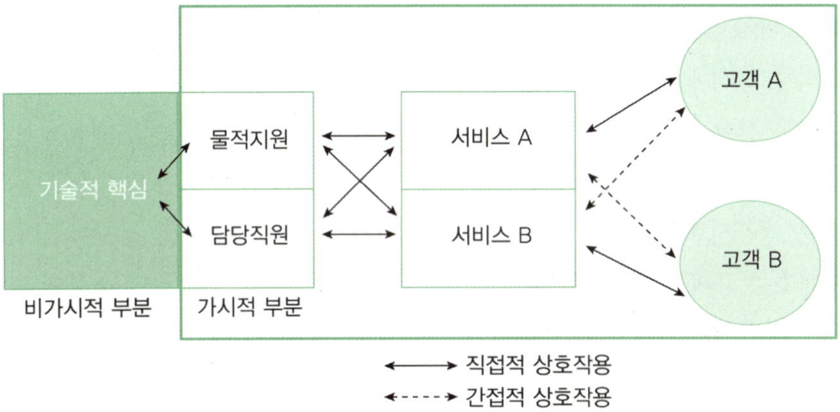

자료: C. Lovelock, *Services Marketing*, Prentice-Hall, 1991, p.14.

(2) 기술적 핵심의 역할

서비스 변형시스템의 가시적인 부분에는 서비스 제공자와 관계되는 부분이 있고 물적 시설이나 장비와 관계되는 부분도 있다. 고객은 보이지 않는 부분에 관심이 없으며,

1 원석희, 서비스 운영관리, 형설출판사, 2010, pp.68-70.

인지된 서비스 결과와 서비스 제공과정에서 경험된 부분으로 서비스를 평가한다. 물론 보이지 않는 지원 활동이 역할을 다하지 않으면 고객에게 부정적 영향을 미친다.

이렇게 비가시적인 서비스 활동의 비중은 서비스 성격에 따라 달라진다. 인간처리 서비스는 이발, 진료, 항공여행처럼 보이지 않는 부분보다 고객을 직접 상대하는 가시적 부분이 많다. 소유물처리 서비스는 고객이 소유물을 맡기고 처리 후에 찾아가게 하거나 고객 소재지에서 서비스 제공을 하기도 한다. 그러나 이 서비스는 고객이 참여하지 않으므로 시스템의 가시적 부분은 인간처리 서비스에 비해 매우 작다. 정보처리 서비스는 방송, 보험, 정보, 법률과 같이 고객 존재를 필요로 하지 않는다. 그 대신 고객과의 상호작용은 대개 서면이나 기타 통신수단으로 이루어진다.

2) 서비스 제공시스템

(1) 고객접촉 부분

서비스 제공시스템은 언제, 어디서, 어떻게 서비스가 고객에게 제공되는가에 관계된다. [그림 2-2]와 같이 제공시스템의 가시적 요소(물적 지원, 담당 직원)는 고객 당사자뿐 아니라 다른 고객에게도 노출된다. 원래 서비스 제공자(담당 직원)와 고객과의 관계는 매우 가까운 것이 보통이지만 이제 자동화의 영향으로 서비스 창출 및 제공에서 고객의 존재가 필수적인 경우를 제외하고는 접촉이 줄어드는 추세다. 특히 서비스 활동의 가시적 부분은 제공시스템의 성격이 변화하면서 점차 감소하는데 최근 전자통신기술을 이용한 서비스는 고객접촉을 더욱 줄이고 있다. 고객은 이러한 변화에 대해 불안감을 느낄 수 있으므로 고객 교육이나 고객 문제 해결에 적극적 자세가 필요하다.

(2) 고객 니즈 반영

서비스 제공시스템의 설계와 관리는 본래 운영 부문의 책임이지만 고객 니즈와 관심을 제대로 시스템에 반영하기 위해서는 마케팅 부문도 포함되어야 한다. 그러므로 서비스 제공시스템 설계자의 주 임무는 서비스 제공을 표적고객의 니즈와 선호에 맞추는 것이다. 그렇지 않으면 고객은 서비스 상품 자체를 외면하게 된다. 특히 고객이 서비스시스템에 참여할 때는 고객의 행동을 신중하게 관리하여 조직전략과 일치하는 방향으로 나가야 한다.

2절 서비스시스템의 관리[2]

1. 운영관리의 의의

조직의 3대 기능인 마케팅, 생산 · 운영, 재무 부문 중 생산 · 운영 부문이 가장 많은 인원이 투입되고 자본투자가 많다. 그러므로 효율성을 높이고 효과를 올릴 수 있는 잠재력이 가장 큰 부문으로 볼 수 있다. 여기서 효율성(efficiency)이란 용어는 올바르게 작업을 행하는 것(doing things right)으로, 목표를 달성하게 하는 수단과 관련이 있다. 반면, 효과성(effectiveness)은 올바른 작업을 행하는 것(doing the right things)으로, 목표를 달성했는지와 관련이 있다.

또한 운영 부문은 조직의 중심적인 기능을 수행하며 제품과 서비스 생산을 위해 존재하지만 다른 기능은 운영 부문을 지원하는 역할을 한다. 예를 들면, 운영 부문은 마케팅과 상호작용하여 고객수요를 예측하고 문제에 대한 고객 피드백을 받는다. 재무부서와는 자본투자, 예산 할당 등에 대한 공조가 필요하고, 인사부서는 운영 부문의 직원훈련, 고용 및 해고를 담당하고, 구매부서는 생산에 필요한 원 · 부자재를 발주하고 수취한다.

이처럼 운영 부문은 외부의 환경이나 고객으로부터 분리되어 안정적 환경에서 효율성을 추구할 수 있는 완충장치를 가진다.

[그림 2-3]에서 보듯이 생산 · 운영 부문은 중추적 역할수행을 하므로 조직 내에 영향력이 매우 크다. 즉 생산 · 운영 부문 없이는 제품이나 서비스 생산이 불가능하고 판매도 불가능하다. 그러므로 기업의 원활한 활동을 위해서 주요 기능부서는 반드시 조직 내 핵심 기능인 운영 부문을 이해해야 하고 운영관리의 핵심 개념, 정책, 관행, 기법을 숙지하는 것이 필수적이다.

그리고 운영부서는 현장 직원 관리에 대한 책임과 권한을 갖고, 기술, 인사, 설비를 통합하여 고객과의 관계를 유지하는 역할을 담당한다. 이렇게 서비스업에서 운영부서는 가장 큰 부문이며 중추적 기능을 수행한다.

운영관리자는 생산설비나 절차만을 관리하는 것이 아니라 소매업에서처럼 고객이 이

2 본 교재에서는 서비스시스템 관리를 '운영관리' 또는 '서비스 운영관리'와 같은 의미로 사용한다.

그림 2-3 ▌생산 · 운영, 기타 기능, 환경 간의 관계

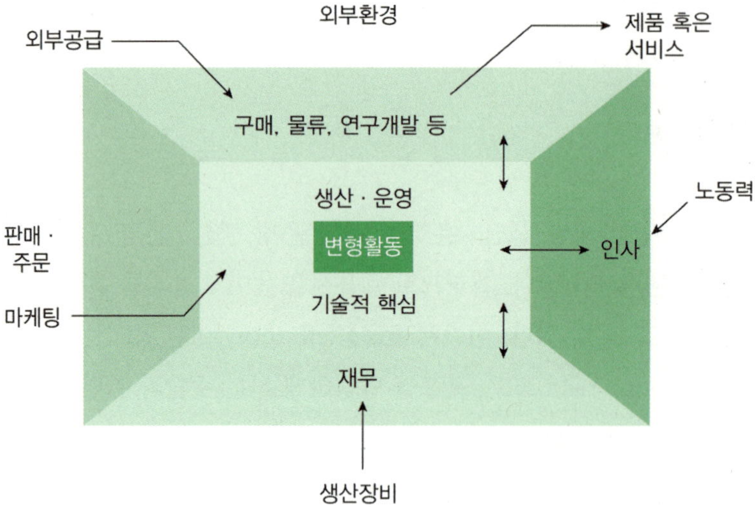

자료: Chase R. & R. Aquilano, *Production and Operations Management: A Life Cycle Approach*, 6th ed., Irwin, 1992, p.7.

용하는 시설도 직접 관리한다. 특히 인력 집약적 개인 서비스에서는 운영관리자가 현장 직원을 비롯한 인력을 관리하고 유통시스템을 운영하며 마케팅 역할을 담당하기도 한다. 그 결과 서비스 기업의 마케팅부서는 운영부서에서 관리하는 절차, 인력, 시설 등과 관계가 밀접하며 운영부서에 크게 의존하는 경향이 있다.

2. 서비스 운영 수명주기

서비스 운영부서의 수적 증가나 기업의 입지변화 등에 의한 서비스 기업의 성장은 서비스 과업이나 기능에 변화를 가져온다. 이러한 서비스 기업의 성장에 따른 서비스 운영에도 수명주기의 개념이 적용 가능한데, 오랫동안 제조 기업에서 활용되어온 제품 수명주기와 유사한 특성을 가진다.

서비스 운영 수명주기(service operations life cycle)는 도입기, 성장기, 성숙기의 3단계로 이루어져 있는데, 다음의 [그림 2-4]는 이러한 서비스 운영 수명주기 단계를 도식화한 것이며, 각각의 단계에 대한 자세한 내용은 다음과 같다.

그림 2-4 ▌서비스 운영 수명주기

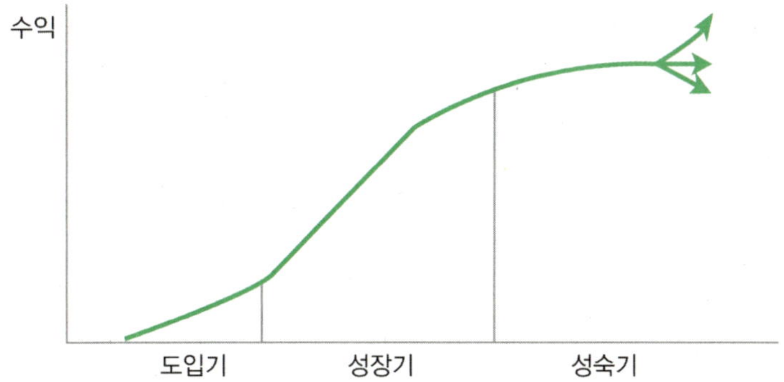

자료: C. Voss et al., *Operations Management in Service Industries and the Public Sector*, 1985.

(1) 도입기

도입기의 서비스 운영은 흔히 단순한 형태를 띠게 된다. 도입기에서 성장기로 가기 위해서 서비스 기업들은 지리적인 제약요인 극복과 고객 확보에 대한 능력을 보유해야 하며, 다양한 시장환경에 대한 적응 능력과 재무 분야에 대한 뛰어난 판단력이 요구된다. 좋은 아이디어와 재무적 능력 그리고 성장 가능성이 큰 시장을 확보한 서비스 기업은 성장에 성공할 수 있다. 그러나 대부분 도입기의 서비스 기업들은 재무적 능력이나 운영통제, 인적자원, 현금흐름 등에 대한 능력이 부족하므로 이러한 분야에 대해 외부의 도움이 필요하다.

도입기의 서비스 기업들은 시장 또는 고객의 새로운 요구나 기대에 빠르게 적응할 수 있는 운영기능을 갖추는 데 초점을 두어야 한다. 즉, 이 시기에는 경쟁자가 적거나 전혀 없을 수도 있으므로 기업들은 기본적인 서비스 제공에 초점을 두되 시장변화와 고객 요구에 따라 새로운 서비스를 제공할 수 있어야 한다.

(2) 성장기

성장기의 서비스 기업들은 다양한 운영을 통해 여러 시장에서 경쟁우위를 확보하거나, 현재 운영기능에 대한 추가적인 지원을 통해 성장할 수 있다. 이러한 성장은 효율적인 후방지원(back-office) 시스템 계획과 통제를 통해 가능한데, 이러한 기능은 새롭게 추가되거나 확장된 서비스 과업을 지원하게 된다. 또한 재무 분야는 새로운 설비나 인적자원에 대한 의사결정을 지원하게 된다. 성장기에는 시장의 규모가 확대되고 신규 고객이 증가하기 때문에 서비스 기업의 시장점유율 증대는 매우 중요한 문제가 된다. 이를 위해 서비스 기업은 정해진 시간에 큰 문제 없이 시장 또는 고객의 요구에 적합한 서비스를 제공해야 하는데, 이러한 효율적인 서비스 운영을 위해 프랜차이즈 형태 등을 이용하기도 한다.

이 시기에는 서비스 기업들의 운영시스템이 점차 정형화되기 시작하며, 교육프로그램이나 구매 · 통제시스템 · 절차 등도 정형화된다. 또한 입지, 시장침투, 프로세스의 효율화, 통제 절차, 조직구조 등에 기업의 전략적인 초점을 맞추는 특성을 보인다.

(3) 성숙기

성숙기에는 시장 경쟁구조의 변화로 인해 성장 속도가 다소 늦어진다. 또한 성숙기에 해당하는 서비스 기업들은 시장 확대에 따른 경쟁기업과 고객의 증가로 인해 서비스 개념의 차별화에 많은 어려움이 있게 된다. 따라서 서비스 기업들은 시장점유율의 유지나 증가에 더욱 집중적인 노력을 할 필요가 있다. 그러나 이러한 노력은 유통이나 광고 등에 대한 과다 지출을 유발하여 기업의 수익은 점차 감소하게 되고, 따라서 서비스 기업의 운영은 판매 증대와 비용 효율화에 초점을 두게 된다.

이 시기의 서비스 기업들은 표준화된 통제시스템과 운영시스템을 확보하고 있으며, 설비의 유지보수에 대한 중요성이 점차 증가하게 된다.

기업 사례 **잘 나가는 제품엔 OOO가 있다**[3]

경쟁사 제품에 비해 고가이면서 경기를 덜 타고 소비자의 지갑을 열게끔 만드는 게 바로 프리미엄 제품이다. 프리미엄 브랜드는 다양한 분야에서 성장을 거듭하고 있는데 자동차 시장에서 그 변화를 가장 크게 실감할 수 있다. 국내 자동차 시장에서 수입차는 지난해 12.2%의 점유율을 기록했으며, 업계에서는 올해 15%를 넘어 20%까지 올라갈 수 있을 것으로 예상하고 있다.

이런 프리미엄 브랜드에 대한 소비자들의 사랑은 하루아침에 만들어진 게 아니다. 하지만 많은 기업은 프리미엄 브랜드에 대한 이해가 부족하다. 가장 큰 문제는 단순히 고가의 가격정책을 펼치면 제품을 프리미엄 브랜드로 끌어올릴 수 있다고 믿는다는 점이다. 독일차 폴크스바겐의 페이톤(Phaeton) 자동차가 한 예이다. '골프'라는 베스트셀러를 필두로 경차의 대명사로 알려진 폴크스바겐은 페이톤이라는 대형 고급 세단을 출시했지만 기존 경차 이미지가 너무 강한 나머지, 소비자들은 미국 시장에서 고가의 페이톤을 외면했다.

프리미엄 제품으로 시장에서 성공하려면 타깃 소비자들이 중요시하는 4개 영역을 반드시 갖춰야 한다.

첫째, 최신 기술을 접목한 탁월한 기능성이 필수이다. 그러나 무작정 다 갖출 필요는 없다. 많은 기업이 최대한 많은 기능을 제품에 넣으려고만 하는데 이는 실패의 지름길이다. 성공의 핵심은 타깃 고객이 가장 선호하는 기능만을 모은 제품을 제공하는 것이다.

둘째, 성공한 프리미엄 브랜드는 디자인 측면에서 독보적이고 세월이 흘러도 변치 않는(timeless) 특징을 갖고 있다. 애플의 매킨토시 컴퓨터는 디자인 자체가 제품의 상징이 되었으며 다양한 소비자에게 여전히 사랑받고 있다.

셋째, 프리미엄 브랜드는 모든 고객과의 접점에서 세밀한 배려를 통해 고객한테 감동을 준다. 스티브 잡스가 애플 스토어를 기획할 때 투숙객의 모든 고민을 해결하는 포시즌스 호텔의 컨시어지(concierge) 서비스를 벤치마킹했다는 일화는 유명하다. 매장에서도 호텔식 서비스를 주고 싶었던 것이다. 그는 시각적으로 디자인이 탁월한 매장을 만든 뒤, 점원이 소비자의 모든 궁금점을 해결해주는 지니어스바(Genius Bar)를 설치했다. 프리미엄 브랜드가 되려면 맞춤형 서비스를 통해 현격히 높은 서비스를 기대하는 고객의 기대 수준을 만족시켜야 한다. 이런 측면에서 프리미엄 브랜드는 모든 고객에게 동일한 서비스를 제공하는 대중적인 브랜드와 차이를 보인다. 결국 프리미엄 브랜드로 도약하려면 공급자(기업중심) 마인드에서 탈피해야 하며, 현재와 다른 유통 채널을 구축해 차별화된 서비스를 고객들에게 제공해야 한다.

끝으로, 프리미엄 제품의 가치를 높이려면 고유의 '스토리'가 있어야 한다. 이는 제품 성능이 우월하다며 장황하게 설명하는 것과는 다르다. 제품 디자이너의 명성, 스위스 시계와 같이 제품의 역사, SK II 화장품과 같은 소재의 희소성 등과 같이 제품의 독특한 스토리를 소비자에게 적극 알려야 한다. GE는 냉장고 신제품인 모노그램을 초부유층을 겨냥한 럭셔리 가전으로 출시했지만, 유통 채널에서 고품격 이미지를 구축하는 데 실패했다. 반면 BMW는 35년 된 소형·저가 차종 미니(MINI)를 독특한 디자인을 무기 삼아 프리미엄 브랜드로 2000년 초 재출시해 성공했다. 독특한 디자인의 차량이 특별하다는 메시지를 끊임없이 소비자에게 전달한 게 성공 요인이었다. 프리미엄 브랜드를 지향하는 기업이라면 프리미엄 이미지를 향상시킬 수 있는 스토리텔링에 더 많은 고민을 해야 한다.

3 신정호 맥킨지 부파트너, 조선경제, 2014년 3월 10일

3. 서비스 운영관리의 의사결정

서비스 운영관리 의사결정의 주요 문제들은 의사결정이 미치는 영향 기간의 장단(長短)에 따라서 [표 2-2]와 같이 장기적 안목에서의 전략적 문제를 다루는 의사결정 문제(서비스시스템의 설계에 관한 문제)와 단기적 안목에서의 전술적/관리적 문제를 다루는 의사결정 문제(서비스시스템의 운영 · 관리에 관한 문제)로 나눌 수 있다.

표 2-2 ▌서비스 운영관리 의사결정의 주요 문제

주요 문제		기본 문제
설계	서비스 운영전략	• 품질, 원가, 시간, 유연성, 납기 중 어디에 중점을 둘 것인가? (본서 3장)
	서비스 설계	• 어떤 서비스를 제공할 것인가? (4장)
	시설 입지	• 서비스를 제공할 시설을 어디에 둘 것인가? (5장)
	설비 배치	• 설비와 장비들을 어디에 배치하는 것이 경제적인가? (6장)
운영관리	수요 · 공급관리	• 서비스에 대한 수요 · 공급관리를 어떻게 할 것인가? (7장)
	대기행렬관리	• 대기행렬을 어떻게 효율적으로 관리하는가? (8장)
	일정관리	• 인력, 업무 그리고 프로젝트는 어떻게 관리하는가? (9장)
	재고관리	• 필요한 물품을 언제, 얼마나 조달하며, 재고는 얼마로 하나? (10장)
	품질관리	• 고객이 만족하는 서비스 품질을 이루기 위해 어떻게 어느 정도로 관리하는가? (11장)

1) 장기적 의사결정 문제: 서비스시스템의 설계

장기적인 의사결정 문제로 의사결정 효과가 장기간에 미치는 전략적인 의사결정 문제들은 다음과 같다.

(1) 서비스 운영전략 수립

기업의 환경변화에 유연하게 적응하고 기업 전체의 유효성을 높일 수 있도록 하기 위해서는 일차적으로 서비스시스템, 즉 변환시스템과 관리시스템의 통합적인 조정이 수반되어야 한다. 이를 위해 서비스 운영전략을 토대로 하는 전략적 경영(strategic management)이 뒷받침되어야 한다.

(2) 서비스의 설계

이는 서비스 수요와 서비스시스템의 능력에 비추어 그 유효성이 높은 수준에서 결정되어야 한다. 서비스 내용이나 과정 또한 고객만족과 직결되므로 서비스 내용의 설계는 매우 중요하다.

(3) 시설 입지의 결정

서비스(영업) 장소의 입지는 고객의 관점에서 결정하는 것이 중요하다.

(4) 설비 배치의 결정

서비스 시설의 경우는 고객이 만족할 수 있는 서비스를 경제적으로 제공할 수 있도록 배치하여야 한다.

2) 단기적 의사결정 문제: 서비스시스템의 운영 및 관리

단기적인 의사결정 문제로 생산시스템의 운영과 관리에 관한 전술적 의사결정 문제들은 다음과 같다.

(1) 수요 · 공급관리의 문제

변동하는 수요를 조절하거나 수요에 맞게 공급능력을 조절하는 데 초점을 두어야 한다.

(2) 대기행렬관리의 문제

대기행렬의 기회비용과 능력비용 간의 균형을 취하기 위한 문제에 초점을 두어야 한다.

(3) 일정관리의 문제

경제적인 서비스 활동을 전개하려면 인력, 업무 그리고 대규모의 비반복적인 프로젝트를 효율적으로 관리할 필요가 있다.

(4) 재고관리의 문제

서비스 활동을 원활히 할 수 있도록 재고를 유지하고, 아울러 재고관리비를 최소화하기 위해 발주 시기, 발주량, 안전재고 수준 등을 적절히 결정할 필요가 있다.

(5) 품질관리의 문제

고객이 만족할 수 있는 품질의 서비스를 경제적으로 생산하기 위해서는 조직 내에 품질을 지속해서 개선할 수 있는 품질 경영철학과 품질개선 모델, 그리고 구체적인 품질관리 기법이 필요하다.

요컨대 이들 서비스시스템에서 야기되는 서비스 운영관리상의 문제들은 모두 중요한 서비스 운영관리의 직능인 동시에 서비스 경영자의 중요한 책무이기도 하다.

앞에서 열거한 여러 문제 가운데, 장기적 의사결정 문제는 주로 서비스시스템의 설계와 관계가 깊은 전략적 의사결정 문제들인 데 반해서, 단기적 의사결정 문제들은 서비스시스템의 운영과 관리에 관계되는 전술적 또는 업무적 의사결정 문제임을 알 수 있다.

서비스시스템의 설계는 장기적인 안목에서의 전략 문제가 야기되므로 시스템의 유효성(effectiveness)의 문제가 제기되지만, 대부분 단기적이며 업무적인 의사결정 문제가 수반되는 서비스시스템의 운영 및 관리에서는 업무 활동의 능률(efficiency) 문제가 주로 다루어진다.

'서비스시스템의 설계'와 '서비스시스템의 운영관리'는 서로 상관관계는 있지만, 이질적이므로 본 교재는 2부와 3부에서 각각 다룬다.

2부

서비스시스템의 설계

SERVICE MANAGEMENT

3장 서비스 운영전략

1절 서비스 전략[1]

1. 서비스 전략의 정의

서비스 전략(service strategy)은 서비스 제공과 관련된 일종의 특유한 공식이다. 이 전략은 고객에게 가치가 있으면서도 기업경쟁력에 도움을 주는 서비스가 되도록 하는 일련의 계획 및 정책들을 의미한다. 서비스 기업은 이러한 전략을 고객 편의와 고품격의 고객 서비스를 제공하는 시장지향적인 방향으로 시행되어야 한다.

서비스 전략을 전개하는 데 있어 비전은 중요한 역할을 한다. 비전(vision)이란 '나무를 보고 숲을 보기' 위한 능력이다. 숲을 본다는 것은 자사를 둘러싼 시장이 어떠한 것인가를 인식해 그 시장에서의 자사의 위치를 분석하여 자사가 차지하고 싶다고 생각하는 위치에 대한 명확한 개념을 개발함을 의미한다. 이것은 판단력, 창조성, 그리고 폭넓게 사물을 생각하는 능력을 요구하는 세련되고 기업가적인 사고 프로세스이다.

많은 기업은 현재도 경영활동을 계속하는데 그것은 이 기업이 작년에도 경영활동을 했기 때문이며, 재작년 나아가 그 전 해에도 경영활동을 해 왔기 때문이다. 기업환경 변화에 적응해 가는 것을 배우지 않는 한 몹시 어려운 국면에 직면할 것이 분명한데도 습

1 본 교재는 서비스 전략을 '서비스 운영전략' 또는 '운영전략'과 같은 의미로 사용한다.

관이라고 하는 커다란 '속도 조절 바퀴'에 의해 지금까지와 같은 길을 계속 걸어가는 기업이 많다.

자사의 기본목적에 의문을 품는 것은 매우 많은 에너지, 결단, 지적 용기가 필요하다. 그러나 산업구조가 변화하고 낡은 시장이 퇴보하고 새 시장이 발전함에 따라 경영자들은 점점 더 그러한 의문을 품지 않으면 안 되게 되었다.

서비스 비전을 명확히 하는 능력은 많은 산업에 있어서 점점 더 중요해지고 있다. 어떤 경영자는 자신의 사고와 행동이 진부함에 따라 조직을 진부하게 운영하는 경우가 종종 있다. 따라서 바람직한 기업 비전을 가지면서 서비스 전략을 시장지향적으로 바꾸어 가는 것이 점점 더 중요시 된다.

서비스 전략을 정의하는 또 하나의 방법은 서비스 기업의 사람들이 편의를 우선하는 서비스를 향해 노력할 수 있는 '조직원리'로서 서비스 전략을 기술하는 것이다. 이 원리는 최고경영층에서 라인 앤 스태프(Line & Staff, 직접 제조 · 판매하는 부문인 '라인'과 그 활동을 돕는 부문인 '스태프', 즉 '기획 · 총무 · 회계 · 재무 · 인적자원 · 총무 · 기술 부문 등)에 이르기까지 모든 종업원의 가이드가 된다.

또한 이 원리는 "자신들이 무엇이며 무엇을 행하고 무엇을 믿고 있는가"에 대해 이야기하는 것이 아니면 안 된다. 이 원리를 준수하는 것은 회사가 그 관심의 범위 내에서 서비스를 결정하는 데에 도움이 된다.

서비스 전략을 정의하는 또 하나의 사고는 "제공되어야 하는 가치를 어떻게 표현하는가"이다. 이 관점은 서비스에 대한 고객의 성격에 초점을 맞추는 것이다. 그것은 반드시 회사의 마케팅이나 광고에 관련된 사람의 눈에 가치가 있다고 비치는 것이 아니라 고객의 눈에 비치는 가치는 어떠한 것인가 하는 관점이다.

이 생각이 충분하고 명확하게 고객의 편의를 우선하는 것이라면 그것은 광고캠페인의 기반으로서, 즉 좋은 제품과 서비스를 제공하고 싶다는 회사의 희망을 고객에게 전달하는 것으로서 효과적인 도움이 될 수 있다. 그것은 또한 모든 종업원에 대해 고품격의 고객 서비스를 제공하는 것의 중요성을 강조함과 더불어 서비스의 질이란 무엇인가를 그들에게 설명하는 회사의 설명이 될 수도 있다.

2. 서비스의 전략적 구조

서비스 생산에서 '**진실의 순간**'(moment of truth)은 매우 중요시되어 왔다. 이 용어는 스칸디나비아항공사(SAS)의 사장인 얀 칼슨(Jan Carlzon)이 주창한 개념으로, 서비스 기업의 직원과 고객이 직접 만나는 순간을 의미한다. 이러한 짧은 순간을 통해 고객은 서비스 구매 여부를 결정한다. 이처럼 고객과 서비스가 만나는 순간을 또한 **서비스 인카운터**(service encounter)라고도 한다.

슈메너(Schmenner, 1995)에 의하면 서비스 인카운터는 서비스 기업의 경쟁력을 결정하는 척도로써 서비스 과업, 서비스 표준, 서비스 전달시스템 등 3가지 요소의 결합 정도에 의해 결정된다고 한다.

이를 모형화하면 [그림 3-1]과 같다.

그림 3-1 ▌서비스 인카운터의 결정구조

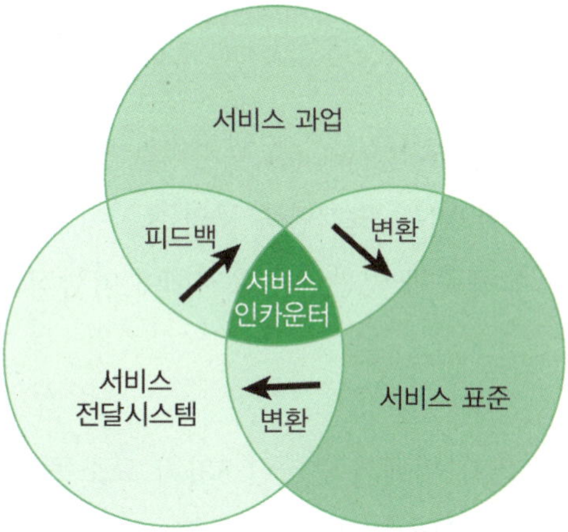

자료: R.W. Schmenner, *Service Operations Management*, 1995.

또한 슈메너는 서비스 인카운터를 결정하는 3가지 요소들의 전략적 일관성이 서비스 기업의 성패를 좌우하는 것으로 보고 있다. 이러한 서비스 인카운터를 결정하는 3가지 요소를 살펴보면 다음과 같다.

(1) 서비스 과업

서비스 과업(service task)은 서비스의 존재 이유이며, 고객이 서비스에 대해 느끼는 가치와 관련 있다. 따라서 서비스 과업은 고객에게 제공하고자 하는 서비스를 요약한 것이며, '고객의 목소리(voice of customer)'를 중요시한다. 따라서 서비스 과업의 설정은 항상 고객을 염두에 두어야 하며, 그렇지 않으면 그 서비스는 시장에서의 경쟁력을 상실하게 된다.

(2) 서비스 표준

서비스 표준(service standard)은 고객에게 효과적으로 서비스를 제공하는 방법을 말한다. 서비스 표준은 통제이며, 품질의 안내자이며, 비용 효율성을 추구한다. 서비스 표준은 측정할 수 있으며, 서비스 생산이 원활히 이루어지고 전달되는가를 감시하는 점검표(checklist)를 작성하여 활용한다.

(3) 서비스 전달시스템

서비스 전달시스템(service delivery system)은 서비스가 생산되어 전달되는 시스템을 말한다(물론 이 과정에서 품질, 비용, 고객만족 등의 요인이 통제된다). 서비스 전달시스템은 서비스 과업 및 서비스 표준과 일관성을 유지해야 바람직한 서비스 인카운터를 창출할 수 있다.

슈메너는 서비스 인카운터가 위에서 언급한 3가지 요소들이 상호 일관성이 있을 때 강화된다고 주장한다. 서비스 운영은 이들 3가지 요소들이 서로 충돌하거나 그들 중 하나 이상이 무시되어질 때 실패하는 경향이 있다.

전략에 의해 주어진 우선 사항들이 서로 일관성을 이룰 때 제조업의 선택들이 최선의 성과를 발휘하는 것과 같이 서비스 운영의 경우도 마찬가지이다. 서비스 기업의 경우 진입장벽이 상당히 낮아서 그 경쟁은 매우 격렬할 수 있으므로 일관성 없는 운영전략을 선택한 서비스 기업은 빠르게 사라지게 된다.

훌륭한 서비스 성과는 서비스 과업, 서비스 표준, 그리고 서비스 전달시스템의 통합을 통해서 달성될 수 있다. 서비스 전달시스템은 다른 분야와 밀접하게 상호작용하도록 설계되어야 한다. 따라서 본래의 서비스 과업 이외의 활동을 위하여 서비스 전달시스템을 이용하려는 시도는 실패할 수 있다. 서비스 과업과 초기의 서비스 표준을 벗어나는 서비스를 제공하기 위하여 서비스 전달시스템에 추가적인 기능을 부여하는 것 또한 매우 어려운 일이 된다.

추가적인 서비스나 새로운 서비스는 기존의 서비스 전달시스템에 적합하지 않다는 사실을 명심해야 한다. 훌륭한 서비스 제공자는 서비스 전달시스템에 손상을 주지 않고 서비스 과업, 서비스 표준 그리고 서비스 인카운터가 최적화되도록 몇몇 서비스들은 제거되어 단순화될 수 있다는 점을 알고 있다. 예를 들어, 맥도날드는 심야 판매를 강화하기 위한 노력으로 피자 공급을 시도하였으나 이러한 시도는 성공적이지 못하였다. 기존 맥도날드의 서비스 전달시스템은 빠르게 요리될 수 있고 재고기간을 짧게 할 수 있도록 개별 품목화되어 있다. 주문과 공급은 단 몇 분이 소요된다. 반면에 피자는 한 사람 이상의 고객을 위한 것이며 또한 다루기가 힘들 정도로 부피가 크다. 그것들은 자동차 안에서 주문하여 서비스받는 것(drive-in)을 통해 쉽게 전달될 수 없고 또한 주문 후 요리하는 데 20분 정도가 소요되기 때문에 드라이브인(drive-in) 판매로는 적합하지 않다.

서비스 과업과 서비스 전달시스템의 이러한 요소들은 쉽게 적합되지 않기 때문에 많은 맥도날드 체인점에서 피자를 제공한다면 그들은 이를 위한 준비비용으로 새로운 부담을 느낄 것이다.

맥도날드의 서비스시스템은 그들의 서비스 과업, 서비스 표준 그리고 서비스 전달시스템에 대한 여러 결정 사항의 희생 없이는 쉽게 전환될 수 없었다. 예를 들어, 버거킹의 경우 달걀이나 팬케이크는 요리하기 곤란한 불판 위에서 햄버거를 요리한다. 반면에 맥도날드의 햄버거 요리를 위한 그릴은 아침 식사를 준비하는 데 이상이 없었다.

이러한 예들이 서비스 인카운터, 서비스시스템(서비스의 모든 관점)에 있어서 중요한 의미를 나타낸다.

3. 운영전략의 중요성

1) 운영전략의 의의

치열한 경쟁시장에서 조직은 바람직한 서비스를 고객에게 효율적으로 제공함으로써 승리할 수 있다. 운영 부문은 조직 자산의 대부분을 소유하고 지출이 이루어지는 곳이다. 과거 운영전략은 효율성, 낮은 원가, 높은 능력 이용률을 중시했다. 그러나 이제 더욱 중요한 것은 고품질을 통한 고객만족이며 이를 경쟁자보다 더 우수하게 수행해야 한다. 본래 전략(strategy)은 기업이 경쟁우위를 얻기 위해 사용하는 일련의 계획 및 정책들을 말한다. 이러한 전략은 기업이 달성해야 할 주요 과업과 특유능력을 일치시켜야 하고 조직이 따라야 할 명쾌하고도 일관된 운영정책과 목표를 제공할 수 있어야 한다.

헤이즈와 휠라이트(Hayes & Wheelwright, 1979)는 운영전략을 운영 의사결정에 있어 일관된 패턴으로 정의한다. 이들은 운영에 관한 의사결정이 어떻게 내려져야 하며 어떻게 상호 통합되어야 하는지를 강조하고 있다. 기본적으로 **운영전략**(operations strategy)은 기업전략과 사업전략의 하위전략이며 조직의 산출성과와 직접적인 관계가 있다. 그리고 운영전략은 전체적인 기업관점에서 수립되는 **기업전략**(corporate strategy)과 사업 단위별로 수립되는 **사업전략**(business strategy)의 테두리 안에서 만들어진다. 따라서 기업전략과 사업전략에 비해 운영전략은 그 대상 범위가 좁다. 그리고 운영전략의 주요 관심 대상은 운영자원(장비, 운영 인력 · 정보 · 공간), 서비스 상품, 서비스 과정, 서비스 생산방법, 기타 운영 변수들이다. 그리고 품질, 원가, 리드타임, 유연성, 서비스 수준 등이 운영전략의 성과로 나타난다. 동일한 사업전략이라도 다른 운영전략이 구사될 수 있으므로 성과가 얼마든지 다르게 나타날 수 있다.

2) 운영전략의 부상

운영전략은 마케팅이나 재무전략에 비해 주목받지 못한 측면이 많다. 운영전략이 경쟁우위를 창출할 핵심임에도 불구하고 상대적으로 큰 비중을 가지지 못했다. 이는 점차 증대되는 기술의 중요성에 따라 운영 부문의 장기적 전략이 기업의 사활을 결정할 정도로 중요하지만 전략적 차원보다는 전술적 차원으로만 인식된 결과이다.

일반적으로 서비스 운영전략은 제조업의 생산전략보다 수립하기가 더 어렵다. 그 이유는 각 기능 부문 간 완충이 없는 상태이므로 기능적인 접근이 어렵다는 점에 기인한다. 조직 내에는 성과와 관련된 많은 변수가 있지만, 서비스에는 단일서비스 활동과 관련된 비용보다는 결합비용이 많으므로 이윤측정이 어렵다. 또 이윤의 측정방법이 없는 한 전략 행동의 결과를 정확하게 판단하기가 불가능해지는 것이다. 즉 측정할 수 없으면 관리할 수도 없는 것이다(If you don't measure it, you can't manage it). 정보화기기처럼 자본투자가 많은 서비스에서는 공용 자산을 이용하게 되고 상품에 정보적 요소가 많이 포함되므로 제품 위주의 생산전략과는 접근방법에서 상당한 차이를 보일 수밖에 없다.

4. 운영전략의 고려사항

서비스 기업의 운영기능은 비록 시장에서는 비가시적일지라도 서비스 기업의 경쟁우위에 더 크게 영향을 미칠 수 있으며, 다른 주요한 기능들(마케팅, 재무, 회계, 인적자원관리 등)과 대등한 위치에 있다. 이러한 기업의 운영기능은 본사에 집중화되어 운영되거나, 지점별로 분산되어 운영되기도 한다.

서비스 기업의 운영기능은 라인 기능과 지원 서비스 기능의 두 가지 분야로 나누어진다. 대체로 라인 기능은 직접적인 서비스 생산에 관여하며 서비스 제공자들을 감독하는 등 매우 넓은 범위로 확장될 수 있다. 지원 서비스 기능은 고객과 직접 접촉하지 않는 비가시적인 기능으로써 컴퓨터를 통한 업무지원, 재무 및 회계자료 제공, 인적자원관리, 새로운 서비스 개발 등을 포함하는 기능이다.

서비스 기업의 경영자들은 운영기능의 효율화를 위해 장기적인 관점과 단기적 관점에서 선택해야 할 문제들에 부딪히게 된다.

슈메너는 이에 대해 기술과 설비 · 운영정책 · 운영조직의 세 분야에 대한 중요 선택사항들을 다음의 [표 3-1]과 같이 소개하고 있다.

표 3-1 ▌서비스 기업의 운영기능을 위한 중요 선택사항

1. 설비
   - 설비의 형태: 고객 스스로 이용하는가, 어떤 방법으로 이용하는가, 고객들에게 매력적인가, 성수기/비성수기에 따른 변화가 있는가, 범용설비인가 · 전용설비인가?
   - 설비 배치와 입지
   - 설비의 지리적 분포
   - 설비의 규모
   - 노동집약도의 정도
   - 서비스 능력 효율성에 대한 태도
2. 운영정책
   1) 운영계획
   - 수요예측
   - 물류 및 재고시스템
   - 인적자원계획
   - 성수기/비성수기에 따른 수요관리
   2) 운영통제
   - 인적자원관리
   - 회계통제
   - 체크리스트
   - 품질관리와 감사정책
   - 서비스 운영관리
3. 운영조직
   - 전통적인 중앙집중식 조직인가, 권한이 위임된 분권화 조직인가?
   - 각 기능별로 전문가가 보유되어 있는가?

자료: R.W. Schmenner, *Service Operations Management*, 1995.

5. 운영전략의 경쟁우선순위[2]

1) 우선순위 필요성

운영전략의 경쟁우선순위(competitive priority)는 조직이 전략적으로 특유능력을 갖추려고 의도하는 차원을 나타낸다. 전략에는 서로 상충하는 측면 때문에 집중해야 할 강조

2 원석희, 전게서, pp.143-147.

점을 선택할 필요가 있다. 이렇게 상충하는 특성으로 동시에 추구하는 것이 매우 어려운 사례로는 품질과 원가 간의 관계가 대표적이다. 더 고객화된 양질의 서비스를 제공할수록 원가가 상승하는 것이 그것이다.

무엇보다도 경쟁우선순위는 조직의 특유능력을 정의하며, 강조하고자 하는 성과기준을 명시해야 한다. 우량기업은 경쟁우선순위의 최적 조합을 이루어 고객가치를 창출하고 이익을 얻는 것이다.

2) 경쟁 차원

다음은 운영 부문에서 보편화된 경쟁 차원을 열거한 것이다. 상기한 바와 같이 경쟁 차원은 어느 정도까지는 상충관계에 있으므로 우선순위에 관한 판단이 필요하다.

(1) 원가(cost)

원가를 구성하는 인건비와 경상비 절감이 중요하다. **원가우위전략**은 상품 혹은 서비스 주기상 성숙기에 접어든 기업이 생산과정의 자동화나 합리화를 통해 표준화된 상품과 서비스로 경쟁할 때 유리하다. 서비스 기업은 서비스의 지속적 개선과 학습효과를 통해 장기적인 생산성 향상을 추구할 수 있다. 이를 위해 기업은 장기적으로 최신 설비에의 투자, 업무 효율화를 위한 프로그램 및 시스템 개발, 인력개발을 위한 교육 · 훈련 등도 중요하다.

(2) 품질(quality)

품질은 고급, 정밀, 견고함을 추구하는 우수성 차원과 품질 명세 일치도를 높이려는 균일성 차원으로 나눌 수 있다. 품질을 무기로 하는 기업은 소극적인 품질의 적합성이나 균일성 추구에서 더 나아가 고객만족을 추구한다, 이를 위해서는 양질의 핵심 및 보조 서비스를 창출할 견실한 서비스 하부구조가 필요하다.

(3) 속도(speed)

속도는 여유 자원의 보유나 서비스 과정의 신속화로 달성된다. 예를 들어, FedEx, 도

미노피자, 맥도날드는 속도를 무기로 경쟁하는 대표적 기업이다. 시간 단축을 위해서는 불합리한 업무시간을 줄이는 근무시간의 효율적 이용, 그리고 업무의 공백이나 계획변경에 따른 자원 낭비의 제거가 중요하다.

(4) 유연성(flexibility)

유연성은 양적 유연성과 상품 유연성으로 나눈다. 우선 양적 유연성은 수요의 양적 변동에 즉시 대응할 수 있는 능력을 말한다. 반면 상품의 유연성은 고객화 정도로서 고난도, 비표준 상품의 공급능력, 설계변경 능력, 신상품개발 및 기술혁신 수용력을 가리킨다. 마케팅의 다양한 요구에 대한 운영 부문의 대응력이 유연성을 나타내므로 이는 고객 니즈 충족 능력과 직결된다. 최근의 자동화 기술은 이러한 다양한 수요충족을 가능하게 한다.

(5) 납기(delivery)

고객의 시간적 요구사항을 정확하게 지킬 수 있는 능력을 말한다. 납기 준수는 운영시스템의 합리성과 직원의 업무능력에 달려 있다.

6. 운영전략과 경쟁력

서비스 기업의 경쟁력은 제조업보다도 운영 부문에 더 의존도가 높다. 그 이유는 서비스업에서 운영 활동은 상품의 일부 혹은 전부를 구성하기 때문이다. 이러한 상품과 서비스 과정의 분리 불능성은 서비스 경쟁력과 운영 부문 능력에 매우 밀접하게 연결되어 있다는 것을 의미한다.

[표 3-2]에 의하면 서비스 기업이 경쟁력을 가지기 위해서는 고객만족 추구, 그리고 생산성과 품질의 지속적 개선이 전체 조직의 전략과 기업문화 일부가 되어야 함을 보여준다.

표 3-2 ▎서비스 기업의 경쟁력 발전 단계

구분	초보 단계	자립 단계	특유능력 성취 단계	우량 서비스 제공 단계
고객만족	만족 아닌 다른 이유로 구매	고객은 특별선호 없음	기대 충족으로 고객 흡인	경쟁자가 넘볼 수 없는 수준으로 고객감동
서비스 제공능력	운영 부문은 단순 대응	운영 부문이 미약 상태	고객지향적 시스템과 인사관리로 운영 능력 탁월	운영 부문이 혁신을 주도하며 경쟁우위 확보
서비스 품질	매우 변동적, 비용에 좌우	일부 기준에서 고객 만족	여러 기준에서 고객 기대 추월	지속적 개선으로 고객 기대를 높임
후방지원 업무	잡무처리	일부 공헌하지만 분리된 역할	전방업무와 동일하게 핵심역할 수행	능동적으로 능력을 개발하고 기회를 창출
고객특성	불특정 고객을 최저 비용으로 만족	목표시장의 니즈 파악	고객의 개별특성, 변동성까지 파악	자극과 아이디어, 기회의 원천
신기술 도입	생존 위해 마지못한 선택	비용 절감의 차원	서비스 향상을 위해 도입	신기술의 최초 도입으로 선발이익 독점
인력	부정적 제약으로 인식	업무 효율성을 강조하는 차원	자유재량권 확대	창의적인 혁신주도자
일선 관리자	직원통제 업무수행	서비스 제공과정 통제	고객에 관심, 직원에 조언 및 반려	새로운 아이디어의 원천으로 중시

자료: R. Chase & R. Hayes, 1991, p.17.

체이스와 헤이스(Chase & Hayes, 1991)는 서비스 기업의 발전에서 운영 부문의 역할을 기술하고 여러 개선의 원천을 제시하고 있다. 그들은 서비스 기업을 경쟁력에 따라 4가지로 발전 단계를 나누어 운영관리 측면의 경영 관행과 태도를 비교하고 있다.

① 초보 단계: 고객은 다른 대안이 없어 해당 기업의 서비스 상품을 선택하는 경우가 많다. 이 단계의 서비스 기업은 보통 직원들의 동기유발이 부족하고 시장 경쟁력이 미비하여 신규 경쟁자의 시장진입이 쉽게 이루어진다.

② 자립 단계: 직원은 아직 수동적이며 경쟁력에 공헌하지 못한다. 이 단계의 서비스 기업은 다른 선도기업을 모방하며 의욕을 보인다.

③ 특유능력 성취 단계: 이 단계의 서비스 기업은 고객가치를 창조하며 이를 위해 서비스의 여러 품질개선 기법과 관행을 시도한다.

④ 우량 서비스 제공 단계: 이 단계의 서비스 기업은 고객에 지속해서 귀를 기울여 새로운 산업 기회를 창출하고 기업성과를 높인다. 세계적 우량 서비스 기업은 같은 업종은 물론 다른 업종에까지 본보기가 된다. 우수성을 계속 유지하는 것이 관건이며 이를 다른 장소에서 복사할 수 있는 능력이 필요해진다.

2절 서비스의 경쟁전략

해당 사업에서 지속적인 경쟁우위를 확보할 수 있도록 하는 전략에는 크게 원가우위전략, 차별화전략, 집중화전략의 세 가지가 있다.[3] 이 세 가지 전략은 개별 사업 단위가 어떤 시장을 상대로(경쟁 범위), 어떤 경쟁우위를 확보하는 데(전략적 우위 요소) 목표를 두느냐 하는 두 가지 기준에 의해 나누어진다.[4]

1. 원가우위전략

원가우위전략(cost leadership strategy)이란 광범위한 고객들을 대상으로 박리다매 방식이나 소품종대량생산 방식처럼 원가절감을 통해 해당 산업에서 우위를 달성하는 전략으로, 어떻게 하면 경쟁기업들에 비해 상대적으로 낮은 원가로 생산할 수 있느냐 하는 것에 초점을 맞춘다. 물론 경영자들은 품질이나 서비스, 그 밖의 분야에 대해서도 관심을 가지기는 하지만 일차적으로 관심을 가져야 하는 것은 원가통제의 문제이다.

원가우위를 확보한 기업들은 시장에서 다른 강력한 경쟁적 요인들이 있다고 할지라도 산업 평균 이상의 이익을 얻을 수 있다. 왜냐하면 경쟁 과정에서 이윤이 다소 희생되

3 마이클 포터(M. Porter)는 이 세 가지 전략을 일반적 경쟁전략(generic competitive strategy)이라 부른다. 그는 일반적 경쟁전략을 수립하기 위해서는 먼저 해당 산업의 경쟁 강도와 장기적인 이윤잠재력을 결정하는 다섯 가지 산업구조요인, 즉 기존의 경쟁자, 공급자, 구매자, 대체품, 잠재적 경쟁자에 대한 분석이 선행되어야 한다고 주장한다.

4 신유근, 경영학원론, 다산출판사, 2009, pp.272-278.

더라도 원가우위를 통해 이를 메워 나갈 수 있기 때문이다.

원가우위전략을 추구하는 경영자들은 비용을 낮게 유지하여 다른 경쟁자보다 낮은 가격을 유지하는 것이 매우 중요하다. 이는 효율적인 규모의 경제에 의한 광범위한 서비스 설비를 갖추는 것을 의미한다. 특히 생산성 향상은 원가우위전략을 시행하는 데 있어 가장 우선되어야 할 점이다.

원가우위전략을 구사하는 대표적인 예인 월마트(Wal-Mart)는 좋은 품질, 이름 있는 브랜드, 저렴한 가격, 불필요한 낭비가 없는 원스톱(one stop) 가족 쇼핑에 중점을 둔다. 월마트는 단순히 할인판매라는 문구를 이용해 소비자들을 유혹하는 것이 아니라, 최저가격이라는 일관된 철학을 기준으로 움직인다. 또한 월마트의 전산화된 재고 네트워크는 경쟁자들을 압도하는 추가적인 비용우위를 제공한다.

그러나 원가우위전략은 다음과 같은 위험요인들에 노출되는 경우 그 의미를 상실한다.

첫째, 과거의 투자나 습득된 기술 및 지식을 무산시키는 기술상의 변화가 발생함으로써 원가우위가 소멸하는 경우이다.

둘째, 신규진출 기업이나 추종 기업들이 모방이나 동일한 설비 도입을 통해 원가우위를 이룩한 기술 및 묘책을 터득한 경우이다.

셋째, 원가에만 관심을 쏟아 서비스 상품이나 마케팅상의 변화 요구에 부응하지 못하는 경우이다.

넷째, 경쟁기업들의 상표이미지나 그 밖의 다른 차별화의 효과를 상쇄시킬 만한 가격차이를 유지하지 못하는 경우이다.

기업 사례 **고속버스만큼 싼 비행기, 어떻게 가능했을까**[5]

필자가 미국에서 근무할 때 어바인에서 피닉스까지 급하게 가야 할 일이 생겨 사우스웨스트항공사(Southwest Airline)를 이용한 적이 있다. 탑승수속을 했는데 지정 좌석 없이 탑승구역만 표시된 플라스틱 표를 건네받았다. '저가 항공사라고 하더니 역시 하는게 시원치 않구나' 생각했다. 음료수 사먹으려고 줄을 빨리 서지 못했던 필자의 일행이 비행기에 탑승했을 때는 자리가 불편한 가운데 좌석 몇 개만 띄엄띄엄 남아 있어 함께 앉아 갈 수 없었다. 약간

5 이명우 한양대 교수, 조선경제, 2012년 2월 23일

기분이 나빠지려던 순간, 기내에서 예상하지 못했던 이벤트가 진행됐다. 연말을 맞아 가족사진을 갖고 있는 고객에게 선물을 주는 것이었다.

편(Fun) 경영으로도 유명한 이 항공사가 지정된 좌석을 배정하지 않는 데는 숨은 이유가 있다. 미국 국내선 항공기의 경우 공항에 도착해 승객들을 내려주고, 새 행선지로 향하는 승객들을 태워 다시 출발하는 데 걸리는 시간이 보통 45분 정도이다. 반면 이 항공사는 승객들이 미리 줄을 서게 해서 15분으로 단축하는 데 성공했다. 공항에서의 비행기 대기시간을 줄이면 그만큼 많은 시간을 운항할 수 있기 때문에 업계 평균보다 높은 효율을 올릴 수 있다. 이것이 사우스웨스트 항공사가 다른 항공사보다 값싼 항공료를 받고도 업계 최고의 수익을 낼 수 있었던 전략 중의 하나이다.

사우스웨스트항공사가 저가 항공사를 시작할 때인 1971년, 텍사스주의 댈러스와 산안토니오 간의 첫 항공편을 취항할 때로 돌아가 보자. 당시 같은 항로를 오가는 항공권의 가격이 선두권 항공사의 경우 100달러 안팎이었고 가장 저렴했던 다른 항공사는 62달러였다. 만약 당신이 사우스웨스트항공사의 경영자라면 항공료를 얼마로 책정할 것인가? 놀랍게도 이 회사가 결정한 항공 요금은 겨우 15달러였다. 투자자들은 "단 몇 달러라도 더 받지, 가격이 너무 낮은 것 아니냐"며 항의했지만 경영자의 대답은 단호했다. "우리는 다른 항공사와 경쟁하는 것이 아니라 바로 그레이하운드(미국 전역 교통망을 가진 고속버스)와 경쟁합니다!"

이 항공사는 항공여행과 육로여행으로 나뉘었던 기존 여행시장의 경계를 허물고 다른 항공사가 아닌 육로 운수업체를 경쟁자로 본 것이다. 사우스웨스트항공사는 단순히 싼 가격으로 다른 항공사의 승객을 빼앗아 오려고 하지 않았다. 대신 항공료가 비싸서 고속버스를 이용하던 소규모 자영업자나 학생들을 새로운 고객으로 인식하고 그들을 만족시키기 위한 낮은 운임을 책정했다. 그리고 낮은 운임으로도 경쟁력을 확보하기 위해 여러 가지 혁신적인 방안을 도입했다. 항공기 회항시간을 단축하기 위한 자유좌석제, 항공기 유지 관리비 절감을 위한 단일 항공기 기종 사용, 항공여행의 즐거움을 주기 위한 편(Fun) 경영 등의 전략을 수립했다.

만약 사우스웨스트항공사가 경쟁자를 고속버스가 아닌 기존의 항공사로 보았더라면 아마도 다른 항공사보다 싼 항공료를 책정했을 것이고, 이 경우 항공사 간의 가격전쟁을 불러와 항공산업 전체를 어렵게 하고 신생 항공사인 사우스웨스트 자신들도 어려움에 봉착했을지 모를 일이다. 이렇게 누구를 경쟁자로 보는가 하는 것은 기업이 전략을 수립하는 데 매우 중요한 성찰이다.

2. 차별화전략

차별화전략(differentiation strategy)이란 광범위한 고객들을 대상으로 고객집단별로 그들이 요구하는 제품이나 서비스를 세분화하여 경쟁우위를 확보하는 전략을 말한다. 차별화전략의 핵심은 독특한 것으로 인식되는 무언가를 창출하는 데 있다.[6] 그리고 그 특이성이 고객에게 가치로 인식되어야 하고, 또 경쟁자가 그것을 간단하게 모방할 수 없어야 한다.

서비스의 차별화전략으로는 다음과 같은 방법들이 있다.

1) 무형의 유형화

서비스는 무형적이라 고객의 기억 속에 오래 남지 않는다. 따라서 서비스의 명성을 확고하게 인식시킬 수 있는 보완상품을 제공함으로써 고객의 기억 속에 오래 남아 있도록 하여 경쟁우위를 누리려고 노력한다. 예를 들면, 호텔에서는 명소를 만들어 놓고 그곳에서 기념사진을 찍어주기도 하고, 기념에 남을 만한 기념품을 제공하기도 한다.

2) 표준서비스의 고객화

고객 개개인의 욕구에 맞는 개별화된 서비스를 제공함으로써 그 기업에 호의를 갖도록 하는 무기가 될 수 있다. 호텔 객실에 고객의 이름을 붙여 배정하면 강력한 인상을 심어줄 수 있다.

3) 인지된 위험의 감소

서비스에 대한 상세한 지식이나 구매정보를 갖지 못한 고객은 해당 서비스에 대해서 불안감을 떨치기 어렵다. 자동차 수리 서비스에 관련 지식이나 확신이 없는 고객들은 수리 절차를 상세히 설명해주거나, 깨끗하고 조직화한 설비를 보유한 업체나 수리 후 일정 기간 보증을 해주는 업체를 찾아간다.

6 김병태 외, 서비스시스템 운영관리, 대경, 2009, pp.40-41.

4) 직원에 대한 교육 · 훈련

서비스의 질을 개선해주는 인적자원의 개발 및 훈련에 대한 투자는 경쟁사들이 모방하기 어려우므로 경쟁우위를 갖는 수단이 된다.

5) 품질관리

노동집약 시스템에서 다양한 점포에서 일정 수준의 품질을 갖는 서비스를 제공하는 것이 중요하다. 이는 인력교육, 명확한 절차, 기술, 서비스 규모의 제한, 직접 감독, 그리고 동료들의 조언 등 다양한 방법을 통해 이루어질 수 있다. 서비스 품질 문제는 고객의 기대치와 실제 수준과의 차이가 불명확하므로 훨씬 복잡하다.

차별화가 고객에게 인식되었다 하더라도 위험은 따른다. 어떤 기업이 차별화를 달성했다 하더라도 경쟁회사와의 가격 차이가 작으면 충분히 경쟁해 나갈 수 있다. 그러나 차별화에만 너무 주력하고 비용 면에서 경쟁회사에 비해 너무나 크게 뒤지게 되면 비용 경쟁력을 가진 기업이 일시에 진입해 올 수 있다. 즉, 차별화전략이 원가우위전략에 의해 밀려나게 되는 것이다. 이러한 상황은 한번 성공한 차별화에 만족하여 사업환경의 변화를 느끼지 못하고 거기에서 획득한 자금을 새로운 차별화를 위해 재투자하지 않음으로써 나타난 위험이라고 말할 수 있다.

3. 집중화전략

집중화전략(focus strategy)은 특정 구매자집단, 지역적으로 한정된 특정 시장을 집중적인 목표로 삼는 전략이다. 원가우위전략이나 차별화전략이 광범위한 고객들을 대상으로 삼는 데 반해, 집중화전략은 특정 고객, 예를 들면, 청소년들만을 집중적으로 겨냥하면서 모든 기업활동을 이에 맞추어 전개해 나간다는 점에서 뚜렷한 차이가 있다. 즉, 집중화전략은 광범위한 영역에서 경쟁을 벌이는 기업들과는 달리, 한정된 전략목표를 보다 효과적이고 효율적으로 달성할 수 있다는 전제하에 틈새(niche)를 찾아 배타적이고 집중적으로 시장을 공략함으로써 경쟁우위를 확보하고자 하는 전략이다. 따라서 집중화전략은 독특한 욕구를 갖는 고객, 상품, 서비스, 그리고 유통망 면에서 고유의 특성이 있는 세분시장이 존재할 때 가능하다.

이러한 집중화전략은 "전체시장을 서비스하려고 애쓰는 회사보다 더 효율적이거나 효과적으로 표적시장을 서비스할 수 있다"라는 전제를 기반으로 하고 있다. 결과적으로 기업은 더 낮은 비용으로 고객 욕구를 더 잘 충족시킴으로써 좁은 표적시장에서 차별화를 달성할 수 있다.

다비도우와 유탈(Davidow & Uttal)은 목표 고객의 선택이 성공적으로 집중화전략을 달성하는 데 매우 중요하다고 주장하고 있다. 그들은 캘리포니아에서 영업하는 은행인 팔로 알토(Palo Alto)의 집중화전략 사례를 들었다. 이 은행은 고객이 자신의 금액 한도를 초과하는 개인 수표를 두 번 발행하면 강제적으로 그 계좌를 폐쇄시킨다. 이 은행은 그렇게 처리함으로써 일반인들의 계좌개설을 억제하고 주로 부유층만을 목표로 삼고 있다.

집중화전략은 원가우위전략 또는 차별화전략의 응용 부분이라고 할 수 있다. 이러한 세 가지 전략과 표적시장 유형에 따른 관계가 [그림 3-2]에 나타나 있다.

그림 3-2 ▌서비스의 경쟁전략

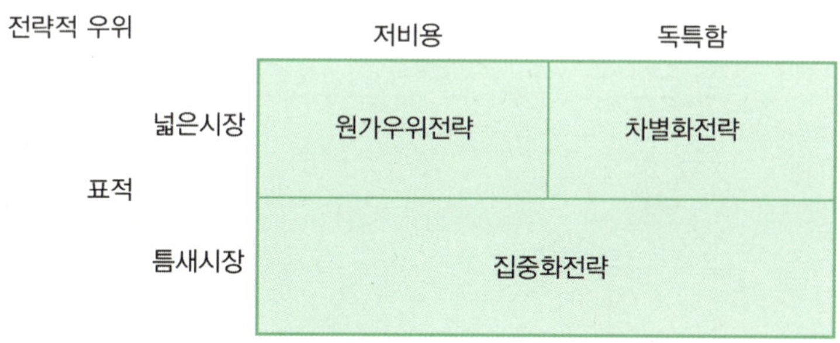

자료: Michael E. Porter, *Competitive Strategy: Technique for Analyzing Industries and Competitors*, The Free Press, 1980.

서비스 기업은 이상에서 제시한 세 가지의 경쟁전략 중에서 어느 것도 명확히 선택하지 못하거나 혹은 어느 하나를 선택하더라도 자사의 내부능력이 취약하여 이를 제대로 실행하지 못하는 경우가 있다. 서비스 경쟁전략 중에서 어떤 것을 선택하느냐 하는 것은 궁극적으로 기업의 능력과 한계에 달려 있다. 그렇지만 서비스 경쟁전략 중 어느 하나를 적극적으로 추구하지 못하는 기업은 장기적으로 경쟁우위를 유지할 수 없음을 명심해야 한다.

4장 서비스 설계

1절 서비스 설계의 이해

1. 서비스에 대한 고객의 기대

(1) 고객의 기대를 이해하는 것은 최고 서비스를 제공하는 필수조건이다

자동차보험, 손해보험, 사무기기의 수리업, 트럭과 트랙터의 대여 및 리스업, 자동차 수리업과 호텔업 등 6개 서비스 분야에서 16개 집단을 대상으로 한 인터뷰[1]에서 파라슈라만(Parasuraman et al., 1991)은 고객의 기대를 올바로 이해하는 것이 최고의 서비스를 제공하는 필수조건임을 밝혔다.

(2) 고객들은 기본적인 서비스를 기대한다

고객의 기대에 큰 영향을 미치는 것은 가격이다. 고객은 자신이 지급한 금액과 비례하여 그에 상응하는 서비스를 기대한다. 인터뷰에서 많은 고객은 가격이 비싸면 서비스도 좋아야 한다고 생각하였다. 이처럼 고객들은 가격에 상응한 기본적 서비스에 관심을 기울이고 있으므로 이에 초점을 맞추어 서비스를 제공하는 것이 현명하다.

1 A. Parasuraman, L. Berry, and V. Zeithamal, "Understanding Customer Expectations of Service," *Sloan Management Review*, Spring 1991.

(3) 서비스 과정은 고객의 기대를 뛰어넘는 열쇠이다

11장에서 살펴볼 5가지 품질특성 중에 신뢰성은 서비스 결과와 관련이 있지만, 유형성 · 대응성 · 확신성 · 공감성 등은 서비스 과정과 관련이 깊다. 예를 들어, 호텔에서 고객을 위해 객실을 예약하고 숙박 준비를 해놓은 것만으로 고객의 기대를 충족시킬 수 없으나 서비스 과정 차원에서 신속하며, 우아하고, 예의 바르고, 능력 있고, 고객을 이해하는 등의 서비스로 고객에게 감동을 줄 수 있다.

2. 서비스 설계에서 고려할 사항

제품과 다른 특성이 있는 서비스의 설계는 다음 요소를 고려해야 한다.[2]

① 서비스 설계는 무형적인 요소(예: 평온한 마음이나 분위기)에 초점을 맞추어야 한다.

② 서비스 제공 시 오류가 적게 발생하도록 서비스 과정을 설계하고, 서비스 직원들을 교육 · 훈련하며, 고객 관계도 고려한다.

③ 서비스는 저장할 수 없으므로 수요에 대비한 서비스 능력을 확보해야 한다.

④ 고객 눈으로 볼 때 서비스는 가시적이다. 따라서 서비스를 설계할 때 제품설계에는 나타나지 않는 서비스 과정을 자세히 나타내도록 설계해야 한다.

⑤ 서비스 설계를 할 때 경쟁자가 어떤 서비스를 제공하는가를 계속 인지해서 설계에 반영하도록 한다.

⑥ 위치(입지)는 편의점과 마찬가지로 서비스 설계에서도 중요하다. 따라서 서비스 설계와 위치 선택은 밀접하게 연계되어야 한다.

미국의 도박 도시인 라스베가스(Las Vegas)는 최근 어린이 놀이동산, 운동 및 레저시설, 쇼핑센터 등을 갖추고 유명 연예인들의 공연이나 권투 시합, 전시회, 이벤트 행사 등을 열어 세계 각국의 무한한 잠재고객들을 유인하고 있다. 이 도시는 불모지인 사막을 이용하기 위해 도박 도시로 건설한 것이지만, 최근 국제적인 관광 휴양도시로 발돋움하

2 W.J. Stevenson, *Production/Operations Management*, 4th ed., Irwin, 1993.

여 더 많은 관광객을 유치하려 노력하고 있다.

또한 라스베가스의 시내 중심지에서 좀 떨어진 트레져 아일랜드호텔(Treasure Island Hotel)은 호텔 입구에서 낮에는 '해적선 쇼'를 공연하고 밤에는 '화산폭발 쇼'를 통해 도박장 손님을 유인하고 있다. 이곳의 호텔들은 모든 고객이 도박장을 통과하도록 건물구조가 설계되어 있다.

3. 서비스 설계의 목표

시스템적 서비스 설계의 어려운 점은 뛰어난 서비스 제공의 기반이 되는 직원들의 개인적 스타일과 개성을 발휘할 수 없게 서비스 업무를 설계한다는 것이다. 이것은 마치 생산공장의 작업라인 같은 인상을 줄 수 있다.

그러나 서비스 설계의 목적은 비인간성과 반대되는 것이다. 시스템적 서비스 설계 시 다음과 같은 두 가지 사항을 고려해야 한다.[3]

첫째, 서비스와 고객 사이에 존재하는 형식, 절차, 의미 없는 줄서기를 최소한으로 줄인다. 다른 말로 표현하면, 문제를 안고 서비스 과정에 들어온 고객과 문제가 해결된 상태로 서비스 과정에 있는 고객 사이의 거리와 시간을 줄이는 것이다. 잘 설계된 서비스 시스템은 합리적으로 짧은 시간으로, 고객이 서비스 시설 내에서 장소를 이동할 필요도 없고, 많은 절차 단계를 거칠 필요도 없으며, 또한 다른 직원들을 더 만날 필요 없이 고객에게 서비스를 제공하는 것이다.

둘째, 서비스 기업과 고객이 동시에 이익이 되도록 서비스를 설계하는 것이다. 서비스 설계 시 고객의 편의는 항상 우선하며 중요하게 여겨져야 한다. 동시에 회사도 이익을 얻도록 설계되어야 한다. 결국 아무런 이익을 남기지 못한 회사는 살아남을 수 없다. 이익을 얻지 못하면서 고객을 만족시키는 것은 회사와 고객 모두에게 손해를 끼치는 행동이다.

3 M.E. Patton, Dancing Service(서비스경영론), 현학사, 2002, pp.237-238.

2절 서비스 패키지 개발

1. 서비스 패키지의 요소

서비스 패키지(service package)는 고객에게 제공되는 제품과 서비스의 묶음이다. 피츠사이먼 등(Fitzsimmons et al., 2008)에 의하면 서비스 패키지는 다음과 같은 4개의 요소로 구성된다.

① **기본시설**: 서비스 제공자가 서비스를 제공하기 위하여 직접 투자해야 하는 물적자원으로 골프장, 강의실, 스키장, 정비소 등을 예로 들 수 있다.

② **보조용품**: 서비스를 받기 위해서 고객이 구매 또는 사전에 준비해야 하는 물적자원으로 골프채, 교과서, 스키 장비, 고장난 자동차 등을 예로 들 수 있다.

③ **명시적 서비스**: 고객이 감각적으로 즉시 보고 느낄 수 있는 혜택으로 기분 좋은 골프 라운딩, 명강의, 재미있는 스키, 자동차 수리 후의 원활한 주행 등을 예로 들 수 있다.

④ **묵시적 서비스**: 고객이 확실히는 모르지만 막연하게 느낄 수 있는 심리적 혜택으로 친절한 캐디, 유머가 풍부한 교수, 스키를 탄 후의 스트레스 해소, 자동차 고장에 대한 불안감 해소 등을 대표적인 예로 들 수 있다.

앞의 4가지 요소로 이루어져 있는 서비스 패키지는 고객에 의해서 경험되어지고 서비스에 대한 고객 인식의 기초, 즉 서비스 인카운터를 형성하게 된다. 따라서 고객에게 일관된 서비스 패키지를 제공하는 일은 서비스 제공자에게는 매우 중요한 일이다.

예를 들어, T.G.I. FRIDAY'S의 경우 기본시설은 빨간색과 하얀색의 스트라이프 차양, 고전적인 느낌의 나무 의자와 바닥 장식으로 꾸몄으며, 보조용품은 여러 종류의 요리와 음료로 품목 수를 확장하였다. 명시적 서비스를 위해 깨끗한 식탁과 의자를 준비하고 직원들에게 독특한 유니폼을 착용하게 하였으며, 묵시적 서비스는 직원들의 친절로 고객들이 행복감을 느낄 수 있게 하였다.

또 다른 예로, 3장의 기업 사례로 살펴본 사우스웨스트항공사의 서비스 패키지 내용이 [표 4-1]에 제시되어 있다.[4]

표 4-1 ▌사우스웨스트항공사의 서비스 패키지

기본시설	• 국제공항보다는 덜 붐비는 국내선 전용 공항 활용 • 보잉 737 기종의 기본설비 사용 • 무인발권시스템(키오스크) 사용 • 일등석이 없는 좌석 배치
보조용품	• 좌석 배치표 폐지 • 기내식 폐지
명시적 서비스	• 매우 빠른 수속 절차 • 매우 빈번한 비행편으로 편리성 증진 • 정시 출발 및 도착
묵시적 서비스	• 친절한 승무원 • 일등석 없이 평등한 대접을 받는 고객

앞의 4가지 서비스 패키지는 각각의 평가 요소를 갖는다. 우선 기본시설은 건축공학상의 적합성, 내부 장식, 설비 배치, 지원 장비 등이 평가 요소가 되며, 보조용품은 제품의 일관성, 제품의 수량 및 다양성 등이 평가 요소가 될 수 있다. 명시적 서비스는 서비스 인적자원의 훈련, 은행의 ATM과 같이 24시간 내내 사용할 수 있는 제품의 유용성 등이 평가 요소이며, 묵시적 서비스는 서비스 인적자원의 태도, 정신과 의사가 환자에 대한 기록을 보호해 주는 것과 변호사가 의뢰인의 비밀을 보호해 주는 것과 같은 고객의 정보보호, 예약시스템이나 무료 주차 같은 편리성, 분위기, 행복감 등이 평가 요소이다.

한편, 아미스테드(Armistead, 1985)는 서비스 패키지를 물리적 요소와 무형적 요소로 구분하였다. 이러한 구분을 피츠사이먼 등의 서비스 패키지 분류와 비교하면 물리적인 요소는 기본시설과 보조용품에 해당하며, 무형적인 요소는 명시적 서비스와 묵시적 서비스에 해당한다.

이러한 아미스테드의 구체적인 구분 내용은 앞의 [표 4-2]와 같다.

4 정승환 · 이돈희 · 이상식, 프로세스 관점의 서비스 품질경영, 한경사, 2022, p.147.

표 4-2 ▌아미스테드의 서비스 패키지 분류

물리적인 요소	무형적인 요소
① 고객에 의해 직접 구매되는 상품으로 레스토랑의 요리가 그 예이다. ② 고객이 물리적인 변화를 받게 되는 서비스 프로세스로 일광욕실, 미용실, 의료서비스, 비만클리닉 등이 있다. ③ 서비스 패키지의 일부분은 아니지만 서비스 운영의 일부분으로 볼 수 있는 물리적 요소로써 입장권, 수표책 등을 예로 들 수 있다. ④ 서비스 운영환경에 대한 구체적인 형태로 호텔의 예를 보면 객실의 장식, 가구의 형태, 침대의 크기, 서비스 제공자의 유니폼 등이 있다.	① 서비스는 개인적인 접촉에 의해 발생하므로 서비스 성과에 대한 예측이 어렵다. ② 서비스 환경의 상태로 조명, 음악, 안락함 등이 그 예이다. ③ 고객의 감정은 대표적인 무형적 요소이다.

2. 서비스 패키지의 표준화

서비스 기업 운영에 있어 고객은 매우 중요하다. 고객은 과거의 경험, 광고, 구전 등에 의해 서비스에 대한 기대를 갖는다. 서비스 기업은 이러한 고객의 기대와 동등한 수준의 서비스 패키지를 제공하거나 그 이상의 수준을 제공해야 하며, 이는 서비스 패키지의 표준화를 통해서 가능하다.

높은 수준의 표준화는 서비스의 설계와 운영을 효율적으로 할 수 있게 해주고, 고객들의 기대 수준을 만족시키면서 저렴한 비용으로 서비스를 제공한다.

서비스 패키지의 물리적인 요소들에 대한 표준화는 일반 제조업체와 유사한 특성을 보이지만 서비스 인카운터의 개별적인 특성과 서비스 패키지의 무형적인 요소들로 인해서 서비스의 수행과 품질 부분은 유형제품보다 표준의 설정이 매우 어렵다는 점에 유의해야 한다.

3. 서비스 개념의 개발

서비스 개념(service concept)은 서비스의 각 요소를 인도하는 역할을 하며 여기에 따라 서비스 패키지가 개발된다. 따라서 서비스 개념은 핵심 서비스, 촉진 서비스, 그리고 보조 서비스를 정의하게 한다. 또한 구체적으로 어떻게 기본 패키지를 고객이 접근할 수 있게 만들 것인지, 고객과의 상호작용은 어떻게 개발될 것인지, 그리고 고객이 서비스 과정에 참여하기 위해서는 무엇을 준비해야 하는지를 명시한다.

동시에 서비스 개념은 서비스 생산 · 제공에 드는 적절한 운영자원을 밝히는 지침을 제공한다. 서비스 개념으로부터 고객 요구사항을 만족하기 위한 성과명세가 도출되며 이는 바로 상세한 설계명세로 전환된다. 설계명세는 서비스 경험이 각기 다른 개인이나 장소와 관계없이 동일하게 적용할 수 있도록 자세하게 기술되어야 한다. 명세는 보통 도면, 물리적 모델, 서비스 패키지의 상세 설명으로 나타내며 직원훈련과 지침을 포함할 수 있고 세부적 서비스 단계를 명시하기도 한다.

4. 기본 서비스 패키지 개발

기본 서비스 패키지(basic service package)는 고객과 표적시장의 니즈를 충족할 제품과 서비스의 묶음을 말한다. 이 패키지는 고객이 무엇을 받을지 결정한다. 잘 개발된 패키지는 서비스 결과의 기술적 품질을 보장할 수 있다. 그러나 이것이 바로 고객이 인지하는 서비스가 우수하다는 것을 의미하지는 않는다. 서비스 품질 모델에 따르면 서비스 창출과 생산시스템, 특히 직원과 고객의 상호작용이 상품의 핵심적 일부가 된다는 것을 명심할 필요가 있다.[5]

1) 핵심 서비스

핵심 서비스는 한마디로 시장에서 서비스의 존재의의를 나타낸다. 호텔은 숙박, 항공운수업은 운송이 핵심 서비스이며 한 기업이 여러 핵심 서비스를 가질 수도 있다. 스미

5 원석희, 전게서, pp.195-199.

스(F. Smith)는 1971년 Federal Express를 창립했을 때 '밤새 우편물 배송(overnight delivery)'이라는 개념을 창조했다. 1978년 항공운송 산업의 규제 완화로 고성장 기회와 경쟁 격화를 맞았을 때 경쟁자들도 기본적 서비스(우편물 수령, 밤새 운송, 다음날 배달)는 잘 수행할 정도로 FedEx의 서비스 수준에 접근했다. 그러자 FedEx 경영진은 시장 선도 지위를 지키고 가격 프리미엄을 유지하기 위해 자사가 제공하는 서비스의 재정의가 필요하다고 생각했다.

FedEx의 새로운 서비스 정의는 '고객이 구매했다고 생각하는 우리의 모든 행동과 대응들'이었다. 이렇게 재정의된 서비스는 고객에 대한 조언과 정보제공, 주문접수, 라벨과 포장 공급, 우편물 접수, 접수증 발행, 정확하고 알기 쉬운 청구서발송, 신속한 문제해결, 분실 우편물 추적 등을 포함한다. [그림 4-1]은 FedEx의 핵심 및 부대 서비스를 나타낸 것이다.

그림 4-1 ▎FedEx의 핵심 및 부대 서비스

자료: C. Lovelock, 1991, p.18.

서비스업과 제조업을 막론하고 시장이 성숙하고 경쟁이 심해지면 기업의 핵심 상품과 서비스는 필수품화되어 버린다. 그 결과 경쟁우위는 부대 서비스의 성과에서 오게 된다. 물론 핵심 서비스의 부진은 기업의 도산을 의미한다. 항공운송업의 핵심 서비스는 안전하고 정확한 승객 운송이고 이러한 핵심 서비스의 성과는 조직의 사활문제로 직결된다.

2) 촉진 서비스

핵심 서비스를 이용하기 위해서 부대 서비스가 필요한 경우에는 촉진 서비스가 핵심 서비스 이용을 촉진할 수 있다. 기본적으로 촉진 서비스 없이 핵심 서비스는 소비될 수 없으며 때로는 물적 촉진 제품이 필요한 때도 있다. 이렇게 촉진 서비스는 필수적이며 이것 없이는 서비스 패키지 자체가 소용이 없어진다. 촉진 서비스로 경쟁자와 차별화를 추구할 수도 있지만, 주기능은 어디까지나 핵심 서비스의 촉진에 있다.

3) 보조 서비스

보조 서비스는 촉진 서비스와 마찬가지로 부대 서비스지만 그 역할이 다르다. 즉, 보조 서비스는 핵심 서비스의 이용이나 소비를 촉진하기보다는 서비스를 경쟁자와 차별화하거나 가치를 증진하기 위해서 이용된다. 주목적이 부가적인 서비스를 경쟁 수단으로 이용하여 상품 자체를 차별화하기 위한 것이다. 이것 없이도 핵심 서비스 제공에는 지장이 없지만, 전체 서비스 패키지가 덜 매력적으로 되며 경쟁력이 없어진다. 예를 들면, 항공사의 핵심 서비스는 승객을 한 장소에서 다른 장소로 안전하게 그리고 정확한 시간 내에 수송하는 것이다. 하지만 항공사들은 여행 거리에 따른 특별 대기실, 특별 음식, 그리고 탑승수속의 간편화 등 여러 보조 서비스로 이 핵심 서비스의 질을 높인다.

다양한 보조 서비스도 비중과 역할에서 차이가 날 수 있다. 많은 서비스 기업이 정보 제공, 주문・예약접수, 청구서, 문제 해결을 성공의 필수조건으로 여긴다. 서비스업에 고유한 이런 활동에서 취약하면 무능력하고 고객에 대한 배려가 부족하다고 평가받게 되기 때문이다. 그러므로 보조 서비스의 제공 수준은 경쟁전략과 산업 수준에 달려 있다. 한 가지 흥미 있는 연구는 전화 문의, 대금청구, 환대, 주문접수 등이 많은 서비스 산업에서 공통으로 서비스 패키지의 일부를 구성하고 있다는 것이다.

러브록(Lovelock, 1994)은 핵심 서비스는 사업마다 다양하게 변하지만, 보조 서비스는 공통적인 경우가 많다고 주장하며 이를 아래와 같이 8가지로 분류하고 있다.

① 정보(information)

② 문의(consultation)

③ 주문접수(order taking)

④ 환대(hospitality)

⑤ 고객소유물관리(customer property management)

⑥ 예외상황처리(exceptions)

⑦ 대금청구(billing)

⑧ 지급(payment)

[표 4-3]은 호텔의 8가지 보조 서비스를 구체화한 것이고, [그림 4-2]는 호텔의 핵심, 촉진, 보조 서비스를 정리하여 그 관계를 나타낸 것이다.

표 4-3 ▌호텔의 8대 보조 서비스

1. **정보**: 체크인, 체크아웃할 때 호텔의 고객접촉 면에서 제공되는 서비스 • 프런트 근무자의 능력(경력, 접객태도, 언어구사능력) • 전산시스템의 설치로 신속하고 정확한 정보제공능력(객실예약)
2. **문의**: 고객들을 위해 제공되는 사후적 서비스 • 벨 데스크에서 고객에게 신속한 서비스 제공 • 관광명소 안내, 행사(세미나, 연회 등) 안내, 교통편 안내
3. **주문접수**: 호텔이용에 대한 사전예약 및 고객들의 필요에 따른 예약대행 • 사전예약시설(전화, 컴퓨터통신, 팩스, 우편 등에 의한 예약) • 예약시스템(비행기예약, 외국호텔예약, 고급식당 좌석예약, 레저예약)
4. **환대**: 특정 호텔을 이용하는 고객들이 느끼는 친절 또는 만족도 • 특정 고객, 단골고객에 대한 혜택(특정 고객의 생일 등 기념일에 꽃을 배달하거나 사진촬영), 상용 고객에게 할인혜택 부여 • 비즈니스센터(사업자들을 위해 텔렉스 · FAX · PC 등의 비치, 즉석명함 제작, 국제회의장 설치 및 수용능력, 동시통역 시설 보유) • 운동 · 위락시설(실내수영장, 테니스코트, 헬스클럽 등) • 장애인용 시설(전용 화장실, 공중전화박스, 주차시설 등) • 모닝콜, 고급차량 렌트
5. **고객소유물관리**: 고객들의 소유물을 안전하게 관리 • 고객의 배달물 대리접수 및 관리 • 귀중품 관리(보석이나 유가증권, 서류 등을 안전하게 보관) • 고객 의류관리(드라이클리닝 및 다림질, 수선 등) • 고객차량관리

6. **예외상황처리**: 예기치 않은 상황 발생 시 호텔의 처리 및 대응능력
- 안전 및 방화관리(소화설비는 고정식 분무기 등의 소화설비 다량보유, 경보설비는 객실 내 비상방송 시설, 연기 감지기 및 경보기, 피난설비는 특별 피난계단 및 비상구, 경비장비는 휴대용 무전기, 감시 카메라, 무선통신 보조설비)
- 비상전력 설비(발전기 용량의 적정 여부, 비상발전기 연속가동 여부, 정전 시 비상전원으로 운전되는 승강기 보유)
- 의무시설(응급환자 발생 시 긴급후송체제 구축)

7. **대금청구**: 객실이용이나 기타 부대시설 이용료에 대한 합산 청구
- 송장(invoice)을 이용한 계산(고객의 요구 시 중간지불 명세서 발급)
- 컴퓨터를 이용한 계산(고객 스스로 자신의 ID를 이용하여 지불대금 확인)

8. **지불**: 호텔이용에 대한 요금지불 시 편리하고 신속한 처리
- 현금지불 시(ATM 설치하여 편의제공, 환율표에 따른 신속한 외환환전)
- 현금이 아닐 경우(신용카드, 자동이체 이용)

그림 4-2 ▍호텔의 핵심/촉진/보조 서비스

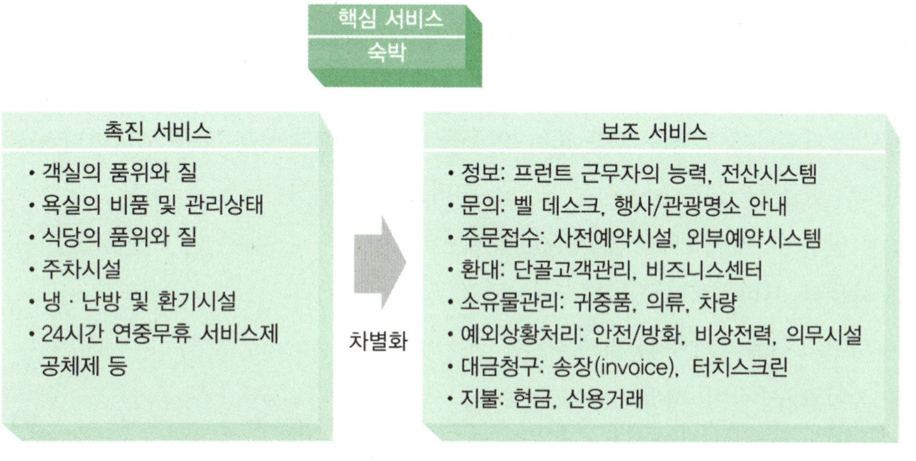

이상의 기본 서비스 패키지는 고객이 인지하는 서비스 상품과는 정확하게 일치하지 않는다. 전체 고객 인지 품질에서 기능적 결과를 배제한 기술적 결과만 오로지 관계되기 때문이다. 이 패키지 요소들은 단지 고객이 무엇을 받는지 결정할 뿐이다. 하지만 어떻게 과정 내에서 고객이 서비스를 경험하고 평가하는지도 전체 서비스 상품의 중요한 일부분이다. 그러므로 반드시 서비스 과정이 상품에 포함되어야 한다. 기본 서비스 패키지는 더 광범위한 모델인 확대된 서비스 패키지로 확장될 필요가 있다.

5. 확대된 서비스 패키지 개발

이상의 이유로 확대된 서비스 패키지는 서비스 과정, 그리고 고객과 조직 사이의 상호작용이 추가로 포함된다. 그 결과 서비스 모델이 고객 인지 품질과 더욱 부합하게 된다.

서비스 과정은 고객과 직원의 상호작용 성격에 따라 달라지지만, 다음 3가지 기본적 요소를 갖는다. 이 세 가지는 기본 패키지와 함께 확대된 서비스 패키지에 고려되며, 고객이 원하는 니즈에 적합하게 맞추어져야 한다.[6]

1) 서비스의 접근용이성

서비스에 접근이 용이하다는 것은 물리적 측면만이 아닌 정신적 의미로서 다음의 여러 측면에서 판단할 수 있다. 우선 서비스의 물리적 환경은 건물, 장비, 기구, 인공장식물, 배치, 기타 분위기를 포함한다. 주변 조건은 온도, 공기, 조명, 냄새 등 기본환경을 가리키며 사무 장비, 가구가 배열되는 방법, 공간의 크기, 형태, 관계를 의미한다. 그리고 기능성 측면은 성과와 목표수행을 쉽게 하기 위한 제 요소들의 능력을 가리킨다. 마지막으로 기호나 상징물은 각종 표지, 인공물, 장식의 형태 등을 모두 포함한다. 그 밖에 서비스의 접근용이성을 좌우하는 요소들은 다음과 같다.

① 직원의 수, 직원 기술, 업무시간, 업무처리시간
② 사무실, 서비스 시설 입지
③ 서비스 시설의 내부와 외부
④ 작업 도구, 장비, 서류
⑤ 서비스 과정 참여고객의 수와 고객의 지식 정도

2) 서비스 제공자와의 상호작용

고객은 직원과 상호작용하고 조직의 행정 및 운영 절차나 기술적 자원(은행의 ATM, 서류 등)을 이용해야 하는 동시에 다른 고객과도 접촉한다. 그러므로 인간적 · 물리적 · 시스템적 상호작용이 고객 인지 품질에 매우 중요하며 만일 상호작용이 복잡하고 비우

6 상게서, p.199.

호적이면 고객의 품질 인지도가 낮아진다.

고객의 상호작용은 크게 4가지로 나누어진다.

첫째, 고객 · 직원 간 상호 커뮤니케이션으로서 이는 대부분 직원의 행동 및 태도에 달려 있다.

둘째, 서비스 과정 내 물리적 시설이나 기술적 시설과의 상호작용을 들 수 있다.

셋째, 서비스시스템, 즉 대기시스템, 대금청구시스템, 물품인도시스템, 유지보수시스템, 예약 · 불만처리시스템, 손해배상시스템과의 상호작용이다.

넷째, 서비스 과정에서 동시에 참여하고 있는 다른 고객과의 상호작용도 여기에 해당한다.

3) 고객 참여

고객 자신도 서비스 인지에 영향을 줄 수 있다. 고객은 서류작성, 정보제공, 자동기기 조작을 수행한다. 서비스 과정의 참여 단계에서 고객의 의욕과 준비성에 따라 서비스가 좌우될 수 있다. 고객이 서비스 창출 및 제공과정에서 어느 정도 역할을 할지는 시스템 설계의 고려사항이다.

3절 서비스 청사진

1. 서비스 청사진의 개념 및 설계

건물을 설계할 때 설계사는 현장 작업자들이 건물을 정확하게 짓게 하려고 건축물 설계도에 아주 자세한 부분까지도 표시한다. 이처럼 서비스 기업은 고객이 기대한 서비스 품질을 직원들이 제공할 수 있도록 모든 필요한 수단을 확보하기 위해 서비스 청사진을 이용할 수 있다.

1) 서비스 청사진의 기본 개념[7]

서비스 청사진(service blueprint)은 서비스시스템을 정확하게 묘사하는 그림이나 지도로서, 서비스시스템의 구조와 프로세스를 쉽게 이해할 수 있도록 도와주는 도구이다. 1980년대 초 처음 제시된 이후(Shostack, 1982)에 중간 정도 규모의 서비스 설계도를 그리는 데 널리 사용되고 있다. 서비스 청사진은 '시스템적' 요소를 많이 반영할 수 있다는 장점이 있다. 서비스의 주요 단계를 연결하는 것에 그치지 않고 시스템적 시각에서 서비스를 분해하고, 시스템 요소 간의 연결고리와 상호작용을 표현하는 기능도 갖추고 있다. 하지만 서비스 청사진을 작성하기 위한 소프트웨어가 따로 있는 것이 아니기 때문에 파워포인트를 이용하여 직접 그리는 경우가 많다.

[그림 4-3]에서 보듯이, 서비스 청사진의 구조는 비교적 간단하게 이루어져 있다. 하지만 청사진 안에는 다양한 정보를 담을 수 있다. 서비스 청사진에서 얻을 수 있는 주요 정보들을 알아보기로 한다.

그림 4-3 ▌서비스 청사진의 기본구조

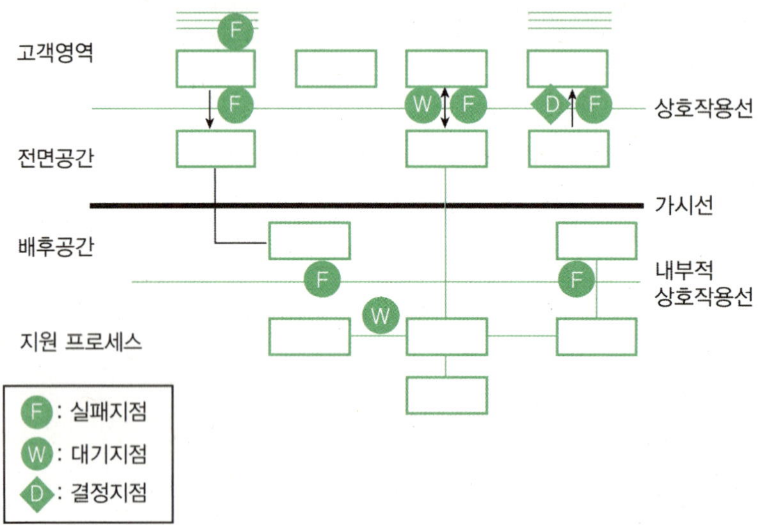

첫째, 서비스시스템의 전체적 구조를 알 수 있다.

우선 **가시선**(line of visibility)을 기준으로 서비스시스템을 앞에서 여러 번 설명한 전

7 박용태 외, 전게서, pp.300-302.

면공간(front office)과 배후공간(back office)으로 나눈다. 서비스 청사진에서 '가시선'이라는 경계선을 두는 이유는 전면공간은 고객의 눈에 보이지만 배후공간은 눈에 보이지 않기 때문이다. 이 가시선은 레스토랑의 주방과 식사 장소를 구분 짓는 벽처럼 물리적인 경계일 수도 있다. 또 다른 예를 들면, 항공사에 티켓을 예약한 시간과 그 티켓이 여행자에게 제공되는 시간 사이의 구분이 될 수도 있다.

많은 것들은 고객이 보지 못하는 가시선 뒤에서 발생한다. 그러나 가시선 뒤에서 발생하는 모든 준비, 계획, 조직화, 생산은 고객이 지각하는 서비스 품질에 영향을 미친다. 예를 들면, 레스토랑에서 화장실을 청소하고, 테이블을 깨끗이 하고, 쓰레기를 치우는 것은 고객의 만족과 안전에 필요한 것이다. 그러나 고급 레스토랑에서 비싼 식사를 즐기는 그 누구도 문밖으로 옮겨지고 있는 악취 나는 쓰레기봉투를 보고 싶어 하지는 않는다.

가시선은 쓰레기를 치우는 일처럼 고객과 지저분한 활동들을 구분 짓는 선뿐만이 아니다. 가시선은 고객과 직접적으로 관계되는 활동들로부터 고객의 존재가 필요 없는 활동이나 고객이 꼭 보아야 할 필요가 없는 활동들을 구분하는 선이다.

어떤 활동이 가시선에 속하고, 어떤 활동은 속하지 않는지를 파악하는 것은 훌륭한 서비스시스템을 설계하는 데에 필수적이다. 일단 가시선이 그어진 후에는 먼저 전면공간에 서비스 제공자와 고객의 상호작용, 혹은 고객의 활동을 표현한다. 따라서 전면공간에서는 고객의 만족도를 올리는 방향으로, 배후공간에서는 서비스 제공자의 효율성을 올리는 방향으로 청사진이 그려지게 된다.

둘째, 서비스시스템 내에 존재하는 중요한 관리 포인트를 알 수 있다.

우선 '**실패 지점**(fail point)'의 위치를 보여준다. 실패 지점은 말 그대로 직원의 실수로 시스템의 운영에 문제가 생길 수 있는 곳을 의미한다. 실패 지점을 만나면 실수나 오류가 일어날 수 있는 잠재적 가능성을 아예 없애는 것이 가장 좋은 해결책이다. 하지만 그것이 불가능할 때는 실패의 조짐이 보이는 순간 시스템의 작동을 멈추게 하는 실패-안전(fail-safe)장치를 설치하거나, 실패가 일어나면 이른 시간 안에 그것을 복구할 수 있는 절차와 방법을 미리 정해 놓는 것이 필요하다.

다음으로 '**대기 지점**(waiting point)'의 위치도 보여준다. 이 지점에서는 고객이 제때 서비스를 받지 못하고 기다려야 할 가능성이 크다. 따라서 대기(queue)가 발생하지 않도록 공급관리를 철저히 하거나 대체 서비스를 제공하는 방안을 찾아야 한다.

2) 서비스 청사진 설계

서비스 청사진을 그리는 과정을 크게 서비스 프로세스를 분해하는 단계와 서비스 청사진을 그리는 단계의 두 단계로 나누어 살펴보기로 한다.[8]

단계 1: 서비스 프로세스 분해

첫 번째 단계는 대상 서비스의 구성요소를 분해하는 작업이다. 전체 서비스를 세부 프로세스로 분해하여 설계를 위한 단위 프로세스로 만들어낸다. 이때 분해된 각 프로세스를 모두 통합하면 하나의 서비스가 완성되어야 하므로 빠지거나 중복된 부분이 없도록 나누어야 한다.

단계 2: 서비스 청사진의 도식화

두 번째 단계는 앞에서 분해한 각 세부 프로세스를 서비스 청사진의 각 영역에 맞게 도식화하는 작업이다. 고객활동, 전방영역의 종업원 행동, 후방영역의 종업원 행동, 지원 프로세스로 이루어진 서비스 청사진의 각 영역에 해당하는 세부 프로세스를 도식화하고, 도식화한 각 세부 프로세스를 서비스의 흐름에 따라 연결하여 서비스 청사진을 완성한다.

서비스 청사진의 활용 사례 중 하나로 레스토랑 서비스를 설계해 보도록 하자. 레스토랑은 고객, 전방영역의 종업원, 후방영역의 종업원이 상호작용하는 대표적인 서비스 시스템으로, 서비스 청사진을 통해 프로세스를 설계하기에 적합한 유형으로 볼 수 있다.

단계 1: 서비스 프로세스 분해

우선 서비스 프로세스의 전 과정을 세부 프로세스 단위로 나누어 분석한다. [표 4-4]는 레스토랑 서비스를 프로세스, 입력물, 출력물로 나누어 각각 표시한 것이다. 분해된 각 서비스 프로세스는 서비스 청사진 작성을 위한 기본 단위로 활용된다.

---

8 상게서, pp.302-304.

표 4-4 ▌레스토랑 서비스의 세부 프로세스

상위항목	하위항목	내용
서비스 프로세스	제품 중심 프로세스	들어가기, 음식준비, 음식수령, 음식제공
	서비스 중심 프로세스	영수증주기, 나가기, 주문하기, 결제하기, 주문받기
	고객 중심 프로세스	자리 결정 및 취식, 주문방법 결정, 결제방법 결정
	경영 중심 프로세스	고객만족 측정, 신용카드 및 적립카드시스템, 매출계산, 고객만족 분석
	장애발생점	음식제공 오류
입력물	재료	빵, 고기, 야채
	주문방식	매장, 테이크아웃
	지불방식	현금, 신용카드
출력물	음식	음식 A, 음식 B, 음식 C
	영수증	현금영수증, 신용카드영수증

단계 2: 서비스 청사진의 도식화

이제 서비스 청사진 위에 각각의 세부 프로세스를 일치시키고 각 프로세스의 흐름을 화살표를 통해 연결하여 전체 프로세스의 흐름을 도식화한다. 마지막으로 실행과정 중에서 일어날 수 있는 실패 지점이나 대기 지점을 명시하여, 이를 해결하기 위한 프로세스를 추가한다. [그림 4-4]는 레스토랑 서비스의 서비스 청사진을 나타낸 것이다.

2. 서비스 청사진의 특징

서비스 청사진은 고객에게 보이는(또는 고객이 참여하는) 활동과 보이지 않는(또는 고객이 참여하지 않는) 활동을 구분해준다. 이것은 편의시설의 청결이나 유지보수 등의 활동 계획에 있어 특히 중요하다. 월트디즈니와 같은 최상의 서비스 기업들은 고객들이 쓰레기가 모여 있는 곳이나 미키마우스 옷이 수선되는 곳을 보이지 않게 한다.

이와 같은 서비스 청사진의 특징을 열거하면 다음과 같다.

① 서비스 제공에 포함되는 과정들을 확인하게 한다.

② 수정과 예방을 위해 현재 혹은 잠재된 실패 지점(fail point)들을 제거해 준다.

그림 4-4 ▌서비스 청사진의 예: 레스토랑 서비스

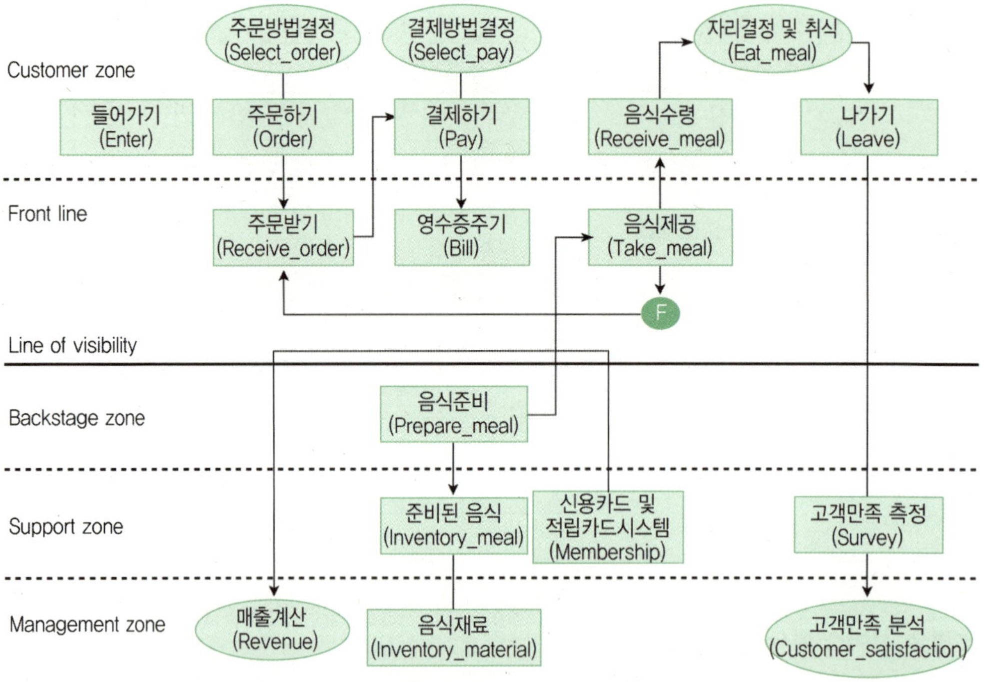

③ 서비스 제공을 위한 일정표(time frame)를 작성하게 한다.

④ 서비스 생산성을 분석하게 한다.

⑤ 종업원의 적소 배치, 종업원의 교육 · 훈련방법 등에 대한 의사결정을 하게 한다.

⑥ 비용 절감과 생산성 향상을 위해 자동화가 어느 곳에 이용될 수 있는지를 확인할 수 있다.

⑦ 개인적인 사람과의 접촉이 필요한 곳을 확인할 수 있다.

⑧ 서비스 제공과정에 대한 종업원의 이해를 통해 종업원 참여를 증진할 수 있다.

⑨ 품질의 측정과 재설계에 대한 필요성을 확인하게 한다.

이처럼 정확히 설계되고 계속 사용되는 서비스 청사진은 서비스 품질을 구축하고 유지하는 데에 있어서 가치 있는 도구가 될 수 있다. 이것이 없다면 서비스의 제공은 우연한 것, 무작위 과정이 되거나 과거에 수행되었던 것이나 평범한 것으로 퇴행하게 된다.

4절 서비스 과정 설계

1. 서비스 과정의 구성요소

[그림 4-5]는 고객 입장에서 본 서비스 과정이다. 고객 역시 생산자원의 일부이므로 시스템 내에 포함된다. 이처럼 서비스에서는 고객이 멀리 있거나 조직 외에 존재하는 것이 아니다.

쇼스텍(Shostack, 1984, 1987)에 의해 소개된 가시선 경계 개념은 서비스 과정을 고객에게 가시적 부분과 비가시적 부분으로 양분한다.

그림 4-5 ▎서비스 과정의 구성요소

자료: 원석희, 전게서, p.220.

1) 가시적 부분

고객과 상호작용을 수행하는 자원들이 가시적 부분의 구성요소이며 결정적 순간에 일어나는 상호작용을 담당한다. 서비스 생산과 소비의 동시성 때문에 서비스 과정에서 고객은 수동적 소비자가 아니다. 소비와 동시에 생산에도 참여하기 때문에 고객이 호텔 숙박처럼 전체 시스템과 상호작용하거나 은행의 ATM을 이용할 때처럼 일부 시스템과 상호작용한다.

(1) 시스템과 작업루틴

조직의 운영 · 관리시스템과 작업루틴(routine)을 포함한다. 대기시스템, 자판기 조작 등을 예로 들 수 있으며, 그 외에도 서비스의 소비나 업무수행방법에 영향을 주는 많은 시스템과 루틴(routine)이 있다. 우선 시스템과 루틴은 직접적으로 품질에 영향을 미친다. 즉, 시스템이나 작업루틴이 서비스지향적이 아니고 고객이 일일이 적응해야 하는 경우 고객은 불편함을 느끼게 되고 그 결과 품질인지가 파괴되거나 손상된다. 또한 시스템과 루틴은 직원에게도 영향을 준다. 만일 시스템이 고루하고 복잡하며 서비스지향적이 아니면 직원의 동기유발에 부정적 영향을 주게 된다.

(2) 고객접촉직원

조직의 위계나 직책과 관계없이 누구나 접촉직원이 될 수 있다. 고객과의 상호작용은 보통 직원의 직접 대면, 전화, 편지 등을 통해 이루어지며, 관리자도 고객과 직접 상호작용할 수 있다. 서비스에서는 접촉직원이 가장 핵심 역할을 수행하므로 조직의 시스템, 기술, 물적자원보다도 특히 인적자원에 더 의존한다. 접촉직원은 결정적 순간에 고객의 요구나 욕구를 관찰하거나 파악하고, 고객행동에 반응하며 고객 니즈를 인지할 수 있는 위치에 있다. 그리고 서비스 품질에 후속 조치를 할 수 있으며 문제가 발생하면 시정을 한다.

(3) 물적자원과 장비

컴퓨터, 서류, 도구 등이 여기에 해당한다. 이것은 서비스 품질의 기술적 측면에 영향을 주기도 하고, 셀프서비스에서처럼 서비스 과정의 기능적 품질에 영향을 줄 수 있다. 예를 들어, 레스토랑 대기실의 실내장식은 서비스의 기능적 품질에 영향을 준다.

2) 비가시적 부분

가시선 경계로 서비스 과정이 고객과 분리되는 것은 여러 가지 문제를 낳는다. 우선 고객은 후방업무에 대해서는 가치를 부여하지 않고 중요성을 깨닫지 못하며 품질에 영향을 주는 것도 알지 못한다. 그 결과 고객이 서비스 가격을 인정하려 하지 않는 때도 있다. 고객 입장에서는 후방지원 활동을 볼 수 없으므로 가시적인 과정이 복잡하지 않은 경우에 특히 문제가 생긴다. 또 우수한 기술적 품질이 상호작용의 미비로 손상당하는 경우도 생길 수 있다.

비가시적 부분의 문제가 발생하지 않게 직원과 고객의 상호작용을 지원하는 방법에는 다음 세 가지가 있다.

(1) 시스템 지원

컴퓨터시스템, 빌딩, 사무실, 차량, 장비, 서류 등의 기술 투자가 비가시적인 시스템 지원에 해당한다. 컴퓨터 지원이 불충분하여 의사결정이 지연되거나 서비스 제공에 경직된 업무 규정 · 절차가 걸림돌이 되는 것은 시스템 지원이 미비한 결과이다. 직원의 시스템 운영에 대한 지식을 시스템 노하우라고 하는데, 이를 높이기 위해서는 운영방법과 시스템 및 기술 교육에 많은 투자를 해야 한다.

(2) 경영관리 지원

무엇보다 중요한 것이 경영자의 지원이며, 특히 조직문화(분위기, 규범, 가치)의 유지가 필수적이다. 또한 경영자가 고객을 의식하고 서비스를 중시하는 모범을 보이지 않으면 서비스의 기술적 품질과 기능적 품질이 손상당하게 된다.

(3) 물적 지원

고객에게 보이지 않는 부서나 기능에 물적 지원을 제공한다. 이 경우 조직의 내부고객을 자신의 고객으로 간주하여 내부 서비스도 최종 서비스처럼 우수하게 제공해야 한다. 수표처리, 창고의 트럭 적재, 서비스 실행에 필요한 의사결정이 그 예이다.

2. 서비스 과정 설계의 고려사항[9]

(1) 고객접촉 측면

제조업에서는 프로세스(공정)가 고객과 분리되므로 대량 연속생산부터 소량 주문생산까지 명확하게 분류할 수 있지만, 서비스는 프로세스(과정) 설계 시 고객이 시스템 안에 존재한다는 사실을 반영해야 한다. 고객접촉의 내용은 정보나 화폐교환, 물적 전달, 신체적 접촉, 최종상품 제공과정 참여 등이다. **고객접촉**이란 시스템 내 고객의 존재를 의미하며, **고객접촉도**는 전체 서비스 시간에서 차지하는 고객접촉시간의 비율로 측정한다. 일반적으로 고객접촉도가 높을수록 상호작용의 필요성도 커진다. 고객접촉이 커지면 운영관리 측면에서 통제가 어려워지고 서비스 과정의 합리화도 기대하기 곤란해진다.

특히 높은 접촉 서비스에서는 고객이 수요시간, 서비스 성격, 서비스 질을 결정하는 수가 많다. 따라서 고객수요의 다양성과 시스템의 변동성이 야기된다. 예를 들면, 은행업무 중 고객접촉이 필요한 업무는 단순한 현금출납처럼 간단한 접촉에서부터 대출 신청 같이 장시간이 필요한 업무까지 매우 다양하고 시간 변동의 폭도 크다. 반면에 후방지원 활동에서는 고객을 대신하여 작업(예: 보고서, 정보자료, 송장)이 행해진다. 이 경우는 제조업 상황과 유사하므로 공정설계의 원리에 근거하여 효율성이 극대화되도록 설계를 할 수 있다.

(2) 전략적 측면

서비스 과정 설계는 헤스켓(Heskett, 1990)이 언급한 '전략적 서비스 비전'의 4대 요소를 실행하는 것을 포함한다. 즉 표적시장의 확인(목표 고객은 누구인가), 서비스 개념(서비스를 시장에서 어떻게 경쟁자와 차별화할 것인가), 서비스 전략(서비스 패키지의 운영 초점은 무엇인가), 서비스 생산시스템(실제 서비스 제공에 필요한 과정, 인력, 시설은 무엇인가) 등 4가지이다. 이 중에서 표적시장 확인과 서비스 개념 결정은 최고경영자의 역할이며 이는 다시 서비스 전략과 서비스 생산시스템의 선택을 위한 틀을 마련해 준다.

9 원석희, 전게서, pp.222-223.

(3) 제조공정과의 차이점

제조공정과 서비스 과정 설계를 구분하는 차이점은 다음과 같다.

첫째, 서비스에서는 과정과 상품이 동시에 개발되어야 한다. 서비스는 과정이 바로 상품 일부이기 때문이다.

둘째, 서비스를 지원하는 장비나 소프트웨어가 저작권이나 특허로 보호를 받는다고 해도 서비스 활동 자체는 제조업 같은 법률적 보호를 받지 못한다. 그러므로 서비스 과정은 모방에 취약하다.

셋째, 서비스 과정의 결과는 가시적이고 정의 가능한 제품이 아닌 유·무형의 서비스 패키지이다.

넷째, 서비스 패키지의 일부는 인적자원이 조직에 합류하기 전에 정의된다. 전문가 서비스에서 의사, 변호사 등은 사전에 자격시험을 통해 능력을 검증받는 것이 그것이다.

다섯째, 많은 서비스 기업은 자사의 서비스 패키지를 단기간에 바꿀 수 있다. 일상적 서비스를 제공하는 이발소, 소매점, 레스토랑 등이 이런 유연성을 가지고 있다.

3. 서비스 과정 설계의 접근방법

1) 생산라인 방식(production line approach)

고객이 존재하는 서비스 상황에서 제조업 수준의 효율성을 달성하는 것은 매우 어려운 문제이다. 서비스의 후방지원 업무는 자동화와 생산관리 개념을 적용할 수 있지만, 서비스를 각 고객에 고유한 개별적인 것으로 간주하면 서비스 창출 및 제공에 많은 제약이 따르게 된다.

맥도날드에서는 원재료 투입부터 생산공정까지 모두 사전에 철저히 의도적으로 설계되어 패스트푸드 제공을 서비스가 아닌 제조공정으로 파악한다. 맥도날드는 이런 발상의 전환으로 서비스 개념 자체에 내재하던 문제점을 극복했다. 즉, '서비스는 직원이 고객에게 직접 봉사하는 것'이라는 종래의 관념을 타파하고 사람이 아닌 물건에 초점을 맞추어 서비스의 고유한 문제를 해결했다. 따라서 맥도날드에서는 제품의 효율적 생산에 초점을 맞추고 직원이나 고객이라는 인간존재에는 상대적으로 비중을 작게 둔다. 청결하고 정돈된 친절한 환경에서 제공되는 높은 품질의 제품(음식), 그리고 신속한 서비스 제공은 바로 정교한 생산능력에 의존하는 것이다. 체계적인 장비의 인력 대체와 기술의 이용은 모든 인간의 숙련과 자의성을 거의 불필요하게 하며, 직원은 오로지 정해진 대로 업무를 수행하기만 하면 되는 것이다.

다음은 생산라인 방식의 특징을 설명하고 있다.

(1) 직원의 임의적 행동 제한

서비스 과정에서 직원에게 자의성과 재량권이 부여되면 좀 더 개별화된 서비스 상품을 제공할 수는 있으나 서비스 상품의 일관성이 지장을 받게 된다. 표준화된 서비스에서는 서비스의 일관성이 고객에게 가장 중요한 품질 요소가 된다. 고객은 어디서나 동일한 서비스를 기대하기 때문이다.

(2) 직무전문화

직무전문화를 위해서는 분업의 원리를 토대로 전체 과업을 소규모 업무로 분해해야 한다. 이렇게 분해된 업무는 분업을 가능하게 하며 좁은 범위의 특정한 기술만 가지고도 직무수행을 할 수 있게 해준다. 예를 들어, 건강진단에서도 일부 검사 단계를 제외하면 X-Ray 판독 기사와 고가 장비를 이용하여 의사 없이도 서비스를 제공할 수 있다.

(3) 기술의 인력 대체

장비로 인력을 대체하는 것이 제조 생산성을 높이는 전통적인 방법이다. ATM(현금인출기)이 은행 직원을 대체하는 것이 한 예이다. 그러나 하드 기술(자본투자)이 아닌 간단한 소프트 기술(업무방법 개선)로도 얼마든지 인력을 대체하고 인력 이용을 줄이는 효과를 얻을 수 있다.

(4) 서비스 표준화

식당에서 고객에게 제공할 메뉴를 한정시키는 것은 신속한 서비스를 가능케 한다. 수요의 예측 가능성을 높여 미리 능력계획 수립을 쉽게 할 수 있기 때문이다. 이 경우 서비스 제공은 미리 잘 정의된 업무와 고객의 정연한 흐름으로 일상적 과정처럼 반복될 수 있다. 또한 표준화는 과정통제를 가능하게 해주므로 품질의 일관성을 높여준다. 프랜차이즈 방식은 전국적인 생산량의 규모를 달성하고 수요를 확대하여 표준화의 장점을 얻는 방법이다.

2) 고객 참여 유도방식(customer participation of self-service approach)

러브록(Lovelock, 1984)은 고객의 참여로 서비스 과정이 개선될 수 있다고 주장했다. 패스트푸드점의 샐러드바나 호텔 객실 내 커피기기는 서비스 활동이 고객에게 전가된 것이다. 물론 이 경우 참여가 자신에게 유익하다는 고객의 확신이 있어야 한다. 고객이 낮은 가격 외에 신속성과 편익 측면에서 유리하다는 확신을 하게 되면 부분적 직원의 역할을 기꺼이 수행한다.

고객 참여는 가격선도력을 가능케 하고 고객화를 높이기도 하며 참여 정도에 따라 셀프서비스에서 풀 서비스(full service)까지 다양하게 존재할 수 있다. 그러나 고객의 참여는 가끔 조직이 고객을 핵심 과정으로부터 분리된 것으로 취급하는 제조업식 편견 때문에 문제가 생기는 수가 많다. 고객이 서비스 과정에 참여할 때도 고객을 공동생산자라기보다는 소비자로만 취급하려 하는 경우가 바로 그것이다.

고객 참여는 아래와 같이 두 가지 측면에서 중요하다.

(1) 고객 참여로 직원 대체

많은 표준화 서비스에서 점차 풀 서비스는 없어지고 있으며 고객에게 작업 일부를 수행할 것을 요구하고 있다. 기술의 발달로 자동화 기계나 장거리 직통전화 이용 시에는 가격할인으로 과정 참여 고객에게 보상한다. 이렇게 서비스에서도 생산성을 향상하려면 고객에게 많은 변화를 요구해야 한다. 그러나 고객 참여 유도 시 고객의 저항에 부딪히면 그 결과는 기대에 미치지 못할 것이다. 참여에 대한 보상이 미미한 경우, 고객 교육이 부족한 경우, 그리고 변화의 필요를 절감하지 못할 때 고객은 비협조적이 되기 쉽다. 많은 시중은행들은 고객에게 창구 이용 수수료를 청구하지만, 인터넷 뱅킹이나 자동화기기의 각종 거래수수료를 거의 없애는 방법으로 고객 참여에 대한 보상을 제공하고 있다.

(2) 고객 참여로 수요 평준화

서비스 능력은 시간에 민감하고 소멸성이 강한 특징이 있다. 병원의 서비스 능력을 측정하는 경우, 의사의 수보다는 가용 의사 진료시간이 더 나은 방법이다. 후자의 경우가 수요 부재 시 능력이 영원한 손실로 이어진다는 점이 강조되기 때문이다. 수요의 변동이 서비스의 특성이지만 이를 평준화하면 능력 낭비가 줄어들고 보다 균일한 능력 이용률이 달성될 수 있다.

수요 평준화를 위해서는 고객의 참여가 필요하며 수요의 시점을 조정하면 서비스 가용능력과 맞출 수 있다. 예약과 약속이 한 가지 방법이며 이 경우 고객은 대기시간 감소나 가격할인의 반대급부를 얻는다. 또한 양질의 서비스를 받기 위해서도 고객은 새로운 교육을 받을 필요가 있다. 그러므로 고객 교육이 서비스의 신개념으로 출현하고 있으며 앞으로 서비스 생산성 개선은 양질의 정보를 가진 자신감 있는 고객에 크게 의존하게 된다. 예를 들어, 자동차나 가전제품의 경우 고객이 진단기능이나 품질관리 체크 등을 수행할 수 있으면 후속 서비스 제공이 쉬워진다.

3) 고객접촉도 분리방식(customer contact approach)

고객에게 개별적 관심을 제공하는 서비스 고객화는 고급 서비스에만 적용될 수 있는 것이 아니다. 정보기술의 이용으로 고객화된 서비스를 제공하고 동시에 대량 처리의 이점을 얻는 것이 가능해진 것이다. 이 방법의 핵심은 서비스 활동에 필요한 고객접촉의 필요성을 기준으로 높은 접촉 활동과 낮은 접촉 활동을 분리하는 데 있다.

(1) 고-저 접촉 활동의 분리

높은 접촉 서비스는 고객이 과정에 직접 참여하므로 수요시점과 서비스 성격을 결정한다. 그리고 서비스 품질은 고객의 경험으로 결정된다. 그러나 서비스가 높은 접촉으로 분류되더라도 과정 내 일부 작업은 공장처럼 운영이 가능한 경우가 많다. 대중교통의 정비업무나 병원의 세탁물처리가 여기에 해당한다.

이처럼 접촉 정도로 서비스 과정을 분리하면 각 부분이 다르게 설계될 수 있다. 예를 들어, 높은 접촉 서비스는 대인 기술을 중시하며 서비스의 불확실성을 특징으로 한다. 따라서 항공사에서는 기내 서비스 요원은 복장이나 외모 등에까지 세심하게 신경 쓰게 한다. 그러나 수하물 처리나 정비 담당 직원은 고객과 접촉하지 않으므로 해당 업무는 공장에서처럼 효율성 위주로 처리된다.

(2) 높은 접촉 활동의 고객화

고객접촉이 많은 부분에서는 고객화가 중요하다. 항공기의 비즈니스 클래스에서는 스튜어디스가 승객명단을 암기하며 탑승 후부터 개인비서처럼 서비스를 제공한다. 특급 호텔에서는 프런트만이 아니라 부대시설 관리부서에서도 객실 번호와 투숙객 성명 등의 고객정보를 가지고 개인화된 서비스를 제공한다. 신라호텔은 상용 고객의 경우 공항까지 마중 나가는 서비스를 제공하고 해당 고객의 취향을 충분히 반영하여 객실을 배정하는 것은 물론 출국 예약 등도 도맡아 처리하고 있다.

4) 고객 응대 접근방식(personal attitude approach)

서비스 만족도는 제공된 서비스가 고객의 기대를 충족시킨 정도에 따라 결정된다. 하지만 고객의 기대는 고객에 따라 차이가 크다. 고객 응대 접근방식은 서비스 업종별로 차이가 있고, 때에 따라서는 특정한 고객의 서비스 내용과 제공과정이 다를 수 있다는 점에서 제시된 접근방식이다.

한 백화점과 한 호텔의 사례로 예를 들 수 있다. 미국의 노드스트롬(Nordstrom) 백화점은 조금 느슨하고 구조화되지 않은 서비스 과정으로 각 판매원과 고객 사이의 관계를 개발하는 데 중점을 두고 있다. 반면 리츠칼튼(Ritz-Carlton) 호텔은 서비스 과정이 대본으로 작성되어 있으며 종업원보다는 정보시스템이 고객을 접대하고 있다.

기업 사례 애플이 되고 싶은 스타벅스[10]

◆ **커피의 속박을 벗어던지겠다**

미국 스타벅스 홈페이지에는 '창사 40주년을 준비하면서 우리는 미래를 보려 한다'는 제목의 동영상이 걸려 있다. 이 동영상의 주인공은 슐츠 CEO다.

그는 자신의 육성으로 왜 스타벅스 로고를 바꿔야 하는지 설명하고 있다. "새 로고는 두 가지 중요한 뜻을 담고 있습니다. 한 가지는 우리 유산을 포용하고 존경하는 것이죠. 동시에 우리는 미래를 위해 더욱 적합하다고 생각하는 지점으로 나아가려 합니다."

과거 유산을 포용한다는 것은 무슨 뜻일까. 슐츠의 육성이 이어진다.

"1987년 스타벅스는 갈색 로고를 녹색으로 바꾸었어요. 하지만 우리는 (기존 로고에 그려진) 세이렌을 포용했어요."

세이렌은 고대 그리스 신화 속 존재다. 아름다운 여인의 모습으로 바다에 살면서 노랫소리로 선원들을 유혹해 위험에 빠뜨렸다. 스타벅스 로고의 중심에는 언제나 세이렌이 그려져 있다.

"새로운 로고에도 '스타벅스 경험'이라는 핵심 자산은 여전히 표현돼 있어요. 커피에 대한 우리의 사랑, 파트너들과의 관계 그리고 고객과의 연결 등을 담고 있어요."

새 로고에 '스타벅스 커피'라는 글자가 빠지면서 1971년 이후 스타벅스 로고의 중심에 자리 잡았던 세이렌이 더욱 도드라져 보인다. 1971년 이후 굳건히 유지된 세이렌을 통해 슐츠는 새 로고 역시 스타벅스 커피의 유산을 고수하고 있다고 웅변하는 것이다.

이제 과거의 유산을 포용하겠다는 뜻은 알겠다. 그렇다면 '미래를 위해 나아가려 한다'는 것은 어떤 의미일까. 이에 대해 슐츠는 몇 가지 단서를 던진다.

"세상도 변했고 스타벅스도 변했습니다. 세이렌이 원 밖으로 나와서 우리에게 커피를 뛰어넘는 자유와 유연성을 주어야 한다고 생각했습니다."

지금껏 세이렌은 '스타벅스 커피'라는 글자가 만든 원 안에 갇혀 있었다. 그렇기에 세이렌은 '커피' 말고 다른 서비스 · 상품을 상징하기 힘들었다. 막강한 스타벅스의 브랜드 파워가 커피라는 좁은 영역에 갇혀 있었던 것이다.

슐츠는 새 로고를 통해 지금껏 스타벅스를 가둔 '커피'라는 구속을 벗어던지려 한다. 커피 외에 새로운 사업에 뛰어들겠다는 의지의 표현으로 시장은 해석하고 있다.

10 매일경제, 2011년 1월 22-23일

◆ **스타벅스는 애플이 될 수 있을까**

스타벅스처럼 로고를 바꿔 새로운 사업영역에 뛰어들어 성공한 사례가 있을까. 비슷한 사례로 종종 애플이 언급되곤 한다.

스티브 잡스 애플 CEO는 2007년 1월 맥월드 엑스포를 통해 애플 역사에서 획기적인 전환점이 되는 발표를 한다. 회사 이름을 '애플 컴퓨터(Apple Computer, Inc)'에서 '애플(Apple Inc.)'로 바꾼 것이었다. '애플'이라는 브랜드를 컴퓨터라는 좁은 영역에 가두지 않겠다는 선언이었다.

그는 당시 키노트 스피치를 통해 맥 컴퓨터, 아이팟, 애플 TV, 아이폰 등 4개 제품을 주력 사업으로 소개했다. 이제 컴퓨터는 애플 사업의 작은 일부라는 얘기였다.

오늘날 '애플'이라는 이름을 들으면 소비자들은 더 이상 컴퓨터를 먼저 떠올리지 않는다. 심지어 아이폰 · 아이패드 등 최근의 히트 제품을 먼저 떠올리지도 않는다.

소비자들은 애플이라는 이름에서 '아름다운 디자인, 사용자 친화적인 인터페이스, 혁신의 대명사' 등을 떠올린다. 애플은 더 이상 특정 제품에 구속된 브랜드가 아니라는 얘기다.

덕분에 애플이 기존 제품 카테고리와 동떨어진 제품을 내놓아도 소비자들은 '애플 제품이야. 디자인이 아름답고 쿨할 것이야. 혁신적이고 첨단적이고 사용하기 편할거야'라고 생각하게 된다.

그렇다면 스타벅스는 어떨까. 애플이 컴퓨터라는 글자를 회사 이름에서 지우고 컴퓨터 회사라는 속박을 뛰어넘었듯이 스타벅스도 로고에서 커피 글자를 지움으로써 커피 회사라는 속박을 뛰어넘을 수 있을까. 이를 통해 특정 제품의 구속에서 완전히 벗어난 브랜드로 재탄생할 수 있을까.

◆ **로고 변경을 보는 두 가지 시선**

브랜드 리서치 전문 컨설팅 회사인 '밀워드 브라운'의 글로벌 수석 애널리스트인 나이젤 홀리스는 스타벅스가 애플의 성공을 뒤따를 가능성이 높지 않다고 본다.

그는 자신의 블로그에 '스타벅스의 새 로고: 위험한 움직임'이라는 글을 통해 애플과 스타벅스의 차이점을 지적한다. 애플은 모바일 기기 분야에서 큰 성공을 거둔 이후에 회사 이름에서 '컴퓨터'를 지운 반면 스타벅스는 새로운 사업에서 성공을 거두기도 전에 로고에서 '커피'라는 글자를 지웠다는 것.

스타벅스에 대한 홀리스 애널리스트의 충고는 매우 단순하다. 신규 사업에서 먼저 성공하라는 것이다. 그래서 커피가 더 이상 브랜드의 핵심이 아니라고 판단되는 순간에 로고에서

'커피'라는 글자를 지우라는 얘기다.

그러나 신규 사업 진출을 위해 커피라는 속박부터 먼저 푸는 전략이 옳다는 주장도 만만치 않다.

사람들은 스타벅스라는 말을 들으면 자동적으로 커피를 떠올리게 된다. 미국인들에게 스타벅스는 거의 커피와 동의어다. 만약 스타벅스가 커피 사업에만 집중하고 싶다면 '스타벅스=커피'라는 일반인의 인식은 축복이다. 별다른 마케팅 전략이 없이도 소비자에게 제품을 알릴 수 있기 때문이다.

그러나 만약 스타벅스가 신규 사업 진출을 강력히 희망한다면 '스타벅스=커피'라는 인식은 자칫 저주가 될 수 있다. 스타벅스가 내놓은 새로운 제품마다 소비자들은 커피를 떠올릴 것이며 심하면 '스타벅스가 엉뚱한 짓을 한다'고 느낄 수도 있다.

이 같은 점을 들어 미국에서 저명한 로고 전문가로 손꼽히는 빌 가드너는 '스타벅스의 새 로고: 신선한 환영'이라는 글을 통해 새로운 사업에 진출하려는 스타벅스의 로고 변경을 환영했다.

5장 서비스 시설 입지

1절 서비스 시설 입지의 이해

1. 입지 결정이 경쟁에 미치는 영향

입지(location) 결정은 조직구성원들이 조직의 업무를 수행할 장소에 관한 의사결정 문제이다. 그러므로 입지 결정은 사업계획에 근거하여 입지 측면의 필요성과 시장수요를 동시에 고려해야 한다. 특히 서비스에 있어서 입지는 전략적으로 매우 중요하다.

시설 입지(facility location) 결정문제는 조직의 사업 초기 그리고 사업 진행 중 기존 시설의 확장이나 이전 등에 관계된 중요한 전략적 의사결정이다. 따라서 의사결정의 파급효과나 수행 기간의 측면에 비추어 크고 장기적인 것이 그 특징이다. 여타 전략적 의사결정과 유사하게 입지 결정도 조직의 장기적 목표를 달성하는 데 최우선 순위를 준다. 일단 결정된 입지는 사후 조직의 운영시스템에 지속해서 영향을 준다. 조직 운영의 척도가 되는 효율성과 효과성이 직접적으로 입지의 영향을 받기 때문이다. 또한 새로운 입지는 직원과 지역의 새로운 연계가 필요하며, 전체 조직에 적응을 요한다. 특히 조직구조와 의사결정시스템이 새로운 변화를 수용하게끔 적용해야 하는 것이다.

입지 결정의 영향력[1]을 경쟁우위 요소별로 살펴보면 다음과 같다.

1 B.J. Finch & R.L. Luebbe, *Operations Management*, Dryden Press, 1995.

1) 가격/원가

입지는 제품과 서비스 원가에 직접적인 영향을 미치며, 결국 가격에 많은 영향을 미친다. 원가의 경우 재료비 · 인건비 · 수송비와 같은 변동비와 세금 · 시설 · 토지의 구매가격과 같은 고정비에 영향을 미친다. 고객에 근접한 입지는 신속한 배달이 가능해짐에 따라 불필요한 재고를 줄일 수 있어 원가절감과 가격 인하에 도움을 준다.

2) 품질

입지는 서비스 품질에 영향을 미친다. 시간 경과에 따라서 변질이 되는 상품들, 예를 들어, 빵이나 식품류 등은 고객 근처에 자리 잡는 것이 품질 유지에 유리하다. 스키장의 생명이라 할 수 있는 강설량과 설질(雪質)은 기후와 상관관계가 있는데, 이 또한 스키장의 입지와 관련이 깊다.

3) 신뢰성/편리성

서비스 시설이 고객과 근접해 있으면 신뢰성과 편리성을 높일 수 있다. 공급자나 고객과 멀리 떨어진 입지는 납기를 지키기 어려울 때가 많다. 고객이 서비스를 이용하는데 시간이 많이 소요되는 장소의 서비스 시설은 고객이 이용하지 않을 가능성이 크다.

4) 신속성

원자재를 비롯한 투입 요소의 신속한 접근과 적절한 수송 능력은 고객 욕구에 신속히 대응할 수 있게 한다. 특히 식료품이나 음료수의 경우 소비지역별로 위치하는 것이 이로울 때가 많다.

5) 시간

수요에 대한 신속한 반응은 고객 가까이 자리 잡지 않고는 어려울 때가 많다. 원자재의 산지나 공급자로부터의 원자재 조달, 상품의 운송 및 고객에 배달하는 시간은 공급자나 고객 가까이 자리 잡아 운송 거리를 좁히면 단축할 수 있다.

2. 서비스 시설의 입지요인

서비스 활동에서 입지는 판매와 소비자 만족에 직접적인 영향을 미친다. 서비스 시설과 관련된 입지요인들[2]을 기술하면 다음과 같다.

1) 고객 근접성

서비스 시설의 고객 근접성은 고객과의 접촉 기회를 높일 수 있는 주요 요인이다. 음식이나 음료수 · 소매점 · 자동차 서비스와 같은 서비스 사업의 성과는 입지와 교통 등과 관련된 고객의 편리성에 크게 좌우된다. 많은 소비자가 시간을 절약하기 위해 약국 · 식료품점 · 은행 · 세탁소 등이 몰려 있는 쇼핑센터나 복합상가를 선호하는 것도 같은 맥락에서 볼 수 있다. 유통업계에서는 one-stop 쇼핑이 가능한 고객집중 효과를 높이기 위해 백화점과 할인점, 전문점 등을 배치한 복합쇼핑몰이 확산하고 있다.

2) 시장 근접성과 운송비

창고나 배달업무는 운송비와 시장의 근접이 중요한 요인이 된다. 상품창고는 고객 가까이에 자리 잡아 배송시간을 줄이는 것이 긴요하다.

교통의 편의성 또는 수송의 효율성은 고객이 서비스 시설의 접근을 쉽게 하므로 고객과의 접촉이 빈번한 서비스시스템의 주요 입지요인이 된다. 고객은 필요한 서비스를 이용하기 위해 병원, 극장, 식당, 호텔, 수리센터 등의 서비스 시설에 직접 방문하는 것이 일반적이다. 하지만 서비스 시설이 고객에 접근(콜택시, 소방차량, 응급차량, 이동도서관 등)하는 때도 있다.

3) 경쟁업자 위치

경쟁자가 이미 자리를 잡은 지역은 되도록 피하는 것이 좋다. 그러나 음식점이나 의류상점과 같은 사업은 경쟁자 근처에 위치하는 것이 이로울 수도 있다. 이 기준은 보통 서비스 업종에 따라 다를 수 있다.

2 L.J. Krajewsky & I.P. Ritzman, *Operations Management*, 4th ed., Addsion-Wesley Publishing Co., 1996.

4) 부지 위치

소매점의 경우 주변 지역의 주거밀도, 교통량, 눈에 잘 띄는 부지의 위치가 주요 요인이 된다. 서비스 시설 용지를 선정할 때 고려되는 사항들을 열거하면 다음과 같다.

① 교통의 편리성: 도로 인접, 대중교통(열차 · 전철 · 버스 등) 이용이 쉬운 지역
② 주차시설: 주차시설이 있는 장소나 주차가 쉬운 지역
③ 쇼핑센터나 복합상가 인접 지역
④ 시설확장이 쉬운 지역
⑤ 가시 지역: 눈에 잘 띄고 찾기 쉬운 지역
⑥ 경쟁업자의 위치: 경쟁업자가 없거나 오히려 많은 지역(선택적)
⑦ 관계 법규 및 제도와의 저촉 여부

이상에서 제시된 시설 입지요인들을 그의 성질에 따라 경제적 · 자연적 · 사회적 입지요인으로 정리하면 다음과 같다.

① 경제적 입지요인: 교통 편리 및 운송비용, 노동력의 양과 질, 임금수준, 시장(고객)의 수요와 근접성, 외주업체의 이용 가능성, 기술의 획득, 유틸리티 시설의 이용, 토지가격 등
② 자연적 입지요인: 기후의 적합성, 공업용수의 이용 가능성, 원자재의 근접성, 배수의 용이성 등
③ 사회적 입지요인: 지역사회의 풍토와 관습, 그 지역의 삶의 질, 법규와 제도, 세제 지원제도, 국가균형발전계획 등

3. 입지 문제의 유형

구체적으로 입지 문제를 다루기 전에 입지 문제를 유형에 따라 분류해야 한다. 왜냐하면 유형별로 다른 접근방법이 필요하기 때문이다.[3]

3 원석희, 전게서, pp.263-264.

1) 지리적 분산도

서비스업의 지리적 유형과 그 사례는 다음과 같다.

① 본사 · 서비스 지역 일체형: 미용실, 자동차 정비, 소매업, 통신대학

② 본사+지역적 서비스 복합형: 지역 소매체인, 지역 레스토랑체인, 회계법인, 경영 자문기업, 병원체인

③ 본사+지사 복합형: 전국적 소매체인, 전국 레스토랑체인, 신용카드사, 석유 도매상

④ 본사+지사+지역적 서비스 복합형: 전력회사, 전화회사, 세무 서비스 기업, 항공사

⑤ 본사+이동성 시설장비 이용형: 응급 서비스, 자동차 견인, 버스 대여회사

2) 시설의 수

단일시설은 입지 결정이 쉽지만, 복수입지 결정은 각 시설의 능력이 다르거나 각 지역의 수요를 정확하게 추정하기 어려운 경우 매우 복잡해진다. 또한 서비스가 상하 위계, 예를 들면, 병원의 1, 2차 진료 단계처럼 계층을 가지는 경우는 더욱 어렵다.

3) 입지목표

비용이나 이익의 최적화가 대개 민간기업의 목표가 되지만 공공부문은 사회의 니즈에 대응해야 하므로 계량화하기 어려운 사회적 혜택을 극대화하는 것을 목표로 한다. 따라서 공공 서비스는 보통 이용자 혜택의 극대화를 입지목표로 하며, 구체적 목표에 대한 의견일치와 계량화의 어려움으로 대리 측정 수단을 이용하여 고객 혜택을 산정하려 한다. 예를 들어, 시설이용자의 평균 이동시간은 접근용이성을 나타내는 방법으로 흔히 쓰인다. 이 경우 전체 이동시간의 극소화가 입지목표가 되며 최대 이동시간은 제약조건이 된다.

4. 입지유형별 중점사항[4]

1) 단일시설 입지

단일시설 입지는 다른 시설과 상호 연관이 없는 경우에 해당되는 문제이다. 창고, 정부기관, 병원, 발전소 등을 전체 대상 지역에 1개의 시설을 정하는 의사결정은 가장 간단한 입지 유형이다.

2) 복수시설 입지

창고나 유통시설의 복수입지 문제는 수송비용 및 기타 운반비용 등 수송 관련 비용을 우선 고려한다. 그 이유는 다른 비용이 상대적으로 적기 때문이다. 따라서 이를 단일목표로 하여 비용을 최소화하는 입지 결정이 보편적이다. 특히 유통시설은 생산자와 소비자 사이의 중간 전달체계를 담당하고 있으므로 운송비와 하역 및 포장비 등이 가장 큰 비용을 차지한다. 이러한 유통시설의 특성은 고객이나 시장에의 근접을 가장 중요한 입지요인으로 만든다. 고객과 시장에 근접하면 신속한 배달과 판매촉진이 가능해지므로 유리한 것이다.

유통시설 이외에 서비스가 고객에게 직접 제공되는 서비스업종, 예를 들면, 컨설팅 및 감사업무, 그리고 보안경비나 청소용역 등도 이와 유사한 문제로 볼 수 있다. 단독입지는 상호 연관성을 무시해도 무방하지만, 기존입지에 새로운 입지를 추가하는 경우는 시설중복을 피하고 시너지효과를 얻기 위해 시스템적 관점을 가져야 한다. 은행, 주식 중개, 리조트, TV 네트워크, 호텔체인 같은 프랜차이즈업, 그리고 항공사는 전형적인 복수입지 문제를 가진다.

3) 경쟁적 소매입지

은행, 백화점, 슈퍼마켓, 레스토랑의 입지가 이 범주에 들 수 있다. 이 경우는 경쟁자와의 근접도에 따라 입지 결정이 영향을 받는다. 우선 고객에 근접해야 하므로 대지나 임대료가 매우 중요한 비용을 차지한다.

4 상게서, pp.265-267.

소매업에는 특히 입지가 전부라고 할 정도로 중요하므로 입지 관련 비용이 가장 많은 부분을 차지한다. 이렇게 소매입지에는 수요의 양이 중요하며 수요는 총매출액이나 고객 수로 측정한다. 그러므로 입지 결정에는 수요예측이 불가결하다.

은행의 자동화 점포를 예로 들면 매월 예상 거래의 건수가 많아야 한다. 이처럼 매출위주의 입지 결정은 주로 시장 관련 정보에 의존하며 필요한 주요 자료는 인구통계적인 것이다. 시장 관련 정보는 해당 지역 인구, 가구당 평균수입, 평균연령, 교육수준, 경쟁점 유무, 신용카드 보유자 수, 상가/거주지역 여부, 유동인구 수, 소매점 평균매상고, 고용인구, 거주세대수에 관한 것이다.

4) 응급시설 입지

응급차, 소방서, 경찰서 등 응급을 요구하는 공공시설의 입지는 특수한 부류에 속한다. 가장 중요한 기준은 응급 발생부터 서비스 제공까지의 시간을 최소화해야 한다는 것이다. 그러므로 최소 대응시간과 비용 절감이 대표적 평가 기준이며 보통 단일목표는 대응시간을 최소화하는 것이다. 물론 이는 재산과 인명피해를 최소화하는 공공성을 추구하기 위한 것이다.

서비스업에서도 제조업에서 출현한 개념인 적시생산(Just-In-Time: JIT) 방식이 인기를 얻을 정도로 시간이 경쟁의 축으로 등장하며 시간경쟁이 치열해지고 있다. 따라서 응급시설의 입지에 사용되는 기법이 이제는 일반 패스트푸드점 등에서도 적용할 수 있다. 예를 들면, 피자점은 특정 시간 내에 배달을 가능하게 하는 입지를 찾을 수 있다. 중요한 경쟁기준이 대응시간이며 서비스의 신뢰성이 생명인 업종, 동시에 서비스의 직접 제공이 불가결한 상황에서도 유사한 적용을 할 수 있다.

5) 공공시설 입지

우체국, 고속도로, 학교, 공원 등은 비용자료의 산정이 어렵다. 왜냐하면 수익성을 추구하는 기업체와는 달리 공익성의 추구가 시설의 존재 목적이기 때문이다. 특히 사회적 비용이나 혜택 등은 계량화가 쉽지 않다. 따라서 통상 사용되는 기준은 시설 간 최대 이동거리 및 시간, 혹은 이용자집단과 시설 간 최대 이동거리 및 시간을 적정수준으로 유지하는 것이다.

또한 다른 공공시설의 입지 고려사항은 시설이 수요를 창출한다는 특성이다. 은행이나 슈퍼마켓도 이와 유사하지만, 이익이 주요 사업 동인이 아니라는 점에서 다르다. 따라서 공공시설 이용인구는 고정된 것이 아니고 입지, 규모, 시설 수에 의해 결정되는 것이 보통이므로 이용객이나 창출된 신규시설 이용수요가 많을수록 수요충족에 더 효과적이라고 판단된다. 결국 공공시설 입지는 이용객의 효용측정이 투자예산의 제약하에 최적화하는 문제로 압축될 수 있다. 따라서 비용/효과 분석이 투자와 효용 사이의 상충관계를 조사하기 위해 수행되며 보통 투자 단위당 평균 이동거리 단축, 혹은 수요증가로 판단된다.

2절 입지전략 및 계획

1. 입지전략

서비스 입지전략은 제조입지와는 여러 측면에서 다르다. [표 5-1]과 같이 제조업의 입지초점은 주로 비용 최소화인 반면, 서비스업의 입지초점은 판매수입 증가와 이익 창출이다.

제조는 입지에 따라 비용이 현저히 달라지지만, 서비스는 동일지역 내에서 비용변동의 폭이 크지 않다. 그러므로 서비스 입지 결정의 초점은 사업의 양과 수입의 극대화에 맞추어진다. 전통적으로 서비스의 입지는 진입장벽을 구축하거나 수요를 창출하는 역할 외에도 전략적 차원에서 유연성, 경쟁 포지셔닝, 수요관리, 그리고 시장 집중화에 영향을 준다.[5]

1) 유연성

변화하는 환경 여건에 적응할 수 있는 정도를 나타내는 것이 바로 유연성이다. 입지

5 상게서, pp.256-259.

표 5-1 | 서비스와 제조업의 입지 결정

서비스(이익초점)	제조업(비용초점)
• 판매량 수입 –상권지역 –구매력 –경쟁자 –광고/선전/가격정책 • 물리적 서비스 환경 –주차, 접근 용이성 –안전, 조명 –외관, 이미지 –관련사업 • 비용결정요소 –경영수완 –운영정책 • 입지선정기법 –연관도 분석 –통행량 분석 • 지역인구 통계분석 –대상지역 구매력 분석 • 입지선정 시 기본가정 –입지가 수입을 결정 –고객접촉 문제가 주요 과제 –비용은 특정 지역에서 고정적이므로 수입이 더 중요	• 유형적 비용 –원자재 운송비 –제품 운송비 –에너지비용 –전력, 용수 –노동력 –원자재 –세금 • 무형적/미래비용 –노조성향 –생활의 질 –교육비 –지역사회 수준 • 입지선정기법 –수송법(수리기법) –요소가중치법 –손익분기점 분석 • 입지선정 시 기본가정 –입지가 비용의 결정요소 –주요 비용은 각 입지별로 파악 가능 –낮은 고객접촉으로 비용이 중요 –무형적 비용은 객관적으로 평가 가능

자료: R. Murdick B. Render and R. Russell, *Service Operations Management*, Allyn and Bacon, 1990, p.161.

결정에는 장기적인 자본투자가 소요되며 조직 운신의 폭을 제약할 수 있다. 따라서 입지는 현재 및 장래의 경제적 여건, 인구통계적 추세, 문화적 요인, 그리고 경쟁 측면에서의 주요 변화에 신속하고 효과적으로 대응할 수 있어야 한다.

2) 경쟁 포지셔닝

경쟁자에 대하여 상대적으로 자신의 사업 위치를 정하는 포지셔닝(positioning)의 사례는 미개발 상권의 최선 입지를 선점하는 것을 들 수 있다. 제품의 특허와도 같이 주요 위치를 미리 확보하는 **선점전략**(preemptive strategy)은 경쟁자의 신규 시장진입을 억제하는 진입장벽으로 작용한다. 이 방법으로 경쟁력을 강화하고 자사의 시장 인지도를 높일 수 있다. 최근 유통시장 개방에 대응하여 백화점, 양판점, 할인점, 편의점 등 국내 유통업체들이 주요 역세권과 신도시 등에 다점포 전략으로 경쟁적인 점포 확대 전략을 구사하고 있는 것은 이러한 선점전략으로 볼 수 있다.

3) 수요관리

수요의 양, 질, 시간을 조절하는 수요관리는 특히 단기적 수요조정이 쉽지 않은 시설투자형 서비스 업종의 경우에 경제 상황 및 계절 효과에 상관없이 안정적 수요를 얻기 위해 다양한 수요원을 발굴하고자 한다. 이 경우 입지는 신규 수요 창출에 중요한 역할을 한다.

4) 시장 집중화

일부 체인점은 특정 시장 영역을 겨냥하고 구체적으로 좁게 정의한 차별화된 서비스를 복수입지에서 제공한다. 이 경우 복수입지 서비스는 시설 및 운영관리 기준을 개발하여 서비스 시설이 여러 장소에서 복사될 수 있게 한다. 그러나 동질 서비스의 경우는 시설확장 시 시설 간 수요의 상호 쟁탈이 일어나기 쉽다. 이를 방지하기 위해서 서비스 기업은 확장 시 바람직한 성장패턴을 고려해야 한다.

이러한 4가지 전략적 차원을 염두에 두고 이제 입지계획의 세부 절차를 알아보기로 한다. 입지 결정은 원래 직관에 의존하거나 우연적 요인인 장소 사용 가능 여부와 유리한 임차조건에 좌우되기도 하지만, 체계적이고 구조적 분석은 잘못된 입지로 인한 심각한 결과를 사전에 방지하게 해준다.

2. 입지계획

입지계획은 사업의 성격과 입지 측면의 필요를 바탕으로 단계적인 목표와 실행계획을 준비하는 것이다. 입지계획은 시장기회를 나타내는 사업계획과 조직의 사업 의지를 담은 전략계획과의 상호연계를 파악한 후 가능한 입지를 탐색하고 이를 평가하여 최종 선택하는 일련의 과정으로 이루어진다.[6]

1) 사업계획 검토

사업계획(business profile)은 조직이 통제하기 어려운 시장환경을 파악한 후 만들어지며 제공하고자 하는 서비스의 유형, 사업의 유형, 사업의 규모, 전체 시설 수, 시장 유형, 시장 위치, 그리고 기타 주요 입지요인을 고려한다. 따라서 사업계획을 검토하면 사업의 성격과 입지 측면에서의 요구사항을 일치시킬 수 있다.

2) 전략계획 반영

서비스 상품과 시장의 지향점, 즉 틈새시장, 경쟁우위, 전략실행에 필수적인 특유능력, 가능한 위험부담 정도, 기존 경영자원의 개발 및 할당 계획을 반영한다.

3) 가능한 입지탐색

입지의 사전탐사는 가장 중요한 결정요인에 비중을 두고 진행한다. 입지에 관한 주요 정보는 지역 상공회의소, 기타 부동산 관련 전문지, 중소기업연합회, 지방자치단체에서 구하거나 후보지를 현장 방문하는 방법이 있다.

4) 대안의 평가

대안의 평가는 일반적인 입지 평가 기준을 참고로 자사의 특유한 상황을 반영한 기준을 추가하거나 수정하여 이용할 수 있다. 계량적 평가는 비교적 쉽게 산정이 가능하므로

6 상게서, pp.259-260.

상호비교가 쉽다. 다만 질적인 평가 기준은 계량화가 쉽지 않지만 가능한 계량화한 후 비교하는 것이 편리하다. 평가 기준의 영향력은 기준에 따라 입지 결과가 완전히 달라질 수 있는 점으로 미루어 알 수 있다.

5) 대안 선택 및 실행

대안의 선택과 실행에는 자본 및 기타 자원의 투입과 인적 노력이 필수적이라 할 수 있다. 신중한 선택과정을 거친 후 실행과정은 신속한 것이 바람직하다. 특히 점포입지와 같이 경쟁에 민감한 결정은 정보 유출로 입지에 차질이 생길 수 있으므로 신속하게 실행으로 옮겨야 한다.

3절 서비스 입지 결정

1. 서비스 유형별 입지 결정

일반적으로 입지 결정은 다수 요인에 달려 있으며 비용/이익(혜택) 간의 상충이 일어난다. 그러나 어느 경우에도 중요한 절대적 입지 결정요인이 존재하며 이것이 선택 가능한 입지 수를 제한한다. 따라서 업종 유형에 따른 입지요인의 상대적 중요도는 각각 달라지는 것이다.

1) 고객

고객의 편리성이 가장 중시되는 소매점, 건강 · 의료 관련 서비스, 극장, 은행지점, 레스토랑은 고객 위주의 입지를 보인다.

2) 비용

전문점, 도매상, 사무처리 서비스는 운영비가 가장 중요한 입지요인이므로 비용 측면이 가장 중요한 고려 대상이 된다.

3) 경쟁자

경쟁자 근처에 자리 잡아 자원을 공유하거나 고객을 유인하고자 하는 자동차 판매대리점, 골동품상, 패스트푸드점이 전형적인 예이다.

4) 영업 지원시스템

영업에 도움을 주는 지원시스템이 있는 곳에 자리 잡는다. 보석상은 경찰경비가 있는 곳에 영업하는 것이 유리하며, 놀이공원은 교통이 편리하고 전력공급이 가능한 곳에 자리 잡아야 한다.

5) 지리적 혹은 환경적 요인

해양 공원, 스키장, 골프장 등은 지리적 그리고 환경적 제약을 강하게 받는다. 따라서 입지의 대안이 많지 않은 경우가 대부분이다.

6) 영업환경

보험회사, 사설 교육기관, 각종 업무시설이 이 부류에 해당하며 일반 영업환경을 중시한다.

7) 통신

금융 서비스는 금융기관 간의 빠른 통신을 중시한다. 따라서 대형은행은 통신시설이 완비된 대도시 도심에 있어야 한다. 장거리 전자통신 수단이 서류의 이동을 대체해도 이 경향은 계속될 것으로 보인다.

8) 운송

통신판매나 특별수송배달 회사는 운송 네트워크에 진입이 쉬운 곳에 있어야 한다.

[표 5-2]에는 서비스 유형별 입지요인의 중요도가 나타나 있다. 각 서비스는 이 요인들의 가중치를 고려하여 입지 결정을 할 수 있다.

표 5-2 ▌서비스 유형별 입지요인 중요도

입지요인	연구개발 · 하이테크	창고 · 물류	소매	개인 서비스	의료 · 응급 서비스	공공 서비스
고객 · 시장근접도	★★	★★	★★★	★★★	★★★	★★★
노동력 및 인건비	★★	★★	★★	★★★	★★	★★
지역사회 매력도	★★★	★	★	★	★	★
노조결성률	★	★★	★★	★★	★	★★
건설, 토지비용	★★	★★	★★	★★	★★	★★
운송시설에 근접성	★	★★★	★★	★	★	★
내부운송비	★	★★★	★★	★	★	★
외부운송비	★	★★★	★	★	★	★
전력, 상하수도	★	★	★	★	★	★
원자재, 소모품 취득 용이성	★	★	★	★	★	★
환경 영향 및 지리적 제약	★	★	★	★★	★	★

★★★ 매우 중요, ★★ 중요, ★ 중요성 적음
자료: 원석희, 전게서, p.250.

2. 입지 결정방법

입지 결정은 고려해야 할 요인들의 수가 많고 다양하기 때문에 일반적으로 적용할 방법을 찾기 어렵다. 따라서 최적화를 추구하기보다는 대체로 만족할 수 있는 결정을 추구하는 것이 바람직하다. 왜냐하면 입지 결정은 서비스 기업에게 장기적인 영향을 미치며,

각 입지요인의 미래 변화를 정확히 예측하기 어렵기 때문이다.

아래에서는 서비스 시설 입지를 선정하는 방법에 대해 간략히 살펴보기로 한다.

1) 손익분기점 분석

수요량이 입지 의사결정의 중요한 요인이 될 때는 **손익분기점 분석**(break-even analysis)이 유용할 수 있다. 각 입지의 고정비와 변동비의 비용구조가 다르고 입지가 수요량 변화에 영향을 끼치지 않는다면 각각에 대하여 손익분기점 분석을 해 봄으로써 최적 입지를 선택할 수 있다. 즉, 특정 수요량에 대하여 최소비용을 나타내는 입지가 어디인가를 찾는 것이다.

그러나 수요량이 입지에 따라 다른 경우도 있다. 소매점이나 세탁소가 여기에 해당한다. 즉, 고객은 멀리 있는 소매점이나 세탁소에 가려고 하지 않을 것이므로 입지가 소매점이나 세탁소의 판매량에 큰 영향을 미치게 된다. 이런 경우에는 각 수요량에 따른 비용과 수익의 계산을 하여 각 입지를 비교해야 한다.

2) 요소가중치법

요소가중치법은 기업의 전략과 가장 연관이 있는 중요한 요소 순서로부터 절댓값이 높은 점수를 부여하여 정성적 요소들을 정량화하는 것으로서 가장 일반적으로 쓰이는 방법이다. 단순한 수리적 방법인 요소가중치법은 다음 6개의 단계로 이루어져 있다.

① 관련 있는 요소 간의 목록 개발
② 회사목표에 있어 가장 연관성 있는 중요한 각각의 요소들에 가중치 부여
③ 각 요소별로 크기(scale) 부여
④ 위의 크기를 이용하여 요소들의 입지에 관리점수(management score) 부여
⑤ 각 입지에 대한 최종점수 및 각 요소에 대한 가중치에 따른 점수 부여
⑥ 선택은 최대점수에 기반을 두고 질적 접근의 결과를 고려한다.

새로운 스키 리조트의 입지선정을 위한 예가 [표 5-3]에 간단히 제시되어 있다. [표 5-3]은 Y, S, M의 3개 지역의 각 평가 요소들과 가중치, 그리고 계산 결과를 보이고 있으며, 총가중치 점수가 147인 M이 가장 적합한 지역임을 나타내고 있다.

표 5-3 ▌스키리조트 예정지의 선정에 있어 요소가중치법

		입지점수			가중점수		
요소	중요도 가중치	Y	S	M	Y	S	M
연간 강설량	8	5	4	3	(8)(5)=40	(8)(4)=32	(8)(3)=24
지형	9	4	5	4	(9)(4)=36	(9)(5)=45	(9)(4)=36
고객 접근성	7	3	2	5	(7)(3)=21	(7)(2)=14	(7)(5)=35
스키리조트까지의 운송상태	5	4	4	5	(5)(4)=20	(5)(4)=20	(5)(5)=25
정부보상금	3	3	4	4	(3)(3)=9	(3)(4)=12	(3)(4)=12
경쟁기업	3	2	5	5	(3)(2)=6	(3)(5)=15	(3)(5)=15
총합					132	138	147

3) 중력 모델법

중력 모델(gravity model)은 본래 다수의 소매점에 공급하는 창고의 단일입지를 위해 개발되었다. 특정 지역의 중심점을 찾아 거리와 운반물량의 측면에서 비용을 최소화하는 것이 목표이며, 비용은 거리에 비례한다고 가정한다. 이 모델은 물리의 중력 법칙에 따라 두 물체 사이의 중력은 물체의 질량에 직접 비례하는 동시에 거리에 반비례한다는 것을 이용하고 있다.

(1) 소매점 입지

중력 모델을 소매점 입지에 응용하면 고객수요를 산정하는 데 도움이 된다. 여기서 소매점의 고객수요를 결정하는 것은 점포의 규모와 입지 등 두 가지 변수이다. 이렇게 고객수요를 산정하는 방법은 이미 보편화되어 있으며 소매업과 입지와의 관계에 대해서는 많은 경험적 관계가 도출되어 있다. 몇 가지 예를 들면,

① 상권을 선호하는 고객층의 비율은 쇼핑 지역까지의 거리에 따라 달라진다.

② 상권을 선호하는 고객의 비율은 각 상권에 의해 제공되는 상품의 범위와 깊이에 따라 달라진다.

③ 고객이 상권까지 이동하는 거리는 상품구매의 유형에 따라 다르다.

④ 상권의 견인력은 경쟁상권의 근접 정도에 영향을 받는다.

이상을 고려하면 서비스에서 특정 시설의 매력도(A_{ij})는 아래 식과 같이 서비스 시설의 규모와 이동시간의 관계로 나타낼 수 있다.

$$A_{ij} = \frac{S_j}{T_{ij}^{\lambda}}$$

A_{ij}: 고객 i 에 있어서 시설 j 의 매력도
S_j: 시설 j 의 규모
T_{ij}: 고객 i 가 시설 j 까지 이동에 필요한 시간
λ: 이동시간이 쇼핑에 미치는 영향 정도를 반영하는 파라미터로서 보통 할인점은 2, 편의점은 더 큰 값을 이용

이 법칙을 서비스에 응용하면 서비스 시설의 매력도는 시설의 규모에 비례하고 이동시간에 반비례한다. 허프(D. Huff)는 중력 모델을 이용하여 특정 시설 규모와 입지에서의 고객수요를 예측했다. 고객은 얼마든지 경쟁자에 끌릴 수 있으므로 이 방법으로 고객이 특정 시설을 이용할 확률, 즉 고객 i 가 j 시설을 이용할 확률(P_{ij})을 구하면 이 값은 아래와 같이 서비스 시설의 총매력도에서 특정 서비스 시설이 차지하는 비율이 된다.

$$P_{ij} = \frac{\dfrac{S_j}{T_{ij}^{\lambda}}}{\displaystyle\sum_{j=1}^{n} \frac{S_j}{T_{ij}^{\lambda}}}$$

그다음 특정 상품이나 상품계열에 대한 총소비 지출(E_{jk})은 다음과 같이 소비자 수에 평균 지출을 곱해 구한다.

$$E_{jk} = \sum_{j=1}^{m} (P_{ij} C_i B_{ik})$$

C_i: i 지역의 소비자 수
B_{ik}: i 지역 고객의 상품계열 k에 대한 평균지출예산
m: 지역 수

이제 상점 j가 상품계열 k의 판매로부터 얻을 시장점유율(M_{jk})은 소비자의 상품계열 k에 대한 총지출에서 차지하는 상점 j에 대한 지출(E_{jk})의 비율을 구하면 된다.

$$M_{jk} = \frac{E_{jk}}{\sum_{i=1}^{m}(C_j B_{ik})}$$

이런 방법으로 이 지역에서 다양한 규모의 예비점포에 대한 연간 순이익도 계산될 수 있다. 점포 규모를 고려하여 세금을 공제한 후 판매액의 비율로 순익을 계산하면 각 입지에서 규모에 따른 최대이익을 보장하는 점포를 얻을 수 있으므로 각 입지 대안 비교 후 점포를 계약하여 실제 입지를 구하면 되는 것이다.

(2) 기타 서비스 입지

병원, 놀이시설, 대학교육 서비스에도 중력 모델 이용이 가능하다. 예를 들면, 기존 병원의 서비스 지역을 결정하는 중력 모델이 개발되었는데 각 병원단지의 매력도는 병원이 제공하는 전체 서비스 수에 비례하며, 비용은 도시의 각 지역에서 병원까지 도달하는 시간으로 측정된다. 또한 놀이공원에서는 각 위탁시설의 예상 이용객 수요를 측정하는 모델을 만들었는데 이용비용을 측정하기 위해서 공원까지의 자동차 운행 거리를 이용한다. 이러한 서비스업의 다양한 응용사례는 중력 모델을 이용하여 서비스 시설의 입지를 결정하고 경쟁자로부터 고객을 흡수할 가능성을 판단할 수 있게 한다.

6장 서비스 설비 배치

1절 서비스 설비 배치의 이해

1. 설비 배치의 의의

앞장에서 논의한 서비스 시설 입지가 결정되면 다음은 시설 내 설비 배치 문제가 따른다. 서비스 설비 배치는 운영의 효율성을 주로 고려하는 제조업 상황과는 다르다. 즉, 서비스 기업은 효율성보다 고객과의 상호작용을 더 중요하게 여긴다. 고객은 서비스 시설 이용 시 전체 서비스 과정의 일부로서 설비 배치를 평가한다. 그리고 이는 다시 고객이 인지한 서비스 품질에 지대한 영향을 주게 된다.

설비 배치(facility layout)는 특정 시설 내 경제활동센터의 물리적 배열에 관한 의사결정 문제이다. 즉 시설 내 물리적 부분을 시간, 비용, 기술의 제약하에서 최적 배열하는 것으로 자본투자가 필요한 능력계획의 하나로 볼 수 있다. 여기서 **경제활동센터**란 공간을 차지하는 모든 것으로서 공간 및 저장이 필요한 식당, 사무공간, 작업자나 업무집단, 장비, 작업장, 부서, 계단이나 복도, 창고 및 저장공간을 포함한다. 구체적으로 설비 배치는 업무의 흐름과 인력 · 장비의 이용률을 결정하므로 배치의 목적은 작업자와 장비가 업무수행 시 최대한 효율성과 효과성을 얻도록 하는 것이다. 서비스에서는 물론 여기에 고객의 존재가 고려되어야 한다.

2. 설비 배치의 목표

설비 배치의 목표는 [표 6-1]에서처럼 서비스 유형에 따라 달라진다. 개인 서비스는 직접 고객을 상대하므로 고객의 접근과 이용 편의성, 그리고 이에 따른 직원의 이동 필요성을 고려한다. 후방지원 서비스는 업무의 효율성, 그리고 소유물처리 서비스는 물적 흐름의 원활성을 가장 중시한다.

표 6-1 ▎설비 배치의 목표

개인 서비스	• 시설 이용비용의 극소화 • 고객의 접근과 이용 편리, 판매기회 극대화 개인 서비스 • 상품의 일부로서 서비스환경 조성 • 직원의 이동필요 최소화 • 직원 간 혹은 직원 대 고객의 커뮤니케이션 원활
후방지원 서비스	• 직원의 프라이버시와 업무공조 지원 • 업무효율성의 극대화 • 자동화 설비와 직원의 인터페이스 • 감독용이, 직원태도, 업무 생산성 • 시설이용률 극대화, 업무 단계의 투명성
소유물처리 서비스	• 물적 흐름을 위한 여유공간 확보 • 물류활동 처리의 단순화 • 시설이용률의 극대화 • 물품보관의 편리성

3. 설비 배치의 성과평가 기준

설비 배치 성과는 보통 다음의 여러 기준으로 평가한다.[1]

1) 자재 취급

자재 취급(materials handing)이란 원자재, 재공품, 완제품의 운반, 저장 및 부수 업무

1 최성용 외, 전게서, pp.219-221.

를 의미한다. 창고업에서는 자재 취급을 원활히 하고 자재 취급비용을 최소화하는 것이 중요하다. 이를 위해서 서로의 자재 교류가 많은 작업장은 근접 배치한다. 서비스시스템에서는 '자재 취급 최소화'를 '고객 또는 직원 이동의 최소화'로 해석할 수 있다. 예컨대 소매업에서는 상품을 체계적으로 분류하고 배치함으로써 고객의 상품탐색과 장소이동에 걸리는 시간을 최소화할 수 있다. 또한 회사 내의 부서 배치는 업무상의 접촉이 많은 부문을 인접 배치함으로써 부서 간 협조를 증진할 수 있을 것이다.

2) 유연성

설비 배치의 유연성(flexibility)은 모든 시스템에서 공통으로 요구되는 특성이며 근래에 더욱 강조되는 경향을 볼 수 있다. 설비 배치의 유연성에는 두 가지 의미가 있다.

첫째는 미래의 상황변화에도 불구하고 현행의 배치가 계속 유효한 배치로서 존속할 가능성을 의미하고, 둘째는 상황변화에 따라 배치 변경이 불가피할 때 적은 비용으로 쉽게 변경할 가능성을 말한다. 상황의 변화란 예컨대 신기술 도입, 고객수요의 변화, 조직구조의 변화 등을 말한다.

수명이 긴 설비 배치를 위해서는 경영자의 예측 능력이 요구된다. 예를 들면, 수요증대와 이에 따른 시설확장을 예견할 수 있다면 경영자는 부지를 미리 여유 있게 확보하고 미래의 확장을 염두에 두고 최초의 설비 배치를 설계할 것이다. 한편 상황변화에 쉽게 적응할 수 있는 배치를 위해서는 여러 가지 방법이 사용될 수 있다. 예컨대 건물 내부의 벽이나 기둥을 줄이고 모듈(modules)로 된 가구나 칸막이를 설치하고, 이동식 기계와 장비를 사용하며, 배관과 배선 등은 여분 있게 설치한다면 어느 위치에서나 쉽게 접속할 수 있다.

3) 직원 사기

설비 배치는 단순한 물리적 현상으로 그치는 것이 아니라 직원에게 사회적 · 심리적 요인으로도 작용한다. 다른 직원과의 접촉이 쉬운가, 직위에 상응한 품위가 유지되는가, 프라이버시가 보장되는가, 감독자 시선에 노출되는가 등의 사항은 직원의 사기나 직무만족에 직결된다. 사무실의 프라이버시는 타인과의 접촉 수준을 조절할 수 있게 하며 동료와의 근접 배치는 업무협조를 증진하고 의사소통을 쉽게 한다.

4) 자본투자

배치 형태에 따라 소요되는 공간 면적, 기계와 장비, 재고수준 등이 달라지며 이에 따라 소요되는 투자액이 달라진다. 투자액은 어떤 조직에서나 반드시 고려되는 공통적인 평가 기준이다. 예컨대 사무실의 경우, 직원의 프라이버시를 위하여 폐쇄적인 배치가 선호되지만, 이에 대한 투자비용이 너무 많이 들면 이를 단념할 수 있는 것이다.

5) 기타 평가 기준

작업환경, 분위기, 설비보전, 조직구조, 판매촉진, 노동생산성, 상품저장수명 등도 중요한 평가 기준이 된다. 사무실 분위기나 근무환경은 배치 여하에 따라 달라지는데 쾌적하고 안전한 환경이 조성되어야 한다. 설비보전도 배치와 밀접한 관계가 있다. 장소가 협소하거나 충분한 접근 공간이 없으면 보전 활동을 효과적으로 수행할 수 없다.

설비 배치는 회사의 조직구조와 연계되어야 한다. 각 부문은 회사의 조직구조와 일치되게 배치하는 것이 바람직하다. 이렇게 하는 것은 조직의 효율을 높이고 조직구조를 보완하는 효과가 있다. 예컨대 동일 부서나 동일 기능에 속하는 인적 또는 물적자원이 서로 격리되거나 분산되는 일이 없도록 한다.

소매 서비스업에서는 내부 배치가 고객의 구매 욕구를 크게 자극할 수 있다. 그러므로 판매를 최대한 촉진할 수 있는 배치를 고안하는 것이 중요하다. 또한 노동생산성이나 사무능률의 최대화가 중요한 평가 기준이 됨은 두말할 필요가 없다. 직원의 협조를 어렵게 하거나 자재이동 경로를 복잡하게 하는 배치는 생산성을 저하시킬 것이다.

창고의 내부 배치는 품목의 저장수명이 중요한 기준이 된다. 저장수명이란 상품의 유효기간을 말하는데 유효기간이 지나 상품 가치를 상실하는 일이 최소화되도록 배치되어야 한다.

4. 설비 배치 의사결정

기본적으로 설비 배치 의사결정에는 다음과 같은 사항이 포함된다.[2]

① 배치 대상: 설비 배치에 어느 경제활동센터가 포함되어야 하는가?

② 공간 배정: 적절하지 않은 공간은 생산성을 저해하고, 프라이버시를 침해하며, 건강 및 안전을 위협한다. 또한 지나친 공간도 낭비를 초래하고, 직원을 불필요하게 격리해 생산성을 낮춘다.

③ 공간의 구성방법: 공간의 양과 형태, 그리고 다른 기타 요소들이 모두 연관된 경우가 많으므로 그 상호작용과 연계를 염두에 두어야 한다.

④ 물리적 위치: 물리적 위치는 업무 생산성에 상당한 영향을 준다.

또한 설비 배치 의사결정에는 기본정보가 투입되어야 한다. 대표적으로 다음을 들 수 있다.

① 사업계획: 산출량과 유연성에 관한 기업의 목표로서 다각화 계획, 비용목표, 확장계획 등을 포함한다.

② 수요의 성격: 서비스 수요 성격 측면에서는 단일의 동질적 서비스 혹은 다양한 이질적 서비스 제공 여부, 그리고 고객접촉과 고객화 정도가 고려된다.

③ 업무의 종류와 흐름의 양: 업무 경로상의 부서와 장비에 자재 · 정보흐름의 양, 흐름의 패턴, 그리고 서비스 과정에 고객 참여의 정도가 중요한 요소이다.

④ 시설 내 공간 소요량: 공간 측면에서 소요 면적과 가용공간, 원하는 공간의 형태, 시점 그리고 추가 공간의 필요시점이 밝혀져야 한다.

2 원석희, 전게서, pp.277-278.

2절 설비 배치의 유형 및 기법

1. 프로세스 배치(process layout)

다품종소량생산에서 흔히 볼 수 있는 배치 형태로서 **기능별 배치**(functional layout)라고도 한다. 즉, **프로세스 배치**는 작업장, 부서, 설비 등을 같은 기능별로 그룹화하는 것인데 불연속적으로 다양한 상품을 만들거나 다양한 고객을 처리할 때 이용된다. 수요량은 적고 예측이 어려우므로 운영자원을 특정 고객이나 상품에 독자적으로 전용하기가 불가능하다. 그러므로 이용 장비는 보통 범용이며 유연성이 있고 자본집약도가 낮은 것이 보통이다. 주문형 서비스 제공처럼 고객화가 필요한 업무는 보통 프로세스 배치를 지향하며, 이 경우에는 부서 근접을 통한 업무 연계가 중시된다. 종합병원에서도 환자가 요구하는 진료 서비스의 흐름 경로가 다르므로 다양한 프로세스관리가 필요하다([그림 6-1] 참조).

그림 6-1 ▌의료시설의 프로세스 배치

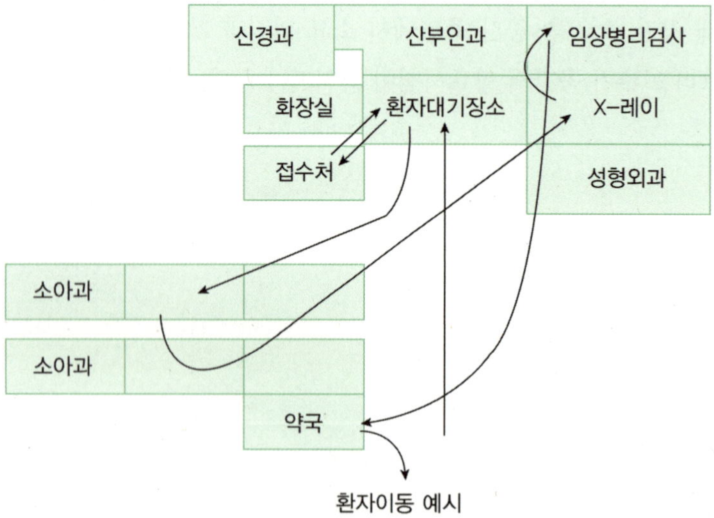

자료: 박용태 외, 서비스 공학, 생능출판사, 2010, p.291.

이 외에도 은행, 백화점, 법률사무소나 보험회사, 여행사, 도서관 등 각 고객이 서로 다른 욕구가 있는 특정한 상황을 다룰 때 효과적이다.

프로세스(기능별) 배치방식이 가진 장단점은 다음 [표 6-2]와 같다.

표 6-2 ▌프로세스(기능별) 배치의 장단점

장점	단점
• 변화(수요변화, 서비스 생산방법의 변경 등)에 대한 유연성이 크다. • 범용설비의 투자와 배치에 돈이 적게 든다. • 재료부족, 직원결근 등에도 공급량 유지가 용이하다. • 소량생산 시 상품별 배치보다 유리하다. • 다양한 업무로 직무만족을 증진시킨다.	• 대량생산 시 상품별 배치보다 불리하다. • 운반거리가 길고 운반능률이 떨어진다. • 물자의 흐름이 더뎌 재고나 재공품이 많아 이들의 투자액과 저장면적이 많이 소요된다. • 설비와 작업자의 이용률이 낮다. • 주문별로 절차계획, 일정계획 등이 다르므로 관리가 번잡하다.

2. 상품별 배치(product layout)

소품종대량생산에서 흔히 볼 수 있는 배치 형태로서 같은 상품을 반복적으로 생산하는 방식으로 라인 배치(line layout)라고도 한다. 즉, 상품별 배치는 한정된 서비스가 대량 고객에게 제공하는 데 적합한 방법으로, 작업자나 장비는 고정되어 있으며 업무가 수행되는 순서대로 배치된다. 기본 배치원리는 고객이나 업무가 순탄하게 흐르게 하고 병목을 없애며, 각 단계의 서비스 제공자가 비슷한 업무 수행시간을 유지하게 하는 것이다. 이는 제조업의 조립라인(assembly line)과 유사하며, 표준화된 서비스를 제공하거나 업무 활동에 특수장비를 요하고 분업이 이루어질 수 있는 경우에 유리한 배치이다.

상품별 배치에서 경제활동센터 배치는 자동으로 상품 이동 경로를 따라 결정된다. 따라서 배치의 목표는 작업 활동을 각 작업장에 할당하고 바람직한 산출량을 최소한의 자원투입으로 달성하는 것이다. 예를 들면, 서비스 활동의 수행 흐름을 따라서 설비가 배치되는 카페테리아에서는 매우 단순한 경로를 거치게 된다. 무인 세차장도 이러한 사례에 속하며 각 작업 단계에서 업무의 균형을 중시한다([그림 6-2] 참조).

그림 6-2 ▌세차 시설의 상품별 배치

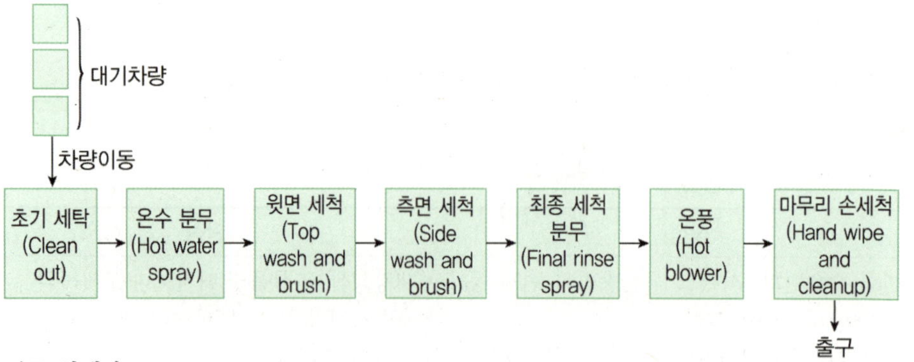

자료: 상게서, p.289.

상품별 배치는 각 업무를 처리하는 작업장 간의 라인 균형이 중요하므로 우선 목표처리량을 달성하기 위한 최소작업장 수를 구한다. 장비나 인력은 상품별로 처리 과정에 자동 배치되므로 위치는 덜 중요한 대신 최소자원으로 목표량을 처리할 수 있게끔 작업장 내 업무 표준화가 관건이 된다.

상품별 배치를 단계별로 보면 다음과 같다.[3]

① 작업의 분해: 우선 작업을 분해하여 작업을 정의 가능한 작은 작업으로 나눈다.

② 선행작업 확인: 업무의 기술적 전 · 후 관계를 파악한다.

③ 업무처리 비율 결정: 수요를 맞추기 위한 업무처리 비율을 결정하고 여기에서 사이클타임(cycle time)을 구한다. 사이클타임은 업무처리 비율의 역수이며 처리시간을 업무량으로 나눈 것이다. 경우에 따라 각 작업장에서 걸리는 최대시간으로 사이클타임을 정하기도 한다.

④ 작업장 수: 작업장 수를 결정하고 업무 할당을 한다. 라인 균형 대안의 평가 기준으로는 라인 효율(line efficiency)이 가장 중요하다. 여러 작업 요소의 시간 소요량과 선행관계로 어느 정도의 시간지연은 불가피하기 때문이다. 라인 효율이란 전체 업무 처리시간에서 업무 지연시간을 뺀 값의 비율을 말한다.

3 원석희, 전게서, pp.294-296.

예제

자동차 정기검사장의 업무는 동일한 업무 경로를 거치며 대량의 동질수요가 처리되는 과정으로 볼 수 있다. 따라서 상품별 배치에 의한 라인 균형이 관건이 된다. 검사장 내 6개 작업장이 있으며 필요한 서비스 시간은 아래에 주어져 있다.

이를 이용하여 필요 작업장 수, 처리 속도, 라인 효율을 계산하고 제시하라.

순서	서비스 내용	서비스 시간(분)
1	등록 및 접수	4
2	조명장치 검사	2
3	내 · 외장 검사	1
4	조향장치 검사	4
5	제동장치 검사	3
6	검사증 교부	5

| 풀이 |

다음 그림에서 보듯이 (a)는 현재 6개 작업장이 있고, 여기서 검사증 교부업무가 가장 오래 시간이 소요되는 작업장의 작업이므로 사이클타임은 5분이다. 따라서 업무처리 건수는 시간당 12건(60 ÷ 5)이다. 라인 효율 공식을 이용하면 다음과 같다.

$$\text{라인 효율} = \frac{\text{총작업시간}(4+2+1+4+3+5)}{\text{작업장수}(6)\times\text{사이클타임}(5)} = 63\%$$

(b)에서 조명작업장과 내 · 외장검사 작업장을 하나로 통합하면 5개 작업장에 처리건수는 시간당 12건, 라인 효율은 76%가 된다.

(c)에서 조명작업장을 뒤로 이동시키고 내 · 외장검사와 조향장치검사 그리고 조명장치검사와 제동장치검사를 각각 묶으면 4개 작업장에 시간당 12건 처리, 그리고 라인 효율은 95%로 높아진다.

자동차 검사장의 라인 균형

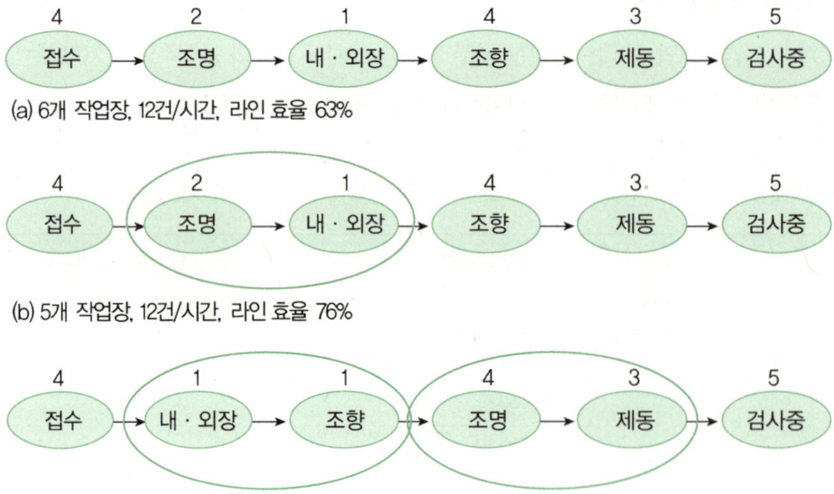

(a) 6개 작업장, 12건/시간, 라인 효율 63%

(b) 5개 작업장, 12건/시간, 라인 효율 76%

(c) 4개 작업장, 12건/시간, 라인 효율 95%

이 사례는 추가 인원을 투입하지 않고도 라인 균형만으로 효율성을 높일 수 있음을 보여 준다.

상품별(라인) 배치방식의 장단점은 [표 6-3]과 같다.

표 6-3 ▌상품별(라인) 배치의 장단점

장점	단점
• 대량생산으로 단위당 생산비용이 낮다. • 운반거리가 짧고 가공물의 흐름이 빠르다. • 설비와 직원의 이용률이 높다. • 재고와 재공품이 적어 저장면적이 작다. • 일정계획이 단순하며 관리가 용이하다. • 업무가 단순하여 직원의 훈련 및 감독이 용이하다.	• 변화(수요변화, 서비스 생산방법의 변경 등)에 대한 유연성이 떨어진다. • 전용설비의 투자와 배치에 돈이 많이 든다. • 재료부족, 직원결근 등은 전체 과정에 영향을 미친다. • 고정비 부담이 크다. • 업무가 단조로워 직무만족이 떨어진다.

3. GT(Group Technology) 배치(GT layout)

GT 배치는 프로세스 배치와 상품별 배치의 좋은 장점만을 결합한 방법이다. 이 배치는 중품종중량생산 시대에 필요한 유연성을 확보할 수 있고 대량 처리의 이점도 얻을 수 있는 것이 커다란 장점이다. GT 배치의 원리는 업무처리 시 유사한 처리경로를 따르는 상품계열을 처리하는 셀(cell)을 만드는 것이다. 이 셀은 독자적으로 특정 업무를 완결할 수 있는 소규모 업무처리 라인(mini-line)으로 볼 수 있다.

최근 업무 과정을 고객이나 상품 위주로 세분화하고 업무 담당 직원을 고객에 근접시키기 위해 셀을 이용하는 경우가 많다. 서비스에서는 대개 여러 부서의 인력들이 상품계열에 따르는 업무를 수행하기 위해서 셀에 합류한다. 예를 들면, 증권회사에서는 증권처리업무(주식 이전, 배당/이자 지급, 연금관리 등)가 하나의 상품계열이 될 수 있으며, 자금의 이동이라는 핵심 과정을 중심으로 증권처리 셀을 만들 수 있다.

GT 배치가 효과적으로 되기 위해서는 직원의 다기능 훈련이 필요하고 상품 내 공통성을 증대시켜야 한다. 작업을 분업방식으로 처리하면 특정 직원에 의존도가 높아지고 사내에 업무 기술이 축적되지 않는다. 따라서 직원들의 업무 범위를 넓히고 직무순환을 통해 책임소재를 정해 주는 것이 다기능직원 양성의 기본이다. 이를 위해서 다기능직원에 대한 인센티브의 존재 역시 중요하다.

GT 배치는 프로세스 배치와 상품별 배치, 양자의 장점을 얻으려는 것이므로 기능별 업무처리 상황에서 반복처리가 가능한 충분한 양의 업무량을 확보하는 것이 관건이다. 업무처리의 공통성에 주목하여 반복성이 가능한 상품이나 부분적으로 업무의 공통부분을 가진 계열(family)을 찾아야 한다. 그 단계는 다음과 같다.

① 1단계: 공통업무 처리 단계를 거치는 상품계열을 만든다. 컴퓨터로 기호화나 분류를 하는 때도 있지만 단순한 방법으로도 가능하다.

② 2단계: 프로세스의 배치와 재배치를 위한 상품계열의 지배적인 흐름 패턴을 확인한다.

③ 3단계: 업무 셀에 인력과 장비를 배치하여 소형 라인처럼 업무를 반복 처리한다.

GT 배치의 장단점은 다음 [표 6-4]와 같다.

표 6-4 ❙ GT 배치의 장단점

장점	단점
• 셀 방식으로 직원 간의 거리를 근접시켜 자기 완결 방식으로 업무를 수행하므로 업무의 균형이 용이하고 인력의 배치나 재배치가 쉽다. • 한 셀 안에 모든 인력을 배치하는 것은 팀워크를 높이고 공동문제 해결을 촉진한다. 셀 내부에서, 혹은 다른 셀과의 자생적인 팀이 구성되어 문제가 생기면 자체해결하기도 한다. • 업무상의 문제발생 시 책임소재가 명확해지며 그 결과 업무의 질이 개선된다. 또한, 근접하여 업무를 수행하므로 운영자원의 배분이 단순화되고 용이해진다. • 수요변동에 대한 유연성이 좋다.	• 셀 분류가 복잡하며 이에 따른 업무가 증대된다. • 납기이행에 필요한 고정품과 재고가 증대된다. • 설비고장으로 인한 가공의 정체가 크다.

4. 고정 배치(fixed layout)

고정 배치는 상품이나 고객은 고정되고 작업자나 장비가 이동하여 작업을 수행한다. 이 방식은 기술적인 이유나 경제적인 이유로 서비스 대상의 위치를 바꿀 수 없을 때나 옮기는 것보다는 그 자리에 고정하는 것이 더 나을 때 사용하게 된다. 이 접근방식은 서비스 대상이 한 장소에 고정되어 있다는 뜻에서는 고정 배치이지만, 서비스 인력이나 장비가 이동한다는 뜻에서는 **이동 배치**(moving layout)라고도 한다.

[그림 6-3]은 가정이나 회사의 배관시설이 문제가 발생하여 이를 수리해야 하는 경우를 나타낸다. 이 경우 고장이 난 배관시설을 뜯어 수리센터로 옮긴 후 수리할 수 없다. 오히려 수리공이 배관시설이 있는 곳에 직접 장비를 들고 이동하여 수리하는 것이 기술적으로나 경제적으로 더 바람직하다.

또한 고장이 난 가정용 난방기기의 수리처럼 부피가 크고 이동이 어려운 경우가 여기에 해당한다. 공연 전 배우의 분장작업, 응급환자의 치료, 야구나 축구경기장에서의 TV 중계, 그리고 비행기나 대형선박의 제작 등도 운영 인원과 장비가 작업이 수행되는 장소로 이동한다. 이 경우의 배치 목적은 빠른 대응시간과 자원의 높은 이용률을 얻으려는 것이다.

그림 6-3 ▌배관 수리 서비스의 고정 배치

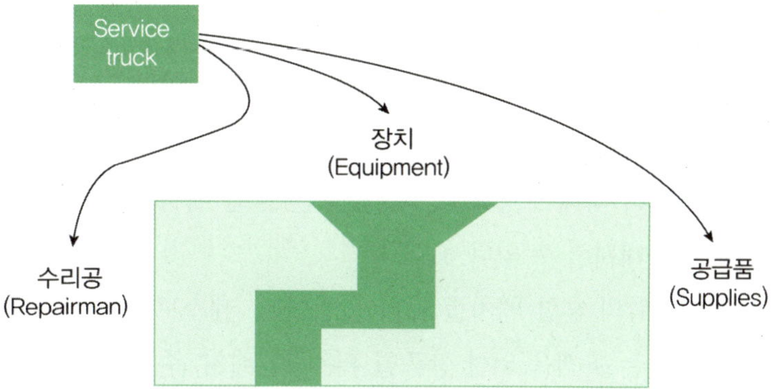

자료: 박용태 외, 전게서, p.292.

고정(이동) 배치 방식의 장단점은 다음 [표 6-5]와 같다.

표 6-5 ▌고정(이동) 배치의 장단점

장점	단점
• 생산물 이동을 최소한으로 줄일 수 있다. • 다양한 서비스(업무)를 유연성 있게 생산할 수 있다. • 크고 복잡한 프로젝트 생산에 적합하다.	• 작업현장까지 자재와 설비를 옮기려면 많은 노력과 시간·비용이 소요된다. • 설비의 이용률이 낮다. • 고도의 숙련을 요하는 업무가 많다.

앞에서 설명한 설비 배치의 유형별 특징들을 요약하면 [표 6-6]과 같다.

표 6-6 ▌배치 유형별 차이점

	과정별	상품별	GT	고정 배치
작업방법	소량/주문	대량/반복	소량/반복	프로젝트
배치/변경비용	낮음	높음	낮음	낮음
장비 이용률	낮음	높음	높음	낮음
업무경로	복잡	단순	단순	이동
중간대기	많음	적음	적음	적음
이동거리	길다	짧다	짧다	짧다
필요기술	숙련	단순	숙련	숙련
배치기준	기능별	상품별	고객/상품계열별	위치고정

5. 혼합 배치(mixed layout)

앞의 4가지 배치 방법은 단일입지에서 동시에 이용될 수 있다. 소매점이 그 예가 될 수 있다. 소매점은 유사한 상품을 동일 장소에 두어 고객이 쉽게 찾게 하고(프로세스 배치), 동시에 고객을 미리 정해진 통로로 유도하여(상품별 배치) 다양한 상품을 보게 함으로써 구매 기회를 증대시킬 수 있다.

[그림 6-4]는 레스토랑의 혼합 배치를 나타낸 것이다. 레스토랑에서도 뷔페처럼 정해진 통로를 따라 이동하는 고객을 위한 상품별 혹은 GT 배치, 주문메뉴에 따른 고객을 위한 고정 배치, 그리고 조리작업의 효율적 수행을 위한 주방의 프로세스 배치를 혼합할 수 있다. 그림에서 실선 화살표는 인적 흐름, 점선 화살표는 물적 흐름을 나타내고 있다.

그림 6-4 ▎레스토랑의 혼합 배치

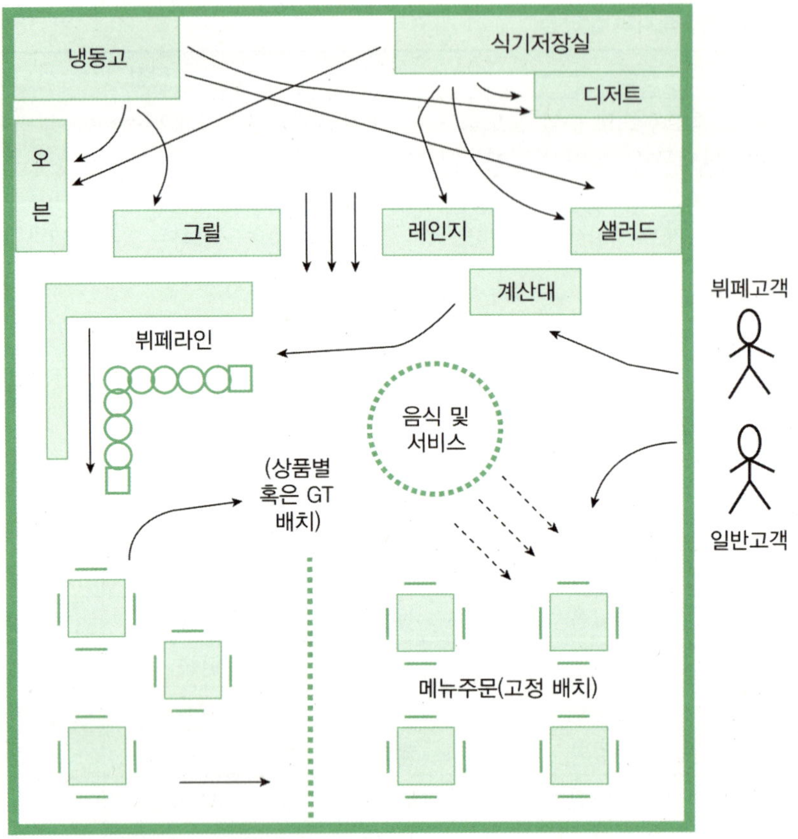

자료: R. Schonberger, 2001, p.509.

3절 서비스의 용도별 배치

1. 창고 배치

대부분 서비스는 저장을 위한 시설을 가지고 있다. 소매점에는 대부분 재고를 고객에게 판매할 목적으로 진열대에 보유하며 호텔이나 통신판매, 유통센터에서도 최소의 자재 처리비용, 접근 용이성, 통제 용이성과 정확성, 그리고 미래 확장가능 여부를 고려하여 저장공간을 만든다. 여기서 자재 처리비용은 운반, 저장, 출하에 드는 비용을 의미한다.

[표 6-7]에 있는 자재 처리의 원칙은 처리비용의 최소화에 초점을 맞추고 있다.

표 6-7 ▌자재 처리의 원칙

1. 자재 처리는 부가가치활동이 아님을 기억할 것. 따라서 검수, 처리, 저장의 빈도를 최소화할 것
2. 자재 처리 필요성을 최소화할 것. 특히 부피가 크거나 무거운 자재는 저장 없이 사용장소에 즉각 투입시킬 것
3. 자재이동은 되도록 작은 단위로 하고 이동은 흐름화하여 단속적 이동을 줄일 것. 이렇게 하면 병목을 유발하지 않으며 과정흐름이 유지된다.
4. 운반·처리수단은 되도록 단순하고 유연하게 고안하여 과정변화 등에 의해 폐물화되지 않게 할 것. 특히 고가 저장장비는 필요 이상으로 고출력·다기능인 경우가 많으므로 장비선택에 신중할 것
5. 업무 과정을 지리적으로 근접시켜 불필요한 자재이동과 운반수단의 필요성을 줄일 것

자료: N. Gaither, 1994, p.300.

자재 처리와 운반이 가장 중요한 창고 배치에서는 물품의 흐름을 가장 중시한다. 운반에서 적재 단위(unit-load) 개념은 일정 단위로 모아서 운반하면 비용이 축소된다는 전통적인 규모의 경제효과를 말한다.

그러나 이러한 통념은 이제 시간 절약과 재고 축소를 위해 즉시 운반을 강조하는 방향으로 전환되고 있다. 특히 셀 방식으로 이동 거리가 단축되면 대단위 운반의 필요성 자체가 없어진다. 운반분석은 우선 자재 및 업무 처리가 필요한 자원의 이동분석과 처리방법의 선택이다.

운반 대상이 동질적일 때 각 상품이나 자원의 데이터가 [그림 6-5]와 같이 이동 거리-물량(Distance-Quantity: DQ) 관계도표에 기재되지만, 운반 대상인 상품이나 자원이 이질적인 경우는 거리집중도(Distance Intensity: DI)로 나타낸다. 거리집중도는 수량과 운반 가능성을 곱해서 나타내며, 여기서 운반 가능성이란 크기, 밀도, 부피, 형태, 파손위험, 상태, 항목의 가치 등을 나타내는 인위적 측정방법이다. 이렇게 DQ 혹은 DI 도표는 운반방법을 선택하는 데 도움을 준다. 운반방법 선택 시 공간비용, 운반비용, 유지보수 및 유연성도 고려되어야 한다. 서비스에서는 공간 이용비용이 가장 큰 부분을 차지하는 수가 많다.

[그림 6-5]에는 상기 기준에 의한 다양한 운반수단이 예시되고 있다.

그림 6-5 ▍이동 거리-물량(DQ) 관계도표

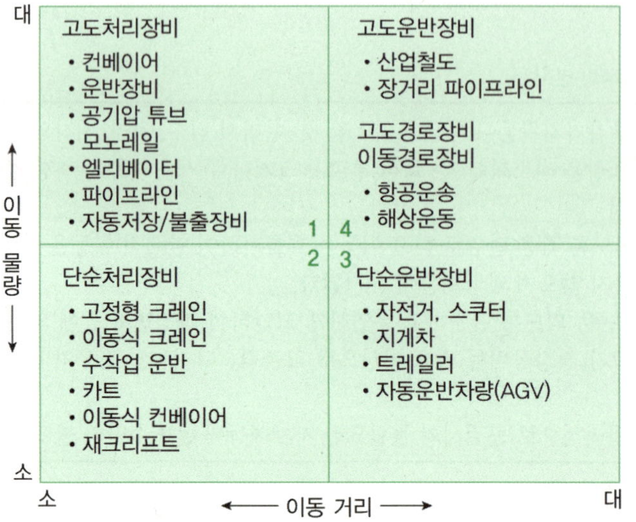

자료: R. Schonberger, *Operations Management: Meeting Customer Demands*, McGraw-Hill, 2001, p.527.

2. 사무실 배치

사무실은 대개 도심에 위치하며 동일 건물의 여러 층을 점유하는 것이 보통이다. 이는 무엇보다 부서 간 근접에 의한 정보이동이 가장 중요하기 때문이며 정보전달은 개인적 대면, 통신수단, 우편 등이나 전자우편, 집단토의 및 회의를 통해 이루어진다. 최근 스마트 빌딩은 미적 감각과 지적 기능 차원이 동시에 고려된 건물로서 고도의 통신망, 자동 경비 및 에너지 관리시스템을 가지고 있다. 이렇게 정보통신의 보편화는 사무실 배치의 내용을 바꾸어 나가고 있다.

1) 일반적 유의 사항

사무실 배치의 일반적인 유의 사항은 다음과 같다.

① 작업자 간 상호접촉이 매우 필요한 부서가 있으며, 부서 간 접촉도 특정 부서 사이에 집중되는 경우가 대부분이다.

② 특정 업무는 개인사무실에서 잘 수행되는 데 반해 대량반복 업무는 개방 공간이 더 낫다. 그리고 컴퓨터나 파일처럼 공유된 시설은 이용자에 편리하게 배치되어야 한다.

③ 고객 대응 공간은 일반업무 공간보다 더욱 심미적으로 고려되어야 한다. 접견실은 꼭 필요하며 고객에게 매력적이고 편리해야 한다.

④ 복도는 모든 사무실로 신속하게 접근할 수 있게끔 설계할 필요가 있다.

⑤ 개인사무실은 위치, 크기, 창문 방향으로 조직 내 신분이 결정되는 경우가 대부분이다.

⑥ 전문가 서비스를 제공하는 조직에는 회의실이 꼭 필요하다.

2) 근접성과 프라이버시

사무실 배치에서 근접성은 업무 흐름과 의사소통 패턴을 중심으로 설계하는 것이고, 프라이버시는 업무의 중단이나 간섭을 방지하기 위해 배려한다. 근접성과 프라이버시는 각각 다음과 같은 특성을 갖는다.

① 근접성은 직원과 상사의 접근을 쉽게 하여 의사소통을 증진하고 상호신뢰를 높인다. 또한 의사소통의 명료성을 높여 직원에게 기대하는 바를 전달하게 한다. 공식적 배치방법은 상호작용이 많은 부서나 직원을 상호 근접시키는 것이다. 관계도표(Relationship chart)나 업무이동도표(From-To chart)는 상호작용의 중요성과 이동 빈도를 기본정보로 이용하여 업무 흐름과 의사소통 패턴을 중심으로 배치한다.

② 잦은 업무중단이나 소란, 그리고 혼잡은 업무 생산성을 저해하기 때문에 프라이버시는 반드시 고려되어야 한다. 보통 근접성과 프라이버시는 상충관계에 있다.

3) 사무실 이용의 새로운 변화

전통적 배치는 경영자나 업무상 프라이버시가 필요한 직원에게만 폐쇄형 사무실을 보장하고 나머지는 넓은 홀에 배치한다. 그리고 각 사무실의 위치, 크기, 가구가 조직 내 신분을 결정한다. 이러한 사무실 배치의 통념은 새로운 환경변화로 인하여 바뀌고 있다. 즉 새로운 환경변화란 컴퓨터 통신의 발전, 관리직의 감소, 서류 이동의 감소, 그리고 정보나 아이디어 공유에 유리한 커뮤니케이션 강조 등의 광범위한 변화를 포함한다.

아래는 이러한 변화를 요약한 것이다.

① 업무의 유형변화로 관리적 업무, 반복적 사무, 전문가적 업무의 경계가 사라지고 있다.

② 커뮤니케이션 패턴 변화는 자주 그리고 빠르게 의사소통할 필요성을 증대시킨다.

③ 업무의 성격 변화로 공간 이용이 더 동태적으로 되어 회의실, 훈련실, 휴식 공간이 증가하고 있다. 또한 업무가 점차 집단지향이 되면서 사무실이 영역 간 경계보다는 집단활동을 지원하게끔 배치된다.

④ 업무공간 이용자의 변화로 여성, 임시직, 그리고 새로운 가치관을 가진 신세대 인력이 주류를 이루게 된다.

⑤ 건물의 변화추세는 정보통신망의 설치로 건물의 지능화에 대한 요구가 증가하고 있다. 이러한 기술적 변화 사이클은 기존 건물이 따라가지 못하고 있다.

⑥ 물리적 작업환경은 컴퓨터로 인한 전자파, 열 발산, 조명, 소음, 환기 문제 등을 초래한다.

4) 환경변화에 따른 대응 지침

새로운 환경에 대응하는 기본자세는 정보화 추세를 수용하며 유연성을 확보하는 것이 가장 효과적이다.

환경변화에 따른 대응 지침은 다음과 같다.

① 집단활동의 증대에 대응하면서 작업공간의 개인화를 가능하게 해야 한다. 즉 미래에는 직원, 부서, 조직 간 역할이 불분명해지므로 직원이 주체성을 가질 수 있도록 배치해야 한다.

② 신분 상징에 대한 배려와 업무공간의 기능적 배분이 동시에 중요해진다. 공간 이

용비용이 증가하고 있고 향후 신분 상징은 지속해서 필요할 것이므로 과거의 단순한 신분 상징보다는 고도화된 상징을 배려해야 한다.

③ 필요에 따라 공간이동이 자유로워야 하는 유연성을 항상 염두에 두어야 한다.

④ 새로운 세대는 과거보다 더욱 많은 프라이버시를 요구하는 경향이 있으므로 이 점을 반영해야 한다.

⑤ 통신정보기술을 이용하는 서비스는 일반적으로 고가의 장비를 이용하고 있고 간단한 방법으로 정보의 대량 유출이 가능하므로 정보 유출을 막기 위해서 안전 및 보안 문제가 최우선 고려되어야 한다.

⑥ 직원에게 어느 정도 작업환경 통제가 가능하도록 부분적 권한이 이양되는 배치를 고려해야 한다.

3. 소매점 배치

소매점 배치의 목표는 점포 면적당 순이익을 극대화하는 것이다. 소매점 판매의 한 가지 가설은 고객에의 상품 노출 정도에 따라 판매량이 변한다는 것이다.

그러므로 고객을 가능한 많은 상품에 노출할 수 있도록 점포의 전체 배열, 흐름 패턴, 그리고 공간의 할당을 결정하여야 한다. 따라서 대표적 배치변수는 고객 흐름 패턴과 상품별 공간 할당이 되며 상품별 수익성, 상품선택, 운영비용(인건비, 도난, 파손 등)도 고려해야 한다.

소매점 배치의 일반적 지침은 다음과 같다.

① 자주 찾는 품목을 점포 가장자리에 배치한다. 예를 들어, 낙농제품이나 제빵종류를 주로 가장자리에 배치한다.

② 눈에 잘 띄는 첫 번째와 마지막 통로에 충동구매 상품 혹은 높은 이윤상품을 배치한다. 가정용품, 미용 보조품, 샴푸 등이 여기에 해당한다.

③ 고객이 통행로 사이를 가로지르지 못하게 연결된 선반을 이용하고 극단적 경우에는 단일통로를 만든다.

④ 고객이 주로 구매하는 단골 품목을 통로의 양쪽 선반에 고르게 배치한다. 이는 더 많은 상품을 눈에 띄게 하며 매출을 늘려 준다.

⑤ 통로 모서리를 이용하여 상품을 배치하면 노출도를 높여 주므로 유리하다.

⑥ 상품배치를 통해 점포 이미지를 전달해야 한다. 주요 위치에는 점포 이미지에 영향을 주는 대표상품을 배치하고 신중하게 관리해야 한다.

3부

서비스시스템의 운영 및 관리

SERVICE MANAGEMENT

7장 서비스 수요·공급관리

1절 서비스 수요 · 공급관리의 이해

1. 수요 · 공급관리의 의의

서비스는 재고로 보유할 수 없으므로 수요가 없는 경우에 그대로 무용지물이 된다. 예를 들면, 좌석이 비어 있는 상태로 운행하는 항공기는 빈 좌석만큼 수입이 없게 된다. 또한 겨울철이면 고객의 수요가 급격하게 감소하는 놀이공원이나, 한여름이 되면 전력 수요가 최대치를 기록하게 되는 경우처럼 서비스 수요는 일정 기간에 집중되는 경향을 보이기도 하고, 일정 기간을 두고 변동하기도 한다.

미래 소비를 위해 재고로 보관되는 다른 유형제품과는 달리 서비스는 생산과 동시에 소비가 이루어지는 특징이 있다. 이처럼 서비스 수요는 유형제품 수요와는 다른 특징을 가지기 때문에 그에 따른 수요와 공급능력을 관리하는 것은 매우 중요하다.

서비스의 기본특성은 일반적인 유형제품의 수요와는 다른 특징을 보인다. 일반적으로 서비스는 재고로 보관하기가 어렵기 때문에 서비스에 대한 수요와 공급이 일치하지 못할 경우 서비스를 제공하는 기업은 손해를 보는 경우가 많다.

특히 고객이 대기할 수 없는 경우 기업은 서비스를 제공할 기회를 상실하게 된다. 또한 수요가 공급능력보다 적으면 공급능력은 유휴화되어 서비스 제공의 효율이 떨어지게 된다. 서비스 기업의 경우 수요와 공급을 일치시키기 위한 전략은 서비스 기업의 생산성 향상에 크게 이바지할 수 있다. 이러한 수요와 공급을 일치시키기 위한 전략의 주요 내용을 요약하면 [그림 7-1]과 같다.

그림 7-1 ▌서비스 수요와 공급을 일치시키기 위한 전략

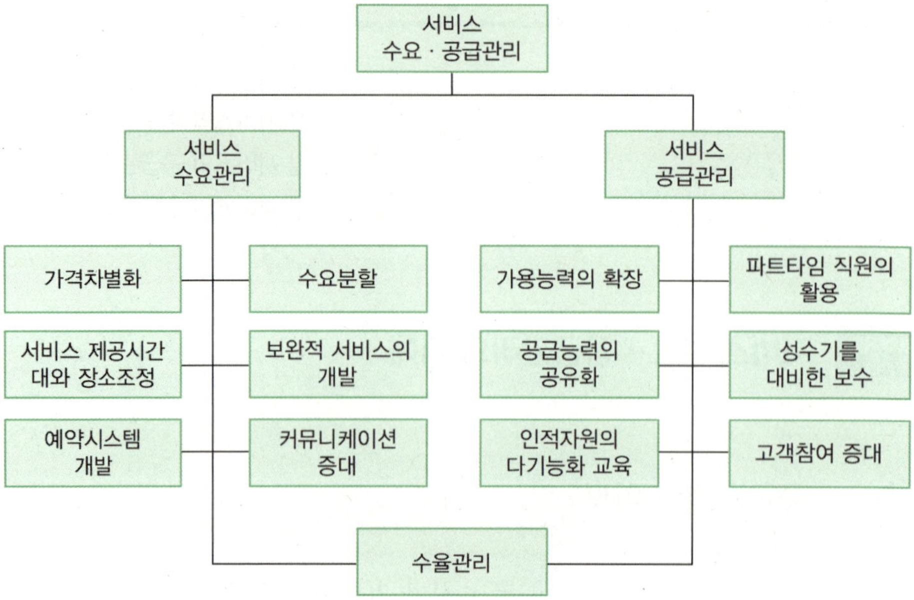

자료: J. Fitzsimmons & M. Fitzsimmons, *Service Management for Competitive Advantage*, 1995.

2. 수요 · 공급관리 문제

서비스 기업은 수요 및 공급관리를 위해서 다음의 네 가지 문제에 부딪히게 된다.

1) 수요가 최대 가용능력을 초과한 경우(초과수요)

초과수요가 발생하면 서비스 기업은 잠재적인 고객에 대한 서비스를 수행할 수 없으므로 사업 기회를 상실하게 된다. 이 경우 서비스 제공시스템에 여유가 없으므로 서비스 능력은 부족하고 고객에 대한 서비스는 지연될 가능성이 크다. 또한 수요가 집중될 시기에는 판매 기회의 상실 가능성이 커진다. 예를 들면, 극장의 입장표가 매진되어 고객이 그냥 돌아가게 되는 경우가 이에 속한다.

2) 수요가 최대 가용능력과 일치

[그림 7-2]처럼 수요가 최대 가용능력과 일치하면 고객에 대한 서비스는 제공되지만, 공급되는 서비스는 매우 혼잡한 상태에서 이루어지게 되므로 고객 대기시간이 길어지거나 서비스 품질의 저하를 초래할 수 있다. 음식점의 경우 점심과 저녁시간대에 갑자기 많은 손님이 찾아와 음식점의 최대 가용능력 수준에 근접하게 되면 오래 기다리거나 만족스럽지 못한 서비스를 받을 수 있다.

그림 7-2 ▎주기적 변화에 따른 서비스 가용능력과 수요와의 관계

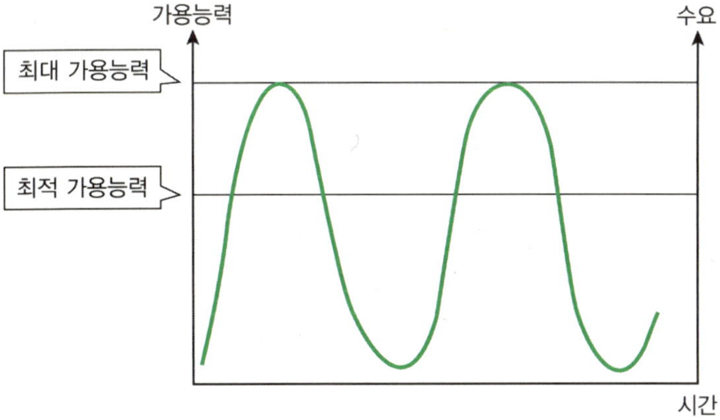

3) 수요가 최적 가용능력과 일치

수요가 최적 가용능력과 일치한 경우 서비스 공급능력은 고객의 수요와 균형을 이룬다. 이 경우에 고객은 최적의 고품질 서비스를 제공받을 수 있으며 고객의 대기시간 또한 줄어든다. 일반적으로 서비스 기업의 최대 가용능력은 최적 가용능력을 초과한다.

4) 서비스 공급능력이 수요를 초과한 경우(초과공급)

초과공급의 경우 서비스 자원은 유휴화되어 활용도는 낮아지며, 인적자원들의 사기도 저하되므로, 서비스의 품질도 낮아질 수 있다. 이 경우 수요가 최적 가용능력보다 적으므로 고객은 대기시간 없이 빠른 서비스를 받을 수 있지만, 때때로 이것은 서비스 기업에 대한 불신으로 나타나기도 한다. 예를 들어, 텅 비어 있는 식당의 경우, 수익성 감

소는 물론 직원들에게 돌아가는 보상의 크기도 작아져 이것이 질 낮은 서비스의 형태로 고객에게 되돌아가게 된다. 또한 이러한 서비스는 고객의 수요를 다시 감소시키는 악순환을 겪게 한다.

2절 서비스의 수요관리

1. 수요관리의 본질

1) 수요관리의 정의

일반적으로 수요관리(demand Management)란 "고객수요의 시간대와 수량에 영향을 주고, 수요패턴의 바람직하지 않은 효과에 대응하는 과정"이라고 정의한다.[1] 반면 운영관리 측면을 강조한 미국생산관리협회(APICS)의 정의는 "수요관리는 제품이나 서비스의 모든 수요를 인지하고 관리하여 생산 · 운영계획이 이를 미리 파악할 수 있게 하는 것이다. 그러므로 수요관리는 외부고객 대상, 그리고 내부관리 목적으로의 수요예측, 주문수령, 주문약정을 모두 포함한다"라고 하였다.

2) 수요관리의 목적

수요관리는 단기, 중기, 그리고 장기 목적으로 나눌 수 있다. 단기수요관리는 대상 기간이 1년 이내로서 상품 믹스(product mix)의 변화를 판단한다. 인력을 포함한 서비스 능력의 효율적 이용을 위해서도 단기적으로 수요가 관리될 필요가 있다. 중기수요는 대개 1~2년 이내의 기간을 대상으로 하지만 일부 서비스의 경우는 더욱 짧은 것이 보통이다. 중기수요관리는 서비스 능력관리와 관계되므로 인력, 장비, 재고 결정이 주로 대상이 된다. 장기수요관리는 3년 이상의 기간을 대상으로 하는 것으로 빌딩이나 장비 등의

1 원석희, 전게서, p.301.

대규모 투자, 그리고 신상품 개발, 상품 교체 및 신기술 도입 등 거시적 의사결정을 포함한다. 보통 중 · 장기적 수요관리 의사결정은 드물게 일어나는 데 반하여, 단기적 서비스 제공 관련 의사결정 활동은 매우 자주 일어난다. 일상의 주문처리와 주문수령 등이 바로 그것이다.

2. 수요관리의 영향요인

수요관리에 영향을 미치는 요인을 크게 두 가지로 나누어 조직의 통제가 어려운 외적 요인과 통제 가능한 내적 요인으로 분류한다.

1) 외적 요인

경제 상황, 정부 규제, 소비자 기호, 상품 이미지, 경쟁자 행동, 기술혁신, 그리고 보완 상품의 존재와 가격 등이 통제 불가능한 변수로 고려된다. 우선 구매자의 힘이 커질수록 고객 니즈에 대응하기 까다롭다. 또한 수요는 경기침체, 회복, 성장, 하락이라는 경기변동의 영향을 강하게 받는다. 경쟁자와의 경쟁 강도가 높아지면 수요의 불확실성, 차별화의 필요성, 틈새시장(niche)의 탐색이 일어나게 된다. 그리고 기술의 변화 속도가 높을수록 상품 주기가 짧아지므로 상품개발과 서비스 생산의 개선 활동 등이 활발해진다.

2) 내적 요인

상품설계, 가격과 광고/판매촉진, 포장 디자인, 판매원 할당과 인센티브, 시장의 확장/축소, 상품 믹스, 주문정책 등이 내부적으로 수요관리에 영향을 미칠 수 있는 요인들이다. 이러한 변수들은 외부적 요인과는 달리 조직의 통제 가능 범위 내에 있으므로 신중한 검토가 필요하다. 특히 변수 간 상충관계나 상호연계를 제대로 파악하지 못하면 수요관리에 악영향을 주게 된다. 반대로 변수들의 신중한 선택은 서비스 수요에 내재하는 변동성의 많은 부분을 완화 내지 제거하게 해준다.

3. 서비스 수요의 성격

1) 수요의 특성

서비스의 기본특성은 수요에도 그대로 반영되어 일반제품 수요와는 다른 특징을 보인다. 앞서 언급된 서비스의 특성이 수요의 성격과 패턴에 영향을 주는 것이다.

(1) 변동성

서비스 수요는 심한 변동성을 보이므로 월별, 주별은 물론 요일이나 시간대에 따라 수요가 변한다. 이렇게 서비스 수요가 일정 시점에 집중되거나 시간별로 급격한 변동을 보이는 것은 대개 바꾸기 어려운 사회·문화적 관습이나 개인적 습관에 기인한다.

(2) 저장 불능

서비스는 재고 저장이 불가능하다. 대부분 서비스 수요는 무형적이며 생산 중에 바로 소비되기 때문이다. 따라서 서비스 수요는 발생 순간에 즉시 만족시키지 못하면 수요 자체가 사라져버리는 경우가 많다.

(3) 다양성과 개별성

일시적 경험을 제공하는 무형 서비스의 경우는 특히 서비스 능력을 수요와 일치시켜야 한다. 그러나 상품의 다양성과 개별성은 서비스 능력의 호환을 어렵게 하므로 서비스 수요가 공급능력에 비해 부족하면 공급능력은 그대로 유휴상태가 되어 버린다. 따라서 수요를 분산하여 가용능력과 인력을 효율적으로 활용하는 것이 중요하다. 병원과 호텔은 보통 여름이 비수기여서 병원 입원실과 객실 판매율이 현저하게 떨어진다.

(4) 시간/장소의 제약

서비스는 운반할 수 없고 특정 장소나 시간에 제공되어야 하는 제약이 있다. 이러한 제약은 서비스 제공에 있어서 대량 처리로 인한 규모 경제의 달성을 어렵게 한다. 그러므로 대신 다양한 서비스 요소의 공유를 통한 범위의 경제를 얻기 위해 노력이 필요하다.

2) 수요 통제력

수요 통제력은 시장의 불확실성을 통제하고 안정성을 유지함으로써 수요의 불확실성을 줄일 수 있는 정도를 말한다. 수요 통제력은 다음과 같이 상황적 요인에 의해 달라질 수 있다.

(1) 상품 특성

대량 동질 상품은 수요가 안정적이고 예측할 수 있다. 반대로 시장이 세분화되면 수요예측과 원활한 수요 처리가 어려워진다. 예를 들어, 인간의 기본적인 욕구를 채워 주는 필수품은 수요의 안정성이 높아 수요예측이 쉽다. 반면 사치품은 대개 주문형식으로 제공되어 수요예측이 다소 어렵다.

(2) 고객 니즈

고객의 상품 감각이 높아지면 니즈 변화가 빨라진다. 고객 니즈가 불확실하면 단일상품으로 충족이 어려우므로 상품은 더욱 다양성을 띠게 한다.

(3) 가격 민감도

가격에 민감할수록 고객은 자주 브랜드를 바꾸는 경향이 있으므로 수요가 불안정해지고 수요예측과 능력계획도 불확실해진다.

4. 수요의 구성요소

수요의 본질을 파악하기 위해서는 그 구성요소와 행동 특성을 이해해야 한다.

시계열(time series)은 수요의 성격을 알려주는 데 유용하며 수요를 각기 다른 범주로 나눌 수 있게 해준다. 수요의 구성요소는 크게 추세, 계절 효과, 주기 효과, 그리고 무작위 효과로 나누어 볼 수 있으며 이 4가지 구성요소가 복합적으로 결합하여 [그림 7-3] 중앙의 시계열을 만든다.

그림 7-3 ▌시계열의 분해

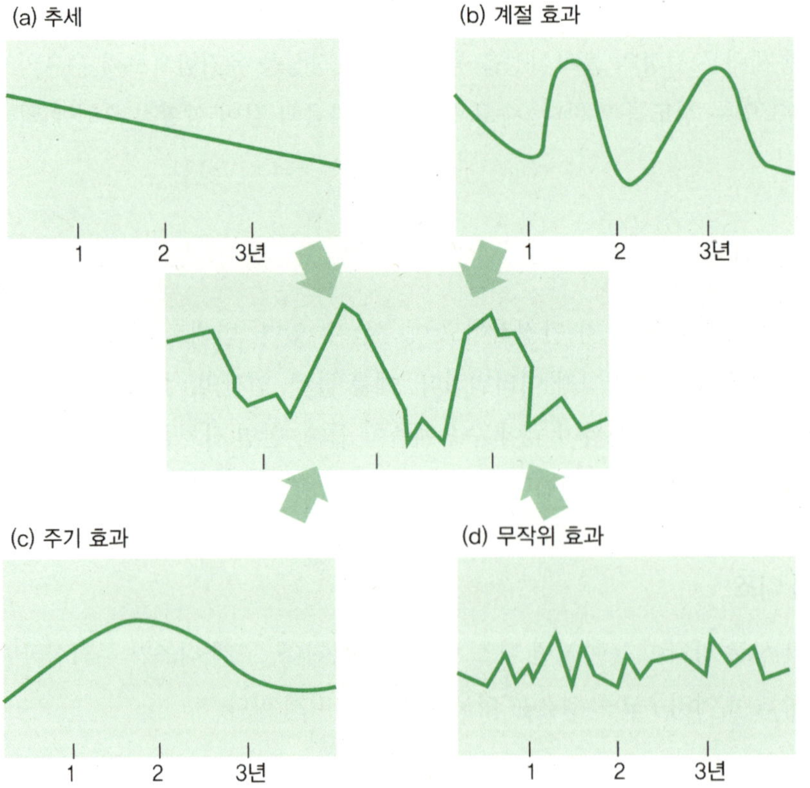

자료: 원석희, 전게서, p.315.

(1) 추세(trend)

추세란 일정 기간 상 · 하 어느 한 방향으로의 일관된 이동을 말한다. 장기적인 추세는 등락이 반복되지 않는 점에서 주기적인 변동과는 구분된다. 장기적으로 어느 정도 확실한 추세를 나타내는 대표적인 예로 원자재 가격의 추세를 들 수 있다. 예를 들면, 동(bronze)의 가격은 1800~1980년의 180년간 지속적인 내림세를 보였다. 물론 그 기간 상당한 등락이 있었으나 장기적인 추세는 불변가격을 기준으로 할 때 일정한 속도로 하락하였다. 이러한 추세는 다른 자원의 가격추이에서도 발견되고 있는데 밀의 가격도 같은 기간에 꾸준한 내림세를 보이고 있으며 석탄이나 원유 등의 에너지 가격도 마찬가지이다.

(2) 계절 효과(seasonality)

보통 1년 중 일정 기간을 주기로 반복되는 것이 특징이다. 사계절(봄 · 여름 · 가을 · 겨울)에 따른 효과가 많지만, 서비스는 월별 혹은 더 작게 주별, 일별 효과도 많이 발견된다. 계절 효과는 대개 자연의 변화나 인간의 기본적 소비속성으로 생기는 경우가 많다. 예를 들면, 견인 서비스는 겨울에 집중적으로 발생하며 이 경우의 계절 효과는 불가피하다.

(3) 주기 효과(cyclical effect)

주기는 계절 효과처럼 반복되지만 1년 이상 지속하는 장기적 성격을 가지며 가장 발견이 어렵다. 그 이유는 주기의 길이를 대부분 알지 못하며 주기를 일으키는 원인도 규명할 수 없기 때문이다. 경제학자들은 경기변동을 여러 형태의 주기로 설명하지만 정확하게 일치하는 것은 아니며, 다음 기간에도 같은 형태의 주기가 정확하게 반복되리라는 보장이 없다.

(4) 무작위 효과(random effect)

체계적으로 패턴화하기 어려운 변동을 말한다. 대개 무수한 작은 요인의 상호작용 결과로 나타나 원인 규명이 어렵고, 패턴 발견 노력의 비용이 합리적이지 않은 경우를 무작위 효과로 분류한다.

5. 수요관리전략

서비스시스템은 고객의 수요를 예측하고 앞의 [그림 7-1]에 나타난 서비스 수요 · 공급 관리전략을 통해 수요관리를 함으로써 주기적인 변동사항을 줄일 수 있다.

서비스에 대한 수요는 변동성을 가지기 때문에 서비스 기업은 성수기의 과잉수요 발생으로 서비스 판매의 상당한 부분을 포기하기도 하고 비수기에는 서비스 장비가 유휴화되는 것을 경험하기도 한다. 그러나 이러한 수요변동은 기업의 자체 활동에 따라 어느 정도의 조절이 가능하므로 각 기업은 자사에 알맞은 수요 조절방법을 사용함으로써 수요의 평준화 노력을 기울일 수 있다.

1) 수요 분할

고객수요는 각각 다른 범주로 나눌 수 있는 경우가 많다. 서비스의 성격과 서비스 소요시간은 고객에 따라 크게 달라지기 때문이다. 수요 분할(demand partitioning)이란 이렇게 수요의 다양한 범주를 이해하고 전략적으로 분리하여 서비스 수요가 더 바람직하게 관리되도록 하는 것을 말한다. 세분화된 수요 분할은 고객 니즈에 따른 서비스 제공과 아울러 서비스 능력의 효과적 이용을 가능하게 한다. 사실 서비스 수요는 같은 원천에서 오는 것이 아니다. 수요를 자세히 분석하면 일정한 유형이 존재하므로 이를 토대로 여러 범주로 나눌 수 있다.

예를 들어, 은행도 매일 고정적인 목적 고객과 무작위적 일반 고객으로 고객층을 나눌 수 있다. 병원 외래환자도 가장 많은 수가 월요일에 집중되고 주중에는 한가한 편이다. 이 경우 외래고객 도착은 통제 불가능한 변수지만 예약시스템을 이용하면 어느 정도 통제가 가능하다. 주중에 예약받아 주초의 수요를 평준화할 수 있는 것이다.

어느 대학병원에서는 예약을 시간대별로 나누어 관리한 결과 처리 환자 수는 13.4% 증가하였으며 의사 진료시간은 5.1% 감소했다. 평균 고객 대기시간이 짧아지고 의료진의 이용률이 높아진 것이다.

상기한 바와 같이 전체 수요는 불규칙해도 이를 나누면 부분적으로 예측 가능한 시장이 발견된다. 이러한 세분화 시장을 찾을 수 있다면 수요관리에 유리한 것이다. 세분화 시장 발견에는 우선 고객정보가 풍부해야 하며 정보기술이 큰 도움을 줄 수 있다.

수요 분할의 기준으로는 주기의 존재, 주기적 변동의 요인, 그리고 무작위 변동의 요인을 들 수 있다.

(1) 주기의 존재

주기의 성격은 무엇인가, 시간, 일, 주, 월, 년 기준으로 변하는가, 여러 형태의 주기가 동시에 작용하는가를 검토한다.

(2) 주기적 변동의 요인

직원 일정, 대금 청구/세금지불 주기, 임금 · 월급 지급일, 학교 수업시간과 휴가, 기후의 계절적 변화, 공식적 · 종교적 휴일 등이 주기적 변동을 일으킨다.

(3) 무작위 변동의 요인

기후변화, 돌발사태, 범죄사고 등의 요인은 무작위적 요소이며 보통 예측할 수 없는 변수이다. 그러나 전체적으로는 무작위라도 이를 부분적으로 분석하면 예측할 만한 수요패턴이 감추어진 경우가 많다.

2) 서비스의 다양화와 보완적 상품의 개발

서비스의 다양화란 서비스 능력을 1년 중 계절별, 주중 요일별, 하루 중 시간대별에 따라 그 성격을 달리하여 다양하게 제공하는 것을 말한다. 일반적으로 서비스 상품가격은 수요와 공급이 일치할 때 형성되지만, 특정 서비스 상품은 가격만으로 수요를 쉽게 조절하는 것이 불가능할 때도 있다. 스키용품 판매업자는 비수기인 여름에 스키 장비를 할인하여 판매함으로써 그 제품의 수요를 조절할 수 있겠지만, 스키장 운영자의 경우에는 비수기에 스키장 리프트 사용권의 가격을 낮춘다고 해서 그러한 효과를 볼 수 있는 것은 아니다. 그러므로 이러한 서비스 기업의 경우에는 보완적 서비스의 개발로 새로운 수요를 창출하는 것이 필요하다.

계절적으로 서비스를 다양화시키는 예를 스키장이나 놀이공원 등에서 쉽게 찾아볼 수 있다. 스키장의 경우 여름철 비수기에 대비하여 물썰매장, 대중골프장, 삼림욕 장소, 산책공원 등의 다양한 상품을 개발하여 제공함으로써 새로운 수요를 발생시키며, 놀이공원에서는 이용객이 적은 겨울철에는 눈썰매장을 개장함으로써 이에 대한 수요를 조절하고 있다. 또한 회계법인의 경우 겨울 성수기에는 결산 감사와 세무조정 등이 주 업무를 이루지만, 비수기에는 중소기업의 경영컨설팅 서비스로 수요를 조절한다. 그리고 점심시간에 이용객이 적은 커피숍의 경우에는 간단한 점심 메뉴를 준비함으로써 비피크타임의 수요를 창출시킨다.

또한 서비스 기업은 서비스 다양화뿐만 아니라 보완적 서비스의 개발로서 수요를 조절하거나 일부를 재고화하려는 노력을 보인다. 붐비는 시간을 기다리지 못하는 고객을 위해 레스토랑이나 피자전문점에서는 로비에 잡지나 게임기 등을 배치하고, 극장의 경우 다음 상영시간을 기다리는 고객을 위해 스티커 사진기, 커피자판기 등을 설치하고, 팝콘 등을 판매하여 또 다른 수요를 창출해 내고 있다.

하지만 이렇게 서비스를 다양화하고 보완하고자 할 때는 새로운 제공물에 대한 마케팅 변수들(직원 수, 가격 요소 등)을 바꾸어야 하는 경우가 발생할 수 있다. 따라서 이것을 전략화시키기 위해서는 이들 마케팅 믹스가 새로운 제공물을 지원할 수 있도록 효과적으로 조직되어 있는지 고려해야 한다.

3) 서비스 제공 시간대와 장소의 조절

서비스 기업은 영업시간 이외의 수요가 항상 존재한다는 사실을 바탕으로, 서비스 제공의 시간적 · 공간적 제약에서 벗어날 필요가 있다. 이는 새로운 시장의 개척이나 기존 시장의 확대를 통해서도 가능하다.

새벽시장의 상인들을 위해 자정부터 새벽 4시까지 집중적으로 이루어지는 모닝뱅크 시스템이나, 24시간 현금 지급이 가능한 ATM 서비스 등이 은행에서 주로 이루어지고 있는 서비스의 조절 전략이다. 이외에도 금요일이나 토요일에 상영되는 극장의 심야프로라든지 24시간 편의점 등은 서비스의 시간적 제약에서 벗어난 시도라고 할 수 있다.

또한 이동식 도서관 서비스나 출장 요리 서비스, 이동식 수리 서비스 등으로 서비스 제공장소를 조절하는 것은 고객이 고정된 장소를 방문해서 서비스받도록 하는 것이 아닌, 고객이 있는 곳으로 이동하여 서비스를 제공하는 능동적인 서비스 수요 조절 전략이다.

4) 가격차별화전략

가격은 수요를 조절하는 중요한 수단이며, 고객은 가격할인이나 가격할증을 통해 서비스 이용의 시점을 결정한다. 서비스 기업은 수요가 피크를 이루는 시기에 고가정책으로 수익성을 향상하며, 수요의 부족이 일어나는 시기에는 저가정책으로 수요를 증가시키기도 한다. 이는 성수기와 비수기의 수요를 평준화시키고, 이를 통해 잠재적인 수요를 창출해 내는 역할을 한다. 그러므로 각 서비스 기업은 피크타임과 비피크타임, 주말과 평일, 성수기와 비수기 등의 기준에 따른 수요곡선을 바탕으로 차별적인 가격정책을 수립할 필요가 있다. 대표적으로 볼 수 있는 가격차별화 정책은 다음과 같다.

① 극장의 조조할인제도
② 백화점 폐장 무렵의 음식물 할인제도
③ 낮 전기요금 할증(야간 할인)제도
④ 골프클럽의 평일 할인제도
⑤ 리조트호텔의 비수기 할인제도

그러나 수요를 조절할 목적으로 과도하게 가격차별화를 하는 데에는 한계가 존재한다. 가격에 지나치게 의존하여 수요를 조절하면 동일산업 내의 다른 서비스 기업들과의 가격전쟁을 유발하는 원인으로 작용하게 된다. 과도한 가격차별화 정책은 고객에게 불공평에 대한 불만감을 줄 수 있을 뿐만 아니라 기업에 대한 신뢰감을 떨어뜨릴 수 있다. 만일 고객과의 커뮤니케이션 없이 가격할인만 강조하게 된다면, 고객은 가격할인에 대한 이해 없이 성수기에도 할인가격을 지급하려는 경향을 보이게 되고 이것이 받아들여지지 않을 때는 기업에 대한 불신과 불만을 느끼게 되거나 다른 가격할인업체로의 이동현상을 보이게 된다.

이러한 문제에 대응하여, 최근의 이동통신업체와 같은 서비스 기업은 다양한 등급의 서비스 상품을 제공하여 세분화된 시장별로 형성된 수요패턴에 적응하고 있다. 이러한 노력은 다양한 요금 상품을 개발해 고객이 원하는 최적의 요금을 선택하도록 하는 가격옵션제의 형태에서 찾아볼 수 있다.

가격차별화 정책은 가격 대비 수요탄력성이 높은 고객 계층을 대상으로 가격할인전략이 이루어져야 하며, 고객을 세분화하여 가격에 민감한 고객 계층을 찾는 것이 이 전략의 출발점이 될 것이다.

5) 커뮤니케이션 증대

커뮤니케이션의 증대란 잠재고객에게 수요가 높은 시기를 미리 알려줌으로써 고객에게 서비스를 이용하기에 가장 편한 시간과 장소에 대한 정보를 제공하는 방법이다. 고객과의 커뮤니케이션은 광고나 인적판매를 통해 이루어지며, 이를 이용하면 특정 시간에 고객이 몰리거나 서비스 공급이 지연되는 것을 막을 수 있다.

서비스 기업이 서비스 수요에 대한 광고나 홍보를 활발하게 진행한다면 잠재고객들은 수요가 집중되는 시기와 장소를 미리 파악하고, 필요에 따라 빠르고 편안한 서비스를 받으려는 소비자는 이를 적절히 이용할 수 있다. 예를 들어, 교통방송의 경우에는 교통량이 많은 출·퇴근시간이나 정기적인 시간에 운전자들에게 시내 각 곳의 교통상황을 알려주고 있다. 이는 특정 시간과 장소의 교통상황 정보를 통해서 수요를 분산·조절시키는 전략이 된다. 또한 우체국에서는 연말·연시의 체신업무 폭주와 이로 인해 발생하는 체신업무의 지연을 홍보함으로써 이 시기에 우편물 등을 미리 보내도록 권장한다. 실제로 이러한 전략은 서비스 수요를 조절하는 효과가 있는 것으로 나타났다. 이는 수요의 최대량 시간과 요일, 혹은 현재의 대기자의 수를 알려주는 은행도 마찬가지이다.

기업의 이러한 커뮤니케이션은 피크타임과 고객의 대기시간을 알려주는 것 외에도 고객만족 차원에서의 효과를 볼 수도 있다. 피크타임에 서비스를 받고자 하는 고객은 이 사실에 대해 사전 홍보를 받았을 때 지연되는 서비스에 대한 잠정적인 적응을 하게 되며, 홍보를 받지 못했을 경우보다는 상대적으로 기다리는 시간에 대한 불만도는 낮아지고, 만족도는 오히려 높아지게 된다.

6) 수요의 재고화전략(예약시스템)

서비스는 그 특성상 공급의 재고화가 어려우므로 서비스 기업은 수요를 재고화하려는 노력을 활발하게 하고 있다. 서비스 기업에서 주로 사용하고 있는 수요의 재고화전략으로는 예약시스템(reservation system)이 있으며, 예약시스템에 대한 문제점 보완을 위해 초과예약시스템(overbooking system)을 병행하여 사용하기도 한다.

예약시스템은 잠재적인 서비스를 미리 판매하여 미래의 서비스 판매에 대한 수요의 불확실성을 줄일 수 있다. 예약시스템을 효과적으로 이용하게 되면, 고객은 대기시간을 줄이고, 서비스에 대한 이용을 보장받게 된다는 이점이 있다. 이를 서비스 공급자의 관점에서 분석하면, 수요의 불확실성을 줄임으로써 수요를 예측하고, 서비스 품질을 일관되게 유지할 수 있다는 장점이 있다.

그러나 예약시스템은 고객이 예약에 관한 불확실한 책임(contingent liability)을 지게 되므로, 예약을 불이행하는 고객이 상당히 존재한다는 데 그 문제가 있다. 고객은 금전적으로 예약에 관한 사전책임을 지지 않기 때문에, 서비스 능력에 대한 사전확보, 즉 예약해놓고 고의 또는 사정으로 예약을 이행하지 않는 노쇼(no show)가 발생한다.

예를 들면, 항공편을 이용하는 사업가 고객들은 그들이 출발해야 하는 시간을 정확히 모르는 경우 만약을 대비하여 시간대별로 중복예약을 해놓기도 한다. 이들은 출발하기 직전에 불필요한 예약을 취소하므로, 항공사 측에서는 빈 좌석이 있는 채로 운행해야 하는 손실을 보게 된다.

서비스 기업에서는 이러한 예약 불이행을 방지하기 위한 여러 가지 전략이 필요하다. 항공사는 반환불가능 항공권(nonreturnable ticket)을 판매하여 이에 대비하고 있다. 탑승일 며칠 전에 예약자가 탑승권을 구매해야 하도록 한다든지 예약을 불이행한 예약자에게 벌금을 부과하는 등의 노력도 이에 포함된다.

서비스 기업에서 예약 불이행을 대비하기 위해 취하고 있는 대표적인 전략 중의 하나가 바로 초과예약접수(overbooking)이다. 이는 발생 가능한 예약취소율을 고려하여 어느 정도의 초과예약을 받아 놓는 전략이다. 그러나 서비스 기업이 과다한 초과예약을 받을 경우, 예약을 이행한 고객이 서비스받지 못하는 경우가 발생하게 된다. 이 경우, 고객들의 불만과 서비스 기업에 대한 불신 등에 기인한 고객 상실의 위험이 있다. 각 서비스 기업은 이를 방지하기 위한 초과예약 보상(overbooking compensation)제도를 통해서 고객의 불만을 최소화할 필요가 있다. 실례로 초과예약이 발생할 경우 호텔은 고객을 가까운 지역에 있는 동일 등급의 호텔에 무료로 투숙하도록 조치하기도 한다.

따라서 예약시스템은 초과예약의 위험을 사전에 방지하기 위해서 정확한 수요예측에 근거하여 운영되어야 하며, 유휴 서비스의 기회비용과 판매 상실의 기회비용을 최소화

표 7-1 ▌예약시스템 설계요인

고객 특성	• 고객의 도착 정확성 • 예약 불이행(no-show) • 도착 전 예약 • 고객 우선순위	• 예약 취소 • 비예약 고객비율 • 고객의 범주
서비스 제공자 특성	• 서비스 제공자의 대체 가능성 여부 • 서비스 제공능력	• 서비스 시간준수 여부 • 휴식의 필요성
시스템 특성	• 서비스 종류 • 예약 집중도 • 우선순위 결정시스템 • 설비가용성	• 예약 간격 • 예약 유형 • 후속 예약 필요성

하는 방향으로 운영되어야 한다.

예약시스템의 설계에는 다음 [표 7-1]과 같은 특성이 고려되며, 시스템 내의 투입 요소인 고객, 서비스 제공자, 그리고 시스템 자체의 행동 특성이 반영되어야 더 현실적인 예약시스템이 만들어진다.

3절 서비스의 공급관리

1. 서비스 능력 기초

1) 서비스 능력의 정의

보통 제조업의 생산능력(capacity)이란 특정 시설의 최대산출률을 의미한다. 보다 정확히 표현하면, 능력의 개념은 현재 상품 믹스하에서 이론적 최대생산율로 나타낼 수 있다. 능력 수준은 정규, 실제, 최대능력의 3가지로 나누는데 정규능력은 정상 인력이 정상 작업 일정으로 달성 가능한 수준이며, 실제능력은 실제로 현장에서 유지되는 능력 수준, 그리고 최대능력이란 비효율적 생산자원까지도 동원해야 가능한 이론적 능력 수준으로 정의된다.

물론 서비스 능력은 어느 정도의 범위 내에서 조정이 가능하다. 그러나 최대능력이 의미하는 것은 어느 경우에도 장기적으로 이 수준 이상으로는 확장할 수 없다는 것이다. 따라서 정규능력 이상의 과다 이용은 단기적 수요급등의 해결에는 도움이 될지 모르지만, 장기적으로는 수행할 수 없고 생산성 저하와 비용상승을 유발한다. 또 정규능력이 실제능력과 괴리를 보이는 것은 운영자원(인력, 시설, 장비, 자재)의 변동이 산출량을 불확실하게 하며 상품 믹스에 따라 산출량이 변동하기 때문이다. 그러므로 상품 믹스는 능력 이용의 변수가 된다.

2) 서비스 능력의 범주

서비스 능력을 세분화하면 대표적 유형인 인적자원, 시설, 장비, 자금 등으로 나누어진다. 서비스에는 인적자원이 가장 중요한 능력 요소지만 자동화에 따라 점차 장비의 중요성도 높아지고 있으며 자원 사이에 상호보완 관계를 맺는 경우가 대부분이다.

(1) 인적자원

인력의 기능 수준 그리고 기능의 배합에 따라 분류한다. 인적자원은 육체적 혹은 정신적 노동을 수행하며, 특히 전문가는 고도의 정보처리를 한다.

또한 인적자원은 장비보다 유연하며 다기능을 수행할 수 있게 교육과 훈련을 받을 수 있다. 즉 교차훈련(cross-training)으로 다기능 수행을 하게 할 수 있으며 잔업이나 임시직 활용 등을 동원하면 능력의 유연한 이용이 가능해진다.

인적자원의 업무수행 방식에도 일대 변화가 일고 있다. 이제 직원은 종전처럼 지시를 일방적으로 수행하기보다는 컴퓨터가 수집한 정보를 활용하여 자신이 할 일을 스스로 처리할 수 있어야 한다. 또한 업무가 점차 팀 위주로 진행되고 직원에의 권한이양(empowerment)이 보편화되고 있다. 그리고 조직 내부에서 전문가와 지식을 갖춘 인력의 비중이 더 커지고 업무의 성격에서 정신이나 지식 요소가 증대함에 따라 관리자와 일반직원의 구분이 없어지기 시작한다. 따라서 하위직원도 스스로 사고하고 업무수행을 해야 하며 자발적으로 타 직원과 공조해야 한다.

기업들은 차츰 관리집약적인 형태를 벗어나 직접 업무수행 인력의 개발을 통한 경쟁력을 추구하는 방향으로 나아가고 있다. 경영자의 리더십과 동기유발, 그리고 우수한 장비공급은 인적자원의 능력을 확장하는 결과를 가져다준다.

(2) 시설

인간이나 물건을 물리적으로 수용하는 것으로 호텔, 클리닉, 버스, 선반, 창고 등의 사례를 들 수 있다. 신규시설의 계획이나 구매, 건설, 운영요원 훈련에는 5~10년 이상 걸리는 경우도 많이 있으며 시설의 경제적 수명이 20~30년에 달하는 경우도 흔하다. 그러므로 시설투자에는 거시적인 경기변동이나 기술, 규제, 고객 기호 변화 등 장기적 수요 변화를 고려한 의사결정이 필요하다. 시설의 긴 수명을 고려하면 상품 주기를 염두에 두고 시설확장과 축소를 해야 한다. 서비스 초과수요는 보통 복수시설에서 처리 가능하므로 서비스 시설의 확장은 수요의 증가에 대응하여 단계적으로 이루어지는 것이 보통이다. 이 경우 기술, 빌딩, 대지에 투자가 중요하며 공간배치나 조명 등은 업무 생산성을 높이고 시설을 확장하는 효과를 가져온다.

(3) 장비

현금 등록기, 컴퓨터, 진단 장비, 팩스 등 소규모 기계나 작업용 도구를 일컫는다. 장비는 취득에 장기간이나 보통 대규모 자본이 소요되지 않으므로 단기적인 수요에 대응할 수 있다. 서비스에서는 장비의 중요성이 제조업보다는 적지만 업무의 효율성을 높이기 위한 장비개발은 생산성을 배가시키고 인력의 직무만족에도 영향을 준다. 그리고 고객에 대한 서비스 측면에서도 장비의 효과성은 고객만족에 필수적인 부분이라 할 수 있다. 최근 자동화 장비의 도입으로 서비스 생산성을 높이려는 추세가 매우 두드러진다.

(4) 자금

금융기관에서는 자금력이 주요 능력이 된다. 다른 서비스업에서는 자금이 자원의 구매에 이용되는 간접적 능력인 데 비해 금융기관에서는 능력계획이 현금흐름과 단기매출금에 초점을 맞춘다. 그러므로 증자나 채권발행, 합병은 능력에 관한 전략적 행동으로 볼 수 있다. 앞으로 일반 기업에서는 더 효율적인 방법으로 조직화하고 전문적인 초점화를 추구할 것이므로 자금의 동원은 과거보다 중요성이 줄어들 것으로 전망된다. 신화적인 마이크로소프트사의 성장이 내부 자금조달로 이루어졌다는 것은 지식집약산업의 경우 금융의 중요성이 덜하다는 것을 의미한다. 그리고 효율적 시스템의 구축으로 시스템의 낭비를 없애 상품생산에 걸리는 시간을 단축하고 재고회전율을 높일 수 있다면 막대한 운전자본을 절약할 수 있으며 자금이 더 이상 조직의 병목이 되지 않는다.

2. 서비스 능력의 측정

1) 서비스 능력 측정 단위

능력은 다양한 방법으로 측정할 수 있지만 통상 투입 단위나 산출 단위 위주로 측정된다. 제조업처럼 동질적 제품의 대량생산에는 생산량 기준(자동차 생산 대수 등)이 유리하지만 다양한 상품 라인이 존재하는 경우는 총괄적 공통 단위(작업시간, 장비사용시간)가 사용된다. 서비스 능력은 가용자원에 크게 좌우될 때는 투입 단위로 나타내고 산출이 다양해지면 투입 혹은 공통산출 단위를 사용한다. 물론 투입 단위를 사용하였으면 이를 산출로 환산할 수 있어야 수요와 공급능력을 직접 비교할 수 있다.

서비스업은 통상 산출의 측정이 어려우므로 투입측정이 사용되는 경우가 많다. 예를 들면, 항공운송은 기간별 가용좌석거리(Available Seat Miles: ASMs), 병원은 가용병상 수, 회계법인은 가용회계사 작업일 수, 엔지니어링은 총작업시간을 이용한다. 이렇게 투입으로 능력을 측정하는 것은 대개 서비스의 과정 자체가 상품으로서 중시되는 서비스이며 이 경우 수요의 다양성이 산출측정을 어렵게 하기 때문이다. 또한 이 방법은 서비스 능력의 소멸성을 강조하는 측면이 있다. 즉, 이용되지 않으면 즉시 소멸하여 버리는 특성을 강조함으로써 능력 이용률을 부각하는 것이다.

반면 산출기준의 사례로는 병원의 기간별 처리 환자 수나 소매업의 연매출액을 들 수 있다. 수요가 산출 단위로 표시되더라도 다시 투입으로 환산할 수 있어야 능력계획 목적으로 이용할 수 있다. 산출기준 측정 시에는 생산량으로 능력을 정의하는 것이 보편적이지만 복수상품을 가질 때는 상품 믹스를 반영해야 한다. 예를 들어, 식당은 캐리아웃과 좌석 손님으로 나누어 능력을 측정하기도 한다.

2) 가용능력과 이용률

능력관리에는 기본적으로 가용능력과 이용률에 관한 정보가 필요하다. **능력 이용률**은 시설과 인간, 장비가 얼마나 생산적으로 이용되는지를 나타낸다. 보통 능력은 고정적으로 불변인 것처럼 보이지만 사실은 상당한 변동 폭을 가진다. 예를 들어, 성수기의 초과 수요를 서비스 능력이 소화하는 전형적 방법은 고객 처리시간을 단축해서 서비스 제공을 빠르게 하고 능력 여유를 줄이는 것이다. 능력 이용률은 아래의 식과 같이 실제 이용능력 대 가용능력의 비율을 나타내며 능력의 성과지표로서 중요하다.

$$\text{능력 이용률} = \frac{\text{평균산출률}}{\text{최대산출률}} \text{ 또는 } \frac{\text{이용능력}}{\text{설계능력}}$$

한 가지 예로 항공사의 판매 좌석 수를 전체 가용좌석으로 나눈 것은 이용률을 나타낸다. 대부분 서비스업에서는 고정비가 차지하는 비중이 높으며 고가의 시설과 직원을 보유하고 있다. 따라서 서비스 기업은 이용률, 즉 수용능력에 대한 판매비율을 영업 효율성의 척도로 이용하기도 한다. 운송업은 부하·적재율, 호텔은 객실 판매율, 또한 전문 서비스업은 비용 청구 가능 작업시간 비율을 이용하는 것이 그 예가 된다.

3. 능력의 효율적 이용

1) 규모의 경제

규모의 경제(economy of scale)란 생산량이 증가함에 따라 단위당 평균비용이 감소하는 현상을 의미한다. 즉 대규모 생산설비를 갖추는 데 초기비용은 많이 소요되지만, 그 이후로 제품의 생산이 시작되면 총비용을 생산량으로 나눈 단위당 평균비용은 감소하는 것이다. 여기서 규모의 경제는 보통 능력의 규모를 대상으로 하지만 규모와 아울러 조업 수준에도 규모의 경제가 작용한다. 즉, 생산능력 이용률이 일정 수준을 유지하지 못하면 전체 원가 중 고정비 비중이 높아져 단위당 평균원가는 급격하게 상승하게 된다. 공장의 각 부문에 재고 등으로 완충장치를 둔 것이나 서비스 시설에서 고객을 대기하게 하는 것, 그리고 예약시스템 등을 활용하여 고객수요를 제한하는 것은 전체능력의 이용률을 높이려는 시도이다.

규모의 경제효과로 생산량이 증가하면 고정비를 분산시키므로 유리해지고 업무 전환이나 준비비용의 감소와 자재 낭비 감소가 나타난다. 즉 규모의 경제는 감가상각비 등의 고정비 분산, 학습효과(learning effect)[2]로 인한 비용 절감 효과, 그리고 서비스처리에서

2 보잉사는 여러 항공기의 조립품 생산에 소요되는 조립시간이 생산량이 증가함에 따라 일정한 비율로

반복과 예측 가능성을 확보하여 효율적으로 전문화된 인력과 장비를 사용할 수 있는 상품 중심의 대량 처리 과정을 만들 수 있기에 가능한 것이다. 그러나 반대로 능력의 지나친 이용도 바람직하지 않다. 왜냐하면 운영의 복잡성이 증대되고 주의력이 분산되어 비효율을 초래하기 때문이다. 이는 비효율적인 요소로 인해 생산 규모를 확대할수록 단위당 평균비용이 오히려 증가하는 **규모의 비경제**(diseconomy of scale) 현상이 발생한다.

2) 최적 조업 수준

특정 능력에서 규모의 경제가 이루어진 점이 바로 **최적 조업 수준**(Best Operating Level: BOL)이다. 이 수준은 서비스 제공의 단위당 평균비용이 최저가 되는 능력 수준이다. 실제로 서비스 능력에서 얼마가 최적 능력 규모인지, 그리고 최적 조업 수준인지 정확하게 파악할 수는 없지만, 단위당 평균비용의 변화를 추적하면 어느 정도 추정이 가능해진다.

그림 7-4 ▌호텔의 최적 조업 수준

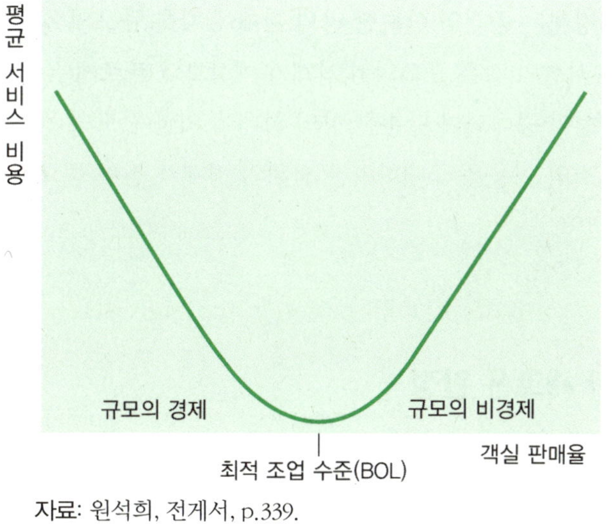

자료: 원석희, 전게서, p.339.

감소함을 경험적으로 입증했다. 이처럼 산출량이 증가함에 따라 생산성이 향상되는 현상을 '학습효과'라고 한다. 전술한 규모의 경제와 학습효과의 차이는 전자가 일괄적인 생산 단위의 규모를 가리키는 데 반해, 후자는 여러 기간에 걸친 누적 생산량에 바탕을 두고 있다는 것이다.

규모의 경제는 특히 대형시설의 경우 초기 건설 및 가동에 드는 비용이 시설 규모에 정확하게 비례하지 않는다는 점에 기인한다. 그러므로 적은 시설보다는 일정 규모 이상 대형시설이 원가 측면에서 경쟁에 유리하다는 것이다. [그림 7-4]는 이 관계를 나타내고 있으며 최적 조업 수준을 경계로 규모의 경제와 규모의 비경제가 표시되어 있다.

3) 범위의 경제

한 기업이 2종 이상의 제품이나 서비스 상품을 생산할 경우, 각 제품이나 서비스 상품을 다른 기업이 각각 생산할 때보다 단위당 평균비용이 적게 드는 현상을 **범위의 경제**(economy of scope)라 한다. 이는 다품종소량생산에 적합하다.

전술한 규모의 경제와는 달리 범위의 경제는 단일서비스 과정을 통해 매우 다양한 상품을 저가로 빠르게 제공함으로써 이루어진다. 규모의 경제를 낼 수 있는 표준 구성요소를 여러 방법으로 결합하여 다양한 최종상품을 제공하면 범위의 경제를 실현할 수 있다. 장점은 원가절감과 상품의 다양성 확보라는 두 가지 목표를 동시에 달성할 수 있다는 것이다. 그러나 다양성을 확보하면서도 최적 조업도를 달성하기 위해서는 능력의 유연한 이용이 전제되어야 한다.

이처럼 범위의 경제는 종래의 단순한 양의 확대에 따른 규모의 경제 추구를 보완하는 것이다. 최근 대형시설의 경우 규모의 비경제가 예상보다 빠르게 온다는 것이 밝혀졌다. 이는 상품의 다양성이 증대되며 단순한 양의 확대에 의한 규모의 경제보다는 다양성 관리를 통해 공통요소의 이용을 극대화하는 범위의 경제가 점차 중요해지고 있음을 증명하고 있다.

4. 능력에 대한 새로운 관점

오늘날 제품과 서비스의 대량 시장은 사라지고 있으며 기업들은 지나친 수요의 세분화로 고심하고 있다. 그러므로 작업 전환이나 작업 준비를 신속하게 하여 전환비용을 줄이는 것이 중요하다. 서비스 능력의 새로운 추세는 과거의 효율성을 강조하는 것에서 유연성과 집중화를 중시하는 것으로의 중대한 변화를 하고 있다. 이는 종래 대량생산 체제하에서 규모의 경제를 중시하고 능력의 대형화를 통한 경쟁력 추구 관행에 일대 혁신을 초래하고 있다.

원래 시설과 인력투자는 고정비용이지만 최종상품에 투입되는 원재료와 구성품은 양에 비례해 증가하는 변동비용이다. 그러므로 조업이 효율적이라면 단위당 평균비용은 조업 규모를 확대함으로써 급격히 낮출 수 있다. 그러나 이러한 조업효율의 강조는 간접비의 증가와 관리계층의 양산, 그리고 생산의 경직성을 초래했다. 규모의 경제를 얻기 위해서 장기 조업이 필요했고 고객 욕구가 다양해지는 환경변화에도 불구하고 장기 조업으로 대처하여 재고가 증가하고 비용이 급증했다. 따라서 규모의 경제를 얻기 위해 위험부담이 큰 능력확장을 하는 대신 외부 하청으로 거래업자 능력을 이용하는 방법이 더욱 설득력을 얻고 있다.

1) 유연한 능력

능력을 이용하지 않는 것은 비용을 상승시키기 때문에 불리하다는 생각이 과거 팽배했었으나 이제는 필요할 때만 이용하는 능력을 구축하는 것이 훨씬 효과적이라는 발상의 전환이 필요하다. 기본적으로 능력의 유연성은 각 운영자원의 유연성으로부터 온다. 이렇게 다품종소량생산에 대응할 수 있는 능력을 유연성이라고 하며 대개 시장의 요구에 따라 서비스 과정을 적응시킬 수 있는 능력으로 정의한다. 유연성 확보에는 조직 내에 기술적이고 조직적인 기반이 필요하므로 적절한 환경의 조성 없이는 뿌리내리기가 불가능하다.

(1) 인력 유연성

조직은 인간의 네트워크이며 기본적으로 유연성은 인간에 의해 생겨난다. 과거 대량생산 시대에는 지나친 분업으로 인해 인사관리 업무에는 특정 직무의 과제를 기술하고 코드화하는 직무분류와 직무할당이 주류를 이루었으며, 이러한 직무분류는 조직의 생산성에도 해악을 초래했다. 왜냐하면 유휴인력을 다른 업무로 돌릴 수 없었으므로 직무의 호환이 불가능했기 때문이다. 이제 새로운 방식인 협력적 팀 방식은 인력개발을 촉진하고 조직에 많은 혁신을 촉진한다. 또한 전체적으로 작업 과정에 대해 넓은 이해를 하게 해주며 직원 사이에 정보를 공유하게 한다.

같은 업무를 반복하는 단순 업무에서 탈피할 때 한 사람이 여러 과정을 처리할 수 있는 다기능 직원으로 탈바꿈할 수 있다. 이렇게 되면 생산성 향상이 이루어지고 상품에 대한 지식이 깊어지며 서비스 과정과 품질개선에 대한 아이디어가 쉽게 떠오르게 된다. 인력 유연성의 목표는 다양한 지식과 기술을 보유하되 특정 전문분야를 가진 인력을 양성하려는 것이다. 어느 업무나 조금씩 할 수 있는 업무의 수가 문제가 아니다. GM에서는 직무분류를 100개에서 3개로 줄여 단순하게 초급, 중급, 고급으로만 나눈다. 이렇게 직무분류와 업무영역을 단순화하고 시간급은 없애 작업자는 월급을 받게 되었으며 자율적 작업팀은 현장의 공장 운영에 많은 재량권을 부여받게 된 결과, 관리자가 줄어드는 효과와 아울러 생산성 향상을 얻게 되었다.

(2) 설비 유연성

과거 높은 수준의 최적 조업 수준(BOL)을 얻기 위해서는 일반적으로 대규모 투자가 필요했다. 이로 인해 숙박업이나 항공운송업은 공급과잉이 초래되기도 했다. 그러나 이제 이러한 서비스에서도 적극적으로 유연성을 추구하고 있다. 예를 들어, 사무실은 배선, 칸막이 조정, 이동 가능 장비로 수요변화에 실시간 대응하려 한다. 또한 설비에는 준비와 전환에 큰 비용이 수반되는 것이 보통이다. 그 이유는 작업 과정이 안정되는 데 시간이 필요하기 때문이며 이 문제는 대형 고가설비일수록 훨씬 심각해진다. 새로운 추세는 저가의 예비설비를 사용하여 설비 능력을 유연하게 만드는 것이다. 이렇게 시설이나 설비의 여유를 가지면 고객수요의 변동에도 대응이 쉬워진다.

2) 능력의 집중화

특정 능력에 대한 수요의 범위를 좁히면 성과가 좋아진다. 왜냐하면 적은 업무에 집중하고 능력을 단일목표로 향해 동기유발시킬 수 있기 때문이다. 이렇게 큰 시설을 작게 분사화하고 전문화하는 장점으로는 조직 위계의 단축, 문제 해결에 팀 방식 도입, 의사소통 거리 단축 등을 들 수 있다. 그러므로 단일능력을 너무 대형화하지 말고 어느 정도 집중화를 가지게 하는 것이 유리하다.

능력의 집중화(focused capacity)를 처음 주장한 스키너(Skinner, 1974)는 전문화된 소규모 조직은 독자적인 생산방법, 정책, 인력관리지침을 가질 수 있다고 하였다. 집중화

추세는 소규모와 전문화를 추구하며 단일 대형시설로 모든 수요를 만족시키지 않고 소형시설로 분산하여 각 목표시장에 할당하려 한다. 그러므로 단일 대형시설에도 분사화나 셀 방식을 도입하면 유사한 효과를 얻는 것이 가능하다. 이렇게 소규모로 전문화된 사업장마다 서로 다른 기업처럼 경쟁우선순위나 기술, 인력이 개별화될 수 있다.

서비스업에서도 능력 집중화를 위해 외주나 상호호혜의 조건으로 외부능력을 임차하는 방식이 늘고 있다. 서비스 기업이 콜센터 운영을 외부에 위탁하거나 항공사가 타항공사와 능력을 공유하는 수하물 취급 장비 공유나 공동 운항(code sharing)이 그 사례가 될 수 있다. 이들은 자사가 가지지 못한 외부의 전문능력을 이용하거나 아니면 상호보완적으로 능력을 호환하는 방법으로 능력 이용률을 높이려는 것이다.

3) 상품 · 고객 중심 능력

최근 능력은 상품과 고객 중심으로 편성되어 단순화를 지향하고 있으며 능력과 수요를 직접 연결하는 방식을 추구하고 있다.

다음은 능력을 그 발전 단계에 따라 3가지로 나누어 본 것이다.

(1) 단순 반응적 능력

수요변동에 임시변통적으로 대응하는 방식이며 조직은 전통적인 피라미드의 직능별 조직 형태이다. 능력의 과다/과부족 현상이 다반사이며 직능별 부서의 장벽이 존재하고 능력이 집중화되어 있지 않다.

(2) 상품계열 중심 능력

앞의 방법보다는 효율적이지만 각 상품계열로 분산된 능력은 의사소통을 저해하고 교차훈련과 인력교환을 어렵게 만드는 단점이 있다.

(3) 상품계열·고객 중심 능력

능력과 상품 · 고객을 같이 묶는 방법으로 편성한다. 직능별 조직이 아니라 셀 방식이나 분사화를 도입하면 능력은 집중화되고 능력계획은 더 단순화된다. 특히 이 방법으로 능력 문제 해결이 쉬워지고 책임소재가 명확해지며 수요예측의 실패 시에도 대응을 쉽게 해준다.

5. 공급관리전략

서비스 기업은 여러 가지 방법으로 서비스 공급을 관리할 수 있다. 서비스 기업이 고객의 수요를 이동시킬 수 없다면, 그 수요패턴에 적응하기 위해서 공급능력을 다양하게 변화시키는 전략을 개발할 필요가 있다.

공급관리(supply management)는 공급능력을 조절하거나 유연성 있게 하는 데 목적이 있으며, 고객의 수요를 변동시키는 방법보다는 그 수요에 맞게 공급능력을 조절하는 데 초점을 두고 있다. 즉 성수기의 최대 수요기간에는 공급능력을 가능한 한 많이 늘리거나 확대하고, 비수기의 최저 수요기간에는 공급능력을 축소해 자원의 낭비를 막는 것이 공급관리의 기본패턴이 된다. 그러므로 공급관리는 수요의 변동에 맞추어 수요를 조절하거나 유연화시키는 과정이라고 설명할 수 있다.

1) 가용능력의 확장

가용능력의 확장이란 서비스의 공급능력을 일시적으로 수요에 맞게 확장하는 것을 말한다. 이 방법은 새로운 자원을 추가하는 것이 아니라 기본적인 서비스자원(시간, 인력, 시설, 장비 등)을 수요에 맞추어 더 많이 오래 가동하는 것이다.

특정 서비스는 그 서비스에 대한 수요가 공급능력을 초과한다고 해도 어느 정도까지는 초과한 수요를 흡수할 수 있을 정도로 탄력성이 있다. 그러므로 이럴 때 단기간 내에 기존자원(시간, 인력, 시설, 장비 등)의 공급능력을 확장해 초과한 수요를 처리하는 것이 가능하다. 예를 들면, 항공사는 성수기에 항공기에 대한 수요가 급증할 경우 기존 비행기의 좌석 수를 늘려 고객을 수송함으로써 초과한 수요에 대한 공급을 원활히 한다. 그러나 이 경우 항공기의 안전기준이나 다른 서비스 능력의 제한이 따르므로 이러한 방법으로 공급은 장기화할 수 없다.

(1) 시간의 확장

수요의 변동에 맞추어 단기간 내에 일시적으로 서비스 공급시간을 연장하는 것을 의미한다. 예를 들면, 연말연시나 명절 연휴에 백화점 영업시간을 늘리거나, 유행성 질병이 많은 시기에 병원의 업무를 연장하는 일은 수요의 급증에 따라 공급시간을 확충하는 일종의 공급조절 방법이다. 귀성객이 많은 명절에 기차나 버스의 운행시간을 늘리는 것도 서비스 시간을 확장하는 방법이 된다.

(2) 인력의 확장

서비스 기업의 직원들은 성수기에 이르면 더 많은 시간을 더 열심히 일할 임무를 부여받는다. 그러므로 피크수요 시 직원들의 업무를 일시적으로 증가시키는 것이 가능하다. 컨설팅회사나 회계법인처럼 수요의 변동 폭이 매우 큰 기업의 경우 수요가 정점에 이르게 되면, 직원들은 부여받은 여러 개의 프로젝트를 수행하기 위해 밤늦게까지 혹은 주말까지 연장하여 업무를 수행해야 하는 경우가 있다.

(3) 시설의 확장

극장, 식당, 연회장, 강의실 등에서 고객의 수요에 의해 서비스 시설을 일시적으로 늘리는 것을 말한다. 극장의 입장객이 만원일 때 보조 의자를 놓아 정규좌석 수 이상의 고객을 확보하는 것이나, 기차의 좌석이 만원일 때 입석 표를 판매하는 것 등은 시설확장의 예가 된다.

(4) 장비의 확장

컴퓨터 전화선 및 유지보수 장비들의 경우 최대수요를 수용하기 위해 짧은 기간 동안 최대역량 이상으로 확장하여 사용하는 것이 장비 확장의 예가 될 수 있다.

그러나 이러한 가용능력의 지나친 확장은 시설과 자원의 조기 마모나 서비스 품질의 저하와 같은 현상을 유발할 수 있으므로 주의해야 한다. 이때 직원들의 사기 저하도 함께 수반될 수 있으므로 종업원의 휴식, 재충전의 시간을 적절히 배분하는 것도 중요하다. 또한 장비를 유지하고 보수하기 위한 노력도 기울이지 않으면 안 된다. 이러한 면에서 볼 때 가용능력의 확장은 단기적 공급관리에 사용되는 것이 좋다.

(5) 가용능력의 분할(조정 가능한 공급능력의 개발)

가용능력의 분할은 서비스 설계 단계에서 변화할 수 있도록 만들어질 수 있다. 서비스 기업은 서비스 공급능력을 조절하거나 재배치함으로써 수요변동에 적응할 수 있다. 이것은 서비스 기업 내의 전체 가용능력에 문제가 있는 경우가 아니라, 여러 세분시장의 고객 요구를 충족시키는 데 이용 가능한 믹스에 문제가 있는 경우에 사용된다. 항공사의 경우 수요의 변동에 따라 일등석과 삼등석의 배치를 달리하여 운용함으로써 어느 한쪽의 공급부족 현상을 막는다. 또한 식당에서 손님이 많으면 테이블을 적당히 조절하여 식사 장소를 늘리는 것도 공급능력을 조절하는 방법이 된다.

호텔 대부분은 객실에 연결문을 두어 필요하면 침실 두 개인 객실로 주거나 하나는 응접실로 바꾸어 수요에 적응할 수 있다. 보잉사에서 개발한 B-777 항공기는 수 시간 내에 좌석의 배치를 바꿀 수 있게 되어 있다.

2) 공급능력의 재조정(파트타임 직원의 활용)

공급능력의 재조정이란 서비스 자원을 창조적으로 재조정함으로써 수요의 변동에 탄력적으로 대응하려는 수요충족 전략이다. 즉 시간, 인력, 시설, 장비 등의 믹스를 조절하고 이들을 효과적으로 이용함으로써 수요변동에 공급능력을 맞출 수 있다.

성수기의 수요를 가능하면 많이 수용하기 위해 임시적 노동력을 채용하는 서비스 기업이 많아지고 있다. 성수기에 부분적으로 직원을 추가 투입하면 서비스 기업은 서비스의 제공능력을 임시로 향상할 수 있게 된다. 이 경우 중요 업무를 풀타임 직원이 하게 되고, 단순 업무는 파트타임 직원에게 양도함으로써 서비스 기업의 처리능력 수요에 맞춘다.

식당에서 피크타임에 아르바이트 학생을 고용하는 것, 여행이나 리조트 업체에서 성수기에 임시 직원을 고용하는 것, 소매점에서 주말에 파트타임 직원을 고용하는 것 등이 파트타임 직원을 적절히 이용하고 있는 예가 된다. 최근에는 세무서에서도 소득세 신고와 같은 특정 기간에는 아르바이트 직원을 모집하여 처리능력을 증대시키고 있다.

그러나 파트타임 직원에게 일정 한도 이상의 업무를 부과하게 되면 서비스시스템의 혼란이 발생할 가능성을 안게 된다. 즉, 서비스 공급의 품질 저하나 고객의 불만과 같은 요소가 발생할 수 있다. 이 경우 초과하는 수요에 적절히 대처할 수 있는 파트타임 직원의 배치가 필요한데, 은행에서 결혼과 함께 퇴직했던 여직원을 파트타임 직원으로 활용하는 것은 이를 잘 극복한 예라고 할 수 있다.

3) 공급시설 및 장비의 공유화

특정 서비스 기업의 경우 때때로 추가적인 설비나 장비에 대해 막대한 투자가 필요하게 된다. 이 경우 서비스 기업은 최대수요 기간에 추가적인 장비 및 시설을 임차하는 것이 일반적이다. 속달우편(express mail) 서비스의 경우 성수기 동안 트럭을 임대한다. 이는 불필요한 기간까지 고려하여 트럭을 구매할 필요가 없는 서비스업의 경우 바람직한 방법이 된다.

또한 서비스 기업들은 상호보완적인 수요패턴을 갖는 경우 그 공급능력을 공유하기도 한다. 이는 서비스 공급능력을 수요에 맞도록 융통성 있고 탄력적으로 운용하기 위함이다. 병원의 경우 특별한 환자의 진료를 위해 인근 병원의 전문의에게 진료를 의뢰한다거나, 진료를 위한 장비를 공유하는 것이 일반적인 예가 된다. 항공사의 경우는 이러한 방식으로 협력하는 것을 자주 볼 수 있는데 작은 규모의 항공사들은 같은 게이트와 트랩, 수하물 취급 장비를 공유하기도 한다.

4) 성수기를 대비한 보수

서비스 기업은 비수기에 성수기를 대비한 준비작업을 수행함으로써 성수기 효율증대를 도모할 수 있다. 이는 서비스 자원(인력, 시설, 장비 등)이 수요절정기에 최대능력으로 활용될 수 있도록 수요가 적은 기간에 보수 · 유지 및 교체하는 것을 의미한다. 성수기에 자원의 능력을 최대로 증대시킬 수 있는 요소를 발견하여 비수기에 준비하여 두면 성수기에는 핵심적인 작업만을 수행할 수 있다.

레스토랑에서 테이블의 기본세팅을 해두는 것이나, 패스트푸드 전문점에서 조리 음식을 냉동시켜 두었다가 수요가 이루어지는 시기에 데우는 작업만을 하는 것이 대표적인 예이다. 이뿐만 아니라 서비스 기업에서 직원들의 휴가나 연수를 비수기에 맞춰 계획하는 것도 성수기에 최상의 서비스를 하기 위한 배려라고 할 수 있다. 또한 예방정비를 비수기에 수행하는 것도 성수기에 대비하는 작업이라고 볼 수 있다. 일반 음식점에서 식사시간이 지난 후에 실시하는 청소나 정리 등도 피크타임에는 고객에게 행하는 서비스에만 전념하려는 비수기의 준비작업이라고 볼 수 있다.

5) 직원에게 다양한 직무의 훈련을 시킴

다기능화(cross-functional) 교육은 적은 인원으로 구성된 서비스 기업의 경우 다양한 서비스를 제공할 수 있으며, 직원들이 단순한 반복 업무에서 벗어나 직무가 확대되고 보수가 높아지므로 만족감을 줄 수 있다는 장점이 있다.

다기능화 교육을 받은 직원은 과도한 업무가 집중되는 곳으로 순환배치가 가능해지므로, 활용되지 않는 곳에서 인력의 수급이 필요한 곳으로의 전환배치를 할 수 있게 된다. 그러므로 병목현상을 방지하여 전체 시스템의 효율성을 높이는 것이 가능해지는 것이다.

대부분 항공사의 경우 직원들이 다기능화 교육을 받아 티켓 판매, 탑승창구 업무, 수하물처리 업무 등 업무가 집중되는 곳으로 순환배치가 가능하다. 또한 창고형 할인점에서는 계산대 업무, 선반진열 업무, 운반 업무에 이르기까지 직원들의 다기능화 교육이 일반화되어 있다.

6) 고객 참여의 증대

적은 투자로 공급능력을 확대하기 위해서는 고객의 참여를 확대하는 방법이 주로 사용된다. 이것은 고객과 서비스 기업과의 협동을 통하여 고객에게 일정 범위의 역할을 일임하는 것을 의미한다. 서비스 활동 내의 고객 참여는 서비스 기업의 경우 제공하는 서비스를 표준화하고 서비스를 효율적으로 관리할 수 있게 되는 장점이 있다.

대표적인 예로는 셀프서비스 방식이 있는데, 주유소에서 고객이 직접 휘발유를 주입하는 일이나 은행에서 ATM을 이용하여 입출금을 하는 일, 뷔페에서 고객이 먹고 싶은 음식을 선택하는 것 등이 이에 속한다. 셀프서비스 방식으로 운영되는 대형 할인점의 경우 고객이 물건을 선택하여 계산대까지 운반하고 이를 봉투에 담는 일을 고객 스스로 하게 된다. 이러한 사례들은 고객의 참여가 증가할수록 서비스 제공자의 업무량이 축소된다는 원칙을 이용한 것이다. 할인점에서 포장을 고객이 수행한다면 서비스 공급자로서는 더 적은 인원들로 계산대의 업무를 수행할 수 있다. 그러나 그만큼 가격을 더 싸게 하고 상품의 종류도 풍부하게 제공하여야 할 것이다.

오늘날의 소비자들은 수동적인 역할보다도 능동적인 역할을 선호하는 경향이 있다. 그러나 이러한 고객 참여의 서비스라도 가격이 저렴하다거나 서비스 시간이 신속하다거나 하는 장점이 필요하다. 또한 서비스 공급자로서도 비용을 감소시키고 그것을 고객에게 환원시키는 제도를 정착시켜야 한다. 그렇지 않으면 아무리 능동적인 고객이라도 고객 참여를 회피하게 될 가능성을 가지게 될 수 있기 때문이다. 그러므로 서비스 공급자는 다음의 사실에 주의하면서 고객 참여를 유도해야 한다.

① 고객이 서비스 제공자의 업무를 수행하는 것을 싫어할 수 있다. 비가 오는 날이거나 파티 참석 옷차림을 한 고객은 셀프서비스 주유 이용을 꺼릴 것이다.

② 고객이 참여할 때는 서비스에 대한 통제가 어려워지므로 서비스의 품질이 저하될 수 있다.

은행의 ATM을 이용하는 고객의 경우 그 장치에 대한 사용방법을 모르게 되면 은행 서비스의 품질은 저하되고 고객의 불만은 높아지게 된다.

이러한 고객 참여를 증대시키기 위해서는 비용감소와 낮은 가격으로 인한 이익을 보장하고, 손님의 협력을 부탁하는 고객과의 커뮤니케이션이 필요하다. 그렇지만 이러한 고객 참여 서비스는 개인 서비스의 원칙을 위배하지 않는 범위 내에서 가능해진다. 고객 참여를 유도하기 전에 서비스 기업은 이에 관한 순서와 방법을 간단하게 설명하고 누구나 참여할 수 있는 활동을 결정한다.

4절 서비스의 수율관리

1. 수율관리의 이해

수율관리(yield management)란 가용능력이 제한된 서비스에서 수요와 공급관리를 통해 수익을 극대화하는 것을 말한다. 즉 예약시스템, 초과예약, 수요 분할 등을 활용하여 공급능력이 제한된 서비스의 수익을 최대화하기 위한 것이다. 상품 판매와 고객의 구매 행동에 관한 정보를 활용하고 가격조정과 재고관리 등을 통하여 많은 수익을 증대시키는 데 기여할 뿐만 아니라 고객의 필요나 욕구에 부합되는 상품을 개발하여 유통해 주는 데 그 목적이 있다.

서비스업은 상대적으로 고정된 서비스 능력, 생산과 소비의 동시성, 심한 수요변동과 같은 특징을 가지고 있으므로 수율관리가 필요하다. 예를 들어, 항공사의 빈 좌석은 비행기 출발과 함께 소멸하기 때문에 좌석이 채워지지 않고 비행기가 출발한다면 남은 좌석만큼 손실이 발생하므로 항공사는 이에 대한 대책 마련이 필요하다.

이처럼 수율관리가 널리 사용되는 업종은 주로 항공사, 호텔, 렌터카, 특별수송 서비스 등 서비스시스템이 표준화되어 있는 분야이다.

수율관리가 적합한 환경은 소멸하는 서비스인 경우, 사전 판매가 가능한 서비스인 경우, 수요의 변동성이 높은 서비스인 경우, 고객 세분화가 가능한 시장인 경우, 가용능력 변경비용이 많이 드는 서비스인 경우, 단위 추가 판매비용이 적은 서비스인 경우이다.

다음은 서비스 기업의 수율관리에 대한 전형적 의사결정 상황이다.

① 호텔이 단기 예약 정상가 고객에게 10만 원을 받을 수 있는 객실을 단체 여행객에게 6만 원에 판매할 것인가?

② 철도운송회사가 30개의 빈 화물칸을 일반 화물용으로 30만 원씩 받을 것인가, 아니면 두 배 가격으로 급송화물을 기대하여 비워둘 것인가?

③ 항공사가 티켓의 어느 정도를 미리 단체여행 특별가격으로 판매할 것인가?

④ 공장 정비 전문회사가 정비 능력의 얼마만큼을 응급이나 높은 이윤 수리 업무를 기대하며 남겨두어야 할 것인가?

⑤ 인쇄소에서 선착순으로 처리하고 정해진 납기를 맞추어 기본요금을 받을 것인가, 아니면 긴급작업에 할증요금을 받고 일반 작업에는 약간의 납기지연을 허용할 것인가?

2. 수율관리의 고려사항

수율관리는 능력을 가능한 높은 가격으로 판매하는 동시에 능력 이용률을 높이고자 한다. 항공사들은 휴가 여행을 떠나는 승객들보다 시간에 쫓겨 서너 배나 높은 가격을 지불하고라도 탑승권을 급히 구하는 출장목적 승객을 위해 좌석 몇 개는 남겨두려고 한다. 이럴 때 예약상황을 수시로 파악하여 언제 마지막 남은 표를 팔아야 할 것인지 결정하는 것이 핵심 업무이다. 만일 빈 자리가 많을 것으로 예상되면 할인가격을 적용할 좌석을 늘려 잡아야 한다. 이런 방법으로 미국 항공사들은 매일 8만 건 이상의 요금 조정을 시행한다.

이러한 의사결정은 과거 능력 이용률과 시장정보에 의존하여 고객 관계와 수익 기회를 동시에 고려해야 한다. 우선 특정일, 특정 유형의 고객이나 가격대에 얼마만큼의 능력을 할당해야 하는지 분명하게 결정해야 한다. 그리고 이 결정이 미리 광고되어야 하고 판매 요원에게 알려져야 한다. 수율관리는 다른 고객에게 더 높은 가격을 받을 수 있을 때 사전 판매의 기회비용을 인지한다. 저가 고객이 항상 예약하려 하는 경향이 있으므로 각 세분화된 시장별로 과거 자료를 이용해 능력을 할당한다. 저가격 고객의 선약 성향으로 호텔, 항공 등은 1년 전 예약이 흔하다.

[그림 7-5]는 렌터카 회사의 수율관리를 보여주는 것이다.

그림 7-5 ▌렌터카 회사의 수율관리

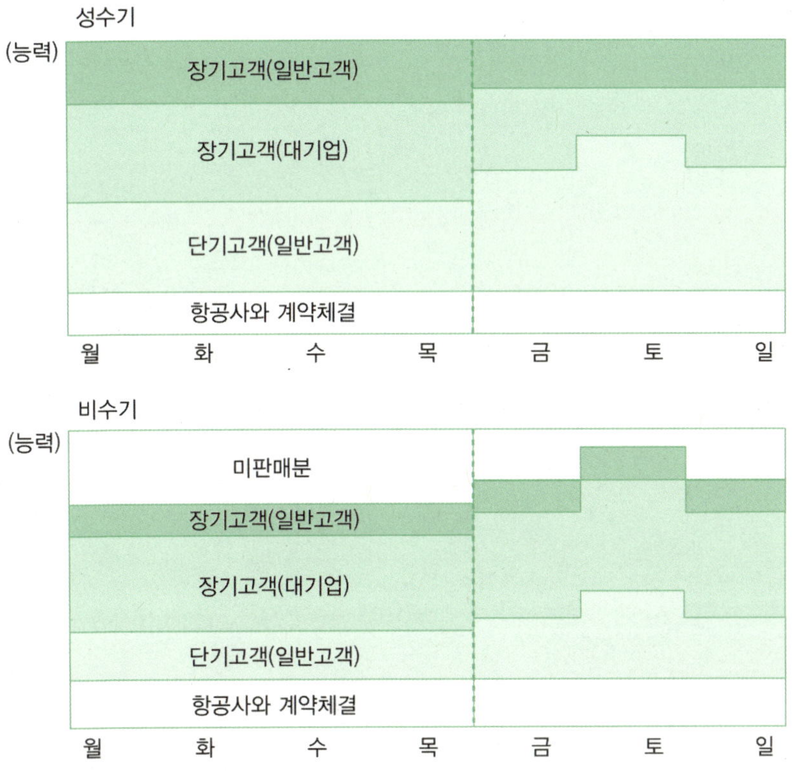

자료: 원석희, 전게서, p.353.

성수기에는 정상가 단기고객의 비율이 높지만, 비수기에는 장기고객 비율이 높아지고 단기고객에 대한 판매율이 낮아지는 것을 보여준다.

수율관리는 서비스업의 수익성을 높일 수 있다. 그러나 단기수익에 집착하여 모든 것을 희생하면 안 된다. 단기수익의 집착은 자칫하면 능력전략을 경직화시키게 하고 정상고객이 저가격을 이용하지 못하게 규정과 제약을 남발하게 한다. 또한 예약취소 고객에 범칙금 부과나 고의적 과다 예약 등 문제를 일으켜 정상가 고객을 실망하게 하기도 한다. 그러므로 무엇보다도 단기적 이익보다는 장기적이고 바람직한 고객 관계의 형성에 비중을 두어야 한다. 따라서 비상계획으로 초과예약의 피해자를 보상하고 서비스 실패 시에도 고객이 호의를 잃지 않도록 서비스 회복 프로그램이 준비되어야 한다.

8장 서비스 대기행렬관리

1절 대기행렬 이론

1. 대기행렬 현상

우리는 일상생활에서 무언가를 위하여 줄을 서서 기다리고 있는 사람들을 흔히 볼 수 있다. 은행 창구에서, 매표소에서, 할인점에서, 공항에서, 식당에서, 주유소에서, 행정관서에서 등 열거할 수 없을 정도로 그 예는 많다.

사람만이 줄을 서서 기다리는 것은 아니다. 공항에 도착하는 비행기, 항구에 도착하는 배, 신호등 앞에서의 자동차, 하역이나 선적을 위한 짐, 창고에 있는 원재료 등 물건이 무언가를 위하여 기다리는 예도 있다.

또한 공장 수리를 기다리는 고장이 난 기계, 애프터서비스가 필요한 이미 판매된 전자제품, 업무 중에 다른 사람과 전화하고 있는데 또 다른 사람으로부터 걸려 오는 전화 등은 또 다른 예이다.

이처럼 무언가를 위해 형성된 줄을 **대기행렬**(queue or waiting line)이라 하며, 대기행렬의 특성과 형태를 수리적으로 분석하는 기법을 **대기행렬 이론**(queuing theory)이라 한다.

대기행렬 이론은 대기행렬을 형성하는 주체가 사람이든, 기계든, 서류든, 그 형태와 관계없이 고객(customer)이라 하며 대기행렬에 있는 고객이 원하는 것을 제공하는 주체는 형태와 관계없이 **서비스 제공자**(server)라고 한다.

대기행렬 이론은 덴마크 전화회사의 기사인 얼랭(A.K. Erlang)이 1920년대 초에 최적의 전화교환기의 수를 결정하기 위하여 개발한 기법으로 제2차 세계대전 후에 여러 방면에 응용되기 시작하였다. 그 대표적인 분야로는 다음과 같은 예를 들 수 있다.

① 병원의 응급실 규모의 결정
② 공항의 활주로 수의 결정
③ 지역 간 교통수단의 운행 횟수 결정(비행기의 운항 횟수, 버스의 배차시간 등)
④ 신호등의 수와 신호주기의 결정
⑤ 빌딩의 엘리베이터 수의 결정
⑥ 호텔이나 식당의 객실과 주차장 규모의 결정
⑦ 병원의 간호사 수의 결정
⑧ 비행기의 일등석 수의 결정

2. 대기행렬의 특성 및 분석목적

대기행렬시스템의 특성은 대기행렬이 발생하는 원인을 분석함으로써 파악할 수 있다. 대기행렬의 발생 원인은 서비스의 수요 측면과 공급 측면에서 파악할 수 있는데, 먼저 수요 측면에서 보면 다음과 같다.

첫째, 서비스에 대한 수요가 일정하지 않고 비교적 짧은 시간 동안(예를 들면, 분 단위, 시간 단위)에 수시로 변하며 그 변동 폭이 상당히 크다는 데 그 원인이 있다. 수요는 짧은 시간 내에 변하지만, 장기적으로 볼 때 특정한 양상을 띠며 반복하는 특징을 가지고 있다.

둘째, 수요의 형태가 다양하다. 여기서 수요의 형태란 고객이 요구하는 서비스를 제공하는 데 걸리는 시간을 말하는데 같은 종류의 서비스라 하더라도 고객에 따라 또는 서비스를 제공하는 시설이나 사람에 따라 서비스 제공에 걸리는 시간이 다를 수도 있기 때문이다. 만약에 서비스 형태가 일정하면 대기행렬의 문제는 어려운 문제가 아니다. 예를 들면, 전력회사의 전력공급 문제의 경우 전력의 수요에는 어느 정도 변동은 있지만, 예측이 가능하고 발전기가 설치된 이상 수요에 맞추어 시설 능력이 쉽게 조절될 뿐만 아니라 서비스 형태가 일정하므로 대기행렬이 존재하지 않는다.

한편 공급 측면에서 대기행렬을 제거하려면 수요가 가장 많을 때를 기준으로 하여 서비스 시설을 갖추고 운영해야 한다. 이렇게 할 때 수요가 적은 대부분 시간에는 서비스 시설을 가동하지 않게 되므로 시설의 활용도가 몹시 낮아진다.

서비스 시설의 배치 및 운영에 수반되는 직접경비가 적으면 문제가 되지 않으나 대부분은 큰 비용이 소요되므로 특정 시점에서의 최대수요에는 부족하도록 서비스 설계를 하는 것이 대기행렬의 발생 원인이다.

서비스 시설이 수요를 충족시키지 못하면 고객은 서비스받기 위해 기다리게 된다. 고객이 기다리는 시간이 길어지게 되면 불만이 쌓이게 되고 나아가서는 서비스받는 것을 포기하거나 다른 경쟁업자의 서비스를 찾게 된다. 이는 결국 고객을 잃게 되며, 이러한 고객 상실로 발생하는 비용을 간접비용이라 한다.

따라서 대기행렬은 너무 길어도 문제이고 없어도 문제이므로 대기행렬 이론은 대기행렬 비용, 즉 간접비용과 직접비용의 합을 최소화하는 시설의 적정수준을 결정하는 것을 주목적으로 하고 있다. 이러한 이론적 목적을 도식화하면 [그림 8-1]과 같으며, 대기행렬의 궁극적 목적은 이 그림에서 총비용이 최솟값을 갖는 최적 서비스 수준을 찾는 것이다.

그림 8-1 ▌대기행렬시스템의 이론적 목적

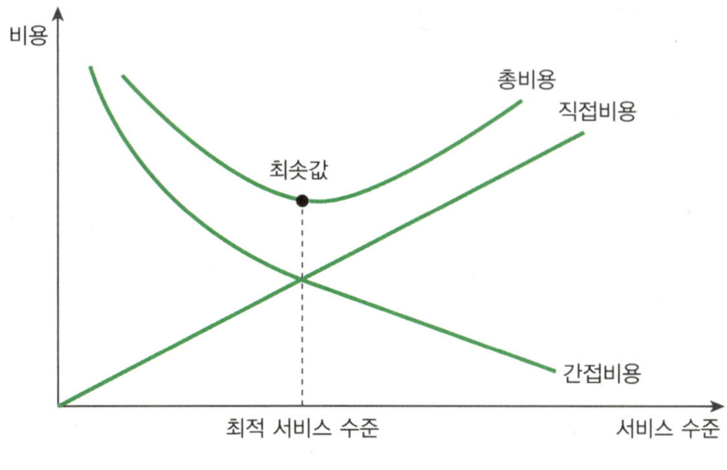

직접비용은 서비스 시설의 배치비용, 서비스 시설을 운영하는 데 소요되는 인건비와 재료비, 유지와 수리비용, 보험과 세금 등의 기타 비용 등으로 구성되며, 서비스 수준(service level)이 증가함에 따라 증가한다.

간접비용은 고객의 상실, 악평, 인명 손실(loss of life) 등인데 이들 비용의 측정은 쉽지 않다. 특히 투입원이 서비스 제공자의 조직 내부에 존재하지 않을 경우나 서비스 제공자가 비영리기관일 경우 비용의 측정은 더욱 어렵다. 이런 연유로 인하여 서비스 제공자의 의사결정은 서비스 수준과 관련된 목표를 설정하여 분석한다.

3. 능력비용과 대기비용의 상충관계

모든 대기행렬 상황에서의 핵심 문제는 상충관계의 결정이다. 할인점은 계산대를 얼마나 많이 설치해야 하는가, 또는 주유소는 얼마나 많은 주유 펌프를 개설하고, 얼마나 많은 직원을 배치해야 하는가를 결정해야 한다. 이러한 문제를 해결하기 위한 기준은 대기(queue)에 따른 경제적 비용일 것이다. 경영자는 더 많은 시설 및 인력의 추가로 더 신속한 서비스를 제공하는 데 따른 추가비용과 고객의 대기비용을 비교 평가하여만 한다.

서비스 시설 능력이 작으면 고객 대기비용은 증가할 것이고, 서비스 시설 능력을 확장하면 고객 대기비용은 줄어드는 반면 시설확장에 드는 경제적 비용(서비스 능력비용)이 증가한다. 따라서 최적 서비스 시설 능력은 대기행렬비용과 서비스 능력비용을 합한 총비용이 최소가 되도록 하는 균형점에서 찾게 된다([그림 8-2] 참조).

그림 8-2 ▌최적 서비스 능력 · 능력비용과 대기비용의 상충관계

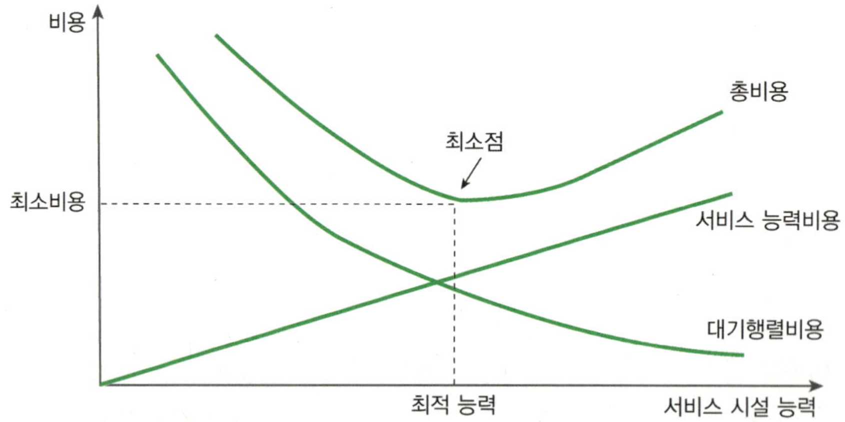

자료: 김병태 외, 서비스시스템 운영관리, 대경, 2009, p.338.

일반적으로 서비스 능력 추가비용은 객관적인 추정이 비교적 쉽다. 반면에 고객 대기비용은 기회비용으로 파악할 수 있지만 때로는 추정 불가능한 경우가 많다.

서비스 기업의 경우 직원(내부고객)을 기다리게 하는 비용은 비생산적 임금(일하지 않고 낭비한 시간에 해당하는 임금)으로 측정할 수 있다. 예를 들면, 직원들이 복사기를 사용하기 위해 기다리는 줄에서 소비한 총시간은 그렇지 않았더라면 생산적인 활동에 소비하였을 것이다. 따라서 추가로 복사기를 설치하는 비용과 직원이 기다리지 않아서 절약된 시간의 가치를 비교할 수 있다. 그러면 비용이 절감되도록 의사결정을 할 것이다.

외부고객의 경우 대기에는 대기시간 비용(기다리면서 소비한 시간의 가치)과 대기 불편비용(육체적 · 정신적 피로를 가져오는 기다림의 노력 · 좌절 · 불안 · 불공정 등에 대한 감정)으로 구성되는 고객 대기비용이 따른다. 경쟁시장에서 지나친 기다림 또는 장시간 대기는 판매기회상실을 가져올 수 있다.

고객이 서비스받으러 갔다가 대기행렬이 길어서 오래 기다려야만 할 것 같으면 다른 곳으로 발길을 돌릴 수 있다. 또는 심지어 가기도 전에 고객이 그곳에 가면 오래 기다려야만 할 것이라고 예상하면 미리 포기해버릴 수 있다. 이럴 때 판매기회 상실비용이 발생할 뿐만 아니라, 적시의 서비스를 받지 못한 데 따른 고객 불만비용도 있다.

반면에 대기행렬 문제가 병원 입원실 수요의 경우라면 아마 비용 상충관계의 결정은 거의 불가능할 것이다. 입원실 건축, 추가적인 필요 의료 장비, 증가한 의료 정비유지비 등의 비용을 합하여 추가적인 입원실 침상비용을 계산할 수 있다. 그러나 환자에게 병상이 필요한데 제공해 주지 못함으로 인해 발생하는 비용을 산정하는 것은 과연 가능할 것인가? 입원실이 없어 환자를 받지 못하는 데 따른 인간적 비용은 추정할 수 없을 것이다. 따라서 총비용 최소화의 관점에서 균형점을 찾기는 불가능하다. 전체적 수요예측과 변동을 고려하여 목표로 하는 서비스 수준에 맞춰 그에 상응하는 서비스 시설 능력을 결정하여야 할 것이다. 그리고 비정상적일 때를 대비한 여유(redundancy)를 확보하는 방안이나 대안들도 미리 검토해 두어야 할 것이다.

2절 대기행렬 모델

1. 대기행렬 모델의 이해

대기행렬 모델은 서비스 소요량을 계획하고 그에 알맞은 서비스 시설을 제공할 수 있게 한다. 대기행렬에 필요한 기본정보는 고객의 도착률과 서비스율에 관한 것이다. 즉, 고객이 시간당 얼마나 도착하는가, 그리고 고객은 시간당 얼마나 처리되는가의 두 가지이다. 물론 평균적으로 고객이 도착하는 것보다 충분하게 서비스 능력을 보유할 수 있지만 그래도 항상 어느 정도의 대기 고객은 발생하기 마련이다. 그 이유는 바로 고객의 도착이 대개 무작위한 패턴을 보이고 서비스 시간 역시 고객의 요구사항, 서비스 직원의 능력, 기타 지원시설 등의 문제로 상당한 편차를 보이기 때문이다.

이러한 변동성 때문에 적정수준의 비용과 서비스 수준 제공이라는 상충하는 목표를 동시에 추구하기가 어렵다. 특히 서비스 능력의 기회비용은 어느 정도 산정이 가능하지만, 고객의 대기시간은 심리적인 요인이 부가되므로 계량화가 불가능하다.

[표 8-1]은 대표적인 대기행렬의 유형 4가지 모델과 공식, 그리고 적용상황을 정리한 것이다. 대기행렬 모델은 창구와 단계의 수, 도착률과 서비스율의 분포, 그리고 대기행렬의 제약을 반영해야 한다.

표 8-1 ▍대기행렬 모델과 공식

대기시스템 특성					
	창구 수	서비스율 분포	최대행렬 길이	적응사례	대기행렬식*
1	단일	포아송	무한	단일 매표소, 정비센터	$\overline{n_l} = \frac{\lambda^2}{\mu(\mu-\lambda)}$ $\overline{t_l} = \frac{\lambda}{\mu(\mu-\lambda)}$ $\overline{n_s} = \frac{\lambda}{\mu-\lambda}$ $\overline{t_l} = \frac{1}{\mu-\lambda}$
2	단일	고정	무한	자동세차, 자동장비	$\overline{n_l} = \frac{\lambda^2}{2\mu-(\mu-\lambda)}$ $\overline{t_l} = \frac{\lambda}{2\mu(\mu-\lambda)}$ $\overline{n_s} = \overline{n_l} + \frac{\lambda}{\mu}$ $\overline{t_s} = \overline{t_l} + \frac{1}{\mu}$

3	단일	포아송	유한	드라이브인 은행, 소매점 주차장	$\bar{n}_l = \left(\frac{\lambda}{\mu}\right)^2 \left[\frac{1-Q(\lambda/\mu)^{Q-1}+(Q-1)(\lambda/\mu)^Q}{[1-((\lambda/\mu)][1-(\lambda/\mu)^Q]}\right]$ $\bar{n}_s = \left(\frac{\lambda}{\mu}\right)\left[\frac{1-(Q+1)(\lambda/\mu)^Q+Q(\lambda/\mu)^{Q+1}}{[1-((\lambda/\mu)][1-(\lambda/\mu)^{Q+1}]}\right]$
4	복수	포아송	무한	톨게이트, 은행창구	$\bar{n}_l = p_o\left[\frac{\lambda\mu(\lambda/\mu)^N}{(N-1)!(N\mu-\lambda)^2}\right]$ $\bar{t}_l = \left(\frac{\lambda}{\mu}\right)^N\left[\frac{p_o}{\mu N(N!)\left(1-\frac{\lambda}{\mu N}\right)^2}\right]$ $\bar{n}_s = \bar{n}_l + (\lambda/\mu)$ $\bar{t}_s = \bar{t}_l + (1/\mu)$

* 모델은 단일단계, 포아송 도착률 분포 가정

자료: N. Gaither, *Production and Operations Management*, 6th ed., Druden Press, 1994, p.551.

2. 창구와 단계

대기행렬은 서비스 창구의 수(시스템 경로의 수)와 단계의 수(서비스 제공 횟수)에 의하여 4가지 유형의 모델로 분류된다.

1) 단일창구-단일단계시스템

단일창구-단일단계시스템(single-channel single-phase system)은 [그림 8-3]과 같이 서비스 제공자가 하나뿐이며 서비스도 한 번으로 끝나는 시스템으로 대기행렬시스템 중에서 가장 간단한 시스템이며 소규모 개인 서비스 형태에서 흔히 발견된다.

그림 8-3 ▌단일창구-단일단계시스템

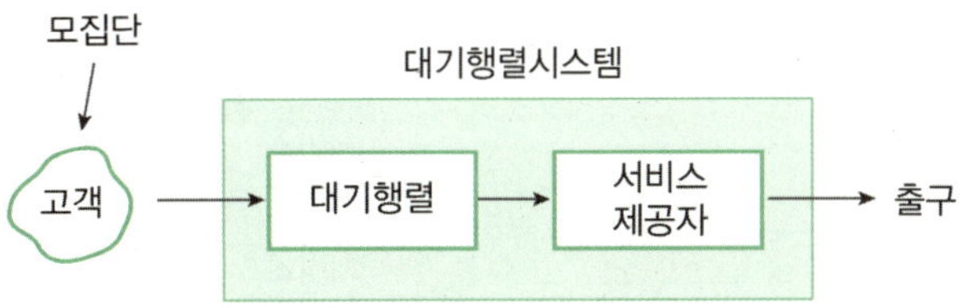

2) 단일창구-다단계시스템

단일창구-다단계시스템(single-channel multi-phase system)은 [그림 8-4]와 같이 고객이 요구하는 서비스 종류가 둘 이상으로 구성되어 있고, 이들 서비스가 같은 대기행렬시스템 내에서 제공되지만 각 단계에서의 서비스 제공자는 하나인 시스템을 말한다. 즉, 단일창구-단일단계시스템이 두 번 이상 반복적으로 연결된 단일창구-다단계시스템은 구내식당, 신체 검사장 등이 대표적인 예가 된다.

그림 8-4 ▎단일창구-다단계시스템

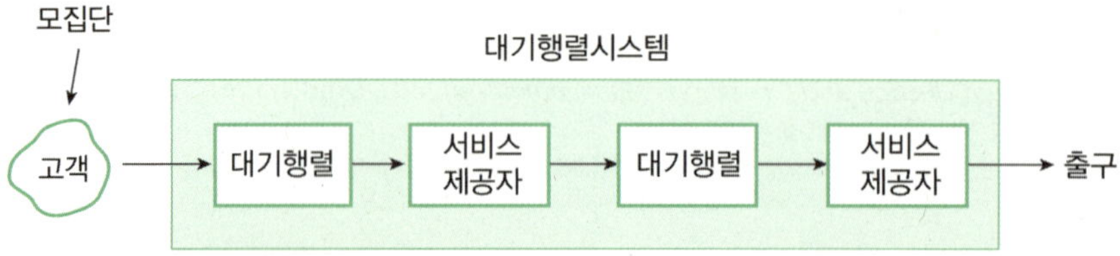

3) 복수창구-단일단계시스템

복수창구-단일단계시스템(multiple-channel single-phase system)은 서비스 제공자는 둘 이상이나 서비스 제공은 한 번으로 끝나는 시스템을 말한다. 이러한 시스템은 [그림 8-5]와 같이 대기행렬이 하나로 형성되는 시스템과 [그림 8-6]과 같이 대기행렬이 서비스 제공자만큼 형성되는 시스템이 될 수도 있다.

[그림 8-5]와 같은 시스템의 예로는 대기자 번호표를 사용하는 은행, 종합병원 외래진료 등이며, [그림 8-6]과 같은 예로는 할인점 계산대, 고속도로 요금소 등이다. 효율적인 면에서 보면 일반적으로 [그림 8-5]와 같은 시스템이 [그림 8-6]과 같은 시스템에 비해 효

그림 8-5 ▎대기행렬이 하나인 복수창구-단일단계시스템

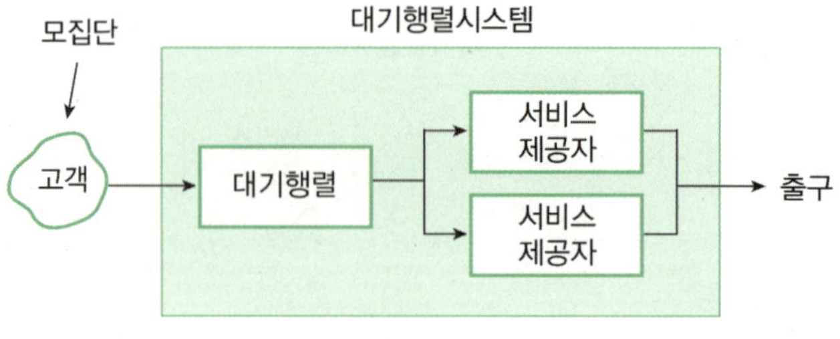

그림 8-6 ▌복수 대기행렬을 가진 복수창구-단일단계시스템

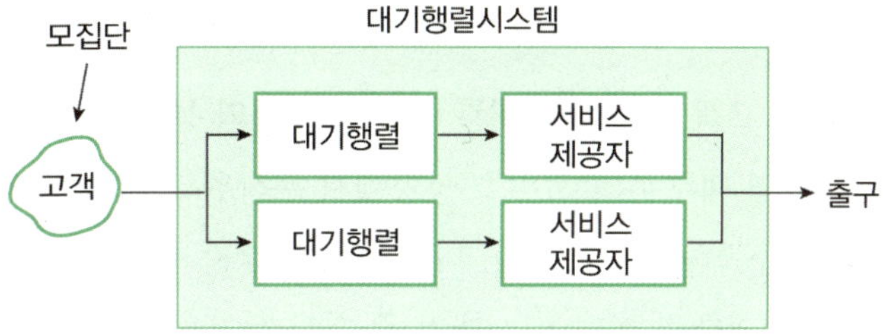

율성이 높다. 그런데도 복수 대기행렬을 가진 복수창구-단일단계시스템이 존재하는 이유는 물리적인 제약으로 단일 대기행렬이 병목(bottleneck)현상을 유발하기 때문이라 할 수 있다.

4) 복수창구-다단계시스템

복수창구-다단계시스템(multiple-channel multiple-phase system)은 각 서비스 단계에 복수의 서비스 제공자가 존재하고 서비스 단계 또한 복수로 존재하는 것으로서 [그림 8-7]과 같다.

[그림 8-7]과 같은 시스템의 예로는 종합병원의 건강진단, 투표소, 공항의 출입국장 등이다. 이러한 시스템은 수리적으로 분석하기에는 복잡하므로 일반적으로 시뮬레이션으로 분석하고 있다.

그림 8-7 ▌복수창구-다단계 대기행렬시스템

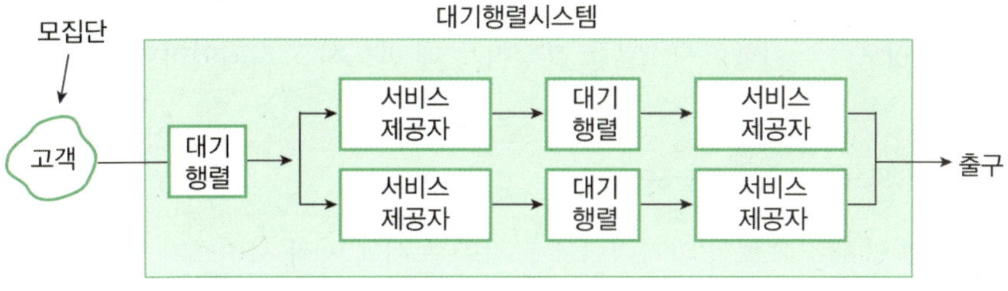

3. 도착률과 서비스율

일정 시간 동안 도착 고객 수를 나타내는 고객 도착률의 통계분포에는 포아송분포가 가장 적합하다. 왜냐하면 대부분의 서비스 상황에서 무작위 고객 도착 현상은 포아송분포의 무작위성 가정을 충족하기 때문이다. 다만 고객의 행동 특성에 인위적인 개입이 이루어지면, 예를 들어, 대기행렬 이탈이나 대기 중 다른 짧은 줄로 돌아서는 경우 등에는 포아송분포의 적용이 어려워진다. 일정 시간당 제공된 서비스 수를 나타내는 서비스율의 분포 역시 포아송분포가 보편적이나 최근 자동화의 영향으로 고정적인 시간 내에 모든 서비스가 처리되는 균등분포를 보이는 사례가 많이 증가하고 있다.

4. 대기행렬 제한

최대 대기행렬을 정하는 경우는 시스템 내 고객수용 능력이 공간이나 기타 서비스 능력의 한계로 제약을 받는 상황이다. 이렇게 제약이 있을 때는 이러한 점을 고려하여 문제에 현실적으로 접근할 수 있다.

5. 대기행렬의 서비스 원칙

대기행렬의 서비스 원칙이란 대기행렬에 대기 중인 고객에게 서비스를 제공하는 순서를 규정한 것으로 대기행렬시스템을 분석하는 데 반드시 고려되어야 할 사항이다.

(1) 선착순(first-come, first-service)

가장 일반적인 원칙으로서 대기행렬에 도착한 순서에 따라 서비스가 제공된다.

(2) 역 선착순(last-come, first-service)

대기행렬에 늦게 도착한 고객에게 서비스가 먼저 제공되는 원칙으로서 창고업 등 재고시스템에서 적용된다.

(3) 최단 서비스 시간순(shortest service time)

서비스 시간이 가장 짧은 고객에게 먼저 서비스를 제공하는 원칙으로서 컴퓨터 사용시에 적용되는 원칙이며 중앙처리기구(central processing unit)의 사용시간이 가장 짧은 작업이 컴퓨터의 중앙처리기구에 먼저 연결된다.

(4) 최단 여유시간순(shortest slack time)

생산 일정계획이나 응급환자실에서 적용하는 원칙으로 급한 일에 서비스를 먼저 제공한다.

6. 대기행렬 모델의 성과측정

여기서는 앞에서 분류한 대기행렬 모델 중 가장 단순하고 기본적인 단일창구-단일단계시스템의 성과 측정방법만 살펴보기로 한다.

도착 간격과 서비스 시간이 일정하지 않고 무작위로 변화할 때 같은 시스템에서도 시간에 따라 대기행렬이 발생하기도 하고 유휴설비가 발생하기도 한다.

이러한 상황의 대기행렬 문제를 분석하는 데 단일창구-단일단계시스템에서는 다음과 같은 가정을 하고 있다.

① 무한 모집단과 무한한 대기행렬

② 선착순 원칙에 의해 서비스가 제공된다.

③ 고객 도착률과 서비스율은 포아송분포를 따른다.

④ 평균 서비스율이 평균 도착률보다 높다.

⑤ 시스템은 안정상태를 가진다. 즉, 대기행렬시스템에서 고객을 받기 시작한 처음에는 비정상적으로 운영되다가 어느 정도 지난 후에는 정상적으로 운영되어 추정한 평균 도착률과 서비스율이 일정한 상태를 유지하는 안정상태에서의 운영을 분석한다.

위에서 언급한 가정하에 단일창구-단일단계시스템의 성과는 아래와 같이 측정된다.

λ = 평균 고객 도착률

μ = 평균 서비스율

n = 시스템 내 고객 수

① 서비스 시설(시스템 설비)의 이용률(ρ): 시스템 내에 고객이 있을 확률

$$\rho = \frac{\lambda}{\mu}$$

② 대기행렬에 있는 평균 고객 수($\overline{n_l}$)

$$\overline{n_l} = \frac{\lambda^2}{\mu(\mu-\lambda)}$$

③ 시스템에 존재하는 평균 고객 수($\overline{n_s}$): 대기행렬에 있는 고객 수와 서비스를 제공받고 있는 고객 수를 뜻한다.

$$\overline{n_s} = \frac{\lambda}{\mu-\lambda} = \overline{n_l} + \rho$$

④ 대기행렬 내에서 평균 소비시간($\overline{t_l}$): 서비스받기 전까지 시스템의 대기행렬에서 소비하는 시간을 말한다.

$$\overline{t_l} = \frac{\lambda}{\mu(\mu-\lambda)}$$

⑤ 시스템 내에서의 평균 소비시간($\overline{t_s}$): 고객이 시스템 내에서 소비하는 시간으로 대기행렬에서 기다리는 시간과 서비스받는 시간을 합한 것이다.

$$\overline{t_s} = \frac{1}{\mu-\lambda} = \overline{t_l} + \frac{1}{\mu}$$

예제

S회계법인에서는 복사기 1대를 운영하고 있는데, 시간당 평균 12건의 복사업무를 처리하고 있다. 평균 매 6분마다 복사의뢰가 접수되고 있는 실정이라면 대기행렬시스템의 성과는 어떻게 측정되는가?

| 풀이 |

평균 서비스율(μ)은 시간으로 측정되어 있고 도착간격은 분으로 되어 있으므로 공통 단위로 고쳐야 한다. 즉, 6분마다 복사의뢰가 접수되므로 $\frac{1}{10}\left(=\frac{6}{60}\right)$ 시간마다 접수된다는 의미이며, 이는 또한 매 시간당 10건이 접수되고 있다는 의미이다. 따라서 $\mu=12$이고 $\lambda=10$이다.

① 복사기가 쉬지 않고 가동 중일 확률

$$\rho=\frac{\lambda}{\mu}=\frac{10}{12}=0.833=83.3\%$$

② 접수되어 있으나 아직 복사가 시작되지 않은 건수

$$\overline{n_l}=\frac{\lambda^2}{\mu(\mu-\lambda)}=\frac{10^2}{12(12-10)}=4.17(\text{건})$$

③ 접수되어 있는 평균 복사의 건수(복사 중인 건수를 포함)

$$\overline{n_s}=\frac{\lambda}{\mu-\lambda}=\frac{10}{12-10}=5(\text{건})$$

④ 대기행렬에서의 평균 대기시간

$$\overline{t_l}=\frac{\lambda}{\mu(\mu-\lambda)}=\frac{10}{12(12-10)}=\frac{10}{24}=0.417(\text{시간})=25.02(\text{분})$$

⑤ 시스템 내에서의 평균 소비시간

$$\overline{t_s}=\frac{1}{\mu-\lambda}=\frac{1}{12-10}=\frac{1}{2}(\text{시간})=30(\text{분})$$

3절 대기행렬 시뮬레이션

1. 시뮬레이션의 정의

컴퓨터를 이용한 시뮬레이션(simulation)은 "시스템이나 과정의 활동을 모방하여 컴퓨터 모델로 나타낸 것"이라고 정의된다. 최근 가장 활발하게 이용되는 기법의 하나이며 보통 컴퓨터를 이용해 실제 시스템에 대해 실험을 하는 것으로 이해할 수 있다.

시뮬레이션은 무한한 응용잠재력을 가지고 있으며 대기행렬 문제에도 광범위하게 이용되고 있다. 특히 응용이 유리한 상황은 실제 문제가 복잡하여 수리적인 기법이 이용되기 어려운 경우, 활동에 많은 시간의 경과가 필요하여 실제 관찰이 불가능한 경우, 그리고 문제의 변수나 파라미터값이 확정적이지 않고 확률적으로만 알려진 경우를 들 수 있다.

시뮬레이션에는 우선 문제의 모델화가 전제되며 반복적인 모의실험을 통해 만족스러운 답을 구한다.

2. 시뮬레이션 모델의 구축

시뮬레이션의 절차는 아래와 같은 단계를 거친다.

1) 문제 정의

시뮬레이션은 정확한 문제 정의를 전제로 한다. 이 단계에는 당면문제의 성격과 범위, 그리고 중요성이 고려되어야 한다. 따라서 문제의 상황이 정확하게 기술되어야 하며 의사결정 상황, 의사결정자, 문제에서 밝히고자 하는 것이 무엇인지, 그리고 문제의 목표가 무엇인지를 명시해야 한다. 대기행렬에서는 일정 수준의 서비스 능력으로서 고객의 대기시간, 직원 유휴시간 그리고 인력 충원의 정도를 결정하는 것이 대개 문제상황이 된다. 그러므로 목표성취에 영향을 주는 변수는 이 단계에서 밝혀져야 한다.

2) 변수 및 파라미터

시뮬레이션 모델을 구축하기 위해서는 실제 시스템의 어느 특성(파라미터)이 고정되어야 하는지, 그리고 실험 중 변할 수 있는 특성(변수)은 무엇인지 결정해야 한다. 대개 대기행렬 문제에서 파라미터는 보유 능력(직원과 장비의 수)이고 변수는 고객 대기시간, 직원 유휴시간, 서비스 시간, 고객 도착률이 된다. 또 다른 상황에서는 파라미터가 가격이나 원가이며 변수는 판매량이 되는 때도 있다.

이런 문제에서는 각 시점에서 변수의 상태에 관심이 주어진다.

3) 의사결정 규칙

의사결정 규칙은 모델의 운영에 필요한 기본적 조건의 집합을 말한다. 즉 모델의 기본사항으로서 고객처리 방식, 우선순위 규칙, 고객도착 방식에 관한 정보가 필요하며, 고객 대기나 직원 유휴에 관한 규칙, 그리고 고객 대기시간과 유휴시간의 계산 공식이 명시되어야 한다.

4) 확률분포

시뮬레이션에 응용되는 분포의 두 가지 유형은 경험적 분포와 수학적 확률분포이다. 특정한 상황에서만 가능한 특유한 분포 형태는 과거 데이터를 이용하여 구할 수 있다. 그러나 실제로는 대부분 상황이 거의 수학적 분포에 접근하는 경우가 많으므로 일반적인 확률분포를 이용하는 것이 간편하다. 정규분포, 포아송분포, 지수분포, 감마분포가 흔히 이용된다.

5) 시간 누적 절차

시뮬레이션이 시작되면 시뮬레이션 시계(master clock)에서 시간이 흐르게 되는데 이는 자연 상태의 시간 경과와는 무관하다. 모델에서 시간은 두 가지 방법으로 지나는데 고정시간 증가와 변동시간 증가가 그것이다. 고정시간 증가에서는 고정적 시간 주기가 주어지면 주기적으로 시간이 흐를 때마다 주기 내에서 사건이 발생했는지 검토된다. 만일 발생하면 이 사건이 모의실험되고 다시 다음 주기가 시작된다. 반면 변동시간 증가에서는 시간이 다음 사건이 날 때까지 지나며 사건이 발생한 후 다시 시간이 다음 사건 발생까지 경과한다. 고정시간 방식은 사건 발생이 주기적이며 발생량이 많을 때 유리한 데 반해, 변동시간 방식은 사건 발생이 적을 때 컴퓨터 시간을 절약할 수 있는 장점이 있다.

3. 시뮬레이션 모델의 이용

1) 변수와 파라미터값 명시

모델에서 초깃값 결정은 매우 중요하다. 초깃값의 설정이 부적절하면 나중 시뮬레이션 결과에 편의(bias)를 초래할 수 있다. 그러므로 편의를 없애기 위해 시뮬레이션 실험이 충분히 진행된 후 안정적인 수치를 채택하기도 한다.

2) 실험 기간 설정

실험 기간의 길이를 정하는 가장 보편적인 방법은 모델이 안정적 평형상태가 될 때까지 실험을 지속하는 것이다. 아니면 일정 기간 실험 후 결과가 합리적인지 판단하거나 또 충분하게 통계적으로 의미 있을 정도로 기간을 정하는 방법도 있다.

3) 몬테카를로(Monte Carlo) 기법

유럽의 유명 도박장 이름에서 유래하는 **몬테카를로 기법**은 무작위 수(random number)를 생성하는 방법을 말한다. 몬테카를로 기법은 같은 확률을 가진 난수를 이용하여 각 범위의 상대적 빈도에 맞게 선택한다. 이 방법으로 각 범위 내에 할당된 무작위 수는 명시된 확률분포상의 빈도와 정확하게 일치한다. 무작위 수는 무작위 수 계산 공식에 의해 원하는 대로 생성할 수 있다.

그러나 이는 엄밀한 의미에서 무작위 수는 아니고 의사(pseudo) 무작위 수로 볼 수 있다. 왜냐하면 실험목적으로 같은 순서로 무작위 수들을 마음대로 반복하여 생성할 수 있기 때문이다. 간단하게 최초값과 확률분포를 명시하는 것만으로 몬테카를로 기법은 계산을 통해 무작위 수를 제공한다. 또 간단한 무작위 수는 [부록 1]의 난수표를 이용하여 구할 수 있으며 단순한 시뮬레이션에 이용할 수 있다.

4. 시뮬레이션 결과의 검토 및 해석

시뮬레이션 결과로부터 결론의 도출은 시뮬레이션 모델이 실제 시스템을 얼마나 유사하게 반영하는가에 달려 있다.

시뮬레이션에서 만족한 결과를 얻기 위해서는, 첫째 시뮬레이션 모델 자체의 검증이 필요하다. 여기서는 컴퓨터 프로그램의 실수나 논리적 실수를 찾는다. 둘째, 시뮬레이션은 글자 그대로 실험이므로 통계적 의미가 있으려면 충분한 횟수의 실험이 시행되어야 하며 표본의 크기가 적합해야 한다. 셋째, 시뮬레이션 결과를 해석하기 위해서는 다른 다양한 정보와 비교해 보거나 주관적인 통찰력을 이용해야 한다.

9장 서비스 일정관리

1절 인력 일정관리

1. 인력 일정관리의 개요

일정계획(scheduling)은 구체적인 과업을 완수하기 위한 운영자원의 할당을 시간의 경과에 따라 결정하는 것이며, 다른 상위계획의 수행 후 최종적으로 현장에서 수행되는 것이 보통이다. 응급 서비스의 예를 들면, 우선 최선의 입지를 선택한 후 장비의 유형과 수량이 결정되고 인력계획이 수립된다. 그다음에 인력의 구체적인 작업 일정이 결정되는 것이다.

일정계획의 대상으로는 인력, 업무, 그리고 특수한 업무 형태인 프로젝트가 있다. 특히 서비스에서 일정계획이 중요한 이유는 고객이 서비스시스템과 밀접한 접촉을 하기 때문이다. 이 경우 단기적 서비스 능력(공급)과 수요를 일치시키려는 목적을 가진 서비스 일정계획은 인력 수준과 작업일의 결정을 중심으로 진행된다. 이는 제조업의 작업 일정이 자재에 초점을 맞추고 있는 것과 대조적이다. 최근의 추세는 업무팀을 이용한 작업 수행 방식의 확산으로 일정계획이 개별작업자나 업무 단위가 아닌 전체 팀을 대상으로 수립되고 있다.

2. 인력 일정의 이해

1) 인력 일정의 정의

인력 일정(personnel scheduling)은 특정 기간을 대상으로 인력의 근무/휴무시간을 정한다. 즉 인력 일정은 우체국 직원, 간호사, 작업자 등의 인력을 특정 작업일과 작업교대조에 배치하며 이는 작업자가 일과 중에 수행할 과업을 할당하는 작업 일정과는 구분된다. 인력 일정은 자재투입 위주의 제조 활동과는 달리 인력계획을 기초로 하여 작업 일을 계획하며 특정 시간대에 인력을 배치하는 것이 그 핵심이다.

인력 일정은 특히 서비스업에 중요하다. 서비스는 인력에 의해 수행 및 제공되므로 서비스 활동의 공통적 특징은 인력 의존도가 높다는 것이다. 인력 일정 수립에는 3가지 어려움이 따르는데 수요 변동성, 서비스 시간 변동성, 그리고 인력의 가용 여부가 그것이다. 이러한 문제에 대처하기 위해 우선 수요를 평준화시키는 것이 인력 일정 수립에는 바람직하지만, 서비스의 성격상 평준화가 가능하지 않거나 바람직하지 않은 경우도 많다. 따라서 가능한 개략적인 수요 평준화를 하고 이를 기초로 기간 중 필요인력 수를 구한 후 각 직원을 근무조에 할당하는 방법을 이용하기도 한다.

2) 인력 일정의 목적

인력 일정은 총괄 능력계획인 인력계획을 작업자의 구체적 개별 작업 일정으로 전환한다. 물론 그 목적은 단기적인 인적자원과 수요를 일치시키는 것이다. 그러므로 기본적으로 인력 일정의 전제조건은 인력계획이 총괄 인력소요량을 충족시켜야 한다는 것이다. 만일 충족이 되지 않으면 인력계획을 변경하여 직원을 더 충원하거나 잔업, 주문적체 등의 방법을 이용해야 한다. 물론 인력소요량이 변하면 일정도 재조정된다.

[그림 9-1]은 수요패턴이 불규칙한 서비스 사례로서 프라이드치킨 체인의 수요변동을 요일별, 그리고 시간대별로 나타낸 것이다. 주말 그리고 시간별로는 점심과 저녁시간에 수요가 폭증하고 있다. 이렇게 서비스 수요는 요일별 · 시간별로 달라지므로 가용인력을 변하는 수요패턴에 맞추는 것이 관건이다. 따라서 대부분 서비스 기업에서 인력의 규모를 변경시키는 것이 능력관리의 핵심이라 할 수 있다. 인력을 조정하여 불규칙한 수요를 만족시키는 것은 운영비용과 고객만족 간의 합리적 균형을 취하려는 것이다.

그림 9-1 ▌치킨점의 요일별 · 시간별 수요변동

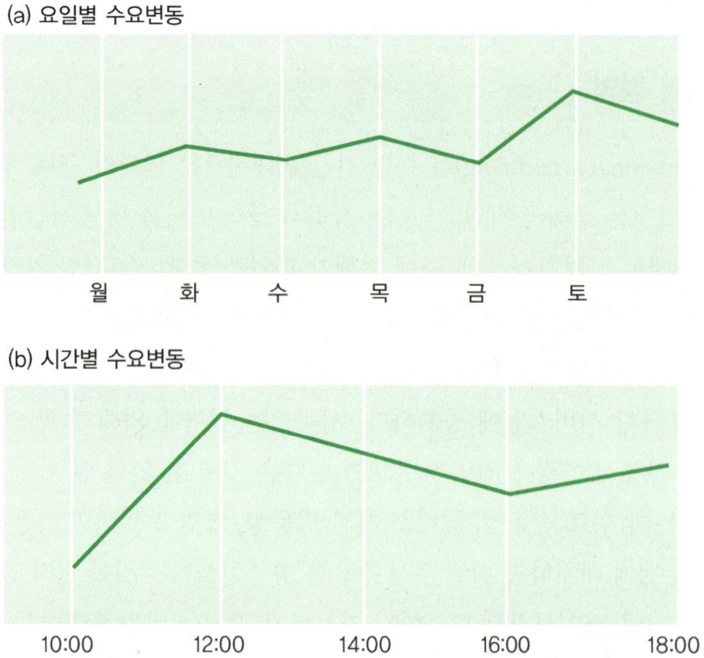

자료: 원석희, 전게서, p.449.

3) 인력 일정의 제약조건

일정 수립 시 기술적 제약은 인력계획에 의해 제공되는 자원과 인력의 보유 수준이다. 그리고 행동 측면이나 법률적 제약도 따르게 된다. 예를 들면, 직원에 대한 심리적 배려는 일정의 유연성을 제약하며 이는 노조법에 명시되는 경우가 많다. 또한 일정에는 인력의 휴가, 근무조 순환, 개인적 선호가 반영되어야 한다. 가장 단순한 형태인 순환근무는 일정을 정기적으로 교대하는 것이다.

순환근무는 서비스 직원을 한 업무에서 다른 업무로 체계적으로 이동시키는 것이다.[1] 예를 들어, 서비스 기업은 한 직원에게 4주 동안 매주 다른 업무를 배정한 다음 다섯 번째 주에 첫 번째 업무로 복귀시킬 수 있다. 이 근무방법은 같은 업무를 반복할 때 느낄 수 있는 직원들의 지루함과 불만족을 해결하는 데 도움을 준다.

인력 일정방법은 각 서비스의 구체적 특성에 달려 있으며 가장 복잡한 인력 일정으로

1 김종원 외, 경영학의 이해, 초아출판사, 2021, p.147.

는 항공사의 일정 수립을 들 수 있다. 여기서는 승무원별(지상 요원, 운항 요원, 정비 요원, 기내 서비스 요원)로 많은 변수가 동시에 고려되어야 하기 때문이다.

[표 9-1]은 다소 간단한 일정으로서 패밀리 레스토랑의 일정계획을 나타낸다. 안내와 데스크를 담당하는 고객 접대 담당 5명은 주5일 근무하며 손님이 적은 주중을 비번일로 잡는다. 일요일과 공휴일은 전 직원이 출근하며 비번 계획은 주 단위로 파트별 조장이 작성한다.

표 9-1 ▌패밀리 레스토랑의 인력 일정

고객담당	월	화	수	목	금	토	일
A	on	off	off	on	on	on	on
B	off	on	on	off	on	on	on
C	on	on	on	off	on	off	on
D	on	off	on	on	off	on	on
E	off	on	off	on	on	on	on

자료: 상게서, p.450.

3. 서비스 유형별 인력 일정

1) 준제조업

준제조업의 특징은 생산과정에 고객의 참여가 적다는 것이다. 이런 유형의 서비스 활동은 대개 제조업의 방식이 그대로 이용 가능하며, 상품 중심(상품별 배치) 활동이나 프로세스 중심(프로세스별 배치) 활동 중 하나로 분류할 수 있다.

(1) 상품 중심 활동

맥도날드의 서비스 과정은 조립제조 라인처럼 균형이 잡혀 있다. 또한 자동화와 기술이 활발하게 이용되며 고객수요 예측과 능력 결정도 제조업과 유사한 방식으로 이루어진다. 따라서 운영목표는 비용, 품질, 납기 등이며 객관적으로 측정되고 평가된다. 이러한 유형의 서비스에서 가장 큰 일정 수립 문제는 매우 변동이 심한 수요를 충족시킬 적절한 수준의 인력을 보유하는 것이다.

보험회사 본사에서 보험처리 작업은 여러 부서를 거쳐 금액이 기록되고 데이터 전산 입력과 신체검사 기록 확인이 이루어진다. 그 후 보험이 승인되고 보험증서가 작성되어 가입자에게 발송된다. 맥도날드에 비하면 물적 이동은 적고 사무 활동이 많지만, 일정 수립 상황은 역시 제조업과 유사하다.

(2) 프로세스 중심 활동

프로세스 중심 서비스에는 각 고객 주문이 서비스의 성격을 규정하며 고객 주문은 조직의 해당 부서에서 완료 시까지 업무 경로를 따라 이동한다. 이 경우 일정계획에서는 투입-산출 통제가 가장 중요한데 그 이유는 활동 간 능력 균형 문제 때문이다. 흐름도표가 부서 내 혹은 부서 간 업무 흐름을 조정하기 위해 이용될 수 있으며 작업순서는 우선순위규칙, 전환비용, 그리고 흐름시간을 고려하여 결정된다.

2) 고객 참여 서비스

고객이 서비스 과정에 높은 참여도를 보이는 소매점처럼 고객 자신이 물건을 선택하고 운반하는 것이 대표적 사례이며 활동의 목표는 고객만족과 상품 품질에 둔다. 따라서 고객만족 극대화에 일정계획의 모든 초점이 맞추어지며 고객 대기시간이 가장 중요한 변수로서 고려된다. 서비스 활동에서 대기행렬 문제는 충분한 인력이나 장비를 보유하지 못하기 때문에 발생하는 경우가 많다.

3) 특정 고객만을 위해 수행되는 서비스

서비스가 고객을 대상으로 직접 수행되며 고객이 상품 일부가 되는 것이다. 미용실, 다이어트 클리닉, 병원, 양복점 등을 들 수 있으며 이러한 상황은 매우 복잡한 것이 특징이다. 그러므로 모든 활동 측면이 고객 위주로 설계되며 고객이 상품 일부로서 일정계획에 반영된다.

4. 인력 일정의 조정방법

단기적 일정 조정방법은 일정계획의 기본 골격과 운영의 유연성을 좌우하기 때문에 매우 중요하다.

1) 고객 참여 증대

패스트푸드점에서 고객이 음식 주문과 식탁 정리를 스스로 수행하는 대신 빠른 서비스와 낮은 가격으로 보상받는다. 서비스 제공자의 이점은 감독과 작업인력의 필요가 줄어들고 능력이 수요변동과 연동하여 가변적으로 증감될 수 있으므로 유연성을 확보할 수 있다. 같은 수준의 인력으로 유휴시간 없이 능력 이용률을 높일 수 있는 것이다. 한 가지 약점은 고객이라는 부분적 인력의 질이 관리자의 통제하에 있지 않으므로 문제가 생길 수 있으며 업무의 질에 영향을 준다는 것이다. 할인점에서 셀프서비스 식품의 예를 들면, 고객이 식품을 흘릴 수 있다.

2) 가변적 능력 설계

처음 설계부터 능력 일부를 가변적으로 만들 수 있다. 예를 들어, 항공사는 이동이 가능한 칸막이를 이용하여 승객 등급(일등석, 이등석, 삼등석 등) 변동에 따라 대처하며 고급 일식체인점 베니하나는 매장의 필요에 따라 요리사를 투입하여 능력을 조절한다. 그리고 피크타임 능력을 늘리기 위해 여유시간을 유용하게 이용하기도 한다. 즉, 식당이 한가할 때는 고객접촉이 필요 없는 청소나 냅킨 보충 등의 준비작업을 하고 바쁠 때는 고객 접대에 집중하게 하는 것이다.

3) 능력 공유

고정형 서비스 시설이나 장비는 고가투자가 필요한 경우가 많으므로 비수기에 공유하는 것이 유리한 경우가 많다. 항공사는 탑승구, 수하물 처리장비, 지상 요원 등을 공유하고 항공기를 서로 빌려주기도 한다. 때로는 항공기 내부 개조와 외부 색상을 바꾸어 색칠할 정도로 적극적인 능력 공유를 하는 것이다. 물론 여기에는 상호 인력공유가 전제되어야 한다.

4) 직원의 교차훈련

서비스가 여러 업무 활동을 수반하는 경우는 활동 간의 불균형으로 유휴시간이 발생하는 경우가 많다. 이때는 직원의 교차훈련(cross-training)으로 여러 업무를 수행하게 하면 유연한 능력으로 수요의 부분적 피크를 처리할 수 있다. 예컨대 할인점에서 재고 담당과 계산직원을 교차시켜 배치하면 협동심을 함양하는 동시에 업무의 단조로움으로부터 벗어나게 된다. 패스트푸드점에서도 교차훈련은 능력 유연성을 가지게 하므로 고객이 적은 비수기 시간에는 적은 인원을 투입하여 담당업무 영역을 확대하는 반면 피크 시에는 분업으로 전문화를 유도한다.

5) 임시직의 활용

식당이나 은행처럼 업무 활동의 피크가 일정 시점에서 지속해서 나타나고 예측이 가능하다면 임시직이 정규직을 보완할 수 있다. 특히 기술이나 숙련이 적게 필요한 경우에는 임시직 풀을 이용할 수 있으며, 또 다른 임시직 이용방법으로는 대기 직원을 활용하는 것을 들 수 있다. 대기 임시직(call-in personnel)에 의지하는 항공사와 병원은 비번인 대기 인력에도 소정의 급여를 지급한다. 이 방법은 경험 있는 퇴직 인력이 추가 수입을 얻으려고 임시직에 참여하는 경우에 유리하다. 대기조는 투입 가능한 시간에는 활동을 한정하는 대신 일정 수당을 받으며 요청 시 작업에 바로 참여한다.

그 밖에 인력 일정의 조정에 쓰이는 방법에는 잔업, 그리고 작업 균형을 위한 재배치가 있다. 그러나 단기적 인력조정의 문제점은 정규직의 안정적 이용 시보다 작업의 질이 낮아진다는 것이다. 또한 작업 재조정에 시간과 노력이 소모되고, 특히 대규모 인력교체는 병원처럼 업무의 연속성이 중요한 곳에는 부작용이 많다. 그러므로 장기적인 예산과 일정이 확보되어 매일의 수정은 최소에 그치는 것이 바람직하다.

5. 인력 일정의 수립기법[2]

1) 일요일 비번 일정

보통 인력 일정은 두 가지 목적을 가지는데, 매일 작업을 수행할 적정수준의 인력제공과 아울러 인력에게 정해진 휴식시간의 제공이 그것이다. [표 9-2]의 예에서 보는 바와 같이 청소미화원의 현행 작업 일정에 의하면 일요일을 쉬고, 또한 주중 1일을 쉬게 되므로 주 2일을 휴식한다.

표 9-2 ▌일요일 비번 일정(현행)

주	월	화	수	목	금	토	일
1	×						×
2		×					×
3			×				×
4				×			×
5					×		×
6						×	×
능력(명/작업일)	5	5	5	5	5	5	0

교대근무로 일정은 6주로 반복되어 매주 미화원의 휴무일이 변동하고 요일과 관계없이 같은 능력 수준을 보인다. 그러나 이 방법은 주중의 수요변동을 고려하지 않은 것이다. 청소업무는 주말을 보내고, 특히 월요일을 정점으로 주초에 작업수요가 집중된다.

능력 수준을 실제 수요변동에 일치시키는 방법으로 주초 업무를 해결하기 위한 추가 충원을 하는 방법이 있으나 그 방법은 인력 이용률을 낮추게 된다. 그러므로 더 나은 대안은 현재의 인력을 소규모 그룹으로 나누어 재배치하는 것이다. 현재 6개 교대 조 대신 30개 범주로 나누어 배치하면 주중의 요일별 수요등락에 대처할 수 있다.

[표 9-3]은 새로운 일정계획을 보여주며 요일별로 능력 수준이 달라지는 것을 나타낸다. 이 계획에 따라 주별로 비번일이 변동하며 일정은 30주를 주기로 반복된다. 그 결과

2 원석희, 전게서, pp.454-457.

전 인력에 공평한 휴일을 보장하고 주초의 수요폭주에 대처하는 동시에 전체적 능력 이용률도 유지할 수 있게 되었다.

표 9-3 ▌일요일 비번 일정(개선 후)

주	월	화	수	목	금	토	일
1~2	×						×
3~5		×					×
6~9			×				×
10~16				×			×
17~23					×		×
24~30						×	×
능력(명/작업일)	28	27	26	23	23	23	0

2) 2일 연속 비번 일정

직원들이 대개 연휴를 선호할 때 각 직원에게 2일 연속 휴가를 주고 유휴능력을 최소화하는 방법이며 수립 단계는 다음과 같다.

① 요일별 부하량으로부터 2일 연속 부하량이 가장 적은 요일 두 개를 선택한다.

② 해당 일에 직원을 배치한 후 나머지 요일의 부하량에서 1(명/작업일)씩 차감한다.

③ 모든 소요량이 충족되거나 혹은 직원이 모두 배치될 때까지 앞의 두 단계를 반복한다. 순위가 같은 경우 선택은 직원의 선호도와 부하 및 능력의 균형을 우선 고려하며 그다음은 임의 선택할 수 있다.

예제

강남 S그룹 사옥을 담당하고 있는 빌딩경비 용역회사의 경비업무 부하량은 아래와 같다. 이 부하량을 충족시키면서 전체 경비직원에게는 2일 연휴를 제공할 수 있게 일정계획을 수립하라.

월	화	수	목	금	토	일
6	4	5	8	5	3	2(명/작업일)

| 풀이 |

다음 [표 9-4]에 일정계획이 수립되어 있다.

표 9-4 | 2일 연속 비번 일정

	월	화	수	목	금	토	일	직원	선택근거
	6	4	5	8	5	3	2	A	최저부하
	5	3	4	7	4	3	2	B	최저부하
	4	2	3	6	3	3	2	C	주말선호
	3	1	2	5	2	3	2	D	최저부하
	2	1	2	4	1	2	1	E	주말선호
	1	0	1	3	0	2	1	F	임의선택
	1	0	0	2	0	1	0	G	부하고려
	0	0	0	1	0	0	0	H	능력균형
								총계	
가용능력	7	5	6	8	7	3	4	40	
부하	6	4	5	8	5	3	2	33	
여유능력	1	1	1	0	2	0	2	7	

직원 A의 비번일은 토~일이 전체 부하 5(명/작업일)으로 최저부하량을 나타내므로 선택된다. 그다음 토~일을 제외한 나머지 요일에서 1(명/작업일)을 차감한다. 직원 B 역시 토~일이 5(명/작업일)로 최저부하량을 나타내므로 다시 선택된다. 이런 방법으로 직원 H까지 비번일을 선택한다.

이 일정을 직원의 직급순으로 선택하게 할 수 있으며, 또는 직원 수에 맞게 8주를 주기로 일정을 반복하여 공평하게 일정을 배려할 수도 있다. 일정 수립 결과는 표 하단에 표시된 것처럼 전체 부하량 33(명/작업일)에 가용능력은 40(명/작업일)이므로 능력 여유는 7(명/작업일)이다.

3) 제약조건하의 인력 일정

일정 수립 시 제약조건이 명확하게 존재할 때는 두 가지 환경이 일정 복잡성에 영향을 준다. 첫째, 설비제약으로 기계나 장비의 수에 따라 인력 일정이 제약받는 것이다. 둘째, 인력제약 환경은 인력이 가장 중요한 능력으로서 병목이 되는 상황에 해당한다. 따라서 가장 오래 대기한 작업이 있는 작업장, 대기 중 작업이 가장 많은 작업장, 가장 작업 분량이 많은 작업장, 마지막으로 가장 납기가 급한 작업장에 배치하는 방법이 있으며 인력 일정은 여기에 크게 좌우된다.

2절 업무 일정관리

1. 업무 일정관리의 이해

업무 일정계획(operations scheduling)은 인력 일정과 여러 점에서 다르다. 첫째, 인력 일정이 인력을 근무/휴무일에 할당하는 데 반해, 업무 일정은 일정 기간에 인력을 과업(업무 혹은 기계)에 할당한다. 즉, 업무 일정은 근무 중 직원이 수행할 과업을 결정하는 것이다. 둘째, 인력 일정이 각 기간의 가용인력을 결정하는 데 반해, 업무 일정은 정해진 능력으로 시작하여 이 능력을 어떻게 이용할 것인가에 초점을 맞춘다. 셋째, 인력계획이 여러 법률적 행동과학 및 심리적 고려를 하는 데 반해, 작업 일정은 인적 요소보다는 작업과 관련된 기술적 제약만을 다룬다.[3]

2. 업무 일정의 성격

업무 일정은 세부적인 작업착수일과 완료일을 정한다. 업무 일정의 상위계획인 기준

3 상게서, pp.458-463.

일정 계획은 보통 상품이나 주문의 수량과 완료일을 명시하지만, 착수일은 명시하지 않는다. 그러므로 보다 자세한 수준의 업무 일정은 착수시간을 포함하며 다음과 같이 현실을 고려해 완료시간을 결정한다.

① 언제 작업이 완료될 수 있을 것인가(표준시간)
② 언제 작업이 완료되어야 하나(고객 요구)
③ 언제 작업이 완료될 것인가(실제상황 고려)

이상의 세 가지 시간은 실제로 일치가 어렵다. 그 결과 현장에서 업무가 대기하고 작업은 우선순위를 다투게 되는 것이다. 업무 일정 수립에 필수적인 작업시간 산정에 가장 커다란 영향을 주는 요소는 리드타임과 중간대기이다.

1) 리드타임

리드타임(lead time)은 여러 의미로 사용된다. 즉 제조업에서는 제품생산의 시작부터 완성될 때까지에 걸리는 시간을 의미하기도 하고, 제품의 기획부터 완성될 때까지에 걸리는 시간을 나타내기도 한다. 또한 유통업에서는 제품의 발주에서 고객에게 제품이 배달될 때까지에 걸리는 시간을 뜻하기도 한다. 리드타임이라는 용어는 보통 어떤 일을 시작하여 완성될 때까지에 걸리는 총시간을 의미한다.

여기서 리드타임은 준비, 처리, 대기, 검사, 이동시간 등을 합한 것이다. 실제로 업무 처리시간은 예측이 어렵다. 왜냐하면 시간이 업무 내용에 따라 변동하기 때문이다. 문제는 능력 이용률을 높이려고 하면 대기시간이 길어지고 일정이 혼란스럽게 된다는 것이다. 특정 업무의 대기시간도 예측이 어려운 이유는 업무 단계를 따라 여러 부서에서 업무가 대기해야 하기 때문이다.

2) 중간대기 작업 · 고객

작업 중에 발생하는 중간대기 작업이나 현재 과정 내의 고객을 가리키며 물론 적은 대기 수준이 바람직하다. 중간대기는 다음 사항에 영향을 미친다.

① 서비스: 중간 대기행렬이 작으면 대기시간이 짧아지고 빠른 고객 대응이 가능하다. 일정의 불확실성도 작아지며 고객은 업무 진행 정보를 빠르게 얻을 수 있다. 특히

개인 서비스는 고객이 대기할 필요가 없으면 만족이 커진다.

② 수요예측: 중간대기가 작으면 리드타임이 짧아지고 예측 대상 기간도 가까워지므로 예측이 더욱 정확해진다.

③ 공간과 재고비용: 고객이나 업무가 대기하는 대기 공간의 비용은 서비스의 경우 매우 크다. 또한 공간의 혼잡도는 서비스의 질과도 직결되므로 비가시적 비용을 유발한다.

3. 단기적 능력조정

단기 능력조정은 개별업무나 작업장을 그 대상으로 한다. 능력조정은 현장에서 작업이 예정대로 진척되도록 직접적인 개입을 하는 것이다.

1) 긴급처리(expediting)

업무처리가 지연되거나 주요 고객이 급한 처리를 요구할 때는 해당 업무를 먼저 처리하게 된다. 그로 인한 기존작업의 혼란과 지연은 필수적이다. 그러나 어느 상황에도 예기치 못한 응급업무나 업무 장애는 일어날 수 있으므로 긴급처리가 필요하게 된다. 이때는 이용 가능한 자원을 모두 동원해 업무를 처리하는 것이다. 업무수행 시에는 시급한 작업과 그렇지 않은 작업이 섞여 있으므로 일정계획 수립자는 대개 작업장에 업무 부하를 크게 하지 않고 급하지 않은 업무는 대기시키려는 경향이 강하다. 병원에서 응급환자를 처리하기 위해 다른 환자를 지연시키는 것이 그 예가 될 수 있다.

2) 업무 분할(lot splitting)

긴급처리와 유사한 업무 분할은 긴급한 업무를 처리하면서 동시에 정상적인 작업을 수행할 때 사용된다. 원래 정상 업무를 수행 중에 특수 업무가 우선 처리되어야 할 때, 판매부서의 비반복적 대규모 구매처리가 필요할 때, 관광가이드가 VIP 손님을 특별히 안내해야 할 때가 해당한다.

3) 업무중복(overlapping)

급한 작업이 여러 개로 분할되어 이동할 필요가 있을 때는 한 작업 단위나 주문이 여러 작업부서에서 동시에 진행된다. 이 상황은 제조업의 조립라인과 유사하지만, 작업장이 분리된 곳에서 여러 작업이 동시에 진행되는 점에서 다르다. 여행사에서 단체여행객을 안내할 때 이 방법으로 관광그룹을 여러 조로 나누어 순차적으로 관광을 시킬 수 있다.

4. 업무 활동 통제

작업장이 대기 중인 미완성 업무로 인해 혼잡해지면 일정 수립에 장애가 되므로 반드시 통제가 필요하다. 그리고 각 업무 단계가 병목현상 없이 균형을 이루기 위해서는 지속적인 노력이 요구된다. 레스토랑, 할인점, 병원 등의 상황이 좋은 예가 될 수 있다.

1) 업무투입 통제(input control)

각 업무 단계 간의 균형을 위한 첫 번째 방법은 최초작업장이나 병목 단계에 작업을 적절히 투입하는 것이다. 일정 담당자는 우선 착수일과 완성일을 정하고, 그다음은 작업장이 혼잡하지 않게 작업을 서서히 투입하려 한다. 업무 평준화(load leveling)는 업무믹스를 후속 작업장에 과다 혹은 과소 부하가 되지 않고 수평화되게끔 최초작업장에서 수행한다. 주문입력과 고객접수가 서비스 기업에서 전형적인 투입 작업에 속한다. 후속작업장은 대기시간의 변동으로 평준화가 사실상 불가능하다.

2) 업무 우선순위 통제(dispatching)

각 업무 단계에서 업무는 예정보다 빨리 혹은 늦게 도착하여 후속 작업장에 대기하므로 업무 우선순위가 정해져야 일정을 지킬 수 있다. 예를 들어, 소매점에서는 선착순으로 고객의 우선순위를 결정한다. 도매, 사무실, 병원 검사실 등에서도 지연으로 인한 대기행렬을 없애려고 하지만 어느 정도 대기는 불가피하다. 대개 우선순위는 고객의 중요성, 주문 긴급성, 수익성, 능력 이용률에의 영향도 등의 기준으로 평가한다.

예를 들면, 미 국방조달청의 우선순위는 긴급성과 주문 중요도로 평가한다. 두 가지를 취합하여 우선순위를 컴퓨터가 결정하게 되는데 1순위는 전투지역 파견업무로 24시간 내 공급이 원칙이고, 그 외 지원요청은 몇 주 이상 시간이 있어야 하는 것이 보통이다.

일반적인 우선순위 설정 규칙에는 선착순, 최단 처리시간, 최소 납기여유, 긴급률 등이 있다. 고객의 대기 상황에 우선순위를 적용하면 항공사의 상용 고객 우대나 KTX 열차처럼 가격 프리미엄으로 순위를 정하는 것(수익성 기준), 응급실이나 경찰과 민간 경비회사에서 사건 발생 시 즉각 대응하는 것(최소 납기여유 기준), 그리고 할인점에서 짧은 거래를 별도로 처리하는 계산대를 설치하는 것(최단 처리시간 기준)을 들 수 있다.

(1) 선착순(First Come First Served: FCFS)

고객 도착순으로 처리하는 이 방법은 고객 처리에 대한 공정성 기준에서는 우수하지만 다른 효율성 차원에서는 모두 불리하다. 그러나 비교를 위한 기준점을 제공할 수는 있다. 서비스는 보통 선착순이 통용되는 경우가 대부분이며 도착시간에 따른 우선순위가 지켜지지 않으면 고객은 심하게 반발하는 수가 많다.

(2) 최단 처리시간(Shortest Processing Time: SPT)

처리시간이 가장 작은 업무나 고객을 우선 처리하는 방법이다. 평균 완료시간, 중간대기, 그리고 능력 이용률을 최적화하는 우수한 방법이지만 약점은 지연시간의 변동성 측면에서 불리하며 납기일 변경에 대해서도 일정을 수정할 기회가 없다는 것이다. 작업장 부하가 커질수록 장점이 감소하지만 신속하게 처리할 수 있으므로 시간 단축이 시급한 경우에 적당하다. 이 방법은 긴 시간을 필요로 하는 고객은 항상 우선순위에서 빠진다는 단점이 있으나 다른 간단한 방법, 즉 선착순과 혼용하면 효과를 발휘할 수 있다. 저녁시간 할인점 계산대의 긴 대기행렬은 5개 품목 이하를 구매한 현금지불 고객만을 분리하여 별도의 '급행 계산대'를 만드는 것만으로도 상당히 단축할 수 있다. 또한 이 방법은 간단한 구매고객을 빨리 통과시키는 것 외에 이들을 우선 처리함으로써 매장 전체의 혼잡도를 줄이며, 긴 대기행렬로 말미암아 대기행렬 진입 자체를 포기하는 고객을 구매 유도할 수 있으므로 매출 증대에도 이바지한다.

(3) 최소 납기여유(Earliest Due Date: EDD)

고객 서비스 약정시간(납기)까지의 여유시간으로 판단하며 납기가 가장 빠른 것부터 처리하는 방식이다. 이는 납기 지연시간과 지연시간의 변동성 기준에서 우수한 규칙이다. 납기일 변경에 민감한 서비스 상황에서 유리하며 재고 감소와 고객 서비스 수준 향상이 장점이다. 병원 응급실이나 경비업무에서는 긴급상황 발생을 납기일로 간주할 수 있다.

(4) 긴급률(Critical Ratio: CR)

긴급률이란 납기까지 여유시간과 전체 잔여 작업시간의 비율을 나타내며 긴급률이 1 이하면 작업 지연에 해당하므로 비율이 낮을수록 또 음의 값을 가질수록 우선순위가 높아진다. 음의 값은 작업이 이미 납기일을 넘겼음을 나타낸다.

$$\text{긴급률(CR)} = \frac{\text{납기시간} - \text{잔여 작업(처리)시간}}{\text{잔여 작업(처리)시간}}$$

3) 우선순위 규칙의 성과평가 기준

작업 우선순위 규칙은 서비스 상황에 따라 그 유용성이 달라지기도 하지만 적절한 선택은 커다란 성과 차이로 이어질 수 있다.

① 업무 흐름시간: 작업처리, 흐름, 대기, 지연 등 모든 시간을 포함하는 경과시간이다.

② 전체 처리시간: 일단의 작업을 처리하는 데 걸리는 총시간으로 최초 작업의 시작시간과 마지막 작업의 완료시간 사이의 차이를 말한다.

③ 평균 완료시간: 평균적인 작업의 완료시간을 계산하며 흐름시간을 작업 수로 나누어 구한다.

④ 평균 작업 수: 작업장 혼잡도, 그리고 그로 인한 비효율을 측정하는 데 적당하다. 흐름시간을 전체 처리시간으로 나누면 구해진다.

⑤ 평균 납기지연: 납기가 지체되는 작업의 수나 비율을 계산한다. 이 방법은 납기 지연의 대가가 큰 경우에 적당하다. 납기지연으로 신용의 상실이나 추가 판매의 기회를 잃게 될 때는 지체 작업을 평가 기준으로 한다.

예제

자동차 정비업소에 대기작업이 5개 있으며 이들의 도착순서, 예상작업(처리)시간과 납기시간은 다음과 같다. 이를 이용하여 선착순, 최단 처리시간, 최소 납기여유, 그리고 긴급률의 4가지로 우선순위를 부여한 후 성과를 비교하라. 성과기준으로는 평균 완료시간, 평균 작업 수, 평균 납기지연을 이용한다.

작업	도착순서	작업(처리)시간	납기시간(시)
A	3번째	4	3
B	2번째	6	12
C	1번째	5	7
D	4번째	9	11
E	5번째	10	15

풀이

[표 9-5]에 4가지 방법이 나타나 있다. 흐름시간은 처리시간을 누적시킨 것이며 납기지연은 흐름시간에서 납기시간을 차감한 것이다. 이를 이용하면 평균 완료시간, 평균 작업 수, 평균 납기지연을 간단히 계산할 수 있다. 다만 긴급률을 구하는 공식은 A작업의 경우 이미 언급된 바와 같이 납기시간(3)에서 작업시간(4)을 뺀 값을 다시 작업시간(4)으로 나누면 긴급률은 −0.25가 된다. 이 값이 5개 작업 중 가장 낮은 비율이므로 첫 번째 작업이 되는 것이다.

[표 9-6]의 우선순위 규칙의 성과 비교에서는, 첫째 평균 완료시간을 기준으로 최단 처리시간(SPT)이 가장 우수하고, 둘째 시스템 내의 혼잡도를 나타내는 평균 작업 수에서도 역시 SPT가 우수하다. 셋째, 평균 납기지연 기준으로는 SPT와 최소 납기 여유(EDD)가 다른 규칙에 비해 월등히 우수한 결과를 보인다. 컴퓨터 시뮬레이션에 의한 대규모 대기행렬 문제에서도 유사한 결론이 도출된 바 있다. 이 결과는 선착순에 의한 우선순위 부여가 성과 측면에서도 무난할 것이라는 일반적인 믿음을 부정하는 것이므로 가능한 효과적 우선순위 규칙을 적절하게 혼합하는 것이 바람직하다는 시사점을 얻을 수 있다.

표 9-5 | 작업의 우선순위 결정

(a) 선착순

작업순서	처리시간	흐름시간	납기시간	납기지연
C	5	5	7	0
B	6	11	12	0
A	4	15	3	12
D	9	24	11	13
E	10	34	15	19
계	34	89		44

평균 완료시간: 89 ÷ 5 = 17.8
평균 작업 수: 89 ÷ 34 = 2.62
평균 납기지연: 44 ÷ 5 = 8.8

(b) 최단 처리시간

작업순서	처리시간	흐름시간	납기시간	납기지연
A	4	4	3	1
C	5	9	7	2
B	6	15	12	3
D	9	24	11	13
E	10	34	15	19
계	34	86		38

평균 완료시간: 86 ÷ 5 = 17.2
평균 작업 수: 86 ÷ 34 = 2.53
평균 납기지연: 38 ÷ 5 = 7.6

(c) 최소 납기여유

작업순서	처리시간	흐름시간	납기시간	납기지연
A	4	4	3	1
C	5	9	7	2
D	9	18	11	7
B	6	24	12	12
E	10	34	15	19
계	34	89		41

평균 완료시간: 89 ÷ 5 = 17.8
평균 작업 수: 89 ÷ 34 = 2.62
평균 납기지연: 41 ÷ 5 = 8.2

(d) 긴급률

작업순서	처리시간	흐름시간	납기시간	납기지연
A	4	4	3	1
D	9	13	11	2
C	5	18	7	11
E	10	28	15	13
B	6	34	12	22
계	34	97		49

평균 완료시간: 97 ÷ 5 = 19.4
평균 작업 수: 97 ÷ 34 = 2.85
평균 납기지연: 49 ÷ 5 = 9.8

표 9-6 ▎우선순위 규칙의 성과비교

규칙	작업순서	평균 완료시간	평균 작업 수	평균 납기지연
선착순	C－B－A－D－E	17.8	2.62	8.8
최단 처리시간	A－C－B－D－E	17.2	2.53	7.6
최소 납기여유	A－C－D－B－E	17.8	2.62	8.2
긴급률	A－D－C－E－B	19.4	2.85	9.8

3절 프로젝트 일정관리

1. 프로젝트 일정계획

일반적으로 프로젝트(project)는 비반복적이며, 비교적 장시간이 소요되는 일회성의 작업이나 활동을 말한다. 예를 들면, 공장건설, 댐 · 교량 및 고속도로 건설, 선박이나 항공기 제작, 시장조사, 신제품 개발, 새로운 시스템 개발 등이다.

이처럼 규모가 크고 복잡한 프로젝트가 계획된 일정 내에 요구되는 비용 및 기술적 제약을 만족시키면서 완성되도록 인력, 장비, 자재 등의 자원을 계획하고 통제하는 모든 활동을 프로젝트관리(project management)라 한다.

프로젝트의 일정계획에서는 프로젝트의 예정 달성기일(projected completion date)과 이를 지키기 위해 수행되어야 할 활동 파악의 두 가지 문제를 다루게 된다. 하나의 프로젝트는 선후관계로 상호 연관된 수많은 활동이 있기 때문에 각 활동에 걸리는 시간이 주어지더라도 체계적인 방법에 따르지 않고서는 프로젝트를 완료할 수 있는 최단시간을 구하기 힘들다.

프로젝트를 관리할 때 일단 예정 달성기일이 결정되면 이를 지키기 위해 반드시 예정대로 수행되어야 하는 일련의 활동, 즉 주경로(Critical Path: CP)를 찾는다. 주경로에 속하는 활동들이 계획보다 지연되면 전체 프로젝트의 완료시간도 지연되므로 이들 활동이 중점적으로 관리 · 통제되어야 한다.

2. 프로젝트 일정기법

앞에서 언급한 두 가지 문제를 해결하기 위한 기법으로는 고전적인 간트 도표와 네크워크 기법인 PERT/CPM이 있다.[4]

1) 간트 도표

간트 도표(Gantt Chart)는 제1차 세계대전 중 미국인 간트(H.L. Gantt)가 개발한 일정관리기법으로 작업 활동의 시간적 측면을 차트로 표기하는 방법이다. 일명 **막대 도표**(bar chart)라고도 한다.

이 방법은 계획에 따른 실제 작업량 또는 활동을 수직 방향에 기록하고 이를 시간 축(수평 방향)에 견주어 계획과 통제를 수행하는 것으로, 횡으로 나타나는 막대 도표의 형식을 취하고 있다. 간트 도표는 프로젝트관리의 전통적 기법으로 가장 오래되고 간단하며, 시각에 의한 관리로 여러 생산활동과 통제에 널리 사용되고 있다.

간트 도표는 프로세스 관리기법 또는 일정 관리기법으로 생산관리뿐만 아니라 판매관리, 원가관리 등 여러 분야에서 응용되고 있다.

[표 9-7]에서는 교육평가원의 평가 업무를 간트 도표로 작성한 것이다.

4 박병호 외, 제품 · 서비스 운영관리, 도서출판 청람, 2008, pp.309-310.

표 9-7 ▌교육평가 작업의 간트 도표

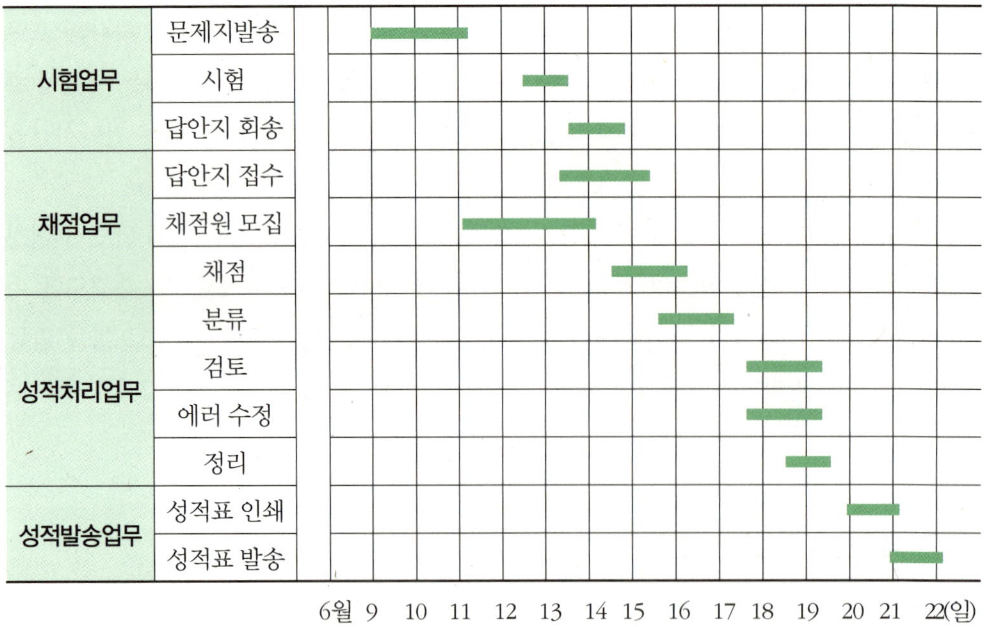

자료: 원석희, 전게서, p.471.

이러한 간트 도표의 장단점을 살펴보면 다음과 같다.[5]

(1) 장점

① 자원의 실제 또는 계획된 사용을 '시각에 의한 관리'를 함으로써 개괄적 파악이 쉽다.

② 사용이 간편하고 비용이 적게 든다.

③ 작업 성과를 작업장별로 파악할 수 있다. 계획의 결과를 명확하게 파악할 수 있다.

④ 다수의 일정계획 활동들을 시행착오 일정 수립을 통해 조정할 수 있다.

⑤ 부하 도표(load chart)를 통해 작업장별 할당이나 유휴시간을 파악할 수 있고, 일정계획 도표를 통해 전진 및 후진 일정계획을 수립하여 효율적인 작업 할당이 가능하다.

(2) 단점

① 상황이 변동될 때 일정을 수정하기가 어렵다(탄력성이 작다).

5 김형준 · 김혜정, 전게서, pp.660-662.

② 프로젝트 규모가 크고 작업 활동이 복잡한 경우에는 적합하지 않다.
③ 문제점을 파악하여 사전에 중점 관리할 수 없다.
④ 작업 활동 상호 간에 유기적인 관련성을 파악하기 힘들다. 따라서 일정은 계획자의 판단에 따라 결정되고 변동 시 직관으로 수정된다.
⑤ 예측이 어렵고 정확한 진도관리가 어렵다.

이러한 단점을 극복하기 위해 네트워크 기법(PERT/CPM)이 많이 사용된다.

2) 네트워크 기법

네트워크 일정계획 기법(network scheduling method)은 네트워크 도표(network diagram)를 기초로 일정계획을 수립, 실행하는 것으로 크게 두 가지 기법이 있는데, 1950년대에 개발된 PERT와 CPM이다. PERT와 CPM은 처음부터 독자적으로 개발되었으며, 사용 목적에 다소 차이가 있으나, 네트워크의 기본적인 원리가 유사하여 오늘날 PERT/CPM으로 부르고 있다.

PERT(Program Evaluation & Review Technique)는 1958년 미 해군 폴라리스 미사일 프로젝트(Polaris missile project)에서 개발된 일정 계획기법이며, CPM(Critical Path Method)은 1957년 미국의 레밍턴・랜드사(Remington-Rand Co.)의 켈리 2세(J.E. Kelly Jr.)와 듀퐁사(Dupont Co.)의 워커(M.R. Walker)가 화학공장의 설비 보전 업무에 소요되는 자금의 효율성을 향상하기 위해 개발한 것이다.

PERT와 CPM의 차이점은 활동시간의 추정치를 처리하는 데 있다. PERT가 단계 중심의 확률적 시간 추정법을 사용하는 데 반해, CPM은 활동 중심의 확정적 시간 추정법을 사용한다. 즉, PERT는 작업 활동의 완료일이 불확실한 경우에 목표를 최단기간에 달성시키기 위한 프로젝트 일정 계획수립을 위해 개발되었고, CPM은 과거 자료나 경험을 기초로 활동시간을 알고 있는 경우 시간 단축은 물론 비용 최소화에 목표를 설정하여 프로젝트 통제를 위해 개발된 기법이다.

PERT는 초기에 프로젝트를 시간적으로 관리하기 위한 목적으로 개발되었는데, 1962년 미 국방성과 NASA가 합동으로 비용을 고려한 PERT/cost를 개발함으로써 PERT와 CPM은 매우 근접하였다. 따라서 오늘날에는 두 기법을 특별히 구별하지 않고 양자를 총괄하여 PERT/CPM으로 사용하고 있다.

3) PERT/CPM 네트워크

(1) 네트워크 구성요소

PERT의 네트워크는 프로젝트를 구성하는 활동과 단계의 상호관계를 그림으로 표시한 그래프이다. PERT 네트워크의 구성요소는 단계(○)와 활동(→)으로 구성된다.

가. 단계(event or node)

단계란 각 작업(활동)의 시작 시점 또는 완료 시점을 뜻하며 ○(원)으로 표시한다. 활동과 활동의 구분 점으로 다른 활동과 연결되며, 시간이나 자원의 소모와 관계가 없는 순간적인 시점에 해당한다. 각 활동은 착수 단계(beginning event)와 완료 단계(ending event)로 구성되며, 전체 네트워크에서 보면 최초 단계(initial event)와 최종 단계(terminal event)가 있다([그림 9-2] 참조). 각 단계는 번호를 부여하는데 선행 단계에서 후속 단계로 일련번호를 붙여 관리한다. 이때 선행 단계는 후속 단계보다 번호가 작아야 한다.

그림 9-2 ▌단계와 활동

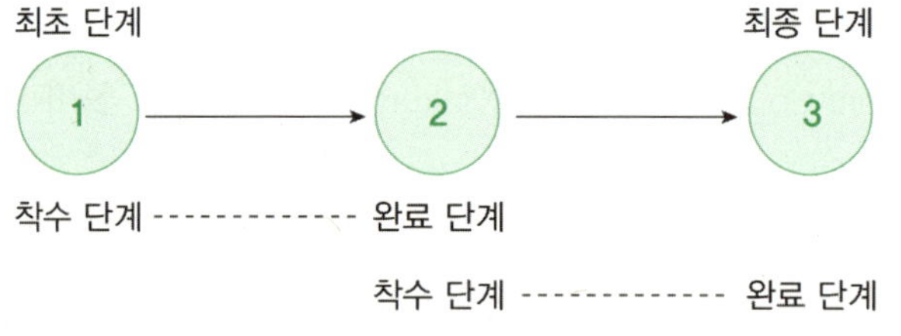

나. 활동(activity or job)

활동은 전체 네트워크를 구성하고 있는 개별 단위작업을 의미하며, 화살표(→)로 표시한다. 작업이 진행될 때 시간과 자원(인원, 자금, 물자 등)이 소요된다. 원(○)을 마디(node)라 한다면 화살표(→)는 가지(branch) 또는 호(arc)에 해당한다. 화살표의 길이는 시간이나 자원의 크기 정도와는 무관하다.

다. 가상활동(dummy activity)

가상활동은 명목상의 활동으로 어떤 두 개의 활동이 동시에 같은 시작 단계와 종료 단계를 갖지 못하도록 하면서 활동과 단계가 정확한 순서를 갖게 하도록 도입된 일종의 모의 활동이다. 간단히 말하면 가상활동은 활동의 선후관계를 나타내는 역할만 한다. 따라서 자원과 시간이 소요되지 않는다. 가상활동의 표시는 점선 화살표(┈┈➤)로 나타낸다.

[그림 9-3]은 가상활동이 도입된 네트워크를 작성한 예이다.

그림 9-3 ❙ 가상활동이 도입된 네트워크

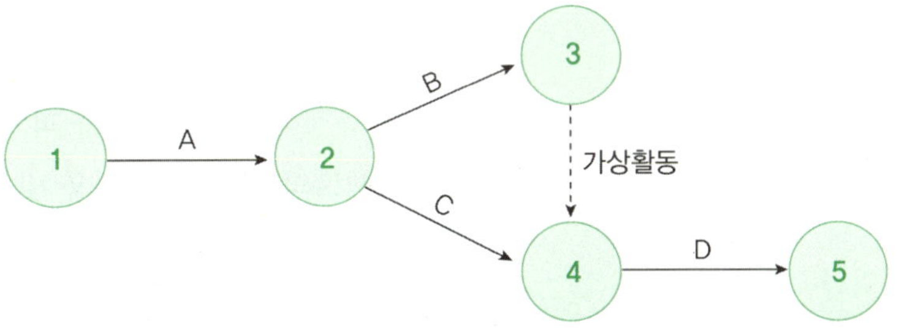

(2) 네트워크 작성의 기본원칙[6]

가. 단계에 관한 원칙

① 최초의 시작 단계와 최후의 완료 단계를 제외한 모든 단계는 선행활동과 후속활동을 가진다.

② 각 활동의 시작 단계의 번호 i는 종료 단계의 번호 j보다 작아야 한다($i<j$). 따라서 후속 단계는 선행 단계보다 큰 번호를 가지며, 네트워크 일정은 선후관계의 순서에 따라 진행된다. 전산화된 PERT/CPM의 경우 각 활동은 단계번호 i와 j에 의해 구별된다.

나. 활동에 관한 원칙

① 선행활동이 완료되지 않으면 후속활동을 진행할 수 없다.

② 어떤 두 개의 활동이 동시에 같은 시작 단계와 종료 단계를 갖지 못한다.

③ 합병 단계(merge event)에서 합병되는 활동이 동시에 완료되어야 한다는 것은 아

6 김종원 외, 경영과학의 이해, 센게이지 러닝 코리아, 2017, pp.309-319.

니며, 또한 분기 단계(burst event)에서 분기되는 활동이 동시에 시작되어야 한다는 것도 아니다.

다. 연결에 관한 원칙

① 화살표의 길이는 활동 소요시간 및 자원 사용의 크기와는 관계없다.

② 작업은 완성 방향으로 진행하며, 역방향은 없다.

(1) PERT/CPM의 수행 단계

가. 각 단계 및 활동 파악

프로젝트를 구성하는 모든 활동들을 명확하게 규정하고 선행활동을 파악한다. 예를 들어, [표 9-8]과 같이 P 회사의 시스템 개발 프로젝트의 각 활동의 내용 및 선후관계를 파악한다.

표 9-8 ▌시스템 개발 프로젝트를 위한 활동 정보

활동	내용	선행활동
A	프로세스 분석	–
B	보고서 설계	–
C	데이터베이스 설계	A
D	보고서 코딩	A, B
E	자료입력 코딩	A, B
F	데이터베이스 코딩	D
G	시스템 테스트	E, F
H	설치와 훈련	C, G

나. 네트워크 작성

각 활동 및 선행 단계를 기초로 네트워크를 작성하는데, 이때 네트워크 작성의 기본원칙을 준수해야 한다. [표 9-8]을 토대로 네트워크를 작성하면 [그림 9-4]와 같다.

그림 9-4 ▌시스템 개발 프로젝트의 네트워크

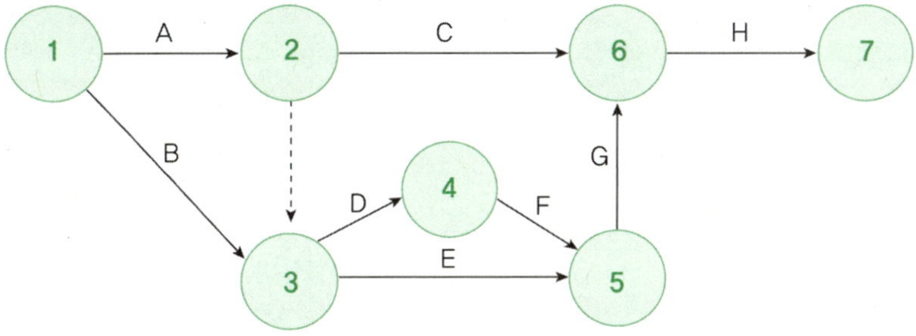

다. 활동시간의 추정

전체 프로젝트 기간을 추정하고 여유 활동과 긴급 활동을 분리하기 위해 수행한다. 프로젝트 수행시간은 프로젝트 변동성과 프로젝트 불확실성으로 인하여 정확하게 정하기가 어렵지만, 경험이 많은 프로젝트 담당자로부터 구하는 것이 보통이다. 과거 데이터와 경험에 의존하기 때문에 자료가 전혀 없는 신규 프로젝트는 시간 추정에 애로가 생긴다. 시간 추정의 최선의 값을 이용하는 것이 추세인데 그 이유는 통계적 시간이 프로젝트 담당자에 의해 부풀려지거나 성의 없는 시간 추정을 가져올 수 있으므로 정상조건에서 정상 자원으로 프로젝트 수행에 필요한 확정시간을 이용하는 것이다.

P 회사의 시스템 개발 프로젝트의 활동별 소요시간이 [표 9-9]에 제시되어 있으며, 추정된 소요시간을 네트워크에 표시한 것이 [그림 9-5]이다.

표 9-9 ▌시스템 개발 프로젝트의 활동별 소요시간 추정

활동	소요시간(단위: 일)
A	4
B	20
C	5
D	35
E	44
F	5
G	6
H	2

그림 9-5 ▌시스템 개발 프로젝트의 네트워크

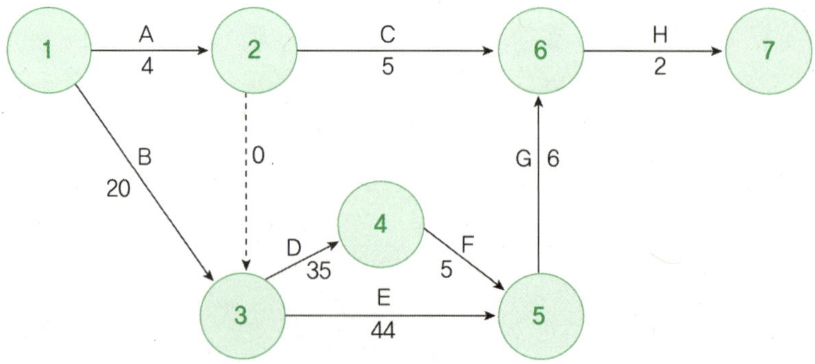

* 활동(2, 3)은 가상활동이므로 소요시간은 0임.

라. 주경로 발견

주경로(critical path)는 전체 프로젝트에서 소요시간이 가장 긴 작업 경로이다. 주경로 중 어느 활동 하나라도 지체되면 프로젝트 전체의 완료기간이 지체되므로 집중적인 통제 대상이 되며, 애로 경로라고도 한다.

프로젝트의 주경로를 발견하는 방법으로 열거법과 일정 분석법이 있다.

① 열거법에 따른 주경로 발견

열거법은 [그림 9-5]처럼 네트워크가 단순한 경우에 시작 단계에서 최종 단계에 이르는 모든 가능한 작업 경로를 열거하여 그중에서 소요시간이 가장 긴 작업 경로를 찾는 방법이다. [그림 9-5]의 각 작업 경로와 그 완료기간을 계산하면 [표 9-10]과 같다.

표 9-10 ▌각 작업 경로별 완료기간

활동경로	완료기간(단위: 일)
경로 1−2−6−7	4+5+2 = 11
경로 1−2−3−4−5−6−7	4+0+35+5+6+2 = 52
경로 1−2−3−5−6−7	4+0+44+6+2 = 56
경로 1−3−4−5−6−7	20+35+5+6+2 = 68
경로 1−3−5−6−7	20+44+6+2 = 72

모든 경로를 비교할 때 완료기간이 가장 긴 72일이 소요되는 경로인 1−3−5−6−7이 주경로임을 알 수 있다. 네트워크가 크고 복잡한 경우에는 열거법을 사용하여 주경로를

찾기가 현실적으로 힘들기 때문에 대신 일정 분석법을 사용하여 주경로를 더욱 쉽게 발견할 수 있다.

② 일정 분석법에 따른 주경로 발견

일정 분석법은 활동별로 아래에 주어진 4가지 유형의 시간을 계산한 후 총여유시간을 구하여 주경로를 찾는 방법이다.

■ **ES, EF, LS, LF**

- ES(earliest start time): **가장 빠른 착수시간**

  특정 활동이 선행활동의 요구조건을 충족시키면서 가장 빨리 시작할 수 있는 시간이며, 선행활동의 최대의 EF와 같다. 첫 번째 활동의 ES는 선행활동이 없으므로 0으로 가정한다.

$$ES = \text{최댓값}(EF_{\text{선행활동}})$$

- EF(earliest finish time): **가장 빠른 완료시간**

  특정 활동이 선행활동의 요구조건을 충족시키면서 가장 빨리 완료될 수 있는 시간이다. 이 값은 가장 빠른 착수시간(ES)에 그 활동의 소요시간(t_i)을 더하여 구한다.

$$EF = ES + t_i$$

- LS(latest start time): **가장 늦은 착수시간**

  전체 프로젝트를 지연시키지 않고 특정 활동이 가장 늦게 시작할 수 있는 시간이다. 이 시간보다 늦어지면 전체 프로젝트 일정에 영향을 주는 한계시간에 해당한다. 이 값은 가장 늦은 완료시간(LF)에서 그 활동의 소요시간(t_i)을 빼서 구한다.

$$LS = LF - t_i$$

- LF(latest finish time): **가장 늦은 완료시간**

  전체 프로젝트를 지연시키지 않고 특정 활동이 가장 늦게 완료되는 시간이며, 후속활동의 최소의 LS와 같다. 또한 최종활동의 LF는 최종활동에서 계산한 EF의 값과

갈도록 설정한다.

$$LF = \text{최솟값}(LS_{\text{후속활동}})$$

■ **총여유시간**

활동별로 ES, EF, LS, LF가 파악되면 각 활동들의 **총여유시간**(total slack time: TS)을 구할 수 있다. 총여유시간은 전체 프로젝트의 완성 시간에 영향을 주지 않는 범위 내에서 여유를 누릴 수 있는 최대시간이다. 총여유시간을 가지려면 선행활동은 가장 빠른 착수시간(ES)에 시작해야 하고, 후속활동은 가장 늦은 착수시간(LS)에 시작해야 한다.

활동별 총여유시간은 다음과 같이 정의된다.

$$TS = LS - ES = LF - EF$$

이제 [그림 9-5]의 네트워크를 이용하여 ES, EF, 그리고 LS, LF를 계산해 보자.

■ **ES, EF의 계산**

ES는 선행활동들의 EF값 중에서 가장 큰 값(최댓값)을 선택하게 되는데 활동 A의 ES는 선행활동이 없으므로 ES(A)=0으로 놓으면

$$EF(A) = ES(A) + t_A = 0 + 4 = 4\text{이다.}$$

또한 활동 B의 ES 역시 선행활동이 없으므로 ES(B)=0으로 놓으면

$$EF(B) = ES(B) + t_B = 0 + 20 = 20\text{이다.}$$

이처럼 각 활동의 ES를 구한 후 EF를 계산할 수 있으며, 이들은 네트워크 출발점에서 시작하여 전진적으로 진행한다.

활동 C와 가상활동(2, 3)의 ES와 EF는 동시에 계산할 수 있다.

활동 A의 EF는 4이므로

$ES(C) = ES(\text{가상활동 } 2, 3) = 4$가 되며

$EF(C) = ES(C) + t_C = 4 + 5 = 9$

$EF(\text{가상활동 } 2, 3) = ES(\text{가상활동 } 2, 3) + t_{2,3} = 4 + 0 = 4$이다.

한편 합병 단계인 ③에서 활동 D와 활동 E는 활동 B와 가상활동(2, 3)이 모두 완료되어야 시작할 수 있으므로 선행활동의 EF값 중에서 최대값을 취한다. 즉

$ES(D) = ES(E) = \text{Max}\{EF(B), EF(\text{가상활동 } 2, 3)\} = \text{Max}\{20, 4\} = 20$이 되며

이에 따라 $EF(D) = ES(D) + t_D = 20 + 35 = 55$

$EF(E) = ES(E) + t_E = 20 + 44 = 64$이다.

그리고 활동 F의 ES는 활동 D의 EF와 같으므로

$ES(F) = 55,\ EF(F) = ES(F) + t_F = 55 + 5 = 60$이 된다.

한편 합병 단계인 ⑤에서 활동 G는 활동 E와 활동 F가 모두 완료되어야 시작할 수 있으므로 ES(G)는 EF(E)와 EF(F) 값 중에서 최댓값을 선택한다. 즉

$ES(G) = \text{Max}\{EF(E), EF(F)\} = \text{Max}\{64, 60\} = 64$가 되며

이에 따라 $EF(G) = ES(G) + t_G = 64 + 6 = 70$이다.

마지막으로 활동 H 역시 활동 C와 활동 G가 모두 완료되어야 시작할 수 있으므로 ES(H)는 EF(C)와 EF(G) 값 중에서 최댓값을 취한다. 즉

$ES(H) = \text{Max}\{EF(C), EF(G)\} = \text{Max}\{9, 70\} = 70$이 되며

이에 따라 $EF(H) = ES(H) + t_H = 70 + 2 = 72$이다.

따라서 이 프로젝트를 완성하는데 소요되는 최단기간은 72일이다. 각 활동의 ES와 EF를 정리하면 [그림 9-6]과 같다.

그림 9-6 ▎ES, EF, LS, LF의 계산

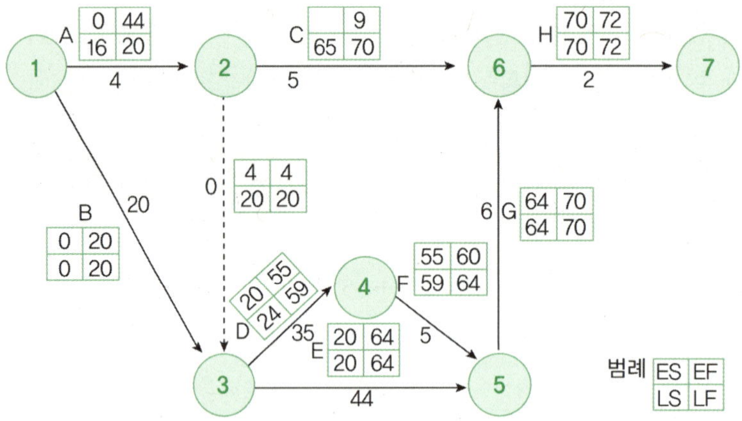

■ **LS, LF의 계산**

LF는 후속활동들의 LS 값 중에서 가장 작은 값(최솟값)을 선택하고 네트워크에서 마지막 활동 H의 LF 값은 최종활동의 EF 값과 같으며 LS 값은 LF 값에서 소요시간(t_i)만큼 뺀다. 즉, LF값을 구한 후 LS 값을 계산하는데 마지막 활동에서 시작하여 후진적 연산으로 진행한다.

따라서 $LF(H) = EF(H) = 72$가 되며

$$LS(H) = LF(H) - t_H = 72 - 2 = 70$$

그다음으로 활동 C와 활동 G의 후속활동은 H이므로

$$LF(C) = LF(G) = LS(H) = 70$$이 되며

$$LS(C) = LF(C) - t_C = 70 - 5 = 65$$

$$LS(G) = LF(G) - t_G = 70 - 6 = 64$$가 된다.

또한 활동 E와 활동 F의 후속활동은 G이므로

$$LF(E) = LF(F) = LS(G) = 64$$이며

$$LS(E) = LF(E) - t_E = 64 - 44 = 20$$

$$LS(F) = LF(F) - t_F = 64 - 5 = 59$$가 된다.

활동 D의 후속활동은 F이므로

$$LF(D) = LS(F) = 59$$이며

$$LS(D) = LF(D) - t_D = 59 - 35 = 24$$

한편 분기 단계인 ③에서 가상활동(2, 3)과 활동 B는 후속활동인 D와 E가 시작되기 전에 끝나야 하므로 가상활동(2, 3)과 활동 B의 LF 값은 후속활동의 LS 값 중에서 최소값을 선택한다. 즉

$$LF(\text{가상활동 } 2, 3) = LF(B) = \text{Min}\{\text{LS(D)}, \text{LS(E)}\} = \text{Min}\{24, 20\} = 20$$

$$LS(\text{가상활동 } 2, 3) = LF(\text{가상활동 } 2, 3) - t_{2,3} = 20 - 0 = 20$$

$$LS(B) = LF(B) - t_B = 20 - 20 = 0$$

마지막으로 활동 A는 후속활동인 가상활동(2, 3)과 C가 시작되기 전에 끝나야 하므로 활동 A의 LF 값은 후속활동의 LS 값 중에서 최솟값을 취한다. 즉

$$LF(A) = \text{Min}\{LS(\text{가상활동 } 2, 3), LS(C)\} = \text{Min}\{20, 65\} = 20$$

$$LS(A) = LF(A) - t_A = 20 - 4 = 16$$이 됨을 알 수 있다.

각 활동의 LS와 LF를 정리하면 앞의 [그림 9-6]과 같다.

■ 총여유시간 및 주경로 결정

활동별로 ES, EF, LS, LF가 파악되면 각 활동들의 총여유시간(TS = LS − ES = LF − EF)을 계산한 후 총여유시간이 0인 활동들을 차례로 연결함으로써 주경로를 도출해 낼 수 있다. 총여유시간을 계산하여 시스템 개발 프로젝트에 대한 일정 분석 결과를 정리하면

[표 9-11]과 같다.

표 9-11 ▌시스템 개발 프로젝트의 일정 분석 결과

활동		ES	LS	EF	LF	여유시간	주경로
A	(1,2)	0	16	4	20	16	
B	(1,3)	0	0	20	20	0	⊙
C	(2,6)	4	65	9	70	61	
D	(3,4)	20	24	55	59	4	
E	(3,5)	20	20	64	64	0	⊙
F	(4,5)	55	59	60	64	4	
G	(5,6)	64	64	70	70	0	⊙
H	(6,7)	70	70	72	72	0	⊙
가상	(2,3)	4	20	4	20	16	

여기서 주의할 사항은 활동 C의 여유시간이 61일이 된다는 것은 활동 C가 61일 늦어지더라도 전체 프로젝트의 완료기간(72일)은 지연되지 않음을 의미한다.

그러나 활동 B, E, G, H는 여유시간이 0이므로 어느 하나의 활동이 늦어지면 전체 프로젝트의 일정은 그만큼 지연되어 72일을 초과한다는 것이다. 다시 말해서 여유시간이 0이라 함은 이 활동을 정해진 시간에 정확히 기일 엄수하여 착수하고 완료해야만 전체 프로젝트 완성 일자에 영향을 주지 않음을 의미한다. 따라서 시스템 개발 프로젝트의 네트워크에서 여유시간이 0인 활동들, 즉 B−E−G−H를 연결하는 경로의 활동들이 주경로가 되며, 이는 앞에서 열거법으로 구한 주경로(1−3−5−6−7)와 동일하게 도출된다.

4) 네트워크 기법의 장단점

(1) 장점

네트워크 기법의 장점은 개념이 단순하고 수학적으로 복잡하지 않으므로 이해가 쉽다는 것이다. 네트워크를 이용한 시각적 도시가 활동 간 관계를 신속하게 인지하게 하고 주경로와 여유시간 분석은 관심을 가져야 할 활동을 지적해 준다.

그러므로 프로젝트 수행 기간의 단축이 필요할 때 비용 파악과 자원의 재배치가 쉬워지고 문서화가 쉬우며 다양한 활동의 책임소재를 명확히 할 수 있다.

(2) 단점

프로젝트의 기본전제로서 우선 활동 계획 순서에서 프로젝트 내 각 활동이 분명하게 정의된 독립적이고 안정적인 관계를 맺어야 한다. 또 작업 전 · 후 관계도 분명하게 명시되어야 하지만 실제로는 이것이 어렵거나 명확하게 나타나지 않는 경우가 많다.

이렇게 네트워크 내 활동이 분명한 시작과 종료점을 갖는다는 것, 그리고 전 · 후 관계를 맺는다는 것은 너무 경직된 가정인 경우가 많다. 대부분 활동은 어느 정도까지는 동시 진행이 가능하고 중복이 될 수 있다. 더욱이 활동의 순서가 사전에 밝혀지지 않고 다른 활동 결과에 달렸을 때 프로젝트 내용이 변하면 미리 작성된 네트워크는 현실성을 잃게 되는 수도 있다. 또한 경로분석에서도 주경로만이 아니라 유사 경로에도 관심을 두어야 한다. 한두 개 활동의 지연만으로도 유사 경로는 즉시 주경로화할 수 있기 때문이다.

그리고 프로젝트의 작업 활동시간 추정도 다분히 주관적이며 시간이 부풀려질 위험이 있다. 확률적 시간의 산정이 어려운 경우 단일 추정치를 이용하고 활동을 상호 독립적이라고 가정한다 해도 여러 활동 간의 변동성 문제는 실제 기대시간을 부풀리는 경향이 있다. 프로젝트 내의 변동성이 증가하면 전체 작업 수행시간은 예상보다 길어지며 특히 네트워크가 복잡하고 활동시간이 변동적이면 시간은 단순한 추정치보다 훨씬 더 걸리는 것이 보통이다.[7]

7 원석희, 전게서, pp.480-481.

10장 서비스 재고관리

1절 서비스 재고관리의 이해

서비스 재고관리(service inventory management)란 서비스 기업이 서비스를 공급하는 데 필요한 재고관리를 말한다. 예를 들어, 도소매업을 운영하는 데 필요한 재고관리는 그 중요성이 다른 어떤 경영 분야보다 주목받고 있다.

편의점은 매우 다양한 품목을 취급하고 있다. 이러한 품목들이 적정량 이하로 갖춰져 있다면 방문고객의 판매 기회를 놓칠 뿐 아니라, 미래의 판매 기회마저도 줄어들 것이 자명하다. 이와는 반대로 적정량 이상으로 갖췄다면 쓸데없는 비용이 발생하여 결국 손실을 볼 가능성이 크다.

예전의 재고관리는 직원이 판매량과 재고량을 검사하여 적당한 시점에 전화나 편지로 새로운 주문을 하도록 하였다. 이런 방식은 종종 과잉재고 보유, 혹은 품절(stockout)이라는 상황이 발생하였다. 그러나 정보기술을 이용한 재고관리, 예를 들어, 적시 재고시스템은 기존의 초과 재고 혹은 부족 재고(품절)가 발생하는 관리방식을 수요에 적절히 대응할 수 있는 관리방식으로 변환시키고 있다. 재고관리에 있어 컴퓨터를 기반으로 하는 정보시스템의 사용은 정보기술이 가장 먼저, 그리고 가장 성공적으로 활용된 대표적인 사례다.

대부분 서비스 기업은 서비스 제공에 필요한 물품과 용품의 재고를 완전히 없앨 수는 없다. 자동차 정비소는 매일 발생하는 수요에 부응하기 위해서 엔진오일과 많이 사용되는 자동차 부품들에 대한 여유분을 보유해야 하고, 소방서에 대기하고 있는 소방차는 반드시 기름이 채워져 있어야 한다. 이런 여유분이나 재고는 때때로 상당한 자금이 소요되기 때문에 이것들을 관리하는 효과적인 방법이 필요하다. 여러 가지의 필요 물품들의 현황을 계속 파악하여 현재 보유하고 있는 것, 재주문해야 하는 것, 언제 주문해야 하는가 등을 결정하는 것은 관리자에게는 엄청난 부담이기 때문에 재고관리의 체계적인 이론과 지식이 필요하다.

2절 서비스 재고관리시스템

1. 서비스 재고의 기능과 특성

1) 서비스 재고의 기능

재고(inventory)란 창고에 보관 중인 물품이란 뜻을 나타내지만, 재고자산에는 원자재 · 부분품 · 공정품 · 반제품 · 제품 · 저장품 · 시설 보전 용품 등이 망라된다. 재고를 "물품(재고자산)의 흐름이 시스템 내의 어떤 지점에 정체된 상태를 시간적 관점에서 파악한 관리개념"으로 정의할 때, 유휴상태에 있는 자원(idle resources)인 재고는 낭비임이 틀림없다.

재고는 서비스 조직에서 여러 가지 기능을 제공한다. 예를 들면, 유통 및 분배과정의 단계 간의 완충 역할을 비롯하여 심한 수요변화에 대응하는 방안과 완화 역할, 그리고 예상되는 가격변동에 대비한 예방조치 등이다.[1]

(1) 단계 간의 완충 역할

[그림 10-1]에 나타난 실제적인 시스템을 살펴보면, 두 가지 흐름이 시스템 내 존재한다.

1 최성용 외, 전게서, pp.277-279.

그림 10-1 ▌유통 및 분배과정과 재고

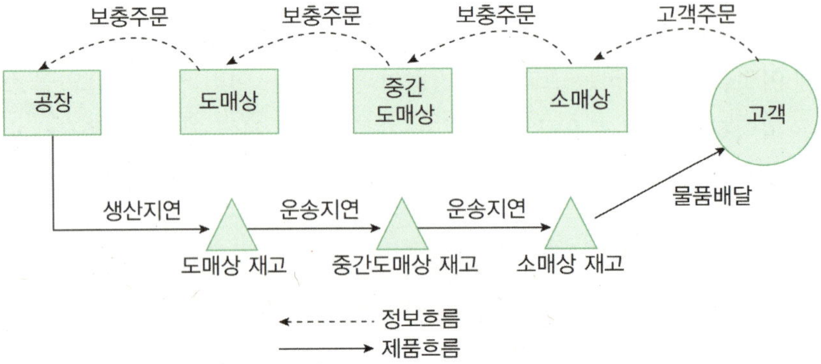

자료: 서비스경영연구회 편역, 서비스경영, 한경사, 2002, p.397.

하나는 점선의 화살표로 표기된 정보의 흐름이다. 이것은 고객으로부터 생산자 측으로 향하고 있다. 다른 하나는 실선의 화살표로 표기된 상품의 실제적 흐름이다. 이것은 생산자로부터 고객 측으로 향하고 있다.

예를 들면, 편의점에서 콜라에 대한 수요가 발생하면 진열대나 창고로부터 인출될 것이다. 수요가 계속되면 편의점은 보충해야 할 것이고 도매상에 주문하게 된다. 주문한 후 실제 물품이 가게로 배달될 때까지 수요는 계속 발생하여 재고는 더욱 줄어들 것이다. 이렇게 물품이 주문 이후 배달될 때까지의 시간을 **리드타임**(lead time)이라 한다.

두 가지 흐름 중에서 실제 물품의 흐름을 따라가면 전달되는 물품은 다음 단계를 지나 소비자 측으로 물품 전달을 준비하기 위해서 여러 곳에서 일시적으로 흐름을 멈추게 되고, 이렇게 일시적으로 정지하는 단계들을 연결하면 유통경로를 알 수 있다. 각 단계에서의 재고는 물품 흐름의 중단 없이 이루어질 수 있도록 일종의 완충(buffer) 역할을 하게 되는데, 이런 완충 역할은 상호 의존적인 시스템 안에서 각각의 단계를 다소 독립적으로 운영하는 것과 같은 작용을 한다. 여기서 우리는 재고의 완충 기능을 볼 수 있다. 유통 및 분배시스템 안에는 소매상, 유통업자, 총판매상, 그리고 공장들이 각 단계에 해당하며, 각 단계에서의 품절(stockout)은 다른 단계에 즉각적이고 중요한 결과를 가져올 수 있다. 그러나 재고는 이러한 단계에서의 활동을 어느 정도 각각 분리하고 품절에 의한 서비스 중단이라는 값비싼 대가를 피할 수 있게 한다.

(2) 수요변화의 대응과 완화 역할

어떤 서비스는 계절에 따라 수요가 심하게 차이가 발생한다. 꽃가게, 어린이 장난감 가게, 수영복 가게, 야외 캠핑 장비 가게, 스키 장비 가게, 크리스마스 캐럴 용품 가게 등은 그 해당 기간에 소비자들의 수요에 부응하기 위해 상당량의 재고를 갖춰야 한다. 재고를 보유함으로써 계절적으로 발생하는 수요에 대해 대응할 수 있고, 비수기에 재고를 보유함으로써 성수기에 경쟁력을 확보할 수 있다.

(3) 가격변동에 대한 대비

서비스 제공에 필요한 물품 중에서 지금 가격보다 나중에 필요한 시점의 가격이 오를 것이 예상될 때는 현재 가격으로 구매하여 많은 재고를 유지하는 것이 더 경제적일 수 있다. 이렇게 가격상승에 대비하여 필요 이상의 재고를 유지하는 것을 선(先) 구매(forward buying)라고 한다. 이 전략의 반대인 선 판매(forward selling)의 경우가 1996년 봄에 일어났다. 미국의 석유회사들은 이라크가 국제 석유 시장에 다시 진입할 것을 예견하였으며, 이는 결국 국제 석유 가격이 하락할 것으로 보았다. 그래서 미국 회사들은 이라크가 시장 진입 이전에 비싸게 구매한 석유 재고를 대폭 줄였다.

이렇게 재고관리를 통한 가격변동에 대한 대비는 일반적인 사재기만을 의미하지는 않는다. 적절한 재고관리는 기업이 가격경쟁력을 갖게 하는데 기본이 되는 관리 활동이라고 할 수 있다.

2) 서비스 재고의 특성

고객의 신속한 서비스 기대에 재고 부족이 큰 문제를 초래할 수 있는 경우에도 서비스 재고가 필요하다. 서비스는 대개 사용 자재가 고가가 아니므로 단순 재고관리시스템으로도 운영이 가능한 경우가 많다.

서비스 재고관리에는 다음과 같은 서비스 재고의 특성을 고려해야 한다.

(1) 투입/산출 재고

제조업은 투입 재고의 변형에 관심을 가진다. 그러나 서비스에서는 투입 재고가 거의 바뀌지 않는다. 특히 도소매업에서는 투입 재고의 형태가 변하지 않는다.

부동산도 중개 물건을 그대로 판매하며, 뷔페 레스토랑에서도 구매한 형태 그대로 일부 음식을 제공하기도 한다. 은행은 화폐로 거래하므로 투입과 산출이 같다고 볼 수 있다. 또한 서비스에서 투입 재고는 사소한 비용에 불과한 경우가 많으므로 재고비용은 운영비의 적은 부분을 차지하는 수가 많다. 재고가 고객에게 직접 사용되는 예로는 미용실의 화장품, 병원의 수술 봉합용 실과 마취제 등을 들 수 있다. 서비스 제공자는 투입 재고가 부족하면 서비스 자체를 수행할 수 없으며 고객을 잃고 만다.

(2) 재고의 소멸성

소매상의 패션용품, 식당의 투입/산출물, 신문 등은 소멸 가능한 서비스 재고의 사례이다. [표 10-1]의 사례처럼 투입 재고는 긴 수명을 가지는 데 반해, 산출 재고는 단명하는 경우가 있다. 예를 들어, 신문 기사는 장기간 보관될 수 있지만 일단 기사화되면 그 가치(재고수명)는 짧아진다. 반대의 경우 영화에서 배우의 연기는 투입정보로서 수명은 짧지만 완성된 영화는 긴 재고수명을 가진다. 이런 소멸성은 서비스 재고의 수명이 심하게 변동하며 제조업과는 다르다는 것을 암시하고 있다.

이렇게 서비스의 재고 소멸성에 의해 영향을 받는다는 것은 일정 기간 이상 소멸 가능 품목을 보유하는 비용이 매우 높을 수 있다는 것을 의미한다. 그리고 제조업에서 고객은 항상 추후 사용 목적으로 제품을 저장할 수 있으나 서비스업에서 고객은 재사용 용도로 서비스를 저장할 수 없다.

표 10-1 ▎서비스 재고의 소멸성

매우 짧은 기간 저장 ←		→ 오랜 기간 저장
이식용 장기, 혈액, 신문, 각종 정보지, 장식용 꽃, 식물, 식 · 음료, 의약품	각종 서류양식, 전산용지, 의료용 소모품, 사무용 소모품, 연료	서적, 내구성 비품, 컴퓨터 디스켓, CD, 음반, 수리용 부품

자료: 원석희, 전게서, p.428.

(3) 투입 재고의 변동성

투입 재고의 변동성이란 다량을 한꺼번에 구매하거나 보유할 필요를 말하며 이것은 투입 재고의 성격과 리드타임에 달려 있다. 예를 들면, 소량구매가 어렵거나 높은 주문비용이 들 때 재고가 불가피하게 발생한다. 그러나 유통업을 제외한 대부분 서비스는 대개 변동성이 작고 투입 재고가 제조업보다 안정적인 경우가 많다. 특히 소규모 서비스에서는 투입 재고를 현장에서 필요시 바로 구매하기도 한다. 서비스의 이런 측면은 투입 재고의 보유비용이 작다는 것을 암시한다.

2. 서비스 재고관리의 주요 문제

대부분 기업에서 오늘날 막대한 재고비용을 지출하면서도 재고자산을 보유하고 있는 것은 그것이 필요한 시기에 필요한 수량이 있어야 하는 곳에 조달하기 위함이다. 즉, 수요에 부응하기 위한 것으로 이 경우 재고가 필요 이상 많거나 적으면 과대한 재고유지비 또는 품절로 인한 손실이 발생한다. 물론 수요가 확정적이거나 수요예측을 정확히 할 수 있고 적시에 조달할 수만 있다면 재고를 보유할 필요는 없다.

그러나 대개 수요상황이 불확실하고 수요예측을 정확히 할 수 없으므로 재고를 통해 변화하는 수요에 대응하는 것이다. 수요에 적절히 부응하면서 재고수준을 경제적으로 유지하기 위해서는 합리적인 재고관리가 필요하다.

재고관리(inventory management)란 수요에 신속히 그리고 경제적으로 적응할 수 있도록 재고를 최적 상태로 관리하는 절차라고 할 수 있다. 시장의 제품 수요 동향에 신속히 적응할 수 있는 생산체계를 갖추고 아울러 원재료 · 공정품 · 부분품 · 완제품 등의 재고량을 경제적인 관점에서 가능한 한 최저로 유지하는 것이 바람직한 재고관리이다. 즉 고객(수요)의 서비스 수준을 충족시키면서, 품절로 인한 손실과 재고유지비용 및 구매(준비)비용을 최적화하여 총재고비용(품절로 인한 손실, 재고유지비용 및 구매비용)을 최소로 하는 것이 재고관리의 기본목표이다.

서비스 운영시스템의 재고관리 문제들은 다음 세 가지의 것이 대부분이다.

① 언제 주문하여야 하는가?

② 1회 주문량을 얼마로 하여야 하는가?

③ 어느 정도의 재고수준을 유지해야 하는가?

3. 수요패턴과 재고관리시스템

물품의 수요는 그의 발생형태에 따라 독립수요와 종속수요로 구분할 수 있다.

독립수요(independent demand)는 물품수요가 시장의 작용으로 발생할 때의 수요로서, 가령 시장에서 판매되는 제품의 수요는 독립수요이다. **종속수요**(dependent demand)는 어떤 물품의 수요에 의존(dependent)하는 수요로서, 가령 자동차와 같은 제품을 구성하는 부분품이나 원자재와 부분 조립품 등의 수요는 완제품의 그것과 종속수요 관계에 있다.

[그림 10-2]에서처럼 독립수요와 종속수요는 서로 다른 수요패턴을 갖고 있다. 독립수요는 수요량 면에서 안정된 연속수요를 보이지만, 이는 불확실한 시장수요를 바탕으로 한 것이어서 정확한 수요예측과 안전재고가 있어야 한다. 한편 종속수요는 산발적인 무더기수요(lumpy demand)를 보이고 있지만, 상위품목(parent item)의 수요에 따라서 수요가 발생하므로 수요예측이나 안전재고의 필요성이 적다.

그림 10-2 ▌독립수요와 종속수요의 패턴

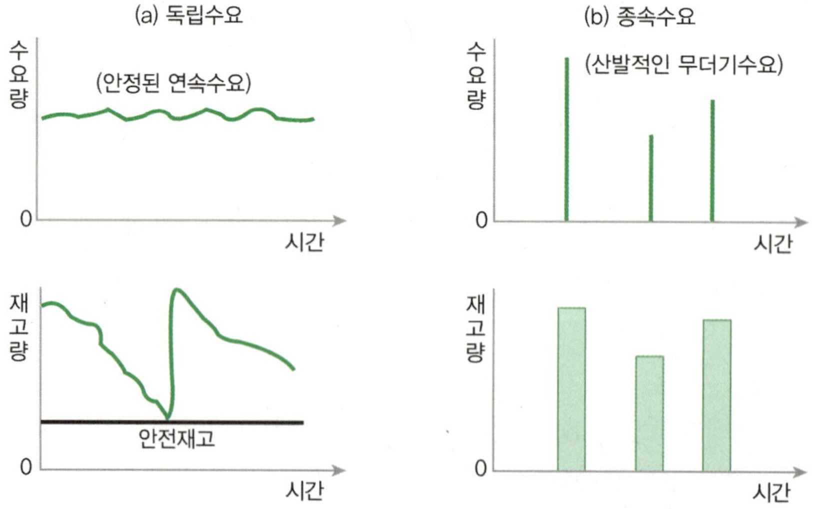

따라서 재고관리시스템은 물품의 수요패턴에 따라 구분 적용하는 것이 합리적이다. 즉, 시장에서 거래되는 독립수요품의 재고관리에 고정량 주문방식이나 정기적 주문방식의 재고관리시스템을 적용하며, 종속수요품의 재고관리에는 MRP(Material Requirements Planning) 시스템을 적용한다([그림 10-3] 참조).

그림 10-3 ▎수요패턴과 재고관리시스템

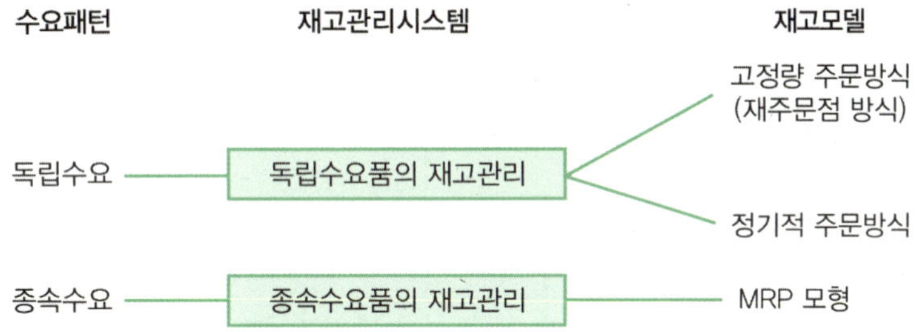

자료: 원석희, 서비스 운영관리, 형설출판사, 2010, p.16.

재고관리에서 전개되는 **재고모델**(inventory model)은 수요량 · 재고량 · 주문량이라는 세 변수 간의 상관관계에 총비용이 최소가 되는 '적정재고량을 결정하는 방식'을 보통 추구한다. 즉 재고 보충 개념(replenishment philosophy)에 입각한 독립수요품의 재고관리에서는 주로 재고량과 주문량의 관계에서 전개되며, 수요요구 개념(requirement philosophy)에 입각한 종속수요품의 재고관리에서는 수요량과 주문량의 관계에서 재고모형이 구축된다.

4. 독립수요의 재고관리

가장 일반적인 독립수요품의 재고관리 모델에는 고정량 주문방식과 정기적 주문방식이 있다.

1) 고정량 주문방식

고정량 주문방식(fixed-order quantity system)은 재고가 일정 수준에 도달하면 일정량을 주문하는 재고통제시스템이다. 이 모형은 재고수준이 미리 정한 재주문점(ROP)에

도달할 때마다 고정주문량(Q), 즉 일정량을 발주하는 시스템으로 주문량 중심의 방식이라 하여 Q 시스템(Quantity system)으로 불리기도 한다.

[그림 10-4]에서 보는 바와 같이 주문은 미리 결정된 재주문점(ROP)에 도달할 때마다 일정량(Q)이 발주되는데, 그 양은 고정되어 있으나 주문 시기는 일정하지 않고 수요의 확률적 성격에 따라 변한다.

그림 10-4 ▌고정량 주문방식

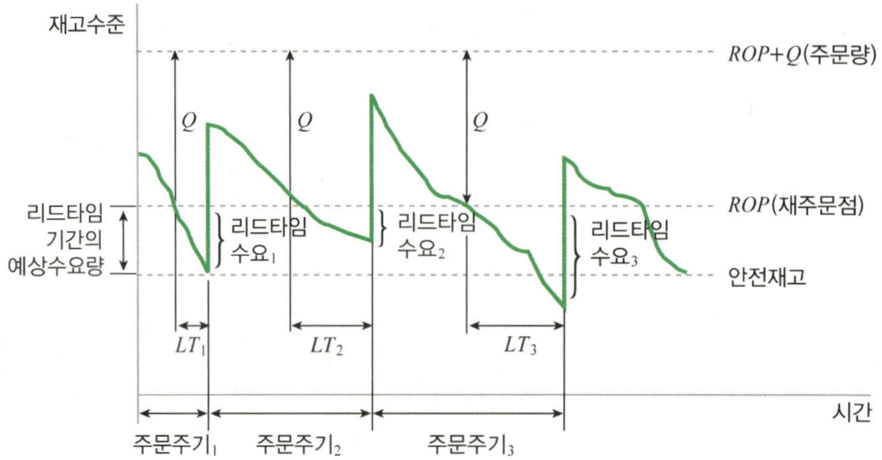

고정량 주문방식은 재주문점(ROP)과 주문량(Q)에 의해서 작용하는데, 재고가 사용되어 줄어들 때마다 재주문점과 비교하여 신규 주문이 발령되거나 현상을 유지하기 위해 재고수준을 수시로 파악하여 통제할 필요가 있으므로 **계속실사시스템**(continuous review system)이라고도 한다.

고정량 주문방식의 특징은 다음과 같다.[2]

① 재고조사 주기가 없는데 반하여, 조사 기간의 품절을 예방하기 위해 평균적으로 더 많은 재고를 보유해야 한다.

② 평균재고가 적기 때문에 더 값이 비싼 항목에 적용한다.

③ 몇 개가 서로 다른 품목을 동일 판매인으로부터 구매할 때 더욱 유리하며, 동시에 많이 주문하면 이익이 발생할 수 있다.

2 M.M. Davis and J. Heineke, *Operations Management, Integrating Manufacturing and Service*, 5th ed., Mcgraw-Hill, 2005, p.511.

④ 세심한 재고 파악으로 품절에 빨리 대처할 수 있어 필수적인 수리 부품과 같은 중요한 품목에 더 유리하게 적용할 수 있다.

⑤ 물품이 보충 또는 반출될 때마다 기록해야 하므로 보다 많은 시간과 자원이 필요하다.

(1) 재주문점(Re-Order Point: ROP)

다시 주문할 때의 재고량 수준을 의미하는 **재주문점**(ROP)은 리드타임 중의 최대수요량으로 나타낸다. 한편 리드타임 중의 최대수요량은 리드타임 동안의 평균수요와 안전재고[3]의 합을 합한 것이라 볼 수 있으므로, 재주문점(ROP)을 구하는 공식은 다음과 같이 정리할 수 있다.

$$ROP = \overline{d} + SS$$

ROP: 재주문점
$\overline{d}$: 리드타임 동안의 평균수요
SS: 안전재고

앞의 [그림 10-4]에 나타나듯이 **리드타임**(Lead Time: LT)이란 주문부터 실제 수령까지 소요되는 총시간(주문하여 입고되기까지의 기간)을 가리키며 평균수요는 과거 데이터에서 구한다. 그리고 **안전재고**(Safety Stock: SS)는 예기치 못한 비상 상황의 발생에 대비한 재고분량(수요율이 변동하는 경우 최대수요에 대비한 재고량)을 말하며 이는 평상시에는 사용되지 않는다.

예제

A소매점에서는 세탁 시 필요한 세제를 도매상에 주문하려고 한다. 다음의 정보에 의해 재주문점을 계산하라.

1일 수요량: 260개
리드타임: 5일
안전재고: 110개

3 안전재고에 대해서는 본 절 4) 안전재고에서 구체적으로 설명함.

| 풀이 |

재주문점(ROP) = 리드타임 동안의 평균수요($\bar{d}$) + 안전재고(SS)의 관계를 이용하면,

$$\begin{aligned} \text{재주문점}(ROP) &= 260 \times 5 + 110 \\ &= 1,300 + 110 \\ &= 1,410\text{개가 된다.} \end{aligned}$$

(2) 경제적 주문량(Economic Order Quantity: EOQ)

주문량의 결정에 사용될 수 있는 모형 중 가장 기본적인 것은 1915년 해리스(Harris)에 의해 고안된 **경제적 주문량**(Economic Order Quantity: EOQ) 모형이다. 경제적 주문량이란 간단히 말해 재고 관련 총비용(연간 재고유지비용과 연간 주문비용의 합)을 최소화하는 주문량을 의미한다.

가. 재고 관련 총비용의 계산

주문량이 커지면 평균 재고량은 증가한다. 만약 매일 매일의 수요가 일정하다고 가정하면, 평균 재고량은 [그림 10-5]에서와 같이 주문량의 반($\frac{1}{2}$)이 될 것이다. 즉 Q를 주문량이라 한다면 평균 재고량은 $\frac{Q}{2}$가 되어[4] 연간 재고유지비용은 Q에 비례한다. 다시 말해 어느 일정시점을 보면 재고가 Q보다 크거나 작겠지만 평균적으로 보면 언제나 $\frac{Q}{2}$ 만큼을 재고로 보유하게 된다.

한편 주문량 Q가 커질수록 주문횟수는 줄어들고 이에 따라 연간 주문비용도 감소한다. 연간 수요를 D라 한다면 연간 주문횟수는 $\frac{D}{Q}$가 되어 연간 주문비용은 Q에 반비례한다. 주문량 Q의 크기에 따라 변하는 연간 재고유지비용과 연간 주문비용을 그래프로 표시하면 [그림 10-6]과 같다.

4 평균재고는 최대 재고수준(Q)으로부터 최소(0)까지 일정률로 감소하므로 $\frac{Q+0}{2} = \frac{Q}{2}$이다.

그림 10-5 ▎주문량에 따른 재고수준의 변동

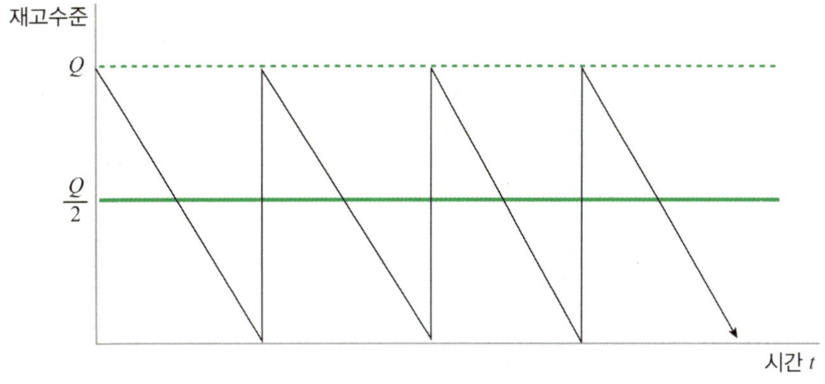

그림 10-6 ▎총비용과 경제적 주문량

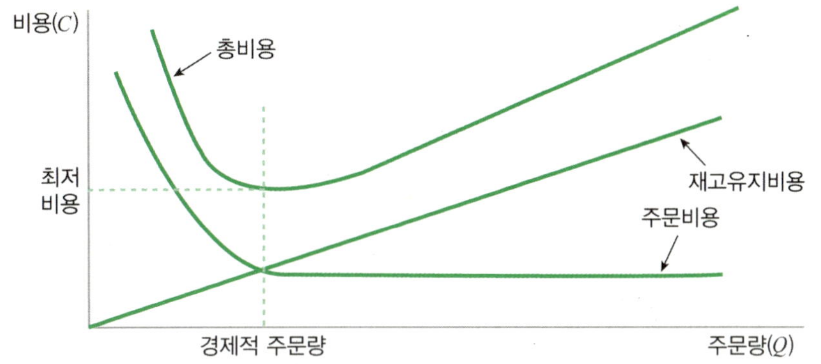

구체적으로 경제적 주문량을 도출하는 방법을 고려하기에 앞서 필요한 변수들을 정의하면 다음과 같다.

Q = 1회 주문량

D = 연간 수요

C_o = 1회 주문비용, 즉 주문 시마다 발생하는 고정비용

C_h = 연간 단위당 재고유지비용, 즉 재고 1단위를 1년간 보유할 때 발생하는 재고비용

이미 설명한 바와 같이 주문량이 Q일 때 평균 재고량은 $\frac{Q}{2}$이다. 따라서 연간 재고유지비용은 다음과 같이 나타낼 수 있다.

$$\text{연간 재고유지비용} = \text{평균재고} \times \text{연간 단위당 재고유지비용}$$
$$= \frac{Q}{2} \times C_h$$

한편 연간 주문횟수는 주문량 Q에 반비례하므로 연간 주문비용은 다음과 같다.

$$\text{연간 주문비용} = \text{연간 주문횟수} \times 1\text{회 주문비용}$$
$$= \frac{\text{연간 수요량}}{1\text{회 주문량}} \times 1\text{회 주문비용}$$
$$= \frac{D}{Q} \times C_o$$

따라서 이 두 비용을 합한 연간 총비용(Total Cost: TC)은 다음과 같이 나타낼 수 있다.

$$\text{연간 총비용 } TC = \text{연간 재고유지비용} + \text{연간 주문비용}$$
$$= \frac{Q}{2} \times C_h + \frac{D}{Q} \times C_o$$

- **경제적 주문량(EOQ)의 도출**

경제적 주문량을 계산하기 위해서는 다음과 같은 가정들이 성립해야 한다.

① 기간당 수요는 알려져 있고 일정하다.

② 단위당 재고유지비용은 일정하다.

③ 1회 주문비용은 주문량과 관계없이 일정하다.

④ 구매단가는 주문량과 관계없이 일정하다.

⑤ 리드타임(조달기간, 재고 보충 기간)은 일정하다고 알려져 있다.

⑥ 재고 부족은 허용하지 않는다.

⑦ 주문한 양은 일시에 도착한다.

한편 총비용[5]은 연간 재고유지비용과 연간 주문비용이 같게 되는 점에서 최소가 되므

5 앞에서 구한 총비용 계산 공식에서 구매단가는 포함되어 있지 않은데, 이는 위에서 가정한 바와 같이 단위당 구매단가는 주문량과 관계없이 일정하기 때문이다.

로 연간 재고유지비용과 연간 주문비용을 같게 두고 경제적 주문량 공식을 다음과 같이 유도할 수 있다.

[참고]

EOQ의 유도는 총비용 식을 Q에 관해 미분하여 구할 수 있다.

$$TC = \frac{Q}{2} \times C_h + \frac{D}{Q} \times C_o$$

$$\frac{dTC}{dQ} = \frac{C_h}{2} - \frac{DC_o}{Q^2} = 0$$

$$\frac{C_h}{2} = \frac{DC_o}{Q^2}$$

$$Q^2 = \frac{2DC_o}{C_h}$$

$$Q^* = \sqrt{\frac{2DC_o}{C_h}}$$

TC를 Q에 관하여 2차 미분하면

$$\frac{d^2 TC}{dQ^2} = \frac{2DC_o}{Q^3} > 0,\ Q^* = \sqrt{\frac{2DC_o}{C_h}}$$

일 때 TC는 최소가 된다.

예제

Y편의점은 연간 5,000개의 칫솔을 개당 1,000원에 구매하고 있다. 1회 주문비용이 20,000원 소요되고 연간 단위당 재고유지비용은 200원일 때, 이 문제의 EOQ를 계산하고 총비용을 구하라.

| 풀이 |

경제적 주문량: $EOQ = Q^* = \sqrt{\frac{2DC_o}{C_h}}$

$$= \sqrt{\frac{2(5,000)(20,000)}{200}}$$
$$= 1,000\text{개}$$

총비용: $TC = \frac{Q^*}{2} \times C_h + \frac{D}{Q^*} \times C_o$

$$= \frac{1,000}{2} \times 200 + \frac{5,000}{1,000} \times 20,000$$
$$= 200,000\text{원}$$

2) 정기적 주문방식

정기적 주문방식(fixed-time period system)은 일정 시점마다, 즉 정기적으로 부정량(不定量)을 주문하는 방식이다. 다시 말해서 이 모형은 주문이 정기적으로, 즉 일정 시점마다 이루어지지만, 주문량은 매번 변하게 된다. 정기적 주문방식은 주문 시점에 필요한 주문량을 결정하기 위해 재고수준을 정기적으로 검사할 필요가 있으므로 **정기실사 시스템**(periodic review system) 또는 P 시스템(period system)이라고도 한다.

정기적 주문방식은 주문 주기(T)와 최대 재고수준에 의해서 작용하는데([그림 10-7] 참조), 시간이 지남에 따라 사용률의 변동으로 재고수준이 불규칙적으로 감소하게 된다.

그림 10-7 ❙ 정기적 주문방식

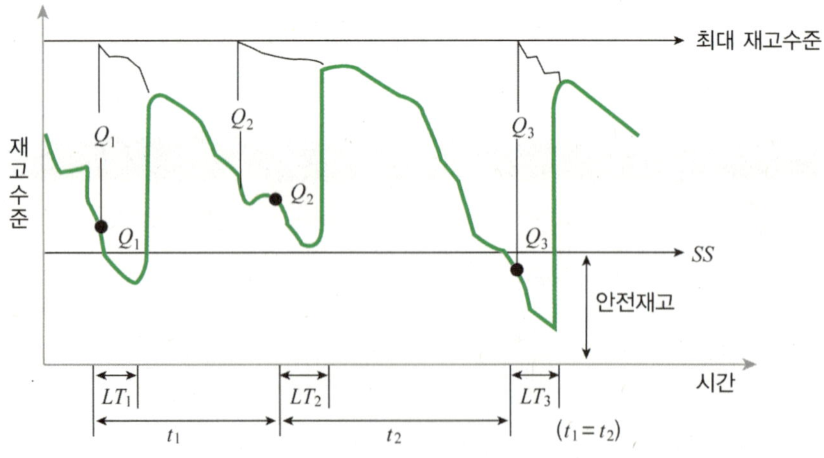

그 후 일정한 시간이 지나 예정된 재고조사 시점이 되면, 그때의 재고수준을 조사하여 요구되는 최대 재고수준(목표 재고수준)만큼 주문량(Q_1)을 결정한다. 그 후 일정한 리드타임이 경과된 후 Q_1만큼 입고되어 동일 과정이 되풀이된다. 따라서 일정한 시점에 이르면 발주하게 되므로 주문 주기가 일정하게 된다. 다만, 주문량은 주문 시점의 현재 재고수준에 의해 결정되므로 변동적이다. 그러므로 정기적 주문방식의 전제는 리드타임이 일정하고 사용률이 변동한다는 것이다.

정기적 주문방식의 특징은 다음과 같다.

① 정기적인 시간 간격으로 주문량을 확보할 수 있다. 이 모형은 고정된 시간 간격(일별, 주별, 월별 등)으로 재고를 보충하므로 수송문제, 수송경로 관리에 쉽다.

② 고정량 주문방식에 비해 다품종 저가인 품목의 재고관리에 유용하게 사용할 수 있다. 그리고 여러 품목을 동시에 주문할 수 있으므로 주문비용을 줄일 수 있고, 또한 가격할인을 받을 수 있다.

③ 매번 발주량이 변한다.

④ 다음 발주 시기가 올 때까지 재고통제 능력이 부족하다.

⑤ 고정량 주문방식보다 안전재고(Safety Stock: SS)를 더 많이 필요로 한다. 고정량 주문방식은 리드타임 동안의 안전재고만 필요로 하나, 정기적 주문방식은 리드타임을 포함한 전체 주문 주기 동안에 필요한 수요변동에 대하여 고정량 주문방식보다 많은 안전재고를 보유해야 한다.

⑥ 대표적인 예로 소매점을 순회하는 음료수 회사를 들 수 있다.

(1) 주문 주기의 결정

주문 주기(주문 간격, order interval: T)는 주문량(Q)을 리드타임 동안의 수요량(D)으로 나누어 구할 수 있다. 따라서 최적 주문 주기(T^*)는 경제적 주문량(Q^*)을 연간 수요량으로 나누어 구한다.

$$
\begin{aligned}
\text{최적 주문 주기}(T^*) &= \frac{\text{경제적 주문량}}{\text{연간 수요량}} \\
&= \frac{Q^*}{D} \\
&= \frac{1}{D} \times \frac{\sqrt{2DC_o}}{C_h} \\
&= \frac{\sqrt{2C_o}}{DC_h}
\end{aligned}
$$

D: 연간 수요량

C_o: 1회당 주문비용

C_h: 단위당 재고유지비

예제

B베이커리에서 주문하는 케이크의 연간 수요량은 800박스, 경제적 주문량이 100박스일 경우 최적 주문 주기를 계산하라.

| 풀이 |

$$
\begin{aligned}
\text{최적 주문 주기}(T^*) &= \frac{\text{경제적 주문량}}{\text{연간 수요량}} \\
&= \frac{Q^*}{D} \\
&= \frac{100}{800}
\end{aligned}
$$

$= 0.125$년 ≒ 46일(365 × 0.125년)

(2) 최대 재고수준(목표 재고수준)의 결정

목표 재고량은 리드타임 동안의 평균수요는 물론 불규칙 변동에 대한 재고를 유지하기 위한 것이다. 다시 말해서 목표 재고수준은 요구되는 최대 재고수준으로 주문 주기와 리드타임을 합한 기간($T+LT$)의 변동수요에 대비할 수 있어야 한다. 따라서 정기적 주문방식에서 최대 재고수준은 다음과 같이 구한다.

$$\text{최대 재고수준} = \text{리드타임 기간 중 평균수요} + \text{안전재고}$$
$$= \bar{d}(T + LT) + SS$$

최대 재고수준을 구한 다음 최종적으로 주문량(Q)의 계산은 최대 재고수준에서 주문 시 재고수준(현재 재고보유량)을 뺀 값이 된다. 즉

$$\text{주문량}(Q) = \text{최대 재고수준} - \text{주문 시 재고수준}$$

예제

D피자가게에서 주문하는 피자치즈의 1일 평균수요는 8박스, 주문 주기는 12.5일, 현재고 보유량이 50박스일 때, 최대 재고수준과 주문량을 구하라(단, 리드타임은 10일, 안전재고는 23.48 박스).

| 풀이 |

$$\text{최대 재고수준} = \text{리드타임 기간 중 평균수요} + \text{안전재고}$$
$$= \bar{d}(T + LT) + SS$$
$$= 8(12.5 + 10) + 23.48$$
$$= 203.48\text{박스}$$
$$\text{주문량}(Q) = \text{최대 재고수준} - \text{주문시 재고수준}$$
$$= 203.48 - 50$$
$$= 153.48\text{박스}$$

3) 고정량 주문방식과 정기적 주문방식의 차이

고정량 주문방식과 정기적 주문방식의 근본적인 차이점은 [표 10-2]에서처럼 고정량 주문방식(Q 시스템)에서는 부정기적으로 정량(定量)을 주문하는 데 반해서, 정기적 주문방식(P 시스템)에서는 정기적으로 부정량(不定量)을 주문하는 점이다. 재고 조사방식은 고정량 주문방식에서는 계속실사방식이 무난하지만, 정기적 주문방식에서는 정기실사방식을 적용한다.

안전재고의 경우 고정량 주문방식은 조달기간 중의 수요변화에 대비하는 데 반해, 정기적 주문방식은 주문 주기와 조달기간 중의 수요변화에 대비하여 더욱 많은 재고수준을 보유한다.

표 10-2 ▌고정량 주문방식과 정기적 주문방식의 차이

특징	고정량 주문방식	정기적 주문방식
개요	재고가 주문점에 이르면 정량을 주문	정기적으로 부정량을 주문
주문 시기	부정기(不定期)	정기(定期)
주문량	고정량(경제적 발주량)	부정량(최대 재고량 – 현 재고수준)
재고조사 방식	계속실사	정기실사
재고부족 횟수	적다	많다
수요패턴	변동적	안정적
재고가치	높다	낮다
안전재고 보유	조달기간 중 수요변화 대비(낮다)	조달기간 및 주문 주기 중 수요변화 대비(높다)
적용	고가의 단일품목	저가의 여러 품목
주요 매개변수	ROP, EOQ	주문 주기, 최대 재고수준

4) 안전재고(safety stock)

재고의 사용과 보충은 안정적이 아니며 수시로 변동한다. 안전재고는 이 경우에 여분의 비상 타이어 같은 안전장치와 같은 기능을 수행하며 수요와 공급의 불안정으로 인한 불확실성에 대비하기 위해 유지하는 것이다.

적정 보유 수준의 판단은 재고유지비용과 품절비용의 관계를 파악한 후 바람직한 서비스 수준(service level)을 결정해야 한다. 일반적으로 도소매업에서는 안전재고를 많이 보유해야 한다. 그 이유는 고객 서비스가 재고수준과 밀접한 관계에 있으며 수요는 매우 변동이 심하기 때문이다.

이러한 수요 변동성과 고객 서비스 수준은 수치로 나타낼 수 있다. 수요 변동성은 과거 수요패턴으로 파악할 수 있는 반면, 서비스 수준은 현재 보유재고로 처리 가능한 주문의 비율을 가리키는 정책 결정 사항이기 때문이다. 예를 들면, 제과업체인 프리토레이사는 수요 데이터를 수집하여 평균수요와 편차를 조사하고 제품별 재주문점을 계산한다. 회사가 책정한 99.5%라는 높은 서비스 수준을 맞추기 위해 안전재고 보유량을 비용, 공간 등 다른 결정요인과 함께 고려해 산정하는 것이다.

안전재고는 이렇게 수요의 불확실성을 반영할 수 있으나 공급의 변동이 심할 때, 즉 구매하기 어렵거나 신뢰하기 어려운 업자와 거래할 때는 크게 도움이 되지 않는다. 또 품절의 후유증이 크고 노후화 문제가 있을 때는 이를 고려하여 안전재고 보유량을 정해야 한다.

(1) 서비스 수준의 결정

재고관리에서 서비스 수준은 고객에 대한 재고의 서비스 수준을 일컫는다. 재고의 서비스 수준은 고객의 요구에 대한 서비스율로 수요가 재고를 초과하지 않을 확률이다. 즉, 재고로 충당될 수 있는 주문 사이클의 비율을 말한다.[6]

$$\begin{aligned}\text{서비스 수준} &= 1-\text{품절확률}\\ &= 1-\text{위험 수준}(\alpha)\end{aligned}$$

예를 들어, 주문고객이 200명, 주문에 충족한 고객이 190명이라면 서비스 수준은 190/200=95%가 된다. 즉, 서비스 수준이 95%인 것은 수요가 리드타임 동안의 재주문점(ROP)을 초과하지 않을 확률이 95%가 된다는 뜻이며 상대적으로 품절확률(위험 수준)은 5%가 되는 셈이다([그림 10-8] 참조).

[그림 10-9]는 평균 재고수준과 서비스 수준을 나타내는 그림으로 이들은 비선형관계를 가진다. [그림 10-9]를 통해 알 수 있듯이 서비스 수준을 증가시키려면 보다 많은 재고수준을 증가시켜야 한다. 그리고 서비스 수준을 95%에서 99%(4%포인트)로 증가시키는데 무려 32%의 재고수준이 증가하여야 한다. 이러한 이유로 임의로 서비스 수준을 설정하는 것은 재고수준 증가로 인하여 큰 비용을 초래하게 된다. 따라서 경영진은 각 상황에서 서비스 수준과 재고수준과의 상쇄 관계(trade-off)를 고려해야 한다.

그렇다면 안전재고는 어느 정도 보유해야 하는가? 만약에 서비스 수준을 100%(품절확률 0%)로 하기 위해서는 무한대에 가까운 안전재고가 필요하다. 반면에 극단적으로 안전재고를 감소시키면 고객의 불평으로 기업의 이미지에 손상을 입게 된다.

6 김형준 외, 혁신 생산관리, 형설출판사, 2010, pp.747-748.

그림 10-8 ▌정규분포에서 서비스 수준과 품절확률

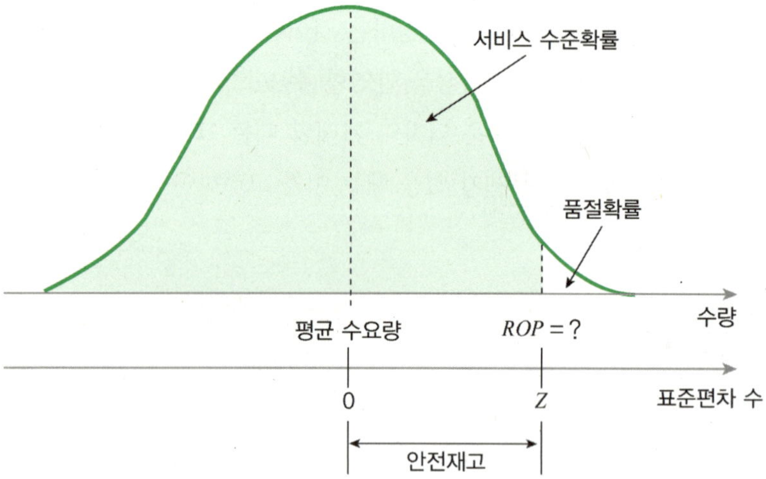

자료: J. Heizer and B. Render, *Operations Management*, 4th ed., Prentice-Hall, 1999, p.463.

그림 10-9 ▌평균 재고수준 대 서비스 수준(Q = 100, σ = 100)

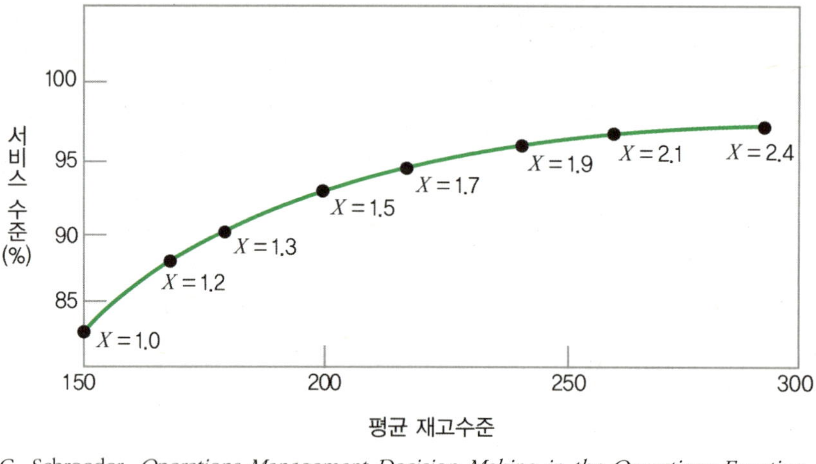

자료: R.G. Schroeder, *Operations Management Decision Making in the Operations Function*, 4th ed., McGraw-Hill, 1993, p.605.

(2) 안전재고의 결정

안전재고는 수요나 리드타임이 불확실한 경우 수요와 리드타임의 변동 폭과 서비스 수준에 따라 결정된다.[7]

7 상게서, pp.748-751.

가. 고정량 주문방식에서의 안전재고의 결정

안전재고를 보유하는 경우 주문점은 안전재고만큼 증가한다. 따라서 앞(본 절 1)에서 설명한 바와 같이 재주문점(ROP)은 다음과 같이 나타낼 수 있다.

$$\text{재주문점}(ROP) = \text{리드타임 동안의 평균수요}(\bar{d}) + \text{안전재고}(SS)$$
$$\text{안전재고}(SS) = \text{재주문점}(ROP) - \text{리드타임 동안의 평균수요}(\bar{d})$$

나. 수요가 정규분포일 경우 안전재고의 결정

먼저 리드타임은 일정하지만 리드타임 내 1일 수요는 상호 독립적이며, 수요의 변동은 정규분포를 이룬다고 가정하자. 정규분포는 평균과 표준편차에 의해 그 모양이 결정되므로 리드타임 동안의 수요의 평균과 표준편차를 알아야 한다. 수요가 정규분포일 경우 재주문점(ROP)은 일정한 서비스 수준으로 충족할 수 있는 최대수요와 같으므로 다음과 같이 나타낼 수 있다.

$$\text{재주문점}(ROP) = \bar{d} + Z\sigma_d$$

$\bar{d}$: 리드타임 동안의 평균수요
σ_d: 수요의 표준편차
Z: 수요의 평균($\bar{d}$)으로부터 ROP까지의 표준편차 계수(표준화 계수)

그리고 안전재고는 재주문점에서 평균수요를 뺀 것이므로 다음 식이 성립한다.

$$\begin{aligned}\text{안전재고}(SS) &= ROP - \bar{d} \\ &= (\bar{d} + Z\sigma_d) - \bar{d} \\ &= Z\sigma_d\end{aligned}$$

따라서 안전재고는 Z와 수요의 표준편차의 곱으로 나타낼 수 있다. 예를 들어, 어느 품목의 수요변동이 정규분포를 이루고 리드타임의 평균수요가 2,500, 표준편차가 15일 때 안전재고와 재주문점을 계산해 보자(단, 경영자는 95%의 서비스 수준을 설정하였다).

먼저 95%의 서비스 수준에 해당하는 Z값은 1.65([부록 2] 표준정규분포표 참조)이다. 이 경우 안전재고를 구하고 그다음으로 재주문점을 다음과 같이 계산할 수 있다.

$$안전재고(SS) = Z\sigma_d = 1.65 \times 15 = 24.75$$
$$재주문점(ROP) = \bar{d} + Z\sigma_d = 2{,}500 + 24.75 = 2{,}524.75$$

다. 1일의 수요분포가 제시될 경우 안전재고의 결정

리드타임 중의 수요분포가 직접 제시되지 않고 1일의 수요분포가 주어진 경우(단, 1일의 수요분포는 정규분포를 이루고 그 평균과 표준편차는 확정적이다)를 생각해 보자.

리드타임의 수요평균과 표준편차는 다음과 같다.

$$리드타임\ 수요의\ 평균 = \bar{d}LT$$
$$리드타임\ 수요의\ 표준편차 = \sigma_d \sqrt{LT}$$

$\bar{d}$: 1일 평균수요
σ_d: 1일 수요의 표준편차
LT: 리드타임(조달기간)

따라서 안전재고(SS)와 재주문점(ROP)은 다음 식으로 나타낼 수 있다.

$$안전재고(SS) = Z\sigma_d \sqrt{LT}$$
$$재주문점(ROP) = \bar{d}LT + Z\sigma_d \sqrt{LT}$$

예제

H편의점에서 어느 특정 식품이 하루에 평균 70개가 팔리고 있다. 이 식품은 K회사로부터 구입하는데 주문 후 5일 만에 도착한다(단, 리드타임 기간 중의 수요는 정규분포를 이루고 있으며 1일 판매수량의 표준편차는 10이고, 주인은 99%의 서비스 수준을 설정하고 있다).

(1) 안전재고를 구하라.
(2) 재주문점을 구하라.
(3) 품절위험을 5%로 설정했을 경우에 안전재고와 재주문점을 구하라.
(4) 재주문점을 400개로 정하면 이때의 서비스 수준은 얼마인가?

| 풀이 |

$\bar{d}$ (1일수요의 평균) = 70 σ_d (1일수요의 표준편차) = 10

LT(리드타임) = 5 Z = 2.33(서비스 수준이 99%일 때)

(1) $SS = Z\sigma_d\sqrt{LT} = 2.33(10)\sqrt{5} = 52.10 \fallingdotseq 52$개

(2) $ROP = \bar{d}LT + Z\sigma_d\sqrt{LT} = 70(5) + 52 = 402$개

(3) $Z = 1.65$(품절위험이 5%일 때 서비스 수준은 95%임)

$SS = Z\sigma_d\sqrt{LT} = 1.65(10)\sqrt{5} = 36.90 \fallingdotseq 37$개

$ROP = \bar{d}LT + Z\sigma_d\sqrt{LT} = 70(5) + 37 = 387$개

(4) $Z = \dfrac{ROP - \bar{d}LT}{\sigma_d\sqrt{LT}} = \dfrac{400 - 70(5)}{10\sqrt{5}} = 2.24$

$Z = 2.24$이므로 표준정규분포표(부록 2)를 이용하면 0.9875이다. 따라서 서비스 수준은 98.75%이며, 품절확률은 1 − 0.9875 = 0.0125가 된다.

라. 정기적 주문방식에서의 안전재고의 결정

1일의 수요분포는 정규분포를 이루고 그 평균과 표준편차가 확정적이라는 가정하에 안전재고는 다음과 같이 구한다.

$$SS = Z\sigma_d\sqrt{(T + LT)}$$

$\bar{d}$: 1일 평균수요
σ_d: 1일 수요의 표준편차
T: 주문 주기(주문 간격)
LT: 리드타임(조달기간)
Z: 서비스 수준에 따른 표준화 계수의 값

마. 기타

이 외에도 안전재고의 결정은 경험적 수요분포가 주어질 경우, 수요와 리드타임이 변동할 때, 수량 기준의 서비스 수준이 제시될 때 등 여러 조건하에서 구할 수 있다.

5. 종속수요의 재고관리

1) 자재소요계획(MRP)

(1) MRP의 의의와 성격

자재소요계획(Material Requirements Planning: MRP)이란 1960년대 미국의 IBM사의 오릭키(J.A. Orlicky)에 의하여 개발된 자재관리 및 재고통제 기법으로, 종속수요 품목의 소요량과 소요 시기를 결정하기 위한 전산화된 경영정보시스템을 말한다. 협의로 종속수요 품목에 대한 현장 주문(제조주문)이나 구매주문이 적시에 이루어지도록 통제하는 자재관리시스템이라 할 수 있다.

MRP는 최종제품의 수량과 재고수준에 관한 정보를 이용하여 원자재, 중간조립품, 부품 등(무엇)에 대하여 언제(소요 시기), 얼마나(소요량) 필요한가에 관한 계획을 수립하여 효율적인 재고통제와 일정관리를 가능하게 한다. MRP는 발주와 일정계획을 다루기 위해 설계된 것으로 재고관리의 일정계획법에 해당한다.

한편 MRP의 성격은 다음과 같다.[8]

① 종속 품목을 대상: MRP는 종속수요 품목의 재고관리시스템이다.

② 재고관리 및 일정계획에 관한 시스템: MRP는 발주와 일정계획을 다루기 위해 설계된 것으로 재고관리 및 일정계획법에 속한다. MRP는 주일정계획(MPS)을 기초로 최종제품에 필요한 구성 품목의 소요 일정을 나타낸다.

③ 전산화된 경영정보시스템: MRP는 전산화된 정보시스템으로 MRP 운영 시 많은 자료처리가 요구된다.

④ 컴퓨터통합생산(CIM)에 큰 영향을 줌: MRP의 확장인 MRP Ⅱ는 컴퓨터통합생산(CIM) 개발에 크게 이바지하였다.

2) MRP의 목적과 기능

(1) MRP의 목적

MRP의 목적은 효율적인 재고통제로 재고수준을 감소시키는 데 있다. 어느 품목이 언

8 상게서, pp.792-793.

제(적기), 얼마나(적량) 필요한가를 파악함으로써 효율적인 재고통제가 이루어지고, 그 결과로 재고수준을 감소시킴으로써 재고투자비용을 절감할 수 있다.

(2) MRP의 기능

① 발주정보제공: 소요 자재의 품목, 발주 시기, 발주량을 알려준다.

② 우선순위계획 수립 시 정보제공: 어떤 자재가 언제 필요한가를 결정하는 우선순위 계획 수립 시 정보를 제공한다. 따라서 납기의 엄수, 납기 내 주문이 가능하다.

③ 생산능력계획 수립 시 정보제공: 생산시스템의 정확한 유효능력의 파악, 각 작업장의 완료된 부하 파악 등 생산능력계획 시 정보를 제공한다.

④ 설비 가동능률의 개선: 유휴시간의 감소로 설비 가동능률을 개선한다.

⑤ 생산기능의 통합: MRP는 제품 수요, 개별생산 일정계획, 구매, 재고관리 등과 직접적으로 연결되어 통합기능의 성격을 가진다([그림 10-10] 참조).

그림 10-10 ▌생산기능을 통합하는 MRP

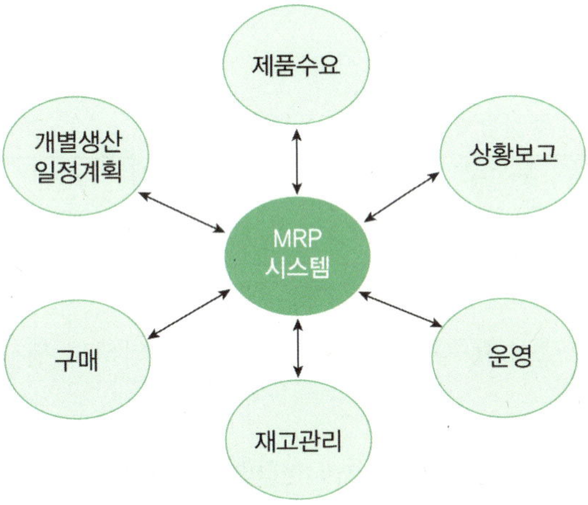

자료: M.M. Davis and J. Heineke, *Operations Management, Integrating Manufacturing and services*, 5th ed, McGraw-Hill, 2005, p.543.

3) MRP 시스템의 구조

(1) MRP 시스템의 투입정보

MRP 시스템에 투입되는 가장 중요한 요소는 **주일정계획**(Master Production Schedule: MPS)으로서 최종품목의 완성 일정을 가리키며 여기에 나타난 시간 및 수량 정보가 전체 MRP 시스템을 가동한다. 그다음 자재명세서(Bill of Materials: BOM)는 상품을 생산하는 데 필요한 자재와 그 수량인 하위품목의 구성을 나타내고, 재고기록 파일(Inventory Record File: IRF)은 재고보유고를 보여준다. 이상 세 가지가 가장 중요한 투입 요소이며, 그다음 각 품목에 대한 리드타임, 발주량, 폐기율, 안전재고 등의 추가정보를 담고 있는 개별품목 파일이 이용될 수 있다.

가. 주일정계획(Master Production Schedule: MPS)

주일정계획은 기본일정계획(Master Schedule: MS)이라고도 하며 투입 요소 중 가장 기본적인 것으로, 최종제품에 대한 생산 수량과 생산 일정에 관한 총괄적인 종합계획이다([표 10-3] 참조).

표 10-3 ▌최종제품(X)의 주일정계획

주(週)	1	2	3	4	5	6	7	8	9	10
수량				1,500					2,000	

MRP는 이를 중심으로 소요 자재의 기간별 수량을 파악하고 생산 및 구매주문에 대한 계획을 수립한다.

주일정계획(MPS)에서 계획대상기간(planning horizon)은 단위 시간대(time bucket) 또는 시간 간격으로 나눌 수 있는데, 일반적으로 주별로 이루어지고 있다. 그리고 계획기간의 종료는 일괄하여 정할 수 없으나 계획대상기간 내에 누적리드타임(조달, 제조, 조립 기간의 합계)이 포함되어야 한다.

주일정계획(MPS)은 수요예측과 확정된 주문이나 개략적인 총괄생산계획을 기초로 작성되는데 '생산능력'의 의미보다 '생산요소'를 기준으로 하고 있다. 예를 들어, MPS에 최종품목이 4주에 1,500개 필요하다는 것은 1,500개의 생산능력의 여부보다 단지 4주의 필요소요량을 나타낸다고 할 수 있다. 그리고 MPS는 최종품목의 생산량을 나타내며, 생산계획과 경쟁우선순위에 맞게 수립하여야 한다.

나. 자재명세서(Bill Of Materials: BOM)

자재명세서는 최종품목 한 단위 생산에 소요되는 구성 품목(원자재, 부품, 중간조립품)의 종류와 수량을 명시한 것으로 **제품구조 파일**(product structure file)이라고도 한다. 최종품목은 각각 개별 자재명세서를 가지는데, 그 목록은 계층적으로 구성되어 있다.

제품구조를 명확하게 나타내기 위해 **제품구조도**(product structure tree)를 사용하는데, 이때 피라미드형의 제품구조도가 널리 사용된다. 제품구조도는 계층적(hierarchical) 단계로 표시되며 각 단계의 해당 품목은 상위품목의 구성 품목이면서 동시에 하위품목의 모 품목(parent item)이 된다. 단계는 최종제품(단계 0)에서 시작하여 하위품목으로 내려가면서 순차적으로 진행된다([그림 10-11] 참조).

그림 10-11 ▌최종제품(X)의 제품구조도

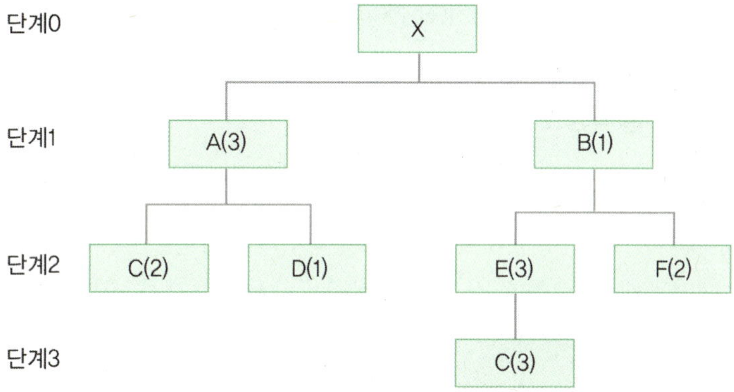

[그림 10-11]에서 보는 바와 같이 최종제품(X) 1단위는 서로 다른 6개의 부품(A~F)으로 구성되어 있는데, 제품 X를 1단위 생산하기 위해 A가 3단위, B가 1단위, 품목 A는 C가 2단위, D가 1단위, 품목 B는 E가 3단위, F가 2단위 필요하다.

제품구조도에 근거하여 최종제품 X를 1단위 생산하는 데 소요되는 품목별 수량을 파악하면 [표 10-4]와 같다. 만약 최종제품(X)이 1,500단위 필요하다면 각 소요량에 1,500을 곱하면 된다.

표 10-4 ▌최종제품(X)의 1단위에 필요한 품목별 소요량

품목	계산과정	소요량
A	1(X)×3(A)	3
B	1(X)×1(B)	1
C	1(X)×3(A)×2(C) = 6단위, 1(X)×1(B)×3(E)×3(C) = 9단위	15
D	1(X)×3(A)×1(D)	3
E	1(X)×1(B)×3(E)	3
F	1(X)×1(B)×2(F)	2

다. 재고기록 파일(Inventory Record File: IRF)

재고기록 파일은 일명 **재고상황 파일**(Inventory Status File)이라고도 하는데, 이는 품목별 재고상태에 관한 정보를 기록한 파일로 보유재고와 발주 중인 재고의 크기를 파악할 수 있다. 재고기록 파일의 표준양식은 없으나 일반적으로 상단에는 해당 품목에 대한 주요 3가지 계획요인, 즉 주문량, 리드타임, 안전재고를 기록하고, 중앙에는 수령예정량, 현재 재고보유량, 발주계획량 등 상세한 재고 현황자료를 기록한다.

(2) MRP 시스템의 출력정보

MRP 시스템의 결과로 나타나는 출력으로는 기본적인 1차 보고서인 계획발주, 계획변경, 주문취소, 재고상태 데이터 등이 나타나며, 2차 보고서로는 계획보고서(미래 재고계획에 사용될 **페깅**,[9] 재고 예측과 소요량 산정정보), 성과보고서(리드타임, 수량, 비용정보), 그리고 예외상황보고서(실수, 과다 폐기, 부재 부품, 주문지연 등의 이상 상황)가 출력되어 재고관리자에 도움을 준다.

[그림 10-12]에는 MRP의 투입과 출력이 도시되어 있다.

9 페깅(pegging)이란 최종상품을 하위구성품으로 분해하는 자재명세서(BOM)와 정반대로 하위구성품이 어느 상위품목에 사용되는가를 역추적하는 것이다. 이는 자재 부족 등 이상 상황이 발생했을 때 여기에 영향받을 품목을 밝히는 중요한 기능을 한다.

그림 10-12 ▌MRP의 투입과 출력

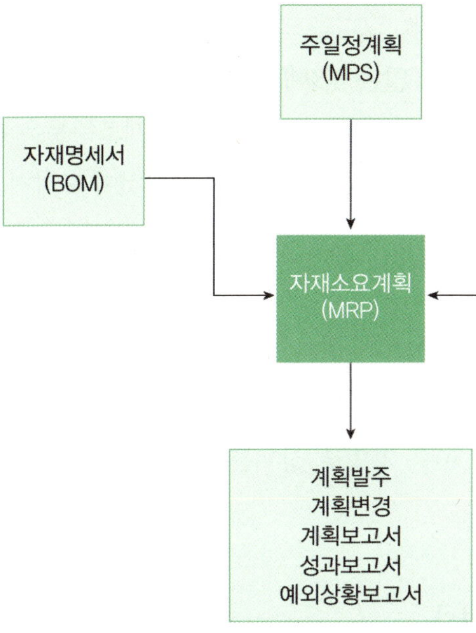

4) MRP 시스템의 운용

MRP 시스템의 처리 과정은 주일정계획(MPS)으로부터 최종품목의 소요량을 파악하고, 자재명세서(BOM)와 재고기록 파일(IRF)의 정보를 이용하여 구성 품목의 소요량과 납기 예정일을 결정한 후, 조달기간을 고려하여 발주계획의 시기를 결정한다. MRP 시스템을 체계적으로 수행하기 위해 MRP 양식([표 10-5]) 참조)을 사용한다.

표 10-5 ▌MRP 양식

품목 \ 조달기간	1주	2주	3주	4주	5주	6주	7주	8주
총소요량		100						
예정수취량		20						
현재고량		10						
순소요량		70						
계획수취량		70						
계획주문발주량	70							

[표 10-5]를 참조하여 MRP 시스템 처리 과정을 간단히 살펴보기로 한다. 먼저 MPS로부터 총소요량을 결정하고(2주, 100개), 그다음으로 총소요량에서 기말에 남은 재고(보유재고량 10)와 주문했으나 도착하지 않은 양(예정수취량 20)을 감하게 되면 순소요량(= 70)이 된다. 순소요량을 충족시키기 위해 구매주문 또는 제조주문은 리드타임(LT= 1로 가정)을 고려하여 발주하고(계획주문발주, 1주 전 70), 이것이 도착하면 계획수취량(= 70)이 된다.

(1) 총소요량(gross requirements)

총소요량은 각 기간에 예상되는 총수요를 뜻하는데 최종제품의 소요량은 MPS에 주어져 있다. 구성품의 총소요량은 BOM을 기초로 '상위품목의 주문계획량 × 상위품목 단위당 구성품 소요량'으로 구한다.

(2) 순소요량(net requirements)

순소요량은 주일정계획에 의하여 발생한 수요를 충족시키기 위해 새로 계획된 주문으로 충당해야 할 수량을 말한다. 이때 조달기간을 고려해야 하고 발주 일자는 '납기 예정일 − 조달기간'으로 계산한다. t 기의 순소요량은 다음과 같이 계산한다.

$$\begin{aligned} \text{순소요량}_t &= \text{총소요량}_t - \text{현재고량}_t \\ &= \text{총소요량}_t - (\text{예정수취량}_t + \text{현재고량}_{t-1}) \end{aligned}$$

(3) 보유재고량(projected on hand inventory)

보유재고량은 주문량을 인수하고 총소요량을 충족시킨 후 기말에 남는 재고량으로 현재 이용 가능한 기초재고량이다.

(4) 예정수취량(scheduled receipts)/인수예정량/예정입고/발령된 주문

예정수취량은 주문은 했으나 아직 도착하지 않은 주문량으로 리드타임 후 납품이 예정된 양을 말한다.

(5) 계획수취량(planned receipts)/계획된 수주량/수주계획/계획주문입고

계획수취량은 초기에 보충되어야 할 계획된 주문량이다.

(6) 계획주문발주(planned order releases)/계획된 발주/주문계획(량)

계획주문발주는 필요시 수령이 가능하도록 구매주문이나 제조주문을 통해 발령하는 수량으로 계획수취량과 같다. 다만 그 시기는 납기 예정일에서 조달기간을 차감한다. 계획주문발주가 시작되면 MRP의 구성 품목별 소요 시기와 발주량이 비로소 제시되는 셈이다.

[MRP 시스템의 적용사례]

K 회사는 완제품 X를 5주 초에 100개, 10주 초에 200개 납품해야 할 주문을 받았다. 그런데 제품 X는 두 개의 부품 A와 B로 구성되어 있다. 부품 A와 B는 1주의 리드타임이 소요되며, 두 부품(2개의 부품 A와 3개의 부품 B)을 조립하여 1개의 완성품을 만드는 데에는 1주가 소요된다. 1주에 부품 A가 50개, B가 30개 입고될 예정이며, 부품 A와 B의 현 재고는 각각 20개, 5개이다.

(1) 완제품 X의 주일정계획(MPS) 작성

완제품 X의 MPS

주	1	2	3	4	5	6	7	8	9	10
수량					100					200

(2) BOM 작성

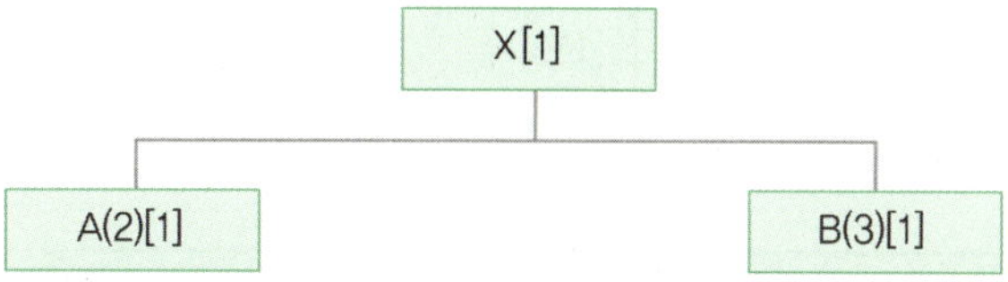

( ), [ ]는 각각 수량, 리드타임을 의미

(3) MRP 계획

① 완제품 X: 먼저 완제품(X)의 주일정계획(MPS)을 보면 5주째 100개가 필요하다. 따라서 총소요량은 100개가 되고 예정수취량과 현재고량이 없으므로 순소요량 역시 100개가 된다. 순소요량은 계획수취량과 같은 크기로 발주하게 되는데 리드타임(LT)이 1주이므로 4주 초에 발주해야 한다. 따라서 부품 A와 B는 4주째 완성되어야 한다.

② 부품 A: 완제품 X, 1단위 완성에 부품 A는 2단위 소요되므로 4주째 100 × 2 = 200 단위가 총소요량이 되고, 여기서 예정수취량(50)과 현재고량(20)을 감한 것이 순소요량(130)이 된다. 순소요량은 계획수취량이 되어 리드타임이 1주이므로 3주 초에 발주하게 된다.

③ 부품 B의 경우도 같은 원리이다([표 10-6] 참조).

표 10-6 ▌MRP 계획

(a) 완제품 X의 MPS

주	1	2	3	4	5	6	7	8	9	10
수량					100					200

(b) 완제품 X: LT=1

	1	2	3	4	5	6	7	8	9	10
총소요량					100					200
예정수취량										
현재고량										
순소요량					100					200
계획수취량					100					200
계획주문발주				100					200	

(c) 부품 A: LT=1

	1	2	3	4	5	6	7	8	9	10
총소요량				200					400	
예정수취량	50									

현재고량	70	70	70	70						
순소요량				130					400	
계획수취량				130					400	
계획주문발주			130					400		

(d) 부품 B: LT=2

	1	2	3	4	5	6	7	8	9	10
총소요량				300					600	
예정수취량	30									
현재고량(5)	35	35	35	35						
순소요량				265					600	
계획수취량				265					600	
계획주문발주			265					600		

5) MRP 시스템의 이점

MRP 시스템의 활용은 컴퓨터를 기초로 하는 정보시스템의 구축이라 할 수 있다. 따라서 큰 비용이 소요된다. 그런데도 기업은 MRP를 활용하여 고수익을 올리고 있는 것은 MRP 시스템이 주는 이점이 크기 때문이다.

① 재고 감소로 재고투자비용의 절감: 최종품목에 대한 종속 품목의 사용량이 정확하게 계산되므로 재고 감소로 재고투자비용을 최소한 절감할 수 있다. MRP 시스템이 필요할 때는 물론(순환변환시스템 사용), 주기적으로(재생시스템 사용) 재고를 통제함으로써 재고 감소가 이루어진다. 따라서 안전재고와 완충재고가 없어지게 된다.

② 고객에 대한 서비스 개선: 고객 주문에 대한 정확한 시점에서의 납기 완수, 납기 단축 및 재고 부족의 감소로 고객에 대한 서비스를 개선할 수 있다.

③ 설비가동률의 향상: 안정적인 생산계획과 유휴시간의 감소로 설비가동률을 높일 수 있다.

④ 재고회전율의 향상: MPS, BOM, IRF 등의 정보를 이용하여 주문량의 조정 및 독촉을 통하여 재고회전율을 향상할 수 있다.

⑤ 변화에 대한 높은 유연성: 시장변화에 따라 신속하게 주일정계획을 변경할 수 있어 시장수요에 대한 신속한 대응이 가능하다.

⑥ 기타, 리드타임의 단축 등

6) MRP 시스템의 성공적 운영을 위한 전제조건

MRP 시스템의 많은 이점은 컴퓨터시스템의 활용으로 가능하다. 효율적인 MRP 시스템의 구축과 성공적인 운영을 위한 몇 가지 전제조건을 제시하면 다음과 같다.

① 컴퓨터의 지원: MRP 시스템은 컴퓨터의 지원 없이는 비현실적이다. MRP 시스템을 구축하여 운영할 때 자료입력, 파일보수 및 자료의 통합을 위해 많은 시간이 필요하며(보통 1년 이상), 특히 많은 양의 자료처리는 고비용을 발생시킨다.

② 입력정보의 정확성 및 대응성: MRP 시스템의 입력정보인 MPS, BOM, IRF에 대한 정확성이 요구되고, MPS 작업은 생산공정 변경은 물론 물류관리 등에 따라 신속하게 대응할 수 있도록 설계되어야 한다.

③ CEO의 확고한 의지와 종업원의 교육 · 훈련: MRP 시스템의 구축은 무엇보다도 CEO의 확고한 의지와 충분한 지원이 필요하다. 또한 MRP 시스템의 효율적인 실행을 위해 전 사원의 교육 · 훈련이 전제되어야 한다.

6. 능력소요계획(CRP)

능력소요계획(Capacity Requirements Planning: CRP)은 주일정계획(MPS)으로 나타난 생산계획이 과연 타당성이 있는가를 확인하는 과정이다. 이를 위해 MPS를 기초로 필요한 소요 능력을 산출하고 생산라인의 기간별 · 작업장별 부하(loading)를 파악하여 가용생산능력을 산정하는 것이다. 결국 MRP의 발주계획이 CRP에 의해 기간별 · 작업장별 · 능력소요량(부하)으로 환산되는 것이다. 따라서 CRP의 목적은 MRP의 작업계획과 실제 생산능력 간의 균형을 유지하도록 하는 데 있다.[10]

10 김형준 외, 전게서, pp.819-824.

MRP(자재소요계획) → CRP(MPS의 타당성 검토)

CRP는 MRP의 주일정계획을 가용 생산능력에 맞게 생산계획을 조정하고, 그 결과에 따라 자재소요계획을 다시 수립해야 한다. 즉, 생산능력소요계획과 발주계획을 비교하여 계획에 차질이 발생하지 않도록 하는 일종의 정보시스템 역할을 한다. CRP에 대한 입·출력통제는 입력과 출력을 비교하여 이루어지는데, 차이가 날 때 잔업, 유휴시간 사용, 작업교체, 하도급 등의 수정조치를 취하게 된다.

MRP(자재소요계획)와 CRP(능력소요계획)의 관계를 살펴보면 다음과 같다.

① MRP는 기본적인 재고관리만, CRP는 재고관리 및 생산능력 관리를 포함한다.

② MRP는 개방루프시스템(open-looped system)을, CRP는 폐쇄루프시스템(closed-looped system)을 형성한다. MRP와 CRP가 서로 연결됨으로써 비로소 정보의 피드백 관계가 발생하고(자재소요계획 ↔ 능력계획), 이때 폐쇄루프시스템인 CRP는 MRP의 하위시스템이 된다.

③ MRP는 CRP의 입력에 해당하며, CRP는 MRP의 타당성을 확인하는 수단이다. 즉, MRP의 처리결과를 입력하여 CRP가 전개된다.

1) 제조자원계획(MRP Ⅱ)

제조자원계획(Manufacturing Resources Planing: MRP Ⅱ)은 1980년대 MRP로부터 발전되었는데 기존의 MRP(자재소요계획)에 생산능력계획(CRP)과 생산자원관리를 포함한 것으로 기능적 측면에서 다음과 같이 나타낼 수 있다.

제조자원계획	=	자재소요계획	+	능력소요계획	+	생산자원관리
(MRP Ⅱ)		(MRP)		(CRP)		

MRP Ⅱ의 첫 번째 의도는 재무적 수치를 산출하는 폐쇄루프시스템을 통해 제조업의 모든 자원, 즉 생산, 마케팅, 재무, 엔지니어링 등을 계획하고 관찰하는 데 있다. 즉, MRP Ⅱ는 재무부문의 결합은 물론이고, 기타의 핵심 지원 프로세스와 결합한다는 의미이다.

그리고 두 번째 의도는 생산시스템을 모의실험해 본다는 것으로 '모의실험을 통한 시나리오 분석(what if scenario)'을 실시한다는 것이다. 예를 들면, 주일정계획을 변경했을 때 까다로운 공급자의 공급량은 어떻게 변할 것인가? MRP 계획을 원가시스템과 결합하면 매출액, 제조원가는 얼마 정도의 크기가 될까? 등의 분석이 가능하다.

이러한 MRP Ⅱ의 특징은 다음과 같다.

① MRP의 확장으로 통합된 시스템이다.

MRP Ⅱ는 자재소요계획, 우선순위계획, 생산능력계획, 생산자원을 통합한 통합시스템이다.

② 전사적인 관점에서 총괄 의사결정시스템이다.

MRP Ⅱ는 재고, 생산, 구매, 마케팅, 재무 및 기술 부문과 신속하게 정보를 통합하고 공유하여 총괄 의사결정시스템을 이룬다.

③ 폐쇄루프시스템 형태를 취한다.

MRP Ⅱ는 기존의 자재소요계획, 우선순위계획, 생산능력계획을 포함하기 위해 정보의 피드백이 가능한 폐쇄루프시스템 형태를 취한다.

④ MRP Ⅱ 패키지는 Manufacturing Management Ⅱ(Hewlett-Packard), MAC-PAC system(Arthur Andersen), MAPIC(IBM) 등이 있다.

4) 전사적자원관리(ERP)

(1) ERP의 정의

전사적자원관리(Enterprise Resources Planning: ERP)는 첨단 정보기술시스템으로 오늘날 세계 각국의 여러 기업에서 전략적 차원에서 도입하여 운영하고 있다. ERP는 학자, 학회, S/W 공급업체 등에 의해 서로 다른 관점에서 정의되고 있다. 일반적으로 전사적자원관리(ERP)란 종래 독립적으로 운영되어 온 생산, 유통, 재무, 인사 등의 단위별 정보시스템을 하나로 통합하여, 수주에서 출하까지의 공급망과 기간 업무를 지원하는 통합된 자원관리시스템을 말한다. 또한 ERP는 종래의 MRP Ⅱ 기능에서 기업의 기간 업무기능(마케팅, 재무, 인사 등)을 지원하는 통합정보시스템을 의미한다.

전사적자원관리(ERP) = MRP Ⅱ + 기업의 기간 업무(마케팅, 재무, 인사 등)

(2) ERP의 발전과정

MRP는 1980년대 제조자원계획인 MRP Ⅱ로 발전하였으며, MRP Ⅱ는 1990년대에 ERP라는 새로운 시스템으로 발전하였다. 그리고 ERP는 2000년대 와서 기업 간 경영혁신을 최적화하기 위해 기존의 MRP의 기본기능에 기술적 사항을 추가한 '**확장형 ERP**'[11]로 발전하였다([표 10-7] 참조).

표 10-7 ❙ ERP의 발전과정

구분	MRP	MRP Ⅱ	ERP	Exended ERP
등장	1970년대	1980년대	1990년대	2000년대
명칭	자재소요계획	제조자원계획	전사적자원관리	기업 간 자원활용의 최적화
관리업무	자재/재고관리	MRP＋CRP＋생산자원관리	MRP＋CRP＋생산자원관리＋공급망관리＋기간업무관리	(MRP＋CRP＋생산자원관리＋공급망관리＋기간업무관리) 기업 간 자원활용의 최적화
관리대상	자재	자재, 기계, 요원 등	기업 내 모든 자원	기업 내 모든 자원
적용범위	공장 내	기업 내	기업 내	기업 내, 기업 간
목적	재고최소화	원가절감	경영혁신	경영혁신, 글로벌화

(3) ERP의 특징

① 통합시스템: 수주에서 출하까지의 공급망과 생산, 마케팅, 재무, 인사 등의 기업의 모든 기간 업무를 지원하는 통합시스템이다.

② 실시간 정보처리체계의 구축: 단위별 응용프로그램들이 서로 통합, 연결되어 중복업무를 배제하고 실시간 정보처리체계를 구축할 수 있다.

③ 기업 간 자원 활용의 최적화 추구: EDI, CALS, 인터넷 등으로 기업 간 연결시스템을 확립하여 기업 간 자원 활용의 최적화를 추구할 수 있다.

11 확장형 ERP(Extended ERP): ERP 시스템의 기본기능(생산, 물류, 회계, 인사 등)에 기능적, 기술적 사항을 가한 발전된 개념이다. 확장형 ERP의 구성요소는 기본형 ERP 시스템, 인터넷을 기반으로 하는 e-비즈니스자원시스템(지식경영시스템, 의사결정지원시스템, 중역정보시스템, 고객관계관리 등) 및 전략적 기업경영(SEM)시스템으로 이루어진다.

④ 경영혁신의 도구와의 연계: ERP는 BPR(Business Process Reengineering)[12]과 연계되어 경영혁신의 도구로 사용된다. 즉, 비즈니스 프로세스 모형을 이용하여 자사의 업무를 분석하고, 나아가 BPR의 재설계 및 실현에 도움을 준다.

⑤ 오픈 클라이언트 서버 시스템(open client server system): 대부분 ERP 시스템은 특정 H/W 업체에 의존하지 않는 오픈 클라이언트 형태를 채택하고 있다. 따라서 서로 다른 복수의 H/W 업체의 시스템을 조합하여 다중업체(multi-vendors)를 구성할 수 있다.

⑥ 기타 기술적 특징으로 제4세대 언어(4GL), CASE tool, 관계형 DB 채택, 객체지향기술의 사용 등이 있다.

(4) ERP 도입의 효과

① 대 고객 서비스의 개선

② 업무의 통합화 달성으로 효율성 증대
- 생산관리 측면: 생산성 향상, 재고의 최소화, 리드타임의 감소, 생산소요시간의 단축 등
- 마케팅 측면: 유통비용의 감소, 매출액 증가 등
- 재무관리 측면: 수익성 개선(원가절감) 등
- 인사관리 측면: 적재적소의 인원 배치, 업무의 효율화 등

③ 경영관리의 효율성 증대: BPR의 혁신, 투명경영, 최신 정보기술의 도입 등

5) 유통소요계획(DRP)

유통소요계획(Distribution Requirements Planning: DRP)은 유통 네트워크에 MRP의 논리를 적용한 재고관리 방식으로 일명 분배요구계획이라고도 한다.

유통 네트워크의 구성은 편의상 2단계로 구분하여 상위유통센터(또는 중앙유통센터)와 하위유통센터로 구분하고 있다. 소매점에서 하위유통센터에 주문을 요청하면 하위

12 송병선 · 김종원, 경영전략과 기업혁신, 도서출판 청람, 2017, p.167. "BPR은 비용, 품질, 서비스, 속도 등으로 측정될 수 있는 기업의 성과를 급격히 향상하기 위해서 현재의 업무 프로세스를 근본적으로 재검토하고 혁신적으로 재설계하는 경영혁신기법"이다.

유통센터는 각 제품의 소요량을 파악하고 이를 상위유통센터(또는 공장)에서 조달기간을 차감하는 시간 차감(time phasing)으로 총소요량을 계산하는데, 이 과정에 MRP 원칙을 적용할 수 있다.

DRP 시스템은 소매점의 주문요청 품목이 비록 독립수요이지만 이를 종속적이고 일괄적인 것으로 전제하고 MRP 원칙을 적용하는 것이다. 그 결과 수요의 불안정을 줄여 재고수준을 조절하여 고객 서비스를 향상할 수 있다.

(1) 풀시스템(pull system)

풀시스템은 유통 네트워크의 하위유통센터가 상위유통센터의 제품(재고)을 끌어당기는(pull) 공급방식이다. 또한 정보의 흐름 역시 아래에서 위로의 일방통행으로 이루어진다. 이 경우 중앙유통센터에는 아래 단계의 수요가 불규칙한 형태로 나타나 재고 부족에 대비하여 항상 대량의 안전재고를 준비해야 한다.

(2) 푸시시스템(push system)

푸시시스템은 중앙유통센터가 수요를 예측하여 가용재고를 하위유통센터로 밀어내는(push) 방식이다. 즉 중앙유통센터가 각 네트워크의 수요를 예측하고 필요한 수량을 할당하는 것으로, 중앙유통센터가 재고 보충을 계획하고 결정하는 것이 된다.

7. ABC 재고관리 방식

1) ABC 재고관리의 개념

제품생산에 사용되는 자재 종류는 다양하다. 제품이 다양화됨에 따라 사용되는 자재의 품목 수는 계속 늘어나고 있어 자재관리 또는 재고관리는 더욱 복잡해지고 있다. 이들 다종다양한 자재의 전 품목에 대해서 일일이 관리하는 번거로움을 되도록 덜고 또 그것이 능률적으로 행해질 수 있도록 자재의 중요도나 가치를 중심으로 자재의 품목을 분류해서 적절한 관리시스템을 적용할 필요가 있다.

자재의 구매 또는 재고관리에 통계적 방법을 적용하여 물품의 중요도에 따라 차별적으로 관리하는 방식을 가리켜 ABC 관리방식(ABC control method)이라 한다. 이를테면 자재의 품목별 연간 사용액을 산출해서 품목별 금액이 가장 높은 자재의 그룹을 A급 자재, 그다음으로 높은 그룹을 B급 자재, 그리고 낮은 그룹을 C급 자재로 구분하여 그들 중요도에 따라 차별 관리하는 방식이다.

분류기준은 기업에 따라 다소 차이가 있지만, 개략적으로 A 범주는 전체 항목의 20% 이내로서 구매금액의 60~70% 이상을 차지하며, B 범주는 20~30%로 20~30%의 금액을 차지하고, C 범주 항목은 60~70%가 10% 내외의 비중을 차지한다([표 10-8], [그림 10-13] 참조).

표 10-8 ▎ABC 등급의 분류

등급	내용	전 품목에 대한 비율	총가치에 대한 비율
A	고가치품	10~20%	60~70%
B	중가치품	20~30	20~30
C	저가치품	60~70	5~10

그림 10-13 ▎ABC 분류법

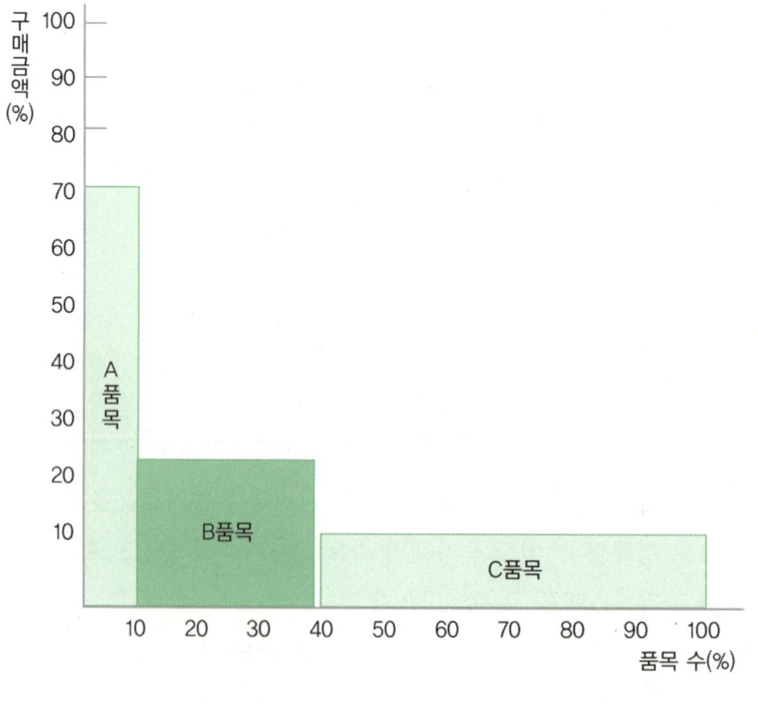

예를 들어, 치킨전문점 KFC의 경우 매일 아침 지난주 요일별 수요를 분석하여 발주량을 계산한다. A 품목은 원가 비중이 높고 신선도가 중시되는 품목으로서 치킨, 빵, 야채 등이고, B 품목은 기름, 쇼트닝, 그리고 C 품목은 냅킨이나 포장지 같은 소모품이 대표적이다.

2) ABC 재고관리의 품목별 관리방법

① A급 자재에 대해서는 엄격한 재고관리시스템을 적용한다. 수시로 필요한 수량과 재고수준을 검토하여 엄격한 재고관리를 하여야 하므로 주문 간격이 짧은 정기적 주문방식을 적용한다. 중소기업에서와 같이 자금 사정이 원활치 못한 경우에는 필요할 때 필요량만을 보충 발주하는 때도 있다. 정기적 주문방식을 적용할 때 안전재고의 비중이 높아질 가능성이 있으므로 발주 빈도를 늘리고 품절의 위험이 없는 한도 내에서 재고를 최소한 줄이도록 노력해야 한다.

② B급 자재는 A급 자재에 비해서 중요도가 낮은 중간 가치의 부품이므로 일반적인 보통 수준의 재고관리시스템을 적용한다. 가령 고정량 주문방식에 의해서 경제적인 구매와 재고 유지를 하는 것 등이다.

③ C급 자재는 품목이나 재고량은 많지만, 저가 가치의 부품이므로 정기적 주문방식과 같은 간단한 관리시스템을 적용하는 것이 일반적이다. 가령 안전재고를 충분히 고려하여 경제적인 수준에서 수개월 분을 일괄 구매하는 것 등이다

한편 ABC 재고관리 방식은 MRP 시스템으로 관리되는 종속수요품에는 적용되지 않는다.

11장 서비스 품질관리

1절 서비스 품질의 개념과 특성

1. 서비스 품질의 개념

우리 주변에서 일어나는 여러 문제는 제품이나 시설의 불량과 이들을 다루고 운영하는 서비스 품질 불량으로 인해 많이 발생하고 있다. 이러한 서비스 품질 문제의 대표적인 예로는 체계적인 유지보수를 잘하지 못해 발생하는 교량 · 건물의 붕괴, 열차 탈선, 항공기 추락, 엘리베이터 사고, 예금 횡령, 호텔에서의 도난 및 화재 사고, 병원의 오진 등 헤아릴 수 없이 많다.

제품은 시각적으로 품질수준에 대한 식별이 상대적으로 쉽지만, 서비스는 그 고유 특성들(무형성 · 비분리성 · 고객의 서비스 제공과정 참여 · 소멸성 · 이질성)로 인하여 품질을 측정하고 관리하기 쉽지 않다. 하지만 피터 드러커(Peter Drucker)는 "측정할 수 없으면, 관리할 수 없다(If you can measure it, you can't manage it)"라는 말로 조직의 효과적 관리와 통제를 위해선 측정의 중요성을 강조하고 있다.

서비스의 품질평가는 고객과 서비스 직원의 접점이 주로 일어나는 서비스 전달 프로세스에서 발생한다. 루이스와 붐스(Lewis and Booms, 1983)에 의하면 **서비스 품질**(service quality)이란 "전달된 서비스 수준이 고객의 기대 수준에 얼마나 일치하는가를 측정하는 값"이라고 정의하였다. 그리고 그뢴루스(Grőnroos, 1984)는 서비스 품질을 "기대된 서비스 품질과 지각된 서비스 품질의 차이"로 보았다. 또한 자이다믈 외(Zeithaml et al., 1988)는 서비스 품질을 "서비스 기업이 제공하는 서비스에 대해 사전에 가진 고객의 기대와 그 서비스에 대해 실제 경험한 고객의 지각과의 차이"로 정의하였다.

이를 토대로, 서비스 품질(service quality)은 고객이 기대한 서비스와 실제 인지(지각)한 서비스의 일치 여부에 의해 정해진다. 다르게 표현하면, 서비스에 대한 고객의 만족 여부는 서비스 품질 수준에 의해 정해지고, 이는 고객이 서비스를 이용하기 전에 기대한 서비스 품질과 실제 경험 후 인지한 서비스 품질과의 비교로 이루어진다. 즉 고객은 기대가 경험보다 큰 경우에 불만족을, 기대와 경험이 같은 경우에 만족을, 그리고 경험이 기대보다 큰 경우에 감동한다. 따라서 제공된 서비스가 고객의 기대를 충족시키거나 혹은 그 이상일 때 서비스의 품질은 뛰어난 것으로 평가받는다. 한편 고객의 기대된 서비스 품질은 구전에 의한 정보, 개인적 욕구, 과거 경험, 외부 커뮤니케이션 등에 의해 형성된다.

2. 서비스 품질의 특성

파라슈라만 등(Parasuraman, Zeithaml & Berry, 1988)이 제시한 서비스 품질 모형은 많은 기업 실무자와 후속 연구자들에게 기본적인 흐름을 제공하고 있다. 아래 내용은 이를 중심으로 서비스 품질이 갖는 독특한 특성을 살펴본 것이며, 다음의 세 가지로 정리할 수 있다.

1) 객관적 품질과 인지된 품질

서비스의 **객관적 품질**(objective quality)은 인지된 품질의 한 종류로서 특정 서비스에 대하여 고객이 판단한 보편적 우월성을 의미한다. 서비스 품질을 평가하는 객관적 측정치를 구하기 힘든 상황에서 서비스 품질을 측정하는 적절한 접근은 고객의 인지를 통해 이루어지게 된다.

서비스 활동은 그 자체가 고객지향적인 활동으로 고객에 의한 평가가 가장 중요하기 때문에 이러한 접근은 당연한 것으로 여겨진다. 물론 서비스 품질은 객관적 품질뿐만 아니라 이와 다른 인지된 품질도 고려해야 한다.

2) 프로세스와 결과의 차원

고객이 서비스 품질을 평가하는 대상은 서비스를 제공하는 프로세스와 그 결과(outcome)이다. 따라서 품질은 서비스 결과뿐만 아니라 프로세스에 대한 평가까지 포함하는 것이다. 파라슈라만 등(1988)은 서비스 품질을 고객의 기대와 실행 결과에 대한 고객의 인지 비교이고, 그 평가는 결과뿐만 아니라 서비스 제공과정의 평가에서 이루어지며 특히 서비스 제공자와 고객 간의 상호작용이 품질평가에 있어서 중요하다고 보았다.

그뢴루스(Grönroos, 1982)에 의하면 서비스 품질은 '기술적 품질'과 '기능적 품질'의 결합이며, 서비스 제공 활동에 있어서 후자가 특히 중요하다고 보았다.

'**기술적 품질**(technical quality)'이란 고객이 무엇을 얻을 것인가에 관한 것으로서 편익을 제공하는 활동 그 자체를 고객이 서비스로 파악하는 것이며, 그 활동의 여부에 따라 편리한가 또는 불편한가 하는 평가를 하며, 최종적으로 고객이 얻는 것을 나타낸다.

'**기능적 품질**(functional quality)'은 고객이 어떻게 그것을 얻을 것인가에 관한 것으로 편익의 제공이라는 활동 그 자체가 아니라, 제공방법을 고객이 서비스로 파악하는 경우이고 기술적 품질이 기능적으로 고객에게 이전되는 과정을 의미한다. 예를 들어, 음식점에서 음식의 질과 맛이 최종적으로 고객에게 전달되는 것이 기술적 품질이라면, 음식점 종업원의 외모와 행동(접대 태도 등)은 기능적 품질로서 서비스 품질의 중요한 요소가 된다.

그뢴루스는 이러한 두 가지 품질이 누적되어 '기업 이미지'를 형성하고, 이는 결국 고객 평가에 영향을 준다고 보았다. 따라서 기업 이미지는 서비스 품질을 평가하는 데 직접적으로 영향을 미치며 매우 중요한 요소이다.

3) 기대와 성과의 차이

서비스 품질평가에서 고객은 서비스받기 전에 가지게 된 기대와 실제로 받는 서비스의 인지된 성과를 비교하여 서비스의 품질을 평가하게 된다. 그러므로 기대와 성과는 서비스 품질에서 매우 중요한 개념이라고 할 수 있다.

여기서, 기대(expectation)란 고객들의 바람이나 욕구를 충족하는, 즉 서비스 기업이 제공해야만 한다고 고객이 느끼는 것으로 정의된다. 여기서 한 가지 주목할 점은 서비스 품질연구에서 사용하는 '기대'와 고객만족 연구에서 사용하는 '기대'의 개념이 다르다는 것이다.

고객만족의 연구에서 '기대'는 거래를 할 때 일어날 것 같은 고객의 예측을 의미한다. 즉, 기대는 '고객이 어떤 행동을 할 때 발생하는 사건의 확률'을 의미한다. 이와 대조적으로 서비스 품질연구에서 기대는 '고객의 바람이나 욕구', 즉 서비스 생산자가 제공해야 하는 것을 의미한다. 따라서 고객에 대한 서비스 품질이 '좋다' 또는 '나쁘다' 하는 것은 고객이 실제 서비스 실행을 어떤 것으로 인지했느냐 하는 것에 따라 결정된다고 할 수 있다.

서비스 기대와 성과는 서비스 품질측정을 위한 SERVQUAL 모형과 서비스 품질관리를 위한 갭 모델의 기초개념으로 사용된다.

3. 서비스 품질의 측정범위

서비스 품질의 측정범위는 내용(content), 프로세스(process), 구조(structure), 결과(outcome), 영향(impact) 등을 포함하는 것이 바람직하다. 예를 들어, 의료 서비스의 경우 품질의 측정범위는 환자에게 제공되는 치료행위뿐만 아니라 가족과 사회에 대한 영향도 포함하게 된다. 또한 금융 서비스의 경우 고객에게 제공하는 직접적인 금융 서비스뿐만 아니라 금융 서비스가 지역, 국가경제정책에 미치는 영향을 고려하는 것이 바람직하다.

다음은 서비스의 내용, 프로세스, 구조, 결과, 영향 등에 대해서 자세히 알아보기로 한다.

1) 내용

표준화된 절차를 따르고 있는가? 하는 문제로, 예를 들어, 치과의사가 인증된 치과 진료방법에 따라 치아를 뽑는 것처럼 일상적 서비스의 경우 표준운영절차(manual)에 따르는 것이 일반적이다. 그리고 서비스 직원은 보통 이러한 절차를 따르고 있다. 의료 서비스의 경우 전문적 표준 검사조직(Professional Standards Review Organization)이라는 정식 자격 검사시스템이 자율적으로 만들어져 있다. 이 시스템을 통해 공공 분야 또는 전문 분야의 의사들은 그들의 의료행위에 대한 표준을 만들고 의사들의 성과를 검사하기 위하여 정기적으로 모임을 한다. 이런 활동을 통해 의사에 대한 신뢰가 형성되는 것이다.

2) 프로세스

서비스 프로세스의 순서가 적절한가? 하는 문제로, 여기서 우선 고려되는 사항은 논리적인 순서의 유지와 서비스 차원의 효율적인 사용이다. 고객과 서비스 직원 사이의 상호작용이 관리된다. 일반적으로 체크 서류가 측정 도구가 된다. 화재나 구급차와 같은 응급 서비스의 경우 모의 상황에서의 훈련이 그 서비스 조직의 성과를 시험하는 데 이용된다. 조정과 활동 순서에 관련된 문제들이 이들 훈련을 통해 알 수 있게 되고 수정될 수 있게 된다.

3) 구조

물리적인 설비와 조직설계가 서비스에 적절한가? 하는 문제로, 물리적인 설비와 지원 장비들은 구조적 특성의 일부분일 뿐이며 기업 구성원들의 권한과 책무를 나타내는 조직설계 또한 중요한 품질특성이다. 예를 들어, 여러 가지 치료가 필요한 의료 서비스의 품질은 X-ray 장비와 환자의 모든 치료를 담당하는 진료실 제도에 의해 강화될 수 있다. 그러나 더욱 중요한 것은 각 부서 담당 의사들 사이의 의사소통이 원활하도록 조직구조가 설계되어야 한다. 그룹 치료는 그들 구성원에 의해 제공되는 의료 서비스의 품질을 높이는 기회를 제공해 준다.

물리적 설비와 장비들의 적당함에 대한 여부는 적합품질의 표준과 비교하여 결정될 수 있다. 유명한 레스토랑들은 청결함에 대한 그들의 관심으로 유명하다. 레스토랑의 관리자들은 실내장식은 물론 그들이 담당하고 있는 주차장과 주변 도로의 미관들을 수시로 점검한다. 또한 고용, 승진, 그리고 포상 등은 표준과의 적합 여부에 달려 있다.

4) 결과

서비스로 인해 어떤 변화가 초래되었는가? 하는 것으로, 궁극적으로 서비스 품질의 측정은 최종결과에 대한 것이다. 고객이 만족하였는가? 우리는 흔히 레스토랑의 서비스 품질을 묻는 설문지에 응해본 경험이 한두 번씩은 있었을 것이다.

고객의 불평은 제공된 서비스의 품질특성을 가장 효과적으로 보여주는 측정치이다. 공공 서비스의 경우 불평이 발생하지 않는 적절한 상태를 전제로 만들어져 있다. 고객의 불평과 같은 몇몇 측정치를 검사하여 서비스 품질을 알아보는 방법이 널리 이용되고 있다. 예를 들어, 병원의 성과측정은 같은 업종의 평균과 비교하여 이루어진다. 수술 1천 건당 발생하는 감염률을 이용하여 그 병원 수술실의 운영 절차가 표준 이하인지를 알 수 있다.

또한 결과 품질을 측정하는 확실한 방법이 있을 수 있다. 예를 들어, 도시의 쓰레기수거 서비스 품질은 청소차들이 쓰레기를 수거한 후 도시의 거리를 사진으로 찍어 서류화할 수 있다.

기업 사례 **까다로운 '상무님' 왕처럼 모셔라 … 컴플레인 마케팅(complain marketing: 고객 불만을 해결하고 활용하는) 활발[1]**

과거 대기업 임원이 서비스에 불만을 제기하면서 기내 승무원을 폭행해 물의를 빚은 이른바 '라면 상무 사건'이 있었다. 하지만 기업 입장에선 너무 무례하지만 않다면 '라면 상무' 같은 사람이 되레 고마운 사람일 수 있다. 서비스 어느 부분이 부족한지 현장에서 바로 알려주는 사람이기도 하고, 문제를 잘 해결하면 이들이 단골손님이 될 확률도 높기 때문이라고 한다.

서비스 업계 관계자는 "기업 입장에선 불만을 바로 말하지 않고 친한 사람들에게 소문을 내 평판을 떨어뜨리는 고객들이 더 힘들다"라며 "정중한 라면 상무가 기업에 더 고마운 고객"이라고 했다. 실제로 최근 호텔이나 백화점 등 서비스 업계에선 고객 불만을 데이터화해 문제를 해결하고, 마케팅에도 활용하는 사례가 늘고 있다. 이른바 '컴플레인 마케팅(complain marketing)'이다.

1 송병선 · 김종원, 경영전략과 기업혁신, 도서출판 청람, 2017, pp.350-352.

◆ **컴플레인을 체계화, 마케팅에 활용**

컴플레인 마케팅은 호텔 업계에서 적극적으로 활용하고 있다. 고객 대면 기간이 길고, 집을 대신하는 공간이다 보니 사소한 불만이 자주 생길 수밖에 없기 때문이다. 호텔업계는 컴플레인 자료들을 체계적으로 보관해 문제가 재발하지 않도록 적극적인 전략을 쓰고 있다.

그랜드 인터컨티넨탈 서울 파르나스를 운영하는 글로벌 호텔 그룹 'IHG'는 전 세계 4,540개 호텔에서 발생하는 불만 사항을 모두 하나로 통합 관리하는 '인트라넷'을 운영하고 있다. IHG의 인트라넷에 따르면, 고객들이 많이 제기하는 불만은 ▲예약이 완료되지 않은 경우 ▲욕조가 더러운 경우 ▲TV 리모컨이 작동하지 않은 경우 ▲직원이 모닝콜을 하지 않은 경우 ▲사용하지 않은 금액이 청구된 경우 등이라고 한다. IHG 계열 호텔들은 이런 불만 내용들에 대해선 '재점검시스템'을 운영해 더 이상 발생하지 않도록 하고 있고, 별도의 컴플레인 총괄 부서도 두고 있다.

그랜드 하얏트 서울은 '글리치(Glitch)'라는 시스템을 사용해 전 직원이 고객들의 컴플레인을 등록하도록 하고 있다. 취합된 불만 사항은 당직 지배인에게 보고되고, 관련 부서에 전달된다. 호텔 관계자는 "각 부서에서는 전달된 컴플레인을 분석해 같은 종류의 문제가 발생하지 않도록 서비스 개발과 직원 교육을 하고 경우에 따라선 시설 보수도 한다"라고 말했다.

JW 메리어트호텔 서울에선 각 부서 팀장들이 컴플레인을 미리 막기 위한 재발 방지 회의를 한다. 또 예약시스템상에 고객이 요청한 문의, 불편 사항, 요구 내용 등을 고객 개별 노트에 기록, 같은 내용으로 불만이 생기지 않도록 대비한다.

서울 웨스틴조선호텔에서는 체계적인 'VOC(Voice of Customers · 고객의 소리) 연구소'를 운영하고 있다. 연구소장 1명과 연구원 9명으로 구성된 연구소에선 부서 불만 접수 내용이나 각 부서 담당 연구 내용을 바탕으로 마케팅에 활용할 방법을 연구한다.

◆ **경쟁력 키우는 수단으로도 활용**

경쟁이 심한 백화점 업계에선 고객 불만 사항을 경쟁력을 키우기 위한 수단으로 활용하고 있다. 고객 불만 사항을 어떻게 마케팅에 반영하느냐에 따라 서비스의 차이가 결정되기 때문이다. 국내 주요 백화점들은 공개 'VOC 게시판' 등을 운영, 불만 사항을 해결하는 데 적극적이다.

롯데백화점에는 "사람이 많은 주말에 백화점에 갔는데, 점원들이 길을 제대로 알려주지 않아 헤맸다"라는 불만이 접수됐다. 백화점 측은 바로 문제 해결에 나섰다. 출입구에서 문을 열어주고 위치를 안내해주는 도어맨 서비스를 새로 시작했다. 또 "선물 포장이 부실하고 뒤처리가 깔끔하지 못해 불쾌했다"라는 고객 의견이 접수된 후 모든 점포의 포장 담당 직원들에게 박스 포장과 리본 아트 교육을 하고 있다.

현대백화점은 "비가 오면 종이로 된 쇼핑백이 다 젖어 물건이 떨어진다"라는 불만이 제기되자, 비가 오는 날엔 쇼핑백 위에 비닐을 씌워주는 '비닐 포장 서비스'를 진행하고 있다. 또 매장에서 사용하는 박스 테이프 소리가 너무 시끄럽다는 불만을 반영, 모든 점포에서 소리가 덜 나는 박스 테이프를 사용하고 있다. 최근엔 "아이를 데리고 백화점에 왔는데 기저귀 갈 곳이 없다"라는 남성 고객의 불만을 해소하기 위해 남성 화장실에도 기저귀 교환대와 유아 의자를 비치했다.

신세계백화점은 "화장실 세면대에서 손을 씻을 때 가방을 둘 곳이 없다"라는 불만이 나오자 세면대 옆에 가방을 거는 고리를 설치했다. 업계 관계자는 "고객 불만은 잘 활용하면 경쟁력을 키우는 유용한 수단이 될 수 있다"라며 "일부 백화점에선 '숨어 있는 컴플레인'을 찾아내기 위해 설문지를 작성하기도 한다"라고 말했다.

◆ **컴플레인 마케팅 왜 중요한가?**

인생을 살다 보면 어느 순간 멀어지게 된 친구들이 있다. 그런 경우 가만히 생각해 보면 어떤 결정적인 계기가 있기 마련이다. 기업과 고객 관계, 브랜드와 소비자 관계도 마찬가지다. 소비자는 현재 사용하는 상품이나 서비스에 대해 불만을 가질 때 컴플레인을 하고 시정을 요구하다가 원하는 수준으로 변하지 않으면 그 기업이나 브랜드를 떠난다. 이런 불만들은 요즘과 같은 소셜 미디어 시대에는 산불처럼 번져 나아간다.

한 서비스 연구 결과에 따르면, 기업이 고객 이탈률을 5%만 감소시켜도 순이익이 25%에서 85%까지 커지는 효과를 얻을 수 있다고 한다. 특히 기존 고객을 잡는 일은 신규 고객을 유치하는 일보다 비용도 적게 든다. 연구 결과에 따르면, 신규 고객 창출에 필요한 금액은 기존 고객을 유지하는 비용의 6배 이상이라고 한다. 특히 불만족한 고객의 구전 효과는 만족한 사람의 세 배 이상이라는 연구 결과도 있다.

기존 고객을 유지하기 위해 기업이 해야 할 기본적인 일은 바로 고객 컴플레인 관리이다. 기업 실무자가 고객 컴플레인을 허심탄회하게 받아들이는 건 쉬운 일이 아니다. 기업 입장에서는 나름대로 소비자를 위해 최선을 다하고 있다고 생각하기 때문이다. 그러나 '좋은 약은 입에 쓰지만, 병을 치료하는 데는 이롭다'라는 말처럼 기업은 마음의 문을 열고 고객 컴플레인을 받아들여야 한다. 더 나아가 불평 고객이 그러한 지적을 한 것에 오히려 감사해야 한다.

기업이 그 고객과 유사한 생각과 불평을 가진 사람들을 다른 곳으로 가지 않도록 붙잡을 좋은 기회를 얻은 것이기 때문이다. 기업 입장에서 고객 컴플레인은 위기가 아니라 기회이다.

고객 컴플레인은 기업이 현재 가진 문제를 지적해 줄 뿐만 아니라 많은 혁신적인 상품이나 서비스에 대한 아이디어를 제공해 준다. 기업이 컴플레인에 귀를 기울이고 이를 적극적으로 활용해야 하는 이유가 바로 여기에 있다. 컴플레인은 기업이 애타게 찾아 헤매는 '미래 시장의 보고'인 것이다.

병은 치료보다 예방이 중요하다. 기업은 늘 소비자의 목소리에 귀를 기울여 고객 불평불만의 가능성이 있는 문제들을 미리 해결해 나아가야 한다. 이것이 진정한 고객 컴플레인 관리 전략이다.

5) 영향

서비스는 고객의 삶에 장기적으로 어떠한 효과를 나타내는가? 하는 문제로, 시민들이 안심하고 밤거리를 다닐 수 있는지의 여론조사 결과가 치안 성과의 영향을 측정하는 것이 될 수 있다. 의료 서비스의 전반적인 영향은 생존율이나 유아사망률로 측정되며, 교육의 영향은 문맹률이나 시험 성적에 의해 측정된다.

미국의 의료 서비스는 일반적으로 환자들이 높은 의료 서비스비용 때문에 불만을 초래하고 있다. 이러한 불만은 특히 지방이나 도시빈민가 지역의 경우 심하다. 이로 인해 미국의 생존율과 유아사망률에 대한 영향 측정치는 다른 모든 선진국과 몇몇 제삼 세계 국가들보다 더 열악하게 나타난다. 이와 비슷하게 문맹률 또한 교육의 영향 측정치가 되는데 이 또한 미국은 다른 많은 국가에 뒤떨어지고 있다.

이러한 설명을 토대로, [표 11-1]은 병원에서 제공되는 서비스 품질의 측정범위와 측정방안에 대해 보여주고 있다.

표 11-1 ▎병원에서의 서비스 품질측정

품질시각	측정대상	측정방안
내용	의료관행의 평가	• 의료기록이 국가의료행위 기준과 적합한지 검토
프로세스	진료제공 및 환자-의료진 상호작용 순서	• 체크리스트를 활용하여 절차합치 여부를 감시 • 환자에 출구 인터뷰 수행

구조	물적 시설, 장비, 인력계획 패턴 및 의료진의 자질	• 환자의 진료대기시간 기록 • 근무중인 의사 대 간호사 비율 기재 • 의료장비 이용률 기록
결과	의료행위 결과로서의 환자 건강상태의 진전 내지 차도	• 의료실패 측정치로 사망률 산정 • 불만건수로 환자 불만족수준 기재 • 수술로 제거된 병든 장기 수의 기록
영향	병원이 지역사회에 미치는 전반적 효과, 접근용이성, 유용성 및 적절성	• 무보험 또는 금전문제로 입원 · 등록을 못한 환자 수 기재 • 병원까지의 이동 거리 및 이동 방법 기록

자료: James A. Fitzsimmons & Mona J. Fitzsimmons, *Service Management for Competitive Advantage*, 1997.

2절 서비스 품질의 측정

1. SERVQUAL 모형

일반적으로 고객만족은 수많은 무형적 요소에 의해서 결정되기 때문에 서비스 품질의 측정은 새로운 도전과제로 대두되고 있다.

서비스 품질은 대부분 객관적으로 측정될 수 있는 물리적 특성이 있는 제품과는 달리 '식당의 분위기'라는 요소처럼 심리적 특성을 내포하고 있기 때문에 고객의 인지를 이용하여 서비스 품질을 측정하고 있다. 이렇듯 많은 무형적 요인들에 의해 고객만족이 결정되기 때문에 서비스 품질을 측정하기란 상당히 어렵다.

측정하기 어려운 서비스 품질에 대해 PZB(Parasuraman, Zeithaml & Berry, 1988)는 SERVQUAL이라는 서비스 측정방법을 고안하였다. 이들은 12개의 표적 집단면접(focus group interview)을 통해 [표 11-2]와 같은 10가지 서비스 품질 차원을 만들었다.

여기에서 제시한 10개 차원은 신뢰성(reliability)과 신용도(credibility)가 어느 정도 비슷한 것처럼 반드시 상호 독립적인 것은 아니다. 이러한 연구가 탐색적이고 정성적이었기 때문에 10개의 차원 간에 중복 가능한 부분들은 정량적 연구를 통해 통합된다.

서비스 품질 10개의 차원은 상당히 포괄적이기 때문에 어떤 서비스 업종이든 품질을 평가하는 데 충분히 사용할 수 있는 것으로 받아들여진다. 서비스 종류에 따라 특정 평가 기준에서 다소간의 차이가 있을 수 있겠지만 이런 기준의 밑바탕을 이루는 일반적 차원은 이 10개의 서비스 품질 차원으로 충분히 파악할 수 있다.

이러한 탐색적인 연구를 통해서 서비스 품질을 고객의 기대와 인지(지각) 간의 차이라고 정의할 수 있으며, 고객의 기대형성에 영향을 미치는 요인으로 구전, 개인적 욕구, 과거 경험, 외부 커뮤니케이션 등이 있다. 그리고 서비스 품질을 평가하기 위해 고객이 사용하는 평가 기준은 10개의 일반적인 차원으로 구성된다.

표 11-2 ▌인지한 서비스 품질의 10대 결정요소

1. **신뢰성**: 성과와 믿음의 일관성 • 서비스 수행 철저 • 청구서 정확도 • 정확한 기록 • 약속된 서비스 시간 엄수
2. **대응성**: 직원의 서비스제공에 대한 의욕과 준비성 • 서비스의 시의성 • 즉시 고객에 우편이나 전화응답 • 신속한 서비스 제공
3. **능력**: 서비스 수행을 위해 필요한 기능과 지식의 보유 • 담당직원과 지원인력의 지식과 기술 • 조직의 연구개발력
4. **접근용이성**: 서비스에 접근 가능성과 접촉용이성 • 전화로 접근가능 • 납득할 만한 대기시간 • 서비스 제공시간 및 장소의 편리성
5. **정중함**: 고객담당 직원의 정중, 존경, 사려, 친근감 • 고객 재산에 대한 배려 · 담당직원의 청결하고 정숙한 외모
6. **의사소통**: 고객이 이해할 수 있는 방법으로 정보를 제공하며, 고객의사를 경청 • 서비스를 설명 • 서비스비용 설명 • 서비스 • 비용 간의 관계 설명 • 문제 해결 보증
7. **신용도**: 서비스 제공자의 진실성, 정직, 고객에 최대의 이익제공 명심 • 기업명 • 기업평판도 • 담당직원의 개인적 특성 • 고객과 접촉시 강매의 정도
8. **안전성**: 위험, 의혹으로부터 자유 • 물리적 안전 • 금전적 안전 • 비밀보장
9. **고객이해 및 인지**: 고객과 욕구를 이해하려는 노력 • 고객의 구체적 요구사항을 학습 • 개별적 관심을 제공 • 상용고객을 인지
10. **유형성**: 서비스의 외형적 증거를 포함 • 물적 시설 • 직원 외모 • 서비스 제공에 사용되는 장비와 도구 • 서비스의 유형적 표현 • 서비스 시설 내의 다른 고객

자료: Parasuraman, Zeithaml, Berry, 1985, p.44.

그렇다면 SERVQUAL은 실제로 어떤 방식과 절차를 걸쳐 서비스 품질을 측정할까? 앞에서 설명한 것처럼 SERVQUAL은 고객들의 기대 수준과 인지 수준의 차이로 품질을 평가한다. 서비스를 받기 전에 고객은 대부분 이미 과거의 경험 또는 외부의 구전 정보(word of mouth)에 의해 서비스 품질에 대한 기대치를 가진다. 이를 **기대 서비스 품질**(Expected Service Quality: ES)이라고 한다. 한편 서비스를 받고 난 고객은 본인의 실제 경험을 토대로 서비스 품질을 인지(지각)하게 된다. 이것이 **인지(지각) 서비스 품질**(Perceived Service Quality: PS)이다. SERVQUAL 점수는 아래의 식과 같이 고객의 인지(지각) 평가점수와 기대 평가점수의 차이로 계산된다.

SERVQUAL 점수 = 고객의 인지점수(PS) − 고객의 기대점수(ES)

측정의 순서는 먼저 기대 서비스 품질을 측정한 후 다음에 인지 서비스 품질을 평가하는 식이다. 일반적으로 기업 실무자와 연구자들은 편의상 기대 서비스 품질은 따로 측정하지 않고 인지 서비스 품질만 측정한다. 이를 위해 주로 설문조사방법이 사용된다. 고객들은 설문지에 포함된 각 항목에 대해 보통 리커트(Likert) 5점 척도(예를 들면, 1. 매우 동의한다, 2. 동의한다, 3. 보통이다, 4. 동의하지 않는다, 5. 매우 동의하지 않는다) 또는 7점 척도(예를 들면, 1. 전적으로 동의한다, 2. 부분적으로 동의한다, 3. 동의한다, 4. 보통이다, 5. 동의하지 않는다, 6. 부분적으로 동의하지 않는다, 7. 전적으로 동의하지

그림 11-1 ▌인지한 서비스 품질

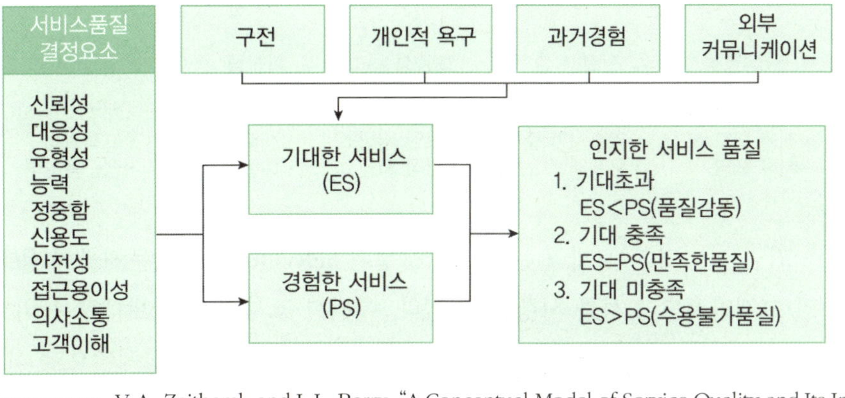

자료: Parasuraman, V.A. Zeithaml, and L.L. Berry, "A Conceptual Model of Service Quality and Its Implications for Future Research," 1985.

않는다)로 품질수준을 측정한다.

이러한 10가지 품질 차원을 이용하여 기대한 서비스(ES)와 인지한 서비스(PS)를 비교함으로써 서비스 품질을 판단한다. 즉, 서비스받기 전 기대와 실제 경험 후 인지한 서비스를 비교한 결과 인지한 서비스가 기대한 서비스를 초과할 경우는 고객 감동으로, 반대의 경우는 고객 불만족으로 수용 불가의 품질로 받아들여진다. 이 내용은 [그림 11-1]에 잘 나타나 있다.

2. 서비스 품질의 차원

서비스 품질 차원은 앞에서 살펴본 것처럼 인터뷰와 탐색적 연구를 통해 10개의 요소가 도출되었다. 이 중에서 능력(competence) 하나만이 기술적 차원이고, 나머지는 모두 기능적 차원에 속한다. PZB는 자신들의 후속 연구를 토대로 이러한 10가지 요소들을 [그림 11-2]에 제시한 바와 같이 5가지로 압축하였다. [표 11-3]은 이러한 5가지 차원을 측정하기 위한 22개의 설문 문항들을 보여준다.

그림 11-2 ▌SERVQUAL의 5가지 차원

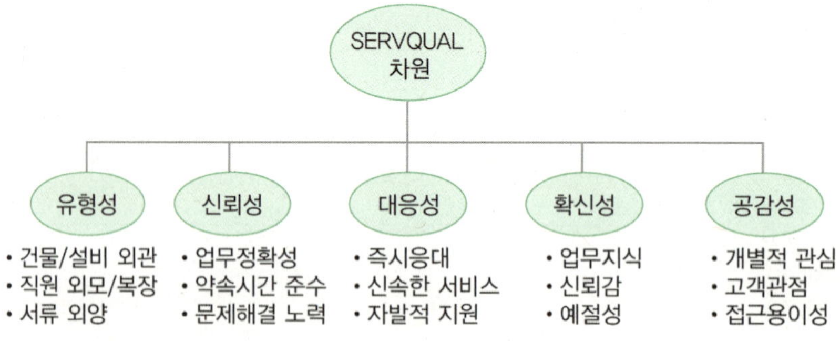

서비스 기업은 이러한 22개의 문항으로 구성된 SERVQUAL의 설문지를 이용하여 서비스 품질/고객만족도 조사를 시행할 수 있다. 이러한 조사 결과를 토대로 서비스 기업은 첫째, 서비스 품질의 추이를 추적할 수 있으며, 둘째, 여러 곳에 체인으로 서비스를 제공하는 경우 서비스 품질이 불량한 점포에 대해서 고객 불만의 원천을 시정할 수 있으며, 셋째, 경쟁업체와의 서비스를 비교하여 서비스 품질이 뛰어난 영역과 뒤떨어지는 영

역이 어디인지를 확인할 수 있다.

표 11-3 ▎SERVQUAL의 5가지 차원을 위한 설문 문항[2]

유형	설문 문항
유형성	• 현대적인 장비를 갖추고 있다. • 물리적 시설은 시각적으로 마음에 든다. • 종업원들이 잘 준비되어 있다. • 서비스와 관련된 자료들(예를 들면, 팸플릿, 내역서 등)이 시각적으로 도움을 준다.
신뢰성	• 정해진 시간(기일)에 하기로 한 일을 정확히 한다. • 문제가 발생했을 때 그 문제를 해결하려고 진정한 관심을 보인다. • 올바른 서비스를 처음부터 이행한다. • 약속한 시간에 서비스를 제공한다. • 오류(잘못된 점)에 대해 자유롭게 표현할 수 있다.
대응성	• 종업원들은 서비스가 언제 제공되는지 정확히 말해 준다. • 종업원들은 신속한 서비스를 제공한다. • 종업원들은 항상 도와줄 태도를 갖추고 있다. • 종업원들은 고객의 요청에 신속하게 대응한다.
확신성	• 종업원들의 행동과 설명은 신뢰를 준다. • 종업원들과의 거래에서 안도감을 느낀다. • 종업원들은 지속적으로 친절하다. • 종업원들은 고객의 질문에 답변할 수 있는 충분한 지식을 갖고 있다.
공감성	• 고객에게 개별적인 관심을 기울인다. • 고객에게 편리한 시간대 업무를 제공한다. • 종업원들은 고객에게 개별적인 관심을 기울인다. • 종업원들은 고객의 최대 관심이 무엇인지 진심으로 알고자 한다. • 종업원들은 고객의 특별한 요구를 이해하고 있다.

자료: Zeithaml, V., Parasuraman, A. and Berry, L., Delivering Quality Service: Balancing Customer Perceptions and Expectations, The Free Press, 1990.

1) 신뢰성: 서비스를 믿고 정확하게 수행하는 능력

신뢰성(reliability)은 약속한 서비스를 고객의 입장에서 정확히 제공하는 능력을 의미

2 정승환 · 이돈희 · 이상식, 프로세스 관점의 서비스 품질경영, 한경사, 2022, p.161.

하고, 서비스 품질을 인지하는 데 가장 중요한 요소라고 할 수 있다. 항상 서비스가 실수 없이 정확한 시간에 제공되는 것을 의미한다. 고객들은 신뢰성 있는 기업을 선호하며 더구나 중요한 서비스와 관련된 약속일 경우 더욱 그렇다. 기업은 고객들이 신뢰할 수 있는 중요 서비스 제공에 대해 정확한 인식을 가질 필요가 있다. 기업이 고객에 대해 신뢰할 수 있는 서비스를 제공하지 못한다면 고객에게 외면당하게 된다. 이처럼 고객 서비스에 대한 신뢰성이 얼마나 중요한지를 알게 된다.

2) 대응성: 자진해서 고객을 돕고 신속한 서비스를 제공하려는 의지

대응성(responsiveness)은 고객들에게 도움이 되고, 예기치 못한 다양한 고객 기대에 대응할 수 있는 서비스를 제공하겠다는 의지를 의미한다. 명확한 이유 없이 고객을 기다리게 하는 것은 고객들에게 서비스 품질에 대한 불필요한 부정적 인식을 만들게 된다. 서비스 실패가 발생하였을 때 전문성 있고 빠르게 복구할 수 있는 능력을 통해 서비스 품질에 대해 상당히 긍정적인 인식을 심어줄 수 있다. 이 차원은 고객의 요구, 불만, 질문, 문제 등을 처리하는 배려와 신속성을 강조한다. 또한 유연성과 고객의 욕구에 서비스를 맞추는 고객화란 개념도 필요하다.

3) 확신성: 서비스 제공자의 능력 수준을 고객에게 알리고 필요한 예의를 갖추어 서비스를 제공하려는 능력

확신성(assurance)은 기업과 직원들의 지식 수준과 예의(정중함), 믿음 그리고 확신을 전달해 줄 수 있는 능력을 의미한다. 위험이 크다고 인지되는 서비스나 증권, 보험, 은행 등의 서비스와 같이 고객 스스로가 그 결과를 평가할 능력이 없을 때 특히 중요하다.

4) 공감성: 고객의 요구를 이해하고 의사소통을 하면서 고객에게 기울이는 개별적인 관심과 배려

공감성(empathy)은 고객에 관한 관심과 배려를 의미한다. 이 차원의 핵심은 고객이 특성화되고 주문화된 서비스를 통해 고객 자신이 특별하고 독특하다는 것을 전달하는 것이다. 고객들은 서비스를 제공하는 기업이 자신들을 이해하고 중요함을 느끼길 바란다. 직원들이 고객의 이름과 개별적 욕구, 기호 등을 파악하여 이를 고려한 관계를 구축한다.

5) 유형성: 물리적 시설, 설비, 직원 및 의사소통 도구의 외관

유형성(tangibles)은 설비, 장비, 직원 그리고 의사소통 도구들의 유형적인 모습을 의미한다. 이러한 것들은 고객들이 품질을 평가할 때 필요한 물리적 환경과 이미지를 제공한다. 물리적 주변 환경의 상태는 서비스 제공자들의 세부 사항들에 대한 주의와 관심을 나타내는 유형적 증거가 된다. 서비스 기업들은 자사의 이미지를 향상하기 위해 유형성에 신경을 쓰는 경향이 있다.

3절 서비스 품질 갭 모델

품질이란 고객이 가치를 부여하는 서비스명세의 일치를 뜻하는 것이다. 서비스 품질은 고객이 인지하는 것이기 때문에 품질개선을 위해서는 고객의 요구사항과 기대 그리고 기업의 능력 간의 갭을 해소해야 한다. 그러나 실제로는 정확한 일치가 어렵고 불일치가 생기게 된다.

자이다믈 외(Zeithaml et al., 1988)는 이러한 불일치를 토대로 '품질 갭 모델(Quality Gap Model)'을 개발했다. 이 모델은 서비스 품질을 설명하는 기대와 인지 사이에 발생 가능한 5가지 갭을 밝혀낸다. 서비스 품질은 서비스가 얼마나 이 갭들을 메울 수 있는가에 의해 측정될 수 있다는 것이다. 품질 문제의 원천을 분석하고 서비스 품질의 개선을 이해하는 데 도움을 주기 위해서 개발된 이 모델의 요지는 서비스 품질의 성패는 고객 기대나 욕구를 인지하고 실제 고객의 기대와 충족 능력 간의 간격을 좁히는 데 있는 것이다. 이 모델은 우선 어떻게 서비스 품질이 생성되는지를 보여준다.

[그림 11-3]의 윗부분은 고객과 관계된 것이고, 아랫부분은 서비스 제공자에 해당하는 부분이다.

[그림 11-3]에서 보는 바와 같이, 서비스 품질은 서비스 제공자와 고객의 기대, 인지, 그리고 서비스 능력을 모두 측정한다.

모델의 첫째 요소는 기대한 서비스로 고객의 과거 경험과 개인적 욕구, 그리고 구전에 의해 영향을 받으며 또한 기업의 외부 커뮤니케이션 활동의 영향을 받는다. 그다음 인지한 서비스는 경영자의 고객 기대 인지에서 서비스 품질명세 그리고 서비스 제공에 이르는 일련의 내부 의사결정과 활동의 결과이다.

고객은 서비스 제공과 생산과정을 서비스 과정 내 품질 요소로 경험하며 과정에 의해 받은 기술적 해답을 결과 관련 품질 요소로 판단하게 된다. 여기서 외부 커뮤니케이션은 인지한 서비스는 물론 기대한 서비스에도 영향을 준다. 이러한 기본구조는 서비스 품질을 분석하고 계획하는 데 어떤 단계가 고려되어야 하는지를 보여주며 그 과정에서 품질 문제가 미리 탐지될 수 있다.

이처럼 모델 내 여러 요소 간에 4가지 괴리가 생길 수 있고 이를 품질 갭(Quality Gap)이라고 부른다. 그 이유는 품질경영과정의 일관성이 없어 생기는 괴리이기 때문이다.

그림 11-3 ▌서비스 품질 갭 모델

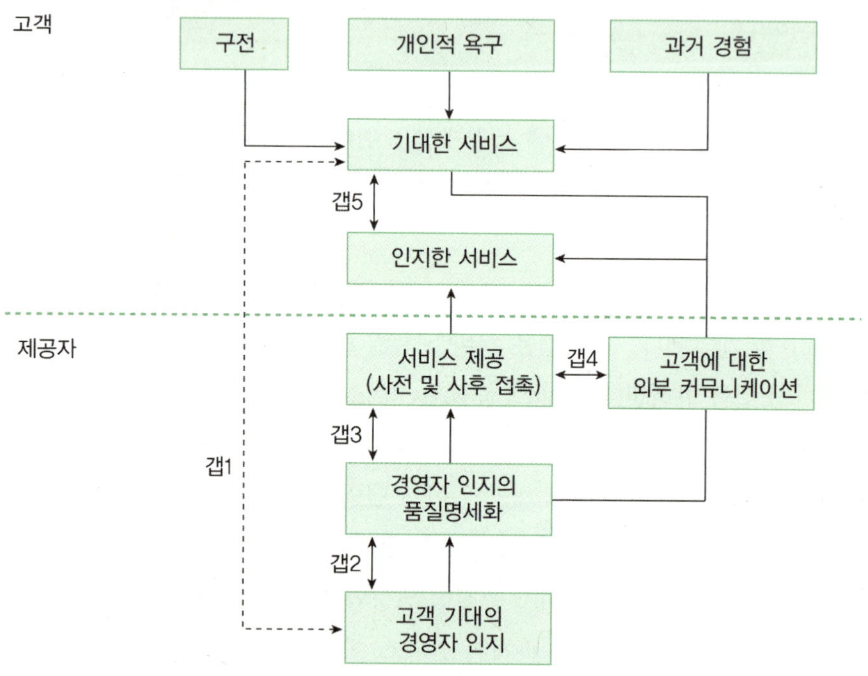

자료: Zeithaml, Berry & Parasuman," Communication and Control Processes in the Delivery of Service Quality," *Journal of Marketing*, April, 1988.

그리고 최종적인 갭 5, 즉 기대한 서비스와 인지한 서비스 간의 차이는 전체 과정에서 생기는 갭들로 인해 형성된다.

1. 서비스 품질 갭1(고객 기대와 경영자 인지의 차이)

첫 번째 차이는 고객의 기대와 이들 기대에 대한 경영자의 인지 사이의 불일치이다. 광고, 과거 경험, 개인적 욕구 그리고 주변 사람들과의 의사소통으로 얻게 된 것(구전)을 바탕으로 어떻게 고객들의 기대감이 형성되는지를 경영자들이 완전히 이해하지 못하기 때문에 서비스 품질 갭1이 생기게 된다.

이러한 차이를 줄이는 전략으로 시장조사를 이용하고, 경영자와 고객접촉직원 사이의 의사소통을 원활히 하며, 조직의 경영층을 고객과 가까이하게 하는 일 등이 있을 수 있다.

1) 원인

① 서비스 기업의 경영층이 고객의 기대를 알아볼 의지가 없는 경우
② 시장조사나 수요분석에서 제공된 정보의 부정확성 및 해석 오류
③ 직원에 의해 파악된 정보가 복잡한 위계 조직에 따라 단절 또는 변질
④ 장기적인 고객과의 관계 유지보다는 단기적인 거래에 치중

2) 해결방법

① 시장조사방법의 개선
② 경영층과 종업원 사이의 커뮤니케이션 방법 개선
③ 경영층과 고객 간의 접촉 단계 간소화 등
④ 수집된 자료에 대한 올바른 분석과 해석
⑤ 개별화된 고객과의 관계마케팅 추구

2. 서비스 품질 갭2(경영자 인지와 서비스 표준과의 차이)

두 번째 차이는 고객의 기대에 적합한 서비스 품질의 목표 수준을 정하지 못하고, 이들 고객의 기대를 제공 가능한 명세서로 전환하지 못하는 경영자들의 무능력 때문에 발생한다. 서비스 품질 갭2는 서비스 품질에 대한 경영자들의 책임감 부족과 만족시키기 어려운 고객의 기대 때문에 발생할 수 있다. 그러나 목표를 설정하고 서비스 생산 과업을 표준화함으로써 이 차이를 줄일 수 있다.

1) 원인

고객이 기대하는 주요 서비스 내용을 파악하여 이를 실제로 수행할 수 있도록 표준화하는 경영자의 능력 부족, 즉 경영자의 관심 부족과 계획/목표 수립 부재가 원인

2) 해결방법

① 정확한 목표설정, 서비스 제공 프로세스의 표준화
② 최고경영자에 의한 서비스 비전 수립

3. 서비스 품질 갭3(서비스 표준과 실제 제공된 서비스와의 차이)

세 번째 차이는 관리자에 의해 설정된 작업명세서와 실제 서비스 생산이 일치하지 않음으로써 발생하는 서비스 성과 차이로 인해 발생한다. 서비스 품질 갭3은 협동심의 부족, 잘못된 신규 채용, 훈련 부족 그리고 잘못된 직무설계와 같은 여러 이유로 인해 일어난다.

1) 원인

부적절한 인적자원관리(팀워크 부재, 직원 능력 부족, 부적절한 교육, 부적합한 직무설계, 부적절한 평가 및 보상시스템, 권한위임의 부재 등), 중간상에 대한 품질통제 및

품질 일관성 유지의 어려움, 고객의 역할수행 부족, 수요 및 공급능력의 제한

2) 해결방법

서비스 표준설계에 있어서 경영자와 직원의 합의, 직원 채용 및 훈련, 보상의 적절성, 중간상에 대한 적절한 교육 및 품질통제, 고객 교육, 정확한 수요예측과 공급능력의 활용

4. 서비스 품질 갭4(실제 제공된 서비스와 외부 커뮤니케이션의 차이)

네 번째 차이는 과장된 광고와 고객접촉 직원들에게 제공하는 정보 부족 등으로 인하여 외부 홍보내용과 서비스 제공이 불일치하게 됨으로써 발생한다.

1) 원인

① 과장된 약속이나 서비스를 제공하는 직원의 정보 부족
② 불충분한 고객 교육

2) 해결방법

① 서비스 약속에 대한 철저한 관리(현실적인 약속, 약속에 대한 보증, 약속에 대한 변경사항 공지)
② 고객 기대에 대한 조정(선택 대안의 제시, 고객 교육, 철저한 사후관리)

5. 서비스 품질 갭5(기대한 서비스와 인지한 서비스와의 차이)

고객이 기대한 서비스와 실제 경험한 후의 인지한 서비스의 불일치로 발생(서비스 품질 갭1~갭4 중 한 가지 이상이 존재하면 발생)하며 품질에 대한 부정적 견해, 나쁜 구전에 의한 기업의 부정적 이미지, 사업 기회 상실 등의 문제를 일으킨다.

4절 서비스 품질의 설계

1. 다구찌 기법

다구찌(Taguchi)는 제품생산이나 서비스가 제공되는 프로세스를 통제함으로써 품질을 관리하는 전통적 방법에서 탈피하여, 예방 차원의 수단으로 품질의 설계 단계에서 '견고함(robustness)'이라는 개념을 이용해 미리 손실을 줄이고자 하였다.

다구찌는 품질을 "제품이 출하된 뒤 사회에 끼치는 손실"이라고 정의함으로써 제조 프로세스의 검사비용, 재작업과 폐기비용, 고객의 요구에 부응하지 못하여 야기되는 추가 서비스비용, 이미지 실추 및 간접비 등과 같은 손실을 품질과 연관시키려 했다. 다시 말해 목표치에 해당하는 원래의 설계품질에 정확히 일치하는 제품을 생산해야 한다고 보는 것이다.

이에 따라 다구찌는 "목표치에서 벗어나는 품질변동이 클수록 손실은 더욱 커진다"라는 개념의 **품질손실함수**(Quality Loss Function: QLF)를 도입하여 품질개선 내지 관리 방법을 정량화했다.

[그림 11-4]는 다구찌의 이차함수 형태의 품질손실함수를 보여주는 것으로, 제품의 성

그림 11-4 ▌다구찌 품질손실함수

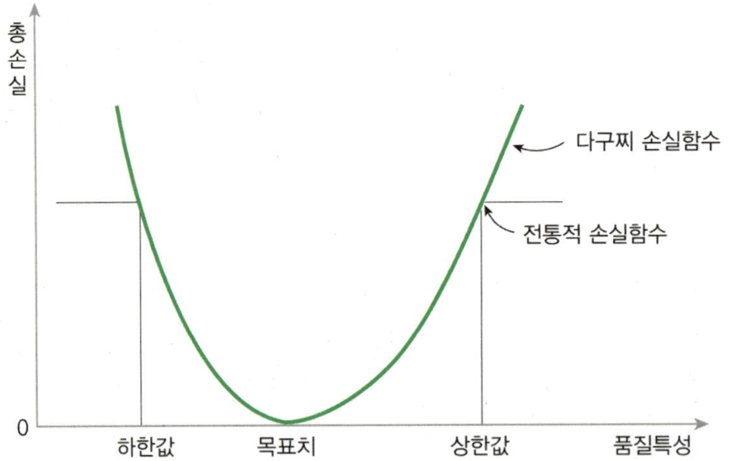

자료: G. Taguchi and D. Clausing, "Robust Quality," *Harvard Business Review*, January-February, 1990.

능이 목표치에서 벗어난 수치의 제곱만큼 손실이 발생(반대로 목표치에 접근할수록 손실 발생이 줄어들어 이익)함을 시각적으로 확인할 수 있다.

어느 연구 결과에 따르면, 똑같은 설계에 따라 제조된 TV이지만 고객들은 미국공장에서 생산된 제품보다 일본공장의 제품을 선호하고 있었다. 미국공장에서 제조된 제품은 모두 규격 내에 있었으나 상한 내지 하한의 규격한계치에도 분포수가 많은 데 비해, 일본공장에서 제조된 제품은 대부분 목표치에 근접해 있었다고 한다([그림 11-5] 참조).

그림 11-5 ▎소니 TV 컬러 밀도 분포도

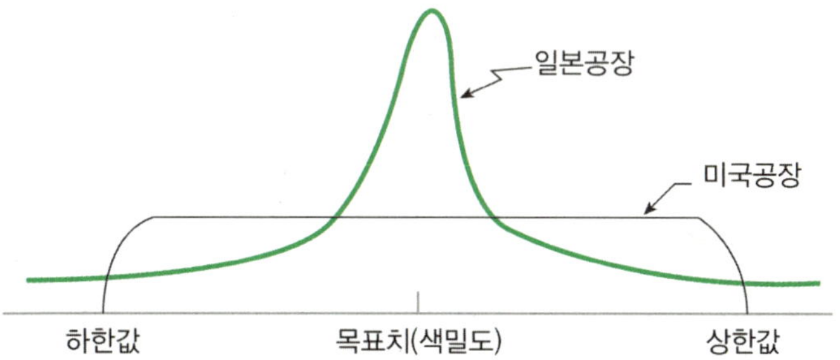

자료: 원석희, 서비스 운영관리, 형설출판사, 2010, p.16.

2. 포카요케(실수 방지시스템)

인간은 실수를 자주 한다는 점에 착안하여 기본적으로 실수 발생을 기정사실로 하되, 실수가 서비스 불량으로 이어져 커다란 손실 발생을 방지해야 한다는 것(실수 사전 예방)이 **포카요케**(Poka-yoke)[3]의 기본취지이다.

직원의 실수가 곧바로 서비스 실패로 이어지지 않게 서비스 설계 단계에서 실수 방지책이 고안되어야 한다. 즉, 적극적으로 서비스 품질 불량에 관심을 기울이면 서비스 제

3 포카요케는 원래 일본어로 '실수를 피하는' 의미이다. 이 용어는 도요타(Toyota)의 시게오 신고(新鄕重夫, Shigeo Shingo)에 의해 품질관리의 측면에서 실수를 방지하도록 행동을 제한하거나 정확한 동작을 수행하게끔 여러 가지 제한점을 만들어 실패를 방지하는 방법을 말하는 용어가 되었다. 예를 들어, 자동차에서 기어를 주차상태 위치인 'P'로 놓지 않으면 시동이 걸리지 않게 하여 운전자가 자동차를 안전하지 않은 상태로 놔두고 나가는 것을 방지하도록 한다. 또한 컴퓨터에서는 USB를 꽂을 때 정상적인 상태로 넣지 않으면 삽입되지 않도록 디자인되어 있다. 또한 인지심리학 및 인간과 컴퓨터 상호작용 분야에서도 여러 가지 실수를 방지하는 디자인 원리의 하나로 이용되고 있다.

공에 대해 아직 준비하지 못한 고객의 실수까지도 서비스 제공자가 해결할 수 있다는 것이다.

실수 방지의 첫 단계는 서비스 프로세스의 각 단계를 검토하여 언제 그리고 어디에서 실패가 일어날 소지가 있는가를 발견하는 것이다. 일단 실수가 탐지되면 다음 단계에서는 과정을 추적해서 원인을 찾고, 이를 토대로 포카요케를 가동하여 실수가 불량으로 이어지는 것을 막는다.

포카요케를 이용하여 실수를 조사할 때 서비스 프로세스는 바로 정지되며, 즉각적인 피드백이 제공되면 문제의 근본 원인이 밝혀지고 재발도 예방된다. 따라서 포카요케의 목적은 견고한 상품 및 서비스 프로세스를 만들어 생산자와 제공자의 통제하에 있는 모든 요인의 부정적 효과를 최소화하는 것이다.

3. 품질기능전개

제품 설계 단계에 고객을 투입할 수 있는 '**품질기능전개**'(Quality Function Deployment: QFD)는 일본에서 1970년 초반에 개발되어 1972년 미쓰비시의 고베조선소에서 처음 사용하였다. 그 후 도요타자동차와 그 납품업체에 이르기까지 확대 사용되었다.

제품은 고객의 요구사항을 반영하여 설계되어야 한다는 것이 품질기능전개가 추구하는 핵심 내용이다. 이를 위해서 신제품이 처음 구상될 때부터 마케팅, 설계 엔지니어, 제조 담당 스태프와 각 조직기능이 유기적으로 통합하여 업무를 수행해야 한다.

품질기능전개는 기본적으로 '**품질의 집**'(House Of Quality)이라는 품질 표를 이용하여 고객의 요구를 체계적으로 반영한다. 이는 고객의 요구에 대응하는 생산 기술상의 특성을 매트릭스 형태로 배치하게 된다. 품질기능전개는 또한 생산계획 수립에도 응용할 수 있도록 개발되었으며, 서비스 제공시스템의 설계에도 적절히 활용할 수 있다.

[그림 11-6]은 볼보 서비스센터가 경쟁업체인 볼보 딜러와의 서비스 비교를 위해 시행한 품질의 집을 보여준다.

그림 11-6 ▍볼보 서비스센터를 위한 품질의 집

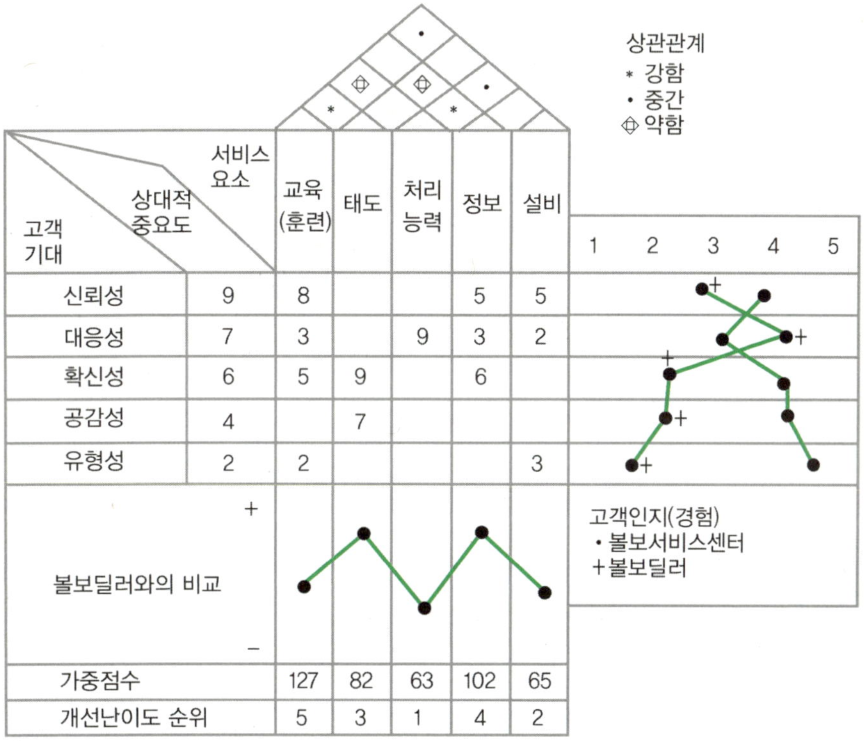

자료: J.R. Hauser and D. Clausing, "The House of Quality," *Harvard Business Review*, May-June, 1988.

5절 서비스 품질의 개선

1. 품질비용

미국 산업계에서 1980년 후반과 1990년대 초반에 밝혀낸 바에 따르면, 비인간적인 서비스와 결함제품 및 파기된 약속 등은 그에 상응하는 비용을 치른다고 한다.

제품과 서비스의 열악한 품질은 기업을 어렵게 만들어 결국 파산을 이끌 수 있다. 오늘날 품질이 불량인 차를 수리하기 위한 자동차 회사의 리콜은 이제 평범한 일이 되고 있다. 제품은 환불받거나 교환 또는 수리받을 수 있지만, 잘못된 서비스를 받은 고객은 어떤 정당한 청구권을 행사할 수 있을 것인가?

의료과실에 대한 법적 소송은 대부분 상당한 보상으로 이어지는 경우가 흔하다. 이에 따른 결과로 의료과실에 대한 환자의 소송 가능성으로 인해 의사의 책임 의식을 향상할 수 있다.

품질전문가 쥬란(Juran)은 **품질비용**(quality cost)을 예방비용, 평가비용, 내부실패비용, 외부실패비용의 네 가지 유형으로 분류하였고, 대부분의 제조업은 내부 및 외부실패비용의 합계가 총품질비용의 50~80%를 차지한다고 하였다. 그는 이러한 비용을 줄이기 위해서 기업은 예방에 더 치중할 것을 강조하였다.

[표 11-4]는 쥬란의 품질비용시스템을 은행과 같은 서비스 업체에 적용한 사례를 보여주고 있다.

표 11-4 ▌서비스 품질비용

비용 범주	내용	은행 사례
예방비용	평가비용의 발생 및 최소화로부터 실패를 관리하기 위한 행위나 조치와 관련된 비용	• 품질계획 • 신규채용 및 선정 • 훈련프로그램 • 품질개선 프로젝트
평가비용	서비스 조건이 품질표준에 합치하는지의 여부를 결정짓기 위하여 확인하는 데 소요된 비용	• 주기적인 검사 • 과정 통제 • 점검, 균형, 입증 • 품질자료 수집
내부실패비용	서비스가 고객에게 제공되기 전에 부적절한 업무를 수정하는 데 소요된 비용	• 폐기 • 재작업 • 기계 휴지시간
외부실패비용	서비스가 고객에게 제공된 후에 부적절한 업무를 수행하거나 고객의 특별한 요구를 충족시켜주지 못해 업무를 수정하는 데 소요된 비용	• 일종의 위로금 지급 • 조사시간 • 법적 판단 • 부정적 구전 • 미래사업 기회상실

2. 서비스 품질개선을 위한 프로그램

1) 데밍의 품질개선지침

일본은 자기 나라에 품질관리기법을 전수해 준 데밍(Deming)을 기념하기 위하여 1951년 데밍 품질상을 제정하였다. 지금까지 이 상은 일본에서 최고의 권위를 유지하고 있다. 일본 품질관리의 아버지로 불리는 데밍은 작업자의 잠재능력을 극대화하여 작업 수행뿐만 아니라 시스템 개선에 중추적인 역할을 하게 해야 한다고 주장했다. 그리고 경영자까지 포함하여 조직 전체가 문제 해결을 위한 자료수집과 통계분석기법을 생활화해야 한다는 것과 조직 내 품질에 대한 발상의 전환을 위해서 품질 철학이 필요함을 역설했다.

[표 11-5]는 데밍(Deming, 1982)이 품질목표 달성을 위해 제시한 14가지 지침을 열거한 것이다.

표 11-5 ▎데밍의 14가지 품질개선원칙

- 품질을 향한 목표의 지속성을 유지할 것
- 실수로 인한 지연이나 작업자의 장인정신 부족 때문에 허용되는 불량수준을 절대 인정하지 말 것
- 검사에 의한 품질관리를 중단하고 서비스과정에 초점을 둘 것
- 거래업자의 수를 줄이고 가격이 아닌 통계적 증거에 의해 구매하고 장기계약으로써 우량업자에 보답할 것
- 지속적인 비용, 품질, 서비스, 생산성 개선프로그램을 시행하며 전 · 후방활동에서 낭비를 제거할 것
- 직원을 충분히 이용하기 위한 훈련을 실시할 것
- 작업감독보다는 작업수행방법의 개선이 중요하므로 이를 위한 도구와 기법을 제공할 것
- 두려움을 없애 상하커뮤니케이션을 장려하고 개방성을 보장할 것
- 부서 간 장벽을 제거하고 팀워크를 통한 문제해결을 장려할 것
- 직원들에게 수량적 목표, 슬로건, 포스터를 강요하지 말 것
- 통계적 방법으로 품질과 생산성의 지속적 개선을 하고 양적 목표나 할당량을 제거할 것
- 직원의 장인정신 구현에 장애가 되는 것을 모두 제가할 것
- 교육 및 훈련 프로그램을 실시하고 자재, 작업방법, 기술혁신과 보조를 맞출 것
- 경영자가 영구적인 품질과 생산성개선에 전념할 것

이 원칙의 요지는 경영자가 품질개선을 주도해야 할 책임이 있다는 것이며 조직 내에 지속적인 개선을 위한 경영철학과 시스템 그리고 도구가 존재해야 한다는 것이다. 그의 원칙은 조직의 규모나 제조 · 서비스업을 가리지 않고 적용될 수 있다. 데밍은 지식의 중요성을 간파하고 품질교육을 강조했으며 과정자료를 이용하여 의사결정 및 문제를 해결할 것을 주장했다. 자료를 수집해 분석하고, 만일 자료가 없으면 자료수집부터 시작하라는 것이다. 그는 지속적 품질개선을 위하여 PDCA(Plan-Do-Check-Action) 사이클이라는 접근방법을 제안하기도 했다.[4]

2) 쥬란의 3대 품질 요소

웨스턴 일렉트릭사의 엔지니어로서 품질검사에 종사하던 쥬란(Juran)은 1951년 「품질관리 핸드북」을 출간했다. 그는 이 핸드북에서 경영자는 품질 책임의 80% 이상이라고 주장하였다. 따라서 그는 경영자의 의식변화가 품질 향상을 위해 무엇보다 중요함을 강조했다. 그는 품질 문제에서 중요한 몇 개의 것(소수)과 중요하지 않은 다수를 분리하고, 그다음에 중요한 소수의 문제점을 발견하여 문제의 원인 규명을 통한 개선을 강조했다. 특히 그는 만성적인 품질 문제를 해결하기 위해 다음과 같은 지침을 제안했으며, 이는 품질을 개선하고 유지하기 위한 것이다.

① 조직 내에 의식혁명이 필요하다는 것을 확산시킬 것
② 파레토 분석(80:20)을 이용하여 중요한 소수 품질 프로젝트를 찾을 것
③ 지식혁명을 위해 조직을 개편할 것
④ 품질 문제의 원인을 찾기 위해 실험을 실행할 것
⑤ 품질개선 프로젝트로 인한 조직 내 변화를 예측하고, 그 변화에 대한 조직구성원의 저항을 극복할 방법을 찾을 것

3) 크로스비의 무결점 원칙

크로스비(Crosby, 1979)는 "품질은 공짜(quality is free)"라고 주장하며, 무결점은 바람직할 뿐만 아니라 성취 가능한 목표라고 했다. 그에 의하면 품질은 요구사항에 대한 일

4 원석희, 전게서, pp.249-250.

치성이다. 검사만을 강화하여 품질비용을 증가시키는 전통적 방법 대신 그는 예방적 기법을 통한 무결점 달성을 주장했다. 그는 품질 요구사항의 일치를 위한 노력으로 기업은 예방과 평가비용에 많은 투자를 해야 함을 강조하였다.

크로스비의 공헌은 예방적 기법을 개선함으로써 전체 품질비용을 감소시킬 수 있다고 밝힌 점이다. 그 근거는 품질비용 곡선이 품질이 개선되면 될수록 하락하기 때문이다.

그는 다음과 같이 품질경영의 4대 절대 원칙을 제창했다.

① 품질은 요구사항에 대한 일치성이다. 요구사항은 분명하게 명시되어 모두가 자기에게 기대되는 것이 무엇인지를 알아야 한다.

② 품질은 예방으로부터 온다. 그리고 예방은 훈련, 리더십, 규율의 결과이다.

③ 품질 일치성의 기준은 무결점이다. 실수는 절대 용납되지 않는다.

④ 품질비용은 불일치성의 대가로 지급하는 것이다.

크로스비는 품질비용을 줄이기 위해선 기업 경영진을 동기유발시켜야 한다고 주장하며, 경영 성숙 단계설을 제시하고 불확실성에서 확실성으로 나아가는 5단계를 설명했다. 초기 단계에서 기업 경영진은 품질을 중요한 수단으로 인식하지 못하고, 품질 문제는 발등의 불을 끄는 것처럼 임기응변으로 처리되며, 조직적인 품질개선 노력이 존재하지 않는다. 그러나 마지막 성숙 단계에서 기업 경영진은 품질이 기업성공에 필수적이라는 것을 확신하고, 품질 문제는 예방적으로 처리되며, 품질개선 활동이 지속적이고 정규적으로 이루어진다.

크로스비의 품질 범위설정도 두드러진다. 품질은 단순히 제품이나 서비스만 해당하는 것이 아니다. 업무처리 과정도 반드시 명세에 일치해야 하므로 각 과정의 측정방법이 개발되어야 한다. 이렇게 품질경영은 기업의 모든 과정을 포함해야 하는 것이다. 그에 의하면 불량은 2가지 이유로 발생하는데 하나는 지식(knowledge) 부족, 다른 하나는 주의(attention) 부족이다. 지식 부족은 교육으로 개선될 수 있지만, 주의 부족은 작업자의 태도 문제이며 경영자의 개입으로 어느 정도 해결할 수 있다.

4) 파이겐바움의 전사적 품질

전사적 품질관리(Total Quality Control: TQC) 개념에 최초로 착안했던 파이겐바움(Feigenbaum)은 조직 전체가 품질개선에 참여할 것을 강조하고, 품질을 근본에서부터 해결하려는 의식 전환의 중요성을 역설했다. 그는 품질비용의 개념을 명확히 했으며, 재작업의 낭비와 기업 내 많은 활동이 품질 불량을 교정하기 위한 비부가가치 활동으로 이루어짐을 지적하였다. 아울러 품질개선의 노력은 반드시 비용상승을 유도하는 것이 아니고, 오히려 품질개선이 이루어지면 기업의 가격경쟁력을 가져올 수 있다고 주장했다. 파이겐바움은 실무에서 통계적 기법의 효과를 체험하고 전사적 품질관리에 착안했으며, 전사적 품질의 동기는 불량보다는 뛰어남(excellence)에 의해 주도되는 것이라고 정의했다.

그는 품질은 고객에 의해 정의되며, 품질 철학은 현장을 넘어서 조직의 모든 기능을 포함해야 한다고 보았으며, 특히 경영진에게 품질 전략을 설득하기 위해서 품질비용을 가시화할 것을 강조했다. 최고경영자에 의해 주도되는 통합적인 접근방법을 통해 경영진이 먼저 품질의 의미와 기업의 수익성 측면에서의 혜택을 이해해야 한다는 것이다. 또한 공급업자로부터 고객에 이르는 기업의 전체 가치사슬(value chain)을 관리하는 통합시스템 구축을 옹호한 그는 무엇보다도 조직 전체의 참여를 주장하고, 품질개선이 조직문화 일부가 되어 하나의 기업윤리로 정착되어야 하며, 성과의 지속적 개선을 지원해야 한다고 역설했다.

결국 품질경영의 지향점은 고객에 의해 정의된 품질을 개선하는 것이다. 따라서 품질은 고객 품질요구사항의 확인부터 시작되며 고객이 만족하는 순간에 끝이 난다. 이러한 개선은 주로 통계적 기법으로 이루어지며, 품질개선을 위한 모든 방법이 시도된 후 마지막으로 자동화가 이루어져야 한다는 것이다.

5) 품질개선 사이클

품질개선 사이클은 품질개선이 지속적으로 이루어져야 함을 나타낸다. 품질개선 사이클이 조직 내에 정착되면 품질개선 노력이 습관화되고 일상 활동의 일부가 된다. 본래 PDCA 사이클로 알려진 이 방법은 계획(Plan)－실행(Do)－검토(Check)－수정(Action)을 반복함으로써 기업이 더 높은 품질수준을 지향하고, 그 수준 달성을 위한 중요한 수

단이 되고 있다.[5]

(1) 개선 사이클의 원리

개선 사이클은 품질측정, 품질통제 그리고 개선 활동을 반복하는 것이다. 품질측정 후에는 통제를 시행하여 안정적 상태를 만들고 다시 개선을 추구한다. 여기서 통제는 품질수준의 일관성을 유지하기 위한 것이다. 또 공정의 품질개선은 좋은 아이디어와 경영진의 실행력이 필요하다. 개선 후에는 다시 일관성을 위해 측정한다. 이 사이클은 영구적이지만, 측정의 필요성은 시간이 지나면서 감소하고 측정 절차도 단순해진다.

이렇게 전체 과정이 개선되면 낭비감소, 인력투입 절감, 장비 고장감소, 상품의 품질개선으로 이어진다. 품질이 고도화되면 측정이 더욱 단순화되고 변동이 적어지므로 100%의 간단한 자동화 검사를 도입할 수 있다. 이렇게 사이클은 [그림 11-7]처럼 다시 반복된다. 완벽한 품질을 향해 개선과정이 영구적으로 지속되는 것이다.

그림 11-7 | 개선 사이클의 원리

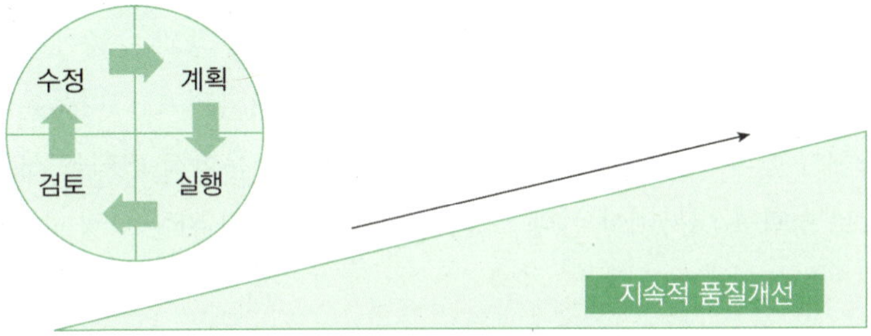

쥬란은 이러한 개선 사이클을 '귀중한 개선 습관'이라고 불렀다. 공정의 일관성을 확보하고, 다시 개선하라, 그리고 반복하라. 왜냐하면 아무리 작은 부분이라도 불량은 비용을 수반하며, 고객에게 문제를 일으키고, 결국 고객에게 신의를 상실하기 때문이다. 그렇다면 왜 개선 전에 일단 공정을 안정시켜야 하는가? 한 가지 이유는 이상한 요인이 매우 심각한 경우 시급히 고쳐야 하기 때문이다. 두 번째 이유는 개선을 위한 새로운 아이디어나 개선 활동의 효과가 이상한 요인에 의해 잘 나타나지 않을 수 있기 때문이다.

쥬란은 개선 활동의 초점화 필요성에 대해서도 지적했다. 즉, 품질개선은 구체적인

5 상게서, pp.262-265.

프로젝트에서부터 실시되어야 한다는 것이다. 그리고 모든 것을 한꺼번에 시도하는 것은 무리이며, 먼저 중요한 프로젝트를 몇 개만 선정하여 개선 목표를 정하고 추진해야 한다. 그것이 성취되면 다음 것을 시작한다. 그리고 만족할 때까지 끊임없이 지속한다는 것이다.

(2) PDCA 사이클

PDCA 사이클은 통계적 품질관리의 시조인 슈와트(Schwart)가 처음 제시하였지만, 데밍이 이 사이클을 유명하게 만들어 데밍사이클이라고도 불린다. 원래 이 사이클은 공정을 개선하기 위해 고안된 것이지만, 통계적 분석을 통해 품질 문제의 근본 원인을 발견하는 절차로도 사용될 수 있다. 기본적이고 상식적인 데밍의 PDCA 사이클은 계획(Plan)–실행(Do)–검토(Check)–수정(Action) 활동을 반복한다. 한편 계획–실행–검토–연구 사이클로 불리는 개선과정은 개선 기회를 확인하여, 이를 성취하기 위한 과정을 계획하고, 이 계획을 실천하기 위해 소규모로 실행해 본 후, 무엇을 배웠는지를 알기 위해 실행한 결과를 검토 및 연구하고, 다시 배운 대로 활동을 되풀이한다.

쥬란은 새로운 표준에 도달하기 위해서는 과거에 달성한 성과 수준에서 벗어나야 한다고 강조했다. 변혁은 무엇보다도 먼저 태도 변화에서 시작되며, 그다음은 변혁을 위한 조직을 창조해야 한다. 일단 조직 내 저항을 다루기 위한 문화적 변혁을 성취하면 그 변혁을 바탕으로 성과를 이룩해야 한다. 그리고 이를 운영하기 위한 조정 메커니즘과 자료

그림 11–8 ▌개선 사이클의 주안점

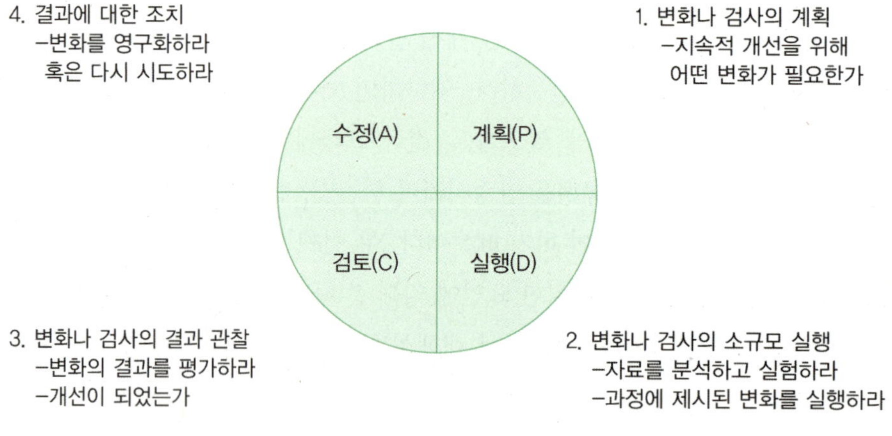

를 제공하기 위한 활동이 따른다. 결국 새로운 성과 수준에서 모든 업무를 운영하게 되면 통제를 확립한 것이다. [그림 11-8]은 이 관계를 나타낸다.

개선 사이클이 활용된 이후 기업이 할 수 있는 선택안은 2가지가 있다. 하나는 개선된 과정을 통제하에 두는 것이고, 다른 또 하나는 통제 후 다시 새로운 개선 사이클을 시작하는 것이다. 통제하에 두는 목적은 이미 이루어진 개선을 유지하기 위한 것이고 다시 과거의 나쁜 습관으로 돌아가는 것을 막기 위함이다. 따라서 적절한 직원훈련과 성과의 서류화가 개선을 유지하는 데 필수적이다.

다른 대안은 다시 개선에 착수하는 것으로 기존 프로젝트의 적절한 문서화와 아울러 분석과 확인, 대안 선택과 그 성과, 그리고 후속 개선의 여지를 파악하는 것이 매우 중요하다. 이러한 정보를 가지는 것이 추가적인 개선을 쉽고 빠르게 할 수 있다.

3. ISO 국제품질 표준

ISO 국제품질 표준은 가장 광범위하게 시행되는 표준으로서 세계 최대의 경제권인 유럽 시장에서 주도하고 있다. 그 결과 유럽 시장과 거래를 원하는 여타 지역기업을 포함해 전 세계적인 표준으로서 영향력을 증대시키고 있다. 품질시스템의 문서화에 치중했던 초기의 약점을 보완하고, 증대되고 있는 서비스 산업을 위해 새로운 서비스 국제표준을 제정하는 동시에 삶의 질을 확보하기 위한 환경표준에까지 그 영역을 넓혀가고 있다.[6]

1) ISO 표준의 의의

(1) ISO 표준의 제정

스위스 제네바에 소재하는 **국제표준화기구**(International Standards Organization: ISO)는 유럽연합(EU)에 의해 시행될 품질 관련 지침을 발표했다. 이 지침에 의하면 앞으로 EU 지역 내의 국가와 거래를 원하는 외국기업은 이 표준에 맞추어 활동을 수행해야 한다. 초기에는 유럽연합 12개국에서 시작된 것이 인접 유럽국가, 아시아, 아프리카, 오세아니

6 상게서, pp.467-476.

아 국가들이 동참하여 1990년 이후 50개국 이상으로 늘어나게 되고 미국의 유명 기업인 듀퐁, AT&T, 3M 등이 이를 채택하고 거래업자에게도 인증을 요구함에 따라 더욱 확산하는 추세에 있다.

ISO 9000 표준은 품질개선에 무엇이 필요한지를 명시하지만, 구체적으로 어떻게 할 것인지를 밝히지는 않는다. 단지 기업이 갖추어야 할 최소한의 요구사항으로 구성되어 있다. 종전의 ISO 9000 시리즈는 ISO 9001(설계가 포함된 제조업), ISO 9002(설계가 제외된 제조업), ISO 9003(서비스업)으로 구성되었던 것을 2015년에 개정되면서 ISO 9001로 통합되어 지금까지 운영되고 있다.

이 표준은 이제 유럽뿐만 아니라 전 세계에서 통용되고 있다. 유럽과 미국에서 특히 공공업무에 점차 요구되고 있으며, 품질에 대한 의식이 높아질수록 이렇게 공통으로 합의된 품질기준과 인증에 대한 필요는 더욱 확대될 것으로 보인다.

(2) ISO 표준의 취지

품질경영시스템이 ISO 요구사항을 충족하면 이는 ISO 인증(certification)으로 이어지게 된다. 이 표준의 주요 개념은 극단적인 경우 비상사태로 모든 인력이 가동될 수 없을 때라도 외부인이 문서화된 것을 기초로 과정을 재구축하고 같은 품질의 상품과 서비스를 제공할 수 있어야 한다는 것이다. 그러므로 많은 부분이 품질경영시스템의 공식화와 문서화에 초점을 맞추고 있다.

ISO 9001의 품질 표준은 상품의 품질보다는 기업의 업무 프로세스를 표준화하여 운영되고 있는가에 대한 제삼자에 의해 객관적으로 인증을 받는 제도이다. ISO 9001은 표준화 과정을 통해 맥도날드의 햄버거처럼 일관된 품질을 가능하게 해준다. 자재, 인력훈련, 생산과정의 표준화가 달성되면 표준화된 과정은 일관된 품질을 보장할 수 있다. 모든 과정이 적절하게 준수되면 그 결과 품질은 일정한 수준을 유지하는 것이다. 이 표준은 과정, 절차, 활동관리, 통제에 초점을 맞추고 있어 상품의 품질은 이러한 업무의 표준화 활동을 통해 달성될 수 있다고 본다. 이렇게 업무 프로세스 중심의 표준은 모든 기업에 같은 평가를 가능하게 한다.

최근 아웃소싱이 증대됨에 따라 기업은 외부 공급업자에게 이러한 인증을 요구하고 있다. 전체적인 품질경영 프로그램의 일부로서 기업 경영활동의 문서화와 객관화를 요구하는 것이다. 직원훈련, 표준화된 활동 절차, 품질관리과정 등이 ISO 표준의 밑바탕을 이루고 있으므로 이 표준을 달성하면 체계적인 품질경영시스템 도입이 쉬워진다.

2) ISO 9001: 품질경영시스템

(1) ISO 9000

품질경영시스템의 기본사항과 용어의 개념을 정의하여 ISO 9000 시리즈를 이용하기 위한 지침을 제공한다.

(2) ISO 9001

ISO 9001은 기업이 수행하는 설계, 개발, 생산, 설치 그리고 상품의 서비스에 있어서 품질보증(Quality Assurance: QA)의 광범위한 일반표준을 가리킨다. 품질경영시스템을 위한 일반적 요구사항을 담고 있는데, 우선 최고경영진의 책임에서 시작해서 품질경영시스템의 주요 구성요소가 실재하는지를 확인할 객관적 결정 기준을 제공한다.

예를 들어, ISO 9001은 계약검토 절차, 설계 및 과정통제, 검사, 실험에 필요한 최소한의 요구사항을 구체화하고 있다. 이 표준은 또 시험된 제품과 불일치 제품의 통제 그리고 불량의 반복을 피하기 위한 수정 활동, 절차의 확인을 위한 문서화된 시스템을 요구한다. 아울러 제품처리, 저장, 포장, 인도 시의 요구사항을 담고 있으며, 품질경영시스템의 효과성을 검증하기 위한 내부 품질감사 실행의 요구사항을 포함한다.

(3) 기본구조와 용어

ISO 9001 표준에는 조직의 품질경영시스템의 문서화된 정보에 적용되는 구조 및 용어에 대한 요구사항은 없다.

기본구조는 조직의 방침, 목표 및 프로세스를 문서화하기 위한 모델이라기보다는 요구사항을 일관되게 제시한다. 품질경영시스템에 관련된 문서화된 정보의 구조 및 내용은 문서화된 정보가 조직이 운영하는 프로세스와 다른 목적을 위하여 유지되는 정보, 두 가지 모두와 관련될 때 흔히 그 사용자가 더 관련될 수 있다.

그리고 ISO 9001 표준에는 품질경영시스템 요구사항을 규정하기 위하여 조직에서 사용되는 용어가 이 표준에서 사용되는 용어로 대체되어야 하는 요구사항은 없다. 조직은 조직의 운영에 적절한 용어를 선택하여 사용할 수 있다.

3) ISO 14001: 환경경영시스템

(1) 환경기준 도입 배경

환경기준은 나라마다 서로 다른 환경관리기법과 관리체계의 표준화를 도모하고, 지구환경 보전에 이바지하기 위해 국제표준화기구가 제정한 국제규격이다.

ISO는 1991년 6월 유엔환경개발회의(UNEP)가 기업의 환경관리에 관한 국제표준규격을 제정해 달라고 요청함에 따라 1993년 TC 207 환경경영 기술위원회를 창설한 이후 ISO 12000 시리즈 관련 인증 ISO 14001(환경경영시스템) 국제표준을 1996년 9월 정식으로 채택하였다.

그 배경으로는 1992년 리우 지구정상회의에서 선포된 리우선언과 Agenda(의제) 21의 채택을 계기로 '환경적으로 건전하고 지속 가능한 개발'을 달성하기 위하여 환경경영이라는 새로운 기업경영 패러다임이 등장하게 된 것이다. 이는 기존의 환경관리 방법이나 사후 처리 위주의 기술개발 및 투자활동이 더 이상 충분한 기준이 될 수 없다는 공감대의 반영이며 경제적 수입과 환경 친화 가능성을 전제로 하는 기업 경영전략의 도입을 강력히 요구하는 것이다. 즉, 사후 처리방식을 중심으로 운영되어 오던 기존의 환경관리 방식에서 탈피하여 전 직원의 참여를 통하여 사전에 환경문제를 해결할 수 있는 체계적인 방안을 모색할 것을 촉구하고 있다.

(2) 환경기준의 중요성

각 기업에서 환경경영시스템을 도입하는 중요한 이유는 환경보호가 최우선이라는 명제가 전 세계적으로 공감을 얻게 되었기 때문이다. 이에 따라 앞으로는 ISO 14001 인증을 획득하지 못한 기업은 21세기 지구환경의 중시 시대에 살아남을 수 없다고 볼 수 있으며, 점차 본격화되고 있는 WTO 체제의 무한경쟁 아래서 국가 상호 간에 하나의 기술장벽으로 작용하고 있다. 예를 들면, 지구 온난화의 주범인 휘발유 및 디젤 자동차는 수출입이 금지되어 자동차 회사들은 생산을 중단하고 있으며, 전기, 수소 자동차 등 무공해 자동차의 생산을 확대하고 있다. 또한 스티로폼, 비닐 등 분해되지 않고 썩지 않는 것은 사용을 금하고 있고 수출입을 금지하고 있다.

이에 따라 점차 선진국에서는 자국으로 수입될 제품에 대해 환경인증의 요구가 크게 높아지고 있고, 이미 유럽연합(EU)은 1996년 4월부터 환경경영 및 감사에 관한 법률을 제정하여 역내 회원국이 의무적으로 심사하도록 하고 있다. 우리나라도 소비자들의 환경보호 제품에 대한 인식이 점점 높아지고 선진국들의 경제협의체인 OECD 가입국으로써 기업의 환경문제에 대한 국내외의 요구수준이 크게 높아지고 있다.

환경경영시스템은 이런 측면에서 기업의 경영자에게 환경에 대한 주요 문제점을 제시하고 기업의 능력 범위 내에서 개선 활동을 추진하여 지속적으로 환경성과를 개선하고자 하는 관리체계이다.

앞으로 기업들은 기업경영의 대외이미지 제고와 경쟁력 향상을 위하여 환경을 고려한 조직구조 및 경영방법과 제품의 설계, 생산, 판매, 폐기 등 전 과정을 환경친화적으로 전환하여 환경을 고려한 기업 경영체제를 지속해서 유지 · 발전시키지 않으면 안 된다.

(3) 기본구조와 내용

ISO 14001은 기업경영 일부분으로 기업활동에 의해서 발생할 수 있는 부정적인 환경영향을 지속적으로 개선하기 위한 체계적인 접근방법이다. 환경문제의 현상 파악, 개선계획의 수립 및 실행, 시스템 운영에 대한 점검과 시정조치 등 시스템이 가져야 할 기본적인 요소들을 반영하고 있으며 계획, 실행, 검토, 시정조치를 포함하는 PDCA 사이클 원리를 근본으로 하고 있다. 주요 내용은 다음과 같다.

① 환경방침을 통하여 기업활동과 관련된 환경성과의 지속적인 개선에 대한 결의
② 환경방침을 달성하기 위한 환경목표, 세부목표 및 환경경영 프로그램의 수립
③ 수립된 계획을 이행하고 운영할 수 있는 체계 구축
④ 환경방침, 환경목표, 세부목표 및 프로그램에 근거한 환경경영 성과평가
⑤ 환경문제에 대한 인식을 높이기 위한 직원에 대한 교육 · 훈련 프로그램 개발
⑥ 환경개선 실적의 대내외 공표

4. 서비스 품질 인증평가제도

1) 서비스 품질 우수기업 인증평가 모델

우리나라의 서비스 품질 우수기업 인증제도는 2001년 3월 2일 산업자원부가 제정하

여 현재까지 운영되고 있다. 이 제도의 목적은 품질경영 및 공산품 안전관리법 제6조에 의거 서비스 품질 우수기업을 선정하고 이를 '한국 서비스 품질 우수기업'으로 인증하는 데 필요한 사항으로 정함으로써 서비스 품질 향상과 고객지향적 서비스문화의 확산발전에 이바지하는 데 두고 있다.

표 11-6 ▌서비스 품질 우수기업 평가항목 및 세부 평가내용

평가항목	세부 평가내용	배점
1. 리더십	1-1 서비스 경영철학 1-2 서비스 리더십과 기업문화 1-3 기업윤리와 사회적 책임	150 (15%)
2. 서비스 품질 경영전략	2-1 서비스 품질 목표 및 수립체계 2-2 서비스 품질 실천계획 수립 및 전개 2-3 서비스 품질 평가체제와 활용	150 (15%)
3. 고객과 시장 정보시스템	3-1 고객과 시장에 대한 구분체계 3-2 고객정보 및 VOC 수집체계 3-3 고객정보 및 VOC 대응체계 3-4 고객 요구사항의 해결 및 활용체계	100 (10%)
4. 고객접점 서비스 운영관리	4-1 접점 업무 프로세스의 고객지향성 4-2 서비스 표준의 설정 및 이행 정도 4-3 고객 불만 처리 및 서비스 회복 4-4 서비스 프로세스 개선 및 실행 4-5 제품/서비스의 안전 및 품질시스템	200 (20%)
5. 인적자원 및 조직관리	5-1 종업원의 교육훈련 및 인재 육성 5-2 종업원의 동기부여 및 참여 5-3 종업원의 복리후생 및 만족 5-4 협력업체 관리 및 지원체계	100 (10%)
6. 효과적인 자원의 활용	6-1 재무적 목표와 관리 6-2 시설환경의 유지관리 및 개선 6-3 정보와 지식관리	100 (10%)
7. 서비스 경영성과	7-1 시장성과(CSI, SQI, MS 등) 7-2 재무성과(수익성, 성장성, 안전성 등) 7-3 기타성과(대외활동성과 등)	200 (20%)
총점		1,000 (100%)

서비스 품질 우수기업 인증 모델은 1. 리더십, 2. 서비스 품질 경영전략, 3. 고객과 시장 정보시스템, 4. 고객접점 서비스 운영관리, 5. 인적자원 및 조직관리, 6. 효과적인 자원의 활용, 7. 서비스 경영성과인 7가지 범주로 구성되어 있다. 정성적 측정 800점(80%)과 정량적 측정 200점(20%)으로 총 1,000점으로 구성된다. 말콤 볼드리지(MB) 모델과 비교하면 이 모델은 상대적으로 정성적 부분을 중요하게 여긴다.

서비스 품질 우수기업 인증 모델은 공통으로 적용할 수 있는 평가지표와 각 서비스 업종별로 적용할 수 있게 세분된 평가지표로 나누어져 있는 것이 특징이다.

2) KS 서비스 인증평가 모델

KS 인증제도는 국가가 제정한 산업표준화법에 따라 한국산업표준의 확산을 통하여 제품 및 서비스의 품질 · 생산효율 · 생산기술을 향상하고, 거래의 단순화와 공정화를 기하며, 소비의 합리화를 꾀하여 국가 경제를 발전시키기 위한 우리나라의 대표적인 국가 인증제도이다.

KS 인증제도는 KS가 제정한 제품이나 서비스를 생산(제공)하는 사람이 조직을 시스템적으로 운영될 수 있도록 사내 표준화를 추진하고, 품질경영기법을 도입하여 자체적으로 인증요건에 합당하도록 관리능력을 갖춘 후, 공정 및 품질이 안정되었다고 판단되면 기업의 의사에 따라 신청을 하여 인증을 받을 수 있는 임의 인증제도이다.

표 11-7 ▎콜센터 KS 서비스 인증 평가항목 및 세부 평가내용

평가항목	세부 평가내용	배점
1. 표준화 일반	1-1 사내 표준화 · 품질경영 추진 1-2 표준화 및 서비스 품질경영의 도입 · 실시 · 확산을 위한 조직 및 활동 1-3 표준화 및 품질경영 교육훈련 1-4 품질관리 담당자 지정 · 운영	20 (20%)
2. 서비스 운영체계	2-1 조직구조 2-2 기본사업체계 2-3 제삼자에 의한 수행	15 (15%)
	3-1 기획 3-2 제반 시스템, 조직 및 교육훈련 준비	

3. 서비스 운영	3-3 상담 업무수행 3-4 상담 녹취관리 3-5 고객의 소리 및 사후관리 체계 3-6 평가체계 3-7 고객정보 보호	35 (35%)
4. 서비스 인력관리	4-1 자격인력 확보 4-2 전문인력 확보 4-3 직무수행능력 향상 교육훈련	15 (15%)
5. 시설 · 장비 · 환경 및 안전관리	5-1 시설 및 장비 확보 · 운영 5-2 장애 대응 5-3 환경 및 안전관리	15 (15%)
총점		100 (100%)

표 11-8 ▍콜센터 KS 서비스 인증 사전 · 진행 · 사후 서비스 평가항목 및 세부 평가내용

평가항목	세부 평가내용	배점
1. 고객이 제공받은 사전 서비스	1-1 시설 이용의 편리성과 접근용이성 1-2 자동화 장비에 대한 사내표준에 규정하고 이에 따라 운영	20 (20%)
2. 고객이 제공받은 서비스	2-1 상담 절차에 대한 사내표준에 규정하고 이에 따라 수행 2-2 녹취에 대한 사내표준에 규정하고 이에 따라 수행 2-3 모니터링 평가에 대한 사내표준에 규정하고 이에 따라 수행 2-4 품질관리시스템에 대한 사내표준에 규정하고 이에 따라 수행	55 (55%)
3. 고객이 제공받은 사후 서비스	3-1 보고에 대한 사내표준에 규정하고 이에 따라 실시 3-2 고객의 소리, 사후관리 및 사내표준에 규정한 데로 실시 3-3 고객만족의 측정 및 사내표준에 규정한 데로 실시 3-4 고객정보 보호 및 및 사내표준에 규정한 데로 실시	25 (25%)
총점		100 (100%)

예를 들어, 콜센터의 KS 서비스 인증 모델은 표준화 내용과 실제 서비스 운영과정에 대하여 평가된다. 서비스 표준화 부문에는 1. 표준화 일반, 2. 서비스 운영체계, 3. 서비스 운영, 4. 서비스 인력관리, 5. 시설 · 장비 · 환경 및 안전관리 등 5가지 범주로 구성되며 총 100점이다.

또한 실제 서비스 운영과정 부문에는 1. 고객이 제공받은 사전 서비스, 2. 고객이 제공받은 서비스, 3. 고객이 제공받은 사후 서비스 3가지 범주로 구성되어 있으며 총 100점이다.

이처럼 KS 서비스 인증 모델은 제조업의 인증 모델과는 달리 실제 서비스 운영과정, 즉 사전 서비스, 실행 서비스, 사후 서비스에 대해서도 평가한다는 데에 차이가 있다.

서비스 KS 서비스 인증 모델은 공통으로 적용할 수 있는 평가지표와 각 서비스 업종별로 적용할 수 있게 세분된 평가지표로 나누어져 있다.

12장 서비스 산업의 정보기술 활용

1절 4차 산업혁명과 서비스 산업

1. 4차 산업혁명의 이해

우리가 많이 들어 본 산업혁명이라는 용어는 일반적으로 18세기에 제임스 와트가 증기기관을 발명한 시기로 인간의 노동을 기계로 대체한 1차 산업혁명을 의미한다. 19세기의 석유와 전기를 사용한 2차 산업혁명을 통해 대량생산이 가능해졌고 이를 통해 비로소 인류는 물질적 풍요를 누리게 되었다. 이 시기부터 서비스 산업이 점차 싹이 트기 시작했다. 1차와 2차 산업혁명은 주로 제조업의 혁신을 일으켰고 제조업의 생산성을 향상시켰다.

정보화 혁명인 3차 산업혁명 시기부터 서비스 산업의 발전이 본격적으로 이루어졌다. 저명한 미국의 미래학자인 앨빈 토플러(Alvin Toffler)는 『제3의 물결(The Third Wave)』에서 인류에 지대한 영향을 미친 문명의 역사적 시기를 세 가지로 분류하였다. 즉, 그는 이 책에서 인류는 제1의 물결인 농업혁명, 제2의 물결인 산업혁명을 거쳐 제3의 물결인 정보화혁명으로 가고 있다고 주장하였다.

그에 따르면, 제1의 물결인 농업혁명을 통해 인류는 농경사회를 이루게 되었고 유목생활에서 정착 생활을 하게 되었다. 제2의 물결인 산업혁명을 통해 인류는 산업사회를 이루게 되었고 최초로 물질의 결핍으로부터 탈피하게 되었다. 제3의 물결인 정보화 혁명을 통해 인류는 정보화사회에 도달하게 되었고 사무실 작업의 생산성을 급격히 향상시켰다.

한편 다보스포럼의 회장인 클라우스 슈밥(Klaus Schwab)은 2016년에 개최된 이 포럼에서 처음으로 4차 산업혁명이라는 용어를 사용하였다. 4차 산업혁명을 가능하게 하는 최첨단 정보기술의 융합으로 무인공장(스마트 팩토리), 무인점포, 자율주행차, 가상화폐 등이 오늘날 만들어지게 되었다.

1971년에 창설되어 저명한 기업인이나 학자, 정치가, 저널리스트 등이 모여 세계 경제에 대하여 논의하고 연구하는 국제 민간 회의인 '다보스포럼'(혹은 '세계 경제 포럼'이라고도 불림)은 1981년부터 매년 1~2월에 스위스의 다보스 도시에서 회의가 열린다.

2016년 1월 말에 개최된 다보스포럼의 핵심 주제는 '4차 산업혁명의 이해(Mastering the Fourth Industrial Revolution)'였다. 4차 산업혁명이라는 용어가 우리나라에 열풍을 일으키게 된 이유는 그해 3월에 개최된 이세돌과 알파고의 바둑 대결 때문이었다. 이세돌은 알파벳의 구글 딥마인드에서 개발한 바둑 인공지능 프로그램인 알파고(AlphaGo)에 최종적으로 1:4로 졌다. 인간이 인공지능에 진 이 사건은 우리나라에 4차 산업혁명이라는 개념을 일상으로 끌고 왔다.[1]

일반적으로 **산업혁명**(Industrial Revolution)이라는 용어는 경제혁명으로, 생산성 향상이 비약적으로 이루어져 전 사회의 질적 전환이 이루어질 때 사용한다. 여기서 생산성은 한 작업자의 시간당 평균 산출물을 의미한다.

결국 물리적인 산업구조와 생산방식의 변화를 가져오는 산업혁명은 지금까지 총 4차례에 걸쳐 발생했다. 각 산업혁명은 새로운 기술의 도입과 경제적 · 사회적인 변화를 가져왔으며, 다양한 분야에서 혁신과 발전을 이룩했다.

1차 산업혁명은 18세기 말부터 19세기 초까지에 해당하며, 기계화와 증기 엔진의 도입을 특징으로 한다. 수작업이 아닌 기계를 이용한 생산방식으로 변화하였고, 특히 섬유산업과 철강 산업에서 큰 변화가 있었다. 인간의 노동을 기계로 대체하여 작업의 생산성을 크게 향상시켰고, 근로자들의 생활도 변화시키며 도시화와 인구 증가를 초래했다.

2차 산업혁명은 19세기 말부터 20세기 초까지에 해당하며, 대량생산과 전기화를 특징으로 한다. 제조업에서는 모든 생산 단계가 기계화되었고, 조립라인을 통해 제품을 대량

1 최진기, 한 권으로 정리하는 4차 산업혁명, 이지퍼블리싱, 2018, pp.18-19.

으로 생산할 수 있게 되었다. 이러한 변화는 자동차 산업, 철강 산업, 석유 산업 등에서 큰 영향을 미쳤으며, 농업 분야에서도 기계 사용이 확대되었다.

3차 산업혁명은 20세기 중반에서 21세기 초에 해당하며, 정보통신기술의 발전과 자동화를 특징으로 한다. 컴퓨터와 인터넷의 등장으로 정보의 전달과 접근이 쉬워지며, 서비스 산업과 IT 산업이 급속하게 성장했다. 전자상거래, 인터넷 검색, 모바일 통신 등 디지털 기술이 일상생활에 큰 변화를 가져왔다.

4차 산업혁명은 2016년 이후부터 오늘날에 해당하며, 디지털 기술의 발전과 인공지능, 빅데이터, 사물인터넷 등의 기술들이 상호작용하며 새로운 경제와 산업 패러다임을 형성하는 혁명적인 변화를 가져오고 있다. 또한, 생산, 서비스, 교통, 의료, 에너지 등 다양한 산업 분야에 혁신과 변화를 이끌면서 인간의 삶과 사회 전반에도 큰 영향을 미치고 있다.

[표 12-1]은 1차 산업혁명부터 4차 산업혁명까지의 시기, 특징, 생산방식, 주도국가, 중요 인물 등을 간략히 보여준다.

표 12-1 ▌산업혁명의 단계

구분	1차	2차	3차	4차
시기	1760~1790년	1870년 이후	1990년대	2016년 이후
혁명	기계혁명	전기혁명	정보화혁명	최첨단 정보화혁명
특징 (동인)	증기기관, 방직기	컨베이어벨트	컴퓨터, 인터넷	인공지능(AI), 빅데이터, 사물인터넷(IoT)
생산방식	인간의 노동 → 기계로 대체 (산업화)	조립라인, 소품종대량생산 (기계화)	다품종 소량생산 (자동화)	스마트 공장 (디지털화, 융합화, 지능화)
주도국가	영국	미국	미국	독일, 미국
중요 인물	제임스 와트	에디슨, 헨리 포드, 카네기, 록펠러 등	빌 게이츠	클라우스 슈밥, 스티브 잡스, 일론 머스크

2. 4차 산업혁명 기술의 서비스 산업 활용

디지털화, 인공지능, 빅데이터, 사물인터넷, 로봇공학, 가상현실 및 증강현실, 블록체인 등의 7가지 기술을 활용한 4차 산업혁명은 제조업, 의료, 금융, 유통 등 다양한 산업에 큰 영향을 미치고 있다. 특히 이러한 기술은 서비스 산업의 다양한 분야에서 새로운 서비스 제품 개발에 활용될 수 있다.[2]

① **디지털화**(digitalization): 디지털 기술은 데이터를 쉽게 생성, 저장, 복사, 분석하고 공유할 수 있다. 디지털화는 이러한 디지털 기술을 이용하여 기존의 물리적인 자료와 과정들을 디지털 형태로 변환한다. 예를 들어, 디지털화를 통해 서비스 산업은 디지털 은행, 디지털 마케팅, 디지털 교육 등과 같은 새로운 제품과 서비스의 개발을 할 수 있다.

② **인공지능**(Artificial Intelligence: AI): 인공지능(AI)은 기계가 인간과 유사한 지능을 갖도록 하는 컴퓨터 프로그램이다. 인공지능을 활용하여 서비스 기업은 대량의 데이터를 분석하고 예측하며, 자동화된 의사결정과 문제 해결을 할 수 있다. 예를 들어, 서비스 산업은 고객 서비스, 마케팅, 판매 예측, 개인화된 추천 시스템 등의 다양한 분야에서 인공지능을 활용할 수 있다.

③ **빅데이터**(Big Data): 빅데이터는 기존의 데이터 수집, 저장 및 분석방법을 넘어서서 대량의 정형 및 비정형 데이터를 처리하고 분석하는 기술과 방법론이다. 예를 들어, 이러한 빅데이터를 토대로 서비스 산업은 고객의 행동 데이터, 구매 기록, 소셜 미디어 데이터 등 다양한 데이터를 수집 및 분석하여 고객의 니즈와 행동을 이해하고 개인화된 서비스를 제공할 수 있다.

④ **사물인터넷**(Internet of Things: IoT): 사물인터넷(IoT)은 사물에 센서와 통신 기능을 부여하여 인터넷에 연결하는 기술이다. 센서, 장치, 차량, 가전제품 등 다양한 사물들이 인터넷에 연결되어 데이터를 주고받고, 제어 및 모니터링을 할 수 있다. 예를 들어, 사물인터넷을 활용하여 서비스 산업은 생산 시설의 자동화, 스마트 홈, 스마트 시티 등 다양한 분야에서 효율성과 편의성을 증진할 수 있다.

⑤ **로봇공학**(robotics): 로봇공학은 제조공정에서 인간을 대신하여 작업을 수행하는

2 송경진 역, 클라우스 슈밥의 제4차 산업혁명, 메가스터디북스, 2016.

기계인 로봇을 개발하고 사용하는 기술이다. 로봇공학은 서비스 산업에서 고객 서비스, 제조, 물류 등 다양한 분야에서 활용될 수 있다. 예를 들어, 로봇은 고객 서비스를 제공하거나, 제품을 제조하거나, 물류를 처리하는 데 활용될 수 있다.

⑥ **가상현실**(Virtual Reality: VR) 및 **증강현실**(Augmented Reality: AR): 가상현실(VR)은 컴퓨터를 통해 실제와 같은 3차원 가상세계를 만들어 사용자에게 제공하는 기술이다. 증강현실(AR)은 컴퓨터를 통해 실제세계에 가상의 이미지나 정보를 겹쳐서 보여주는 기술이다. 가상현실 및 증강현실은 서비스 산업에서 교육, 마케팅, 엔터테인먼트 등 다양한 분야에서 활용될 수 있다. 예를 들어, 가상현실 및 증강현실을 활용하여 제품을 시연하거나, 서비스를 홍보하거나, 게임을 즐길 수 있다.

⑦ **블록체인**(blockchain): 블록체인은 암호화 기술을 사용하여 데이터를 분산 저장하고 위변조를 방지하는 기술이다. 블록체인은 서비스 산업에서 금융, 유통, 의료 등 다양한 분야에서 활용될 수 있다. 예를 들어, 서비스 산업은 블록체인을 활용하여 안전하고 투명한 결제시스템을 구축하거나, 제품의 진위여부를 확인하거나, 개인의 의료 정보를 관리할 수 있다.

위에서 살펴본 4차 산업혁명 기술은 앞으로도 서비스 산업에 더욱 큰 영향을 미칠 것으로 예상되므로 서비스 기업은 4차 산업혁명 기술을 적극적으로 활용하여 경쟁력을 강화할 필요가 있다.

2절 서비스 고객관계관리

1. 고객관계관리의 이해

관계라는 단어가 홀로 쓰일 때는 다소 어색해 보이지만, 이미 우리 사회에서 너무 흔하게 사용하고 있는 단어가 되었다. 예를 들어, '가족관계', '남녀관계', '혈연관계', '인간관계' 등 무수히 많은 일상에서 우리는 관계라는 단어를 흔하게 사용하고 있음을 알 수 있다. 이러한 관계를 지속적이고 발전적으로 승화시키기 위해선 상대방이 가지고 있는 다양한 정보 그리고 상대방의 생각과 마음을 잘 알아야 한다. 기업이 고객을 상대할 때도 마찬가지이다. 고객에 대한 마음을 잘 알고 이해할 수 있어야 한다.

따라서 기업은 모든 고객을 '우리(we)'라는 관계(relationship) 속으로 끌어들여야 한다. '우리'라는 관계는 기업과 고객이 한 가족이라고 묶어 고객의 감성을 자극하는 것이다. 기존의 기업경영은 그저 상품을 판매하고 서비스를 제공하는 것이 최선이라고 생각했다. 하지만 지금의 기업경영은 고객을 제대로 알고 '우리'라는 관계 속으로 끌어들이는 노력을 해야 한다.

고객을 '우리'라는 관계 속으로 끌어들이고 좋은 관계를 계속 유지하기 위해서는 고객에 대한 정보를 더 많이 알고 있어야 하며, 더 나아가 고객이 무엇을 느끼는지 알아야 한다. 이런 면에서 고객의 감정을 관리할 필요가 생긴 것이다. **고객감정관리**는 고객의 일반적인 정보를 획득하고 저장하는 것이 아니라, 내면의 깊숙한 곳까지 이해하고, 동병상련의 심정으로 고객을 이해해야 한다. 예전에 '고객이 왕이다'라는 형식적인 구호가 아니라, 고객과의 관계를 진정한 '우리'라는 관계로 만들어가는 과정이 필요하다.

궁극적으로 서비스 운영관리와 **고객관계관리**(Customer Relationship Management: CRM)의 상호 연관성은 고객과 좋은 '관계성'을 유지하면서 고객의 마음을 읽어내고, 이러한 정보들을 바탕으로 적절한 서비스 전달시스템을 개발하고, 고객의 기대를 뛰어넘는 더 높은 서비스 가치를 제공하는 것에 있다고 할 수 있다.

1) CRM의 등장 배경

고객과 기업 간의 강력한 관계는 고객만족 실패로 발생한 부정적 영향으로부터 기업을 보호할 가능성이 크다. 그 관계가 강력하면 서비스 실패 후라도 그렇지 않은 기업에 비해 상대적인 만족도 증가, 애호도 증대, 부정적 구전 커뮤니케이션의 감소 등의 편익을 제공한다. 즉, 기업과의 관계를 지속할 것으로 기대되는 고객은 장기적 관점에서 공정성 균형을 고려한다. 그래서 이러한 고객은 불만족 서비스에 대한 회복이 빠르고, 실패에 대한 보상을 덜 요구하는 경향이 있다.

그러므로 실패가 발생했을 때 강력한 고객관계의 구축은 서비스 기업에 중요한 완충장치를 제공한다. 고객과 '우리'라는 감정적 관계를 맺기란 쉬운 것은 아니지만 그만한 가치는 충분히 있다. 친분이 있는 사람의 가게에 발이 한 번 더 가기 마련이다. '우리'라는 감정적 관계를 맺게 된다면 손님이 아니라 매일 가족을 만나게 되는 것이고 가족과 함께하는 거래를 하는 것이다.

그동안 기업들의 경영혁신 활동 또는 대규모 정보시스템의 투자 목적은 주로 조직 내부의 효율성, 즉 품질(quality), 비용(cost), 시간(time), 서비스(service) 등으로 측정되는 기업의 성과에 초점을 두고 내부 프로세스를 혁신시키는 것이 대부분이었다. 그러나 국내 외환위기로 인한 IMF 구제금융과 미국의 글로벌 금융위기를 극복해 오면서 많은 기업은 고객을 통하여 수익을 창출할 때 비로소 생존할 수 있다는 것을 깨닫고, 철저하고 냉철한 시장의 규칙(rule)을 배우기 시작하였다. 따라서 고객관계관리는 내부의 프로세스와 정보시스템의 효율성에 기반을 두고 철저하게 고객의 전 생애 단계(life stage)에 근거하여 고객으로부터 실제적인 이익을 창출하는 데에 그 목적을 두고 있다.

과거 국내기업들은 생산과 판매 그리고 이익이 하나로 연결된 프로세스라고 보지 않고, 일단 금융기관 또는 정부로부터 자금을 조달받아 제품을 생산하고 그 이후에 이익이 창출되든 손해를 보든 일단 만들고 보자는 식으로 기업을 운영해 왔다. 결국 기업은 하나의 제품을 생산해서 얼마만큼의 이익을 내느냐에 목적을 두는 것이 아니라 누가 더 많이 생산하는지 또는 누가 더 규모의 경제를 통해서 제품을 생산하여 시장을 확보하는지에 관심을 둔 것이 사실이다.

2) CRM의 도입 배경

(1) 시장의 변화

시장의 규제 완화 및 개방으로 인하여 새로운 시장으로의 진입 기회가 늘어남에 따라 동일 업종에서의 경쟁사가 많아지기 시작했다. 시장의 성숙에 의해서든 또는 전반적인 경제침체 때문이든, 시장의 수요가 별로 늘지 않는 상황에서 공급자들이 늘어나고 대체될 만한 상품이나 서비스가 많아지면서 그 시장은 실제 수요자가 중심이 되는 구매자시장(buyer's market)으로 변화하였다.

한정된 시장을 놓고 판매업체 사이에는 경쟁이 심화하기 마련이다. 시장에서 교섭력이 큰 고객들은 각자의 선호와 욕구에 맞는 상품과 서비스를 찾기 때문에 기업들은 전과 같이 고객을 동질적 집단으로 간주하고 무차별적으로 공략하는 매스 마케팅 방식에 더 이상 의존할 수 없게 되었다. 이러한 시장 상황에서 고객에 대한 정보를 바탕으로 전략적인 고객 세분화를 통하여 목표 고객군, 더 나아가서 개별화된 목표 고객을 설정하고, 그에 적절한 마케팅 믹스를 기획하고 실행하여 기존 고객과의 관계를 강화해야 할 필요성이 제기되었다.

(2) 소셜 네트워크의 등장

지금 우리가 사는 이 시대는 인터넷이라는 거대한 정보망에 세계의 거의 모든 사람과 연결되어 있다. 지금 컴퓨터를 켜고 인터넷에 접속하면 저 지구 반대편에 있는 나라의 뉴스도 볼 수 있고 날씨도 알 수 있는 시대이다. 인터넷을 이용하는 전 세계 사람들은 우리의 반대편에 사는 사람들에 대한 궁금증이 생기게 되었고, 자연스럽게 그들에 대해 알고 싶어졌다. 언제 어디서든 인터넷만 접속하게 되면 자신과 같은 생각을 하는 사람들과 대화도 할 수 있게 되었으며 이런 욕구를 충족시켜 주기 위한 사이트(트위터, 페이스북, 카카오톡 등)들이 개발되었다.

또한 모든 사람이 아바타를 이용하여 사회, 경제, 문화적 활동을 하게 되는 가상공간의 세계인 메타버스(Metaverse)가 개발되었으며, 거리상 한계를 극복하고 실시간 대면으로 회의하고 대화를 나누는 온라인 화상회의 서비스가 제공되고 있다.

이런 사이트들은 전 세계의 인터넷 사용자들을 통합해 주었고 이를 통한 사람들의 네트워크가 형성되었다. 이 인터넷상에서의 네트워크를 **소셜 네트워크**(social network)라고 한다. 소셜 네트워크는 오프라인의 어떤 네트워크보다 거대하며 많은 사람이 활동하고 있다. 따라서 이 소셜 네트워크의 파괴력은 엄청나다. 최근 이 소셜 네트워크를 이용해 상당한 이익을 창출하는 산업과 기업들이 계속 나타나고 있다. 이렇듯 소셜 네트워크는 이 세상에 새롭게 등장한 거대한 시장을 창출하고 있다.

(3) 고객의 변화

최근 들어 어느 시장을 막론하고 고객들이 가진 기대와 요구가 다양화되고 있으며, 이러한 고객의 필요와 요구는 고객조차 모를 정도로 끊임없이 변화하여 고객만족은 더욱더 복잡해져 가고 있다.

비록 상품 자체는 만족한다고 할지라도 고객은 끊임없이 더 나은 서비스나 차별화된 대우를 요구하는데, 이것이 바로 관계에 대한 가치이다. 이러한 현실에서 끊임없이 변화하는 고객의 기대와 요구에 부응하여 고객과의 관계를 유지하고 적절한 상품과 서비스의 차별화를 통해 장기적으로 기업의 경쟁적 우위를 고수하는 것이 현재 기업들의 당면과제이다. 이를 위해 많은 기업은 고객중심적(customer-centric) 경영방식인 CRM의 도입을 서두르게 되었으며, 또한 CRM이 기업의 필수적인 전략적 선택이라는 생각이 보편화되고 있다.

(4) 마케팅 커뮤니케이션의 변화

기존 매스 마케팅 방식의 비효율성은 광고를 비롯한 마케팅 커뮤니케이션 방식에서도 나타난다. 고객의 이질성이 심해지고 이로 인해 시장이 점점 세분화되고 있을 때 뚜렷이 차별화되지 못한 획일적인 메시지를 불특정 다수의 고객에게 반복하여 뿌리는 대중 매체의 방송 광고는 더 이상 효과적이지 못하다.

따라서 광고의 효율성을 높이기 위해서는 우선 구체적인 광고 목표를 세우고 이를 달성하기 위한 목표 고객을 찾아낸 후에 그들의 필요나 욕구를 채워 줄 수 있는 상품이나 서비스에 대한 차별화된 광고 메시지를 선별하는 것이 필요하다. 또한 광고는 단순히 상품이나 서비스를 고객에게 알리는 목적이 아니라 고객과의 장기적인 관계 유지라는 관점에서 전체적인 커뮤니케이션으로 이해하고 그에 맞는 활동을 전개하는 것이 광고의 효율성을 높이는 방안이다.

2. 고객관계관리의 개념

1) CRM의 정의

최근에 기업의 사업 규모가 확대되고 제품과 서비스의 복잡성이 증가함에 따라 기존 CRM 시스템의 문제점들도 속속 나타나고 있다. 고객수요에 대한 비탄력적 · 비대면 판매와 비대면 서비스의 증가 및 채널의 다양화, 고객질의의 폭증 및 다양화, 전문 고객 서비스 인원의 인건비 증가, 시간과 장소의 제약 등 전통적인 CRM 시스템이 처리하지 못하는 부분들이 늘어나고 있으며 B2B, B2C 전자상거래의 급성장에 따라 기업들은 고객 서비스 향상에 더 많은 관심이 필요하게 되었다. 몇 가지 중요한 CRM의 개념 및 정의는 다음과 같다.

(1) Pricewaterhouse Coopers(PwC)

고객관계관리(CRM)는 '기업들이 고객행동을 통해 경영 성과를 높이고자 전략, 프로세스, 조직, 기술 등을 변화시켜 나가는 과정으로서, 이를 위해 고객에 대한 지식을 획득하고 이러한 지식을 다양한 경로를 통하여 이용하며, 이를 통하여 수익을 늘리고 운영상의 효율성을 도모하는 활동'이다. 이는 크게 고객에 대한 학습 단계와 학습을 기반으로 한 고객에 대한 대응 단계의 두 가지로 구분하여 이해할 수 있는데, 이렇게 고객행동을 이해하고 영향을 주게 되면 수익성이 확대되고 기존 고객을 유지하며 신규 고객을 획득하는 것이 가능해진다.

(2) 가트너 그룹

고객관계관리(CRM)는 신규 고객 확보, 기존 고객 유지, 고객수익성 증대 등을 위하여 지속적인 커뮤니케이션을 통해 고객행동을 이해하고 영향력을 주기 위한 광범위한 접근으로써 고객에 대해 학습하고, 학습된 내용을 바탕으로 고객에 대응하는 계속된 반복 과정이라고 정의하고 있다.

2) CRM의 특징

고객관계관리의 특징은 다음 3가지로 설명될 수 있다.

(1) 시장점유율보다는 고객점유율에 비중을 둔다

기존 고객과 잠재고객을 대상으로 고객 유지와 이탈 방지, 타 상품과의 연계판매(cross-sell), 수익성이 높은 상품을 판매하기 위한 상향 판매(up-sell) 등 1:1 마케팅전략을 통해 고객점유율을 높이는 전략이 필요하다. 이를 위해서는 기업의 고객을 여러 가지 기준으로 분류하는 작업이 선행되어야 한다.

CRM은 어느 고객이 우리 기업에 가장 가치 있는 고객인가? 어떤 고객이 다른 회사로 이탈할 가능성이 큰 고객인가? 연계판매가 가능한 대상 고객은 누구인가 등의 관점에서 기존 고객을 분류하고, 분류된 고객별로 차별적인 마케팅전략을 집행하기 위해서 고객과의 다양한 접점(contact point)을 활용하며, 고객의 반응 결과를 다시 피드백을 통해 더욱 향상된 고객관리 전략을 수립할 수 있게 한다.

(2) 고객 확보보다는 고객 유지에 중점을 둔다

마케팅활동의 초기에는 더 많은 고객을 확보하기 위해 노력해 왔다. 심지어 정보를 제공해 주는 고객들에게 다양한 상품 및 할인정책을 제시하기도 하였다. 그러나 이제는 한 사람의 우수한 고객을 통해 기업의 수익성을 높이며, 이러한 우수한 고객을 유지하는 것에 중점을 두는 방향으로 바뀌어야 한다. CRM은 매스 마케팅(mass marketing)을 통해 검증되지 않은 고객들을 획득하기보다는 검증된 한 명의 우수한 고객을 유지하는 데 큰 도움을 준다.

(3) 제품 판매보다는 고객 관계에 중점을 둔다

기존 마케팅 방향은 모든 소비자를 대상으로 대량생산한 제품을 대량유통하고, 대량판매하는 활동을 해왔다. 이는 고객 중심이라기보다는 기업 중심에서 제품을 생산하고 판매한 것이다. 반면 CRM은 이것을 고객의 입장에 맞추는 작업이며 고객과의 관계를 기반으로 고객의 관점에서 제품을 만드는 것이다. 즉, 고객이 원하는 상품을 만들고 고객의 관점에서 고객의 욕구를 파악하여 그 고객이 원하는 제품을 공급하는 것이다.

CRM은 기업의 다양한 부서와 조직 간의 원활한 정보의 흐름과 실시간 경영이 가능한 경우에 매우 효율적으로 그 특징을 잘 활용할 수 있다. 예를 들어, 단순히 고객의 주문접수를 원활하게 처리하였다고 해서 끝나는 것이 아니라 주문된 접수 건은 기업 내부의 생산능력과 재고수준 그리고 물류기능 간의 정보교류 등 조직의 통합된 정보처리와 의사결정 프로세스상에서 원활하게 처리되어야 한다.

CRM은 기업이 고객에게 일관된 하나의 모습(on face to the customer)으로 이러한 고객 대응 서비스 및 정보를 제공해 준다. CRM은 일반적으로 [그림 15-1]처럼 모든 고객 채널들의 정보가 전방조직과 후방조직에 실시간으로 통합되어 있다.

그림 12-1 ▌통합 CRM 모형

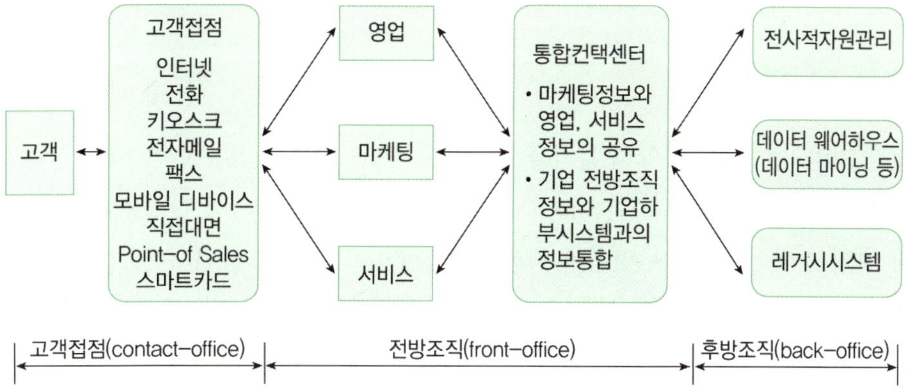

가. 전방조직(front-office)

CRM은 영업, 마케팅, 고객 서비스에 초점을 맞춰 기업의 전방조직 기능을 강화한다. 여기에 CRM은 전자메일, 채팅, 전화, 팩스 등 고객으로부터(inbound call)의 요구사항들을 처리하며, 기업 내부로부터 고객에게(outbound call) 행하여지는 텔레세일즈, 텔레마케팅을 지원한다.

나. 후방조직(back-office)

CRM은 기업의 기존 시스템(legacy system), 전사적자원관리(Enterprise Resource Planning: ERP)시스템, 그리고 데이터 웨어하우스(data warehouse) 등과도 통합되어 운영된다.

다. 고객접점(contact-office)

CRM의 마지막 구성요소는 분석을 통해 얻은 정보들을 다양한 고객 채널과 연계하여 시행하는 과정이 필요하다. 즉, CRM은 기업과 고객의 모든 접점에서 고객 데이터를 바탕으로 분석된 정보를 이용하여 고객의 감동을 끌어낼 수 있는 기업의 실질적인 활동을 도와준다.

3. 고객관계관리의 종류

1) 전략 기반의 CRM

전략 기반의 CRM은 명확히 목적을 설정하고, 목표 고객을 명확히 한 다음 실행될 때 비로소 효과를 발휘한다. 또한 이 CRM은 반드시 전사적 전략과 정합성을 강조한다. 즉 먼저 기업의 핵심역량이 무엇이며 핵심역량을 중심으로 사업을 전개하는 데 필요한 요소들이 무엇인지를 분명히 한 후, 그 속에서 CRM의 역할을 찾는다. 그다음 CRM의 목적을 분명히 하고, 그 목적 달성을 위한 실행 프로그램과 정보기술시스템의 요건을 결정하는 순서로 진행된다. CRM 전략은 나머지 2가지 유형의 CRM을 도입하기 이전에 반드시 수립되어야 한다. 그리고 CRM 전략은 CRM을 도입하는 기업이 직접 수립하거나, CRM 시스템 공급업체와 관련 없는 컨설팅업체에 의뢰하여 수립해야 한다.

2) 데이터베이스 기반의 CRM

데이터베이스 기반의 CRM은 고객의 데이터베이스를 바탕으로 운영되는 시스템이다. 한편, **데이터 웨어하우스**(data warehouse)는 분석용 데이터를 모아 놓은 정보창고를 의미한다. 이는 기존의 운영 데이터베이스가 현장의 업무처리를 편리하게 해주는 목적으로 구축되었기 때문에 분석용 정보는 효과적으로 제공하지 못한다는 한계점을 극복하기 위해 등장하였다. CRM은 고객에 대한 지식을 바탕으로 하는 것이므로 데이터베이스는 필수조건이다.

즉, 이 유형은 CRM을 위해 다양한 분석이 필요하며 그 분석의 형태는 예측하기 어렵기 때문에 분석의 필요성이 조금이라도 있는 정보를 포괄적으로 데이터베이스에 적재하여 미래의 정보 수요에 대응해야 한다고 주장한다. 물론 이런 막강한 데이터베이스를 갖추면 좋다. 문제는 시간과 돈이다. 방대한 데이터베이스를 구축해도 실제 분석에 쓰이는 것은 몇 가지 반복적인 분석들이 대부분이다.

그러므로 많은 데이터가 한번 제대로 분석도 되지 못한 채 시스템과 데이터가 진부화되는 경우가 많다. 필요한 데이터만으로 데이터베이스를 구축한다면 훨씬 적은 비용으로 신속하게 구축할 수 있다. 또 데이터 웨어하우스는 분석의 기반이 되는 가치중립적 수단일 뿐 그 자체로는 아무런 해답도 제공하지 않는다. 따라서 명확한 목적과 분석기술

없이 데이터 웨어하우스를 구축한다면 현실적으로 아무런 의미가 없게 된다.

3) 분석 기반의 CRM

분석 기반의 CRM은 고객정보를 잘 분석하면 피상적으로 보이는 내용이 아닌 무엇인가 숨겨진 비밀을 제공할 수 있다. 데이터베이스 기반의 CRM이 데이터 수집과 저장에 초점을 두고 있다면, 분석 기반의 CRM은 수집된 데이터의 분석에 초점을 둔다. 분석 기반의 CRM은 데이터 마이닝 기법을 이용한다. 마이닝이란 용어 자체가 의미하는 것과 같이, 데이터 마이닝은 쌓여 있는 데이터 속에서 유용한 정보를 꺼내는 것이다. 이를 더욱 효과적으로 정보를 분석하기 위해 통계적인 기법이나 신경망(neural network) 기법이 활용되기도 한다.

4. 고객관계관리의 핵심 영역

CRM은 크게 마케팅, 서비스, 세일즈(영업) 등 3가지 영역에서 사용될 수 있다. 그리고 콜센터 영역은 마케팅, 서비스, 세일즈 등의 영역과 관련되어 있지만 하나의 채널(channel)로서 인식할 수 있기 때문에 추가적인 다른 영역으로 구분하여 살펴본다.

1) CRM 마케팅

마케팅/캠페인을 기획하고, 상품별 캠페인 실행 채널을 지정한다. 채널에 따라 캠페인을 실행하고 실행된 데이터가 비즈니스 정보 웨어하우스(Business Information Warehouse: BW)에 저장되며 이렇게 저장된 데이터는 다시 BW에서 분석되어 마케팅/캠페인 계획수립에 사용된다.

(1) 마케팅 기획 및 캠페인 관리

마케팅 계획을 계층구조로 수립한다. 계층구조의 수에는 제한이 없으며, 마케팅이나 캠페인의 구조(structure)에 대해서는 브랜드나 지역과 같은 특성들에 따라서 정의한다.

수립된 마케팅 계획은, 예를 들어 ERP PPS(Project System) 모듈의 WBS(Work Breakdown Structure)와 연계되어 비용을 관리할 수 있다.

(2) 표적그룹 생성(Segment Builder)

고객 데이터(customer data)를 통해 제품 특성별 프로파일을 생성, 수정할 수 있으며 프로파일의 각 속성은 다양한 기준에 의해 자유롭게 정의하여 사용한다. 세그먼트 빌더 툴을 이용하여 다양한 세그멘테이션을 분류하거나 조건에 맞는 샘플 비즈니스 파트너를 추출한다.

(3) 캠페인 실행관리

고객의 구매행위를 유발하거나 고객의 충성도를 높이는 행위를 캠페인이라고 하는데 대부분 모든 고객에게 동일하게 행해지는 것이 아니고 고객을 여러 계층으로 분할하여 계층별 캠페인을 달리하는 방법으로 이루어지게 된다. 이러한 캠페인을 관리하는 도구는 메일, 콜센터, 인터넷 등 다양한 고객접점을 활용하여 캠페인에 대한 목적, 형태, 전략을 제시하여 대상 고객에 대한 캠페인을 벌인 이후 고객의 반응까지 확인할 수 있는 전 과정을 한눈에 볼 수 있는 프로세스로 제공하는 관리 도구라고 할 수 있다.

분류된 고객 개개인에 대한 특성을 바탕으로 해당 고객에 대한 적절한 캠페인 전략을 지원, 관리하는 도구는 다양한 형식으로 관련 부서와 사용자의 목적에 따라 이용될 수 있다.

또한 추출된 표적그룹을 대상으로 캠페인을 실행한다. 캠페인 실행은 전화, 웹, 모바일, 이메일, Fax, SMS 등을 통하여 처리될 수 있으며 그중에 인터넷 마케팅을 위한 고객 중심의 개인화된 메일 양식을 개인화된 이메일로 구성할 수 있다.

(4) 리드관리

리드관리는 CRM 마케팅 내용 중에서 새로운 고객을 찾아내고 향후 실제 고객화하기 위한 고객의 특성 및 마케팅 기획관리를 수행하는 부분이다. 리드관리는 영업부서가 더욱 가치 있는 기대 고객(prospects)이나 기회(opportunities)에 역량을 집중할 수 있도록 초기 사전영업(pre-sales) 단계를 자동화할 수 있으며, 일정 기간 반복적으로 상호작용하는 리드를 평가한다.

(5) 마케팅 분석

시장 및 경쟁사 분석은 새로운 기회와 잠재성을 평가하고, 새로운 전략 수립을 지원한다. 또한 마케팅 계획 및 최적화는 기간별, 지역별, 유통채널별 등 마케팅 효과에 대한 사전 계획 및 분석을 지원하며 시뮬레이션 결과 및 모니터링을 기반으로 캠페인 및 프로모션 계획을 효과적으로 수행할 수 있도록 한다.

2) CRM 영업

(1) 인터넷 세일즈

콜센터의 기능을 활용하여 다양한 텔레세일즈 활동을 수행할 수 있으며 인터넷 세일즈와의 통합적인 제품 카탈로그 관리 및 기능공유가 가능하다. 또한 실시간 재고 및 생산 가능성(real-time ATP) 체크도 실행한다. 또한 cross/up/down-selling 기능을 지원하여 고객이 필요한 물품을 제시하고, 효과적인 매출 증대를 기대할 수 있도록 관리한다.

(2) 영업계획 수립

생성된 영업계획에 따라 영업 기회에 대한 계획(opportunity plan)을 수립하고 기회계획은 여러 가지 현재 상황을 참고로 작성할 수 있다. 특히 경쟁사에 대한 정보, 주된 판매제품, 추진 팀의 설정, 파트너와 접촉고객 등에 대한 전반적인 내역을 주된 내역으로 하여 계획을 수립할 수 있다. 계획을 공유하는 추진 팀들은 변화되는 내역을 함께 공유할 수 있으며, 특별히 알아야 할 사항에 대해서는 관리자나 이슈를 관리하는 영업사원이 문서(파워포인트, 엑셀 등 모든 문서 가능) 형태로 저장하여 공유할 수 있다.

(3) 고객 정보관리

고객과의 계약체결, 견적, 주문 등의 활동을 수행하기 위해서는 기본 전제가 되는 것이 고객과의 관계를 어떻게 유지할 수 있는가 하는 부분이다. 특히 CRM은 기본적으로 고객과 관련된 데이터를 온라인상에서 관리, 지시할 수 있도록 지원한다.

또한 모바일 세일즈나 인터넷 세일즈 기능을 이용하여 현장에서 바로 새로운 고객을 입력하고 데이터 전송을 통해 신규 고객으로 등록할 수 있다. 모바일 세일즈를 사용하는 경우 영업사원들은 자신이 관리하는 고객에 대한 정보를 자신의 노트북에 저장하여 관리한다.

(4) 영업조직 자동화(Sales Force Automation: SFA)

영업조직 자동화는 영업력의 자동화를 위한 것으로서 영업사원들이 각자 관리하던 기존의 고객과 잠재고객의 요청사항, 구매정보, 취향 등의 고객에 관한 정보 및 고객 영업전략 등을 전사적으로 관리하는 기능이다.

영업사원들은 매일의 영업내용, 일정, 고객과의 접촉 결과, 판매실적 및 예상 판매계획 등의 자세한 영업 정보를 입력하고 이들 영업사원의 관리자는 이들의 정보를 종합해서 현재의 영업상태를 파악할 수 있다. 또한 달력 기능을 사용하여 영업활동을 계획할 수 있다. 영업 매니저는 각 영업사원의 달력을 하나로 합쳐 부서원 전체의 활동 계획을 한눈에 파악할 수 있다.

3) CRM 서비스

(1) 모바일 서비스

콜센터 또는 인터넷을 통해 요청된 서비스 내역은 모바일 서비스 기능을 탑재한 노트북을 이용하여 현장 서비스 요원에게 할당되어 신속 처리가 가능하다. 특히 제품과 관련된 서비스 요청은 기존 고객이 구매한 상품에 대한 서비스 요청이므로 과거 주문 내역을 확인하여 어떠한 고객에게 어떠한 상품이 어느 시기에 판매되었다는 정보를 조회하여 신속 처리한다.

현장 서비스 요원들은 작업센터(work center)에 등록되어 제품별 · 지역별로 서비스를 수행할 수 있도록 구성하며, 서비스와 관련된 내용은 모바일 서비스 클라이언트에 저장되어 서비스 요원이 서비스처리 후 CRM 온라인으로 그 내역을 전송할 수 있다.

(2) 고객 셀프서비스

고객은 인터넷에서 상품정보 또는 문제 해결을 위해서 CRM이 제공하는 콘텐츠 관리 기능과 검색기능을 사용하여 원하는 정보를 얻을 수 있다. 인터넷 셀프서비스 기능은 고객이 원하는 때에 언제든지 사용할 수 있으며 인터넷에서 원하는 답을 찾지 못했을 때는 VOIP, 이메일, 채팅, 콜백 기능을 사용하여 상담원과 접촉할 수 있다.

또한 고객과 연결된 후 공동 브라우징(co-browsing) 기능을 사용하여 고객의 이해를 쉽게 하며 문제를 해결할 수 있다. 고객의 불만 사항은 서비스센터로 직접 전화를 한 경우와 인터넷을 통한 인터넷 고객 셀프서비스(Internet Customer Self Service: ICSS)를 통해 접수될 수 있으며, 마스터에 등록된 제품 및 서비스 항목에 대하여 모두 처리가 가능하다. 접수된 불만 사항은 무상 반품, 제품 교환, 환급 등 고객이 원하는 프로세스를 처리할 수 있고, 불만 사항에 관한 내용을 저장하고 분석하여 향후 불만 사항에 대한 예측 및 관리를 가능하게 한다.

4) CRM 콜센터

CRM의 콜센터는 이메일을 통한 고객과의 커뮤니케이션 기능을 지원한다. 콜센터에서 처리하는 이메일은 홈페이지를 통하여 접수된 요청사항도 포함한다. 이메일을 통한 질의에 해결방안을 콜센터에서 제시하기 어려운 경우, 이메일 문제 해결 확대(escalation) 기능을 통하여 담당자에게 해당 사항을 전달할 수 있다. [그림 15-2]는 콜센터의 구성도를 보여준다.

(1) CRM 콜센터의 특징

마케팅, 영업 서비스에 대한 실시간 데이터의 고객정보 및 비즈니스 데이터와 연동으로 인하여 문의센터(contact center)의 효율성을 증대하며 차별화된 고객의 상세한 요구에 따라 설계된 시스템으로서 에이전트 교육에 대한 요구사항이 줄어든다. 상호작용센터의 에이전트들의 높은 직무만족으로 인한 이직률의 감소로 관리비용을 절감한다. 또한 고객/비즈니스 정보의 허브인 고객 상호작용센터의 이용으로 고객에 대한 일관된 서비스 대응체계의 수립 및 매출을 증대시킨다.

그림 12-2 ▌콜센터의 구성도

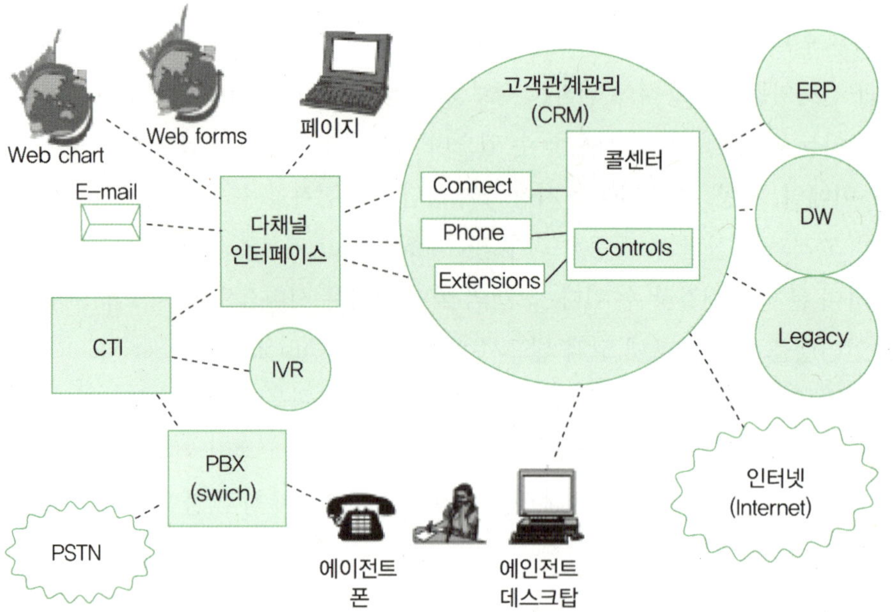

(2) 콜센터와 CTI의 구성

CTI(Computer Telephone Integration)라 불리는 기술 덕분에 수백 회선의 전화를 한꺼번에 받거나 자동으로 고객에게 전화하는 것이 가능해졌다. 이와 같은 정보기술의 발전으로 콜센터는 더욱 고객에게 밀착된 응대와 마케팅을 제공할 수 있게 되었다.

콜센터의 기능 중에서 가장 중요한 것은 고객 이력의 제공이다. 수많은 고객을 상대하면서 그들 각각에 관한 사례를 기억하는 것은 불가능하므로, 고객 이력을 단일한 자료로 만들어 관리하는 것이 필요하다. 그리고 고객 문의에 신속하고 정확하게 응대하는 데 필요한 정보를 데이터베이스로 보관하였다가 신속하게 응답할 수 있는 장치 역시 중요한 필요기능 중 하나이다. 콜센터의 최종목적은 아웃바운드 콜(outbound call)을 통한 상담원의 1:1 통화나 다이렉트 메일(direct mail) 그리고 이메일을 이용하여 마케팅과 동시에 판매를 이루어내는 데 있다.

예를 들어, 고객으로부터 전화가 걸려 오면 스위치가 다음 처리를 나누어준다. 콜센터 상담원은 직접 상대를 확인하고, 필요한 정보를 ERP로부터 불러온다. 또한 자동 인식의 순서로서는 IVR에 의해 미리 고객의 용건을 나누는 경우와 직접 전화번호에서 고객을 나누는 경우를 생각할 수 있다. 미리 고객을 특정한 상태에서 ERP에 그 정보를 보내고, 상담원이 전화를 받음과 동시에 화면상에 고객의 데이터를 표시하고, 서비스처리를 촉구한다. 결국 ERP의 축적된 고객 데이터를 그대로 콜센터에서 사용할 수 있으므로 데이터 관리의 수고를 덜 수 있으며 정확한 타이밍에 고객이 원하는 서비스를 만족시켜 줄 수 있다([그림 12-2] 참조).

(3) 다양한 채널을 통한 고객 응대

CRM의 CIC는 기존 CTI와의 쉬운 통합성을 지원하며, 콜 통계기능 및 인바운드와 아웃바운드 콜(inbound & outbound call) 관리기능을 지원한다. 특히 이메일을 통한 고객과의 커뮤니케이션 기능을 지원한다.

5. 고객관계관리의 성공적 접근방안

1) CRM의 성공적 접근방안

현 기업 및 조직환경은 기업들이 기존의 기업 중심의 가치관을 뛰어넘어 고객 중심이라는 새로운 가치관을 가지고 기업활동에 나설 것을 요구하고 있다. 이제 기업의 가치는 그들이 생산하는 제품이나 서비스가 아니라 그것들을 사는 고객들에 의해 평가받게 되었다. 이제 고객은 자신의 욕구에 적합하지 않은 제품이나 서비스는 수용하지 않으며 그들은 시장에서 접하는 다양한 제품 및 서비스들을 비교 · 평가하여 자신이 필요로 하는 대안을 선택할 수 있는 환경에 놓여 있다.

CRM을 이제 시작하는 기업들은 어느 한 시점에 전체 CRM을 추진하는 것보다는 사전에 구축 전략을 충분히 협의하고, 회사 실정에 맞게 단계별 진행을 함으로써 위험 요소를 배제하고 추가로 필요한 부분에 대한 확충을 통해 기업이 목표로 하는 CRM에 더욱 쉽게 접근하여야 한다.

구축한 CRM이 이러한 기업의 요구에 부응했는가에 대한 평가에 대해 국내외에서 많은 연구가 진행되고 있다. 일부 연구 결과에 의하면, CRM 시스템이 하나의 정보기술(IT) 유행처럼 많은 기업이 구축하고 있지만, 정말로 필요로 하는 것인지 정확한 목표를 가지고 추진하는 것인지에 대해 명확하지 않은 상태에서 추진하는 사례가 많다. 이러한 경우의 CRM은 잘못될 확률이 높다. 따라서 기업은 목표에 맞는 CRM 구축을 위해서는 다음과 같은 대응 전략을 검토할 필요가 있다([그림 12-3] 참조).

그림 12-3 ❙ 고객관계관리의 추진 절차

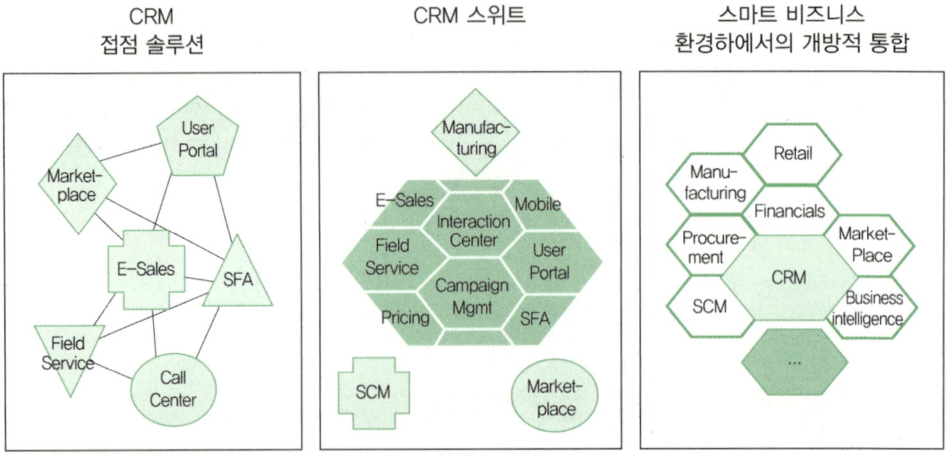

2) CRM 접점 솔루션(point solution)

시간 및 비용 측면에서 가장 효율적이라고 판단할 수 있다. 하지만 추가적인 CRM의 도입 시 기존 시스템과의 연동 가능성이 작아지며, 반복적이며 추가적인 노력이 필요하다. CRM은 앞서 언급했듯이 마케팅에서부터 세일즈와 서비스까지 가치사슬의 상당한 부분을 커버하는 개념으로 솔루션의 도입만으로 해결할 수 있는 대상은 아니다.

따라서 기업이 CRM 도입을 고려할 때 가장 우선시해야 하는 부분은 철저한 전략 수립이다. CRM의 영역이 그만큼 넓고 솔루션의 종류도 상당히 많기 때문에 후속 과정에서의 시행착오를 최소화하기 위해서는 신중한 전략 수립이 요구된다. 특히, 신기술의 추세를 고려하여 고객충성도 및 친밀도 관리, 고객 가치관리, 1:1 마케팅, 고객을 위한 조직체계 등에 대한 전략을 수립해야 한다.

3) CRM 스위트(suite)

CRM과 관련된 솔루션을 동시에 도입하는 전략이다. 이 경우 동일한 CRM 솔루션을 도입하기 때문에 연동 및 통합의 문제점은 거의 존재하지 않는다. 다만 기업의 기존 시스템과 다른 솔루션과의 통합이 문제점으로 지적된다. 따라서 ERP 등과의 후방조직 통합이 필요 없을 때 활용되는 장점이 있다.

4) 스마트 비즈니스 환경하에서 개방적 통합

CRM은 나 홀로 존재하는 정보시스템 내지는 경영전략, 마케팅전략의 주체가 아니다. CRM은 스마트 비즈니스 환경하에서 자연스럽게 운영되고 활용되는 존재가 되어야 한다. 그렇지만 기업환경 및 필요에 따라서 CRM 접점 솔루션을 고려할 수도 있고 또는 CRM 기능이 패키지화되어 있는 CRM 스위트를 고려할 수도 있다.

하지만 성공적인 CRM 도입을 위해서는 스마트 비즈니스 환경을 먼저 생각하고 기획하여야 한다. 예를 들어, 홈쇼핑 또는 쇼핑몰에서는 CRM을 사용하는 담당자는 그의 시스템 안에서 단지 CRM 시스템만을 사용하는 것이 아니다. 필요에 따라서는 주문받은 제품 또는 캠페인 중의 제품에 대해서 실시간적으로 제품의 재고와 납기일 정도는 고객에게 즉각적으로 정보를 제공해야 하는 경우가 많다. 이럴 때 담당자는 그의 스마트폰에 내장된 공급망관리(Supply Chain Management: SCM) 또는 스마트 결재시스템과도 연동되어 업무를 수행해야만 한다.

따라서 CRM 사용자는 현재 자신이 사용하고 있는 시스템이 CRM인지 아닌지 알 필요가 전혀 없다. 결국 담당자 또는 사용자에게 필요한 것은 단지 자신이 스마트 서비스 환경의 시스템 내에서 CRM 시스템을 사용하고 있다는 정도만 알면 충분하다.

부록

[부록 1] 난수표
[부록 2] 표준정규분포표

[부록 1] 난수표

42	27	11	61	64	20
55	39	37	71	35	78
24	42	25	60	61	78
82	70	68	68	28	08
56	38	62	42	05	47
48	15	21	40	25	78
95	76	15	43	63	18
86	86	96	50	43	17
49	47	10	94	14	22
41	74	33	33	28	76
95	47	92	56	95	95
78	31	27	77	66	63
84	18	88	65	46	81
40	00	61	17	82	53
80	00	85	42	64	44
12	55	13	20	74	16
84	27	50	45	97	19
01	22	40	81	36	10
25	12	07	98	82	74
46	12	83	52	30	42
83	02	73	53	18	07
69	18	16	09	93	65
78	22	36	94	45	32
43	18	05	33	44	45
07	34	46	30	49	10
00	50	31	12	42	88
55	34	73	61	96	44
17	39	51	92	64	44
22	81	84	00	95	32
57	00	21	12	36	96
01	20	12	50	71	82
70	15	52	75	67	60
28	36	84	20	73	23
86	60	52	37	46	79
04	34	33	73	42	91
95	35	13	16	75	03
89	14	24	19	29	82
92	46	72	35	17	81
30	28	74	35	87	67
86	31	84	29	75	89
13	21	48	73	40	73
38	87	98	23	72	43
02	42	81	84	08	38
72	22	79	60	26	26
16	05	14	42	74	74
70	03	63	58	32	12
45	45	96	64	49	83
05	38	40	89	75	32
29	24	05	17	03	53
20	87	26	88	06	18

[부록 2] 표준정규분포표

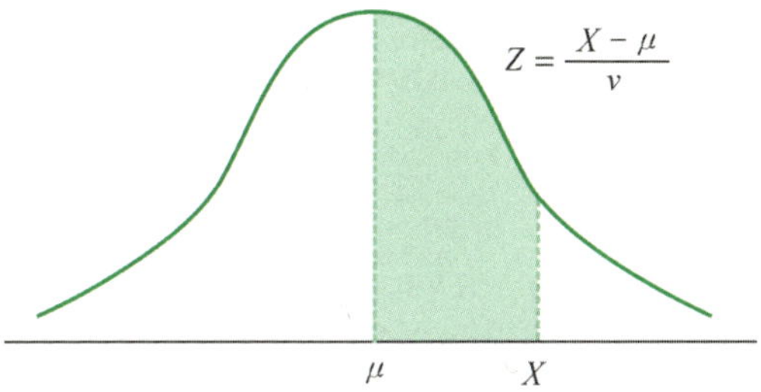

Z	0.00	0.01	0.02	0.03	0.04	0.05	0.06	0.07	0.08	0.09
0.0	0.0000	0.0040	0.0080	0.0120	0.0160	0.0199	0.0239	0.0279	0.0319	0.0359
0.1	0.0398	0.0438	0.0478	0.0517	0.0557	0.0596	0.0636	0.0675	0.0714	0.0753
0.2	0.0793	0.0832	0.0871	0.0910	0.0948	0.0987	0.1026	0.1064	0.1103	0.1141
0.3	0.1179	0.1217	0.1255	0.1293	0.1331	0.1368	0.1406	0.1443	0.1480	0.1517
0.4	0.1554	0.1591	0.1628	0.1664	0.1700	0.1736	0.1772	0.1808	0.1844	0.1879
0.5	0.1915	0.1950	0.1985	0.2019	0.2054	0.2088	0.2123	0.2157	0.2190	0.2224
0.6	0.2257	0.2291	0.2324	0.2357	0.2389	0.2422	0.2454	0.2486	0.2517	0.2549
0.7	0.2580	0.2611	0.2642	0.2673	0.2704	0.2734	0.2764	0.2794	0.2823	0.2852
0.8	0.2881	0.2910	0.2939	0.2967	0.2995	0.3023	0.3051	0.3078	0.3106	0.3133
0.9	0.3159	0.3186	0.3212	0.3238	0.3264	0.3289	0.3315	0.3340	0.3365	0.3389
1.0	0.3413	0.3438	0.3461	0.3485	0.3508	0.3531	0.3554	0.3577	0.3599	0.3621
1.1	0.3643	0.3665	0.3686	0.3708	0.3729	0.3749	0.3770	0.3790	0.3810	0.3830
1.2	0.3849	0.3869	0.3888	0.3907	0.3925	0.3944	0.3962	0.3980	0.3997	0.4015
1.3	0.4032	0.4049	0.4066	0.4082	0.4099	0.4115	0.4131	0.4147	0.4162	0.4177
1.4	0.4192	0.4207	0.4222	0.4230	0.4251	0.4265	0.4279	0.4292	0.4306	0.4319
1.5	0.4332	0.4345	0.4357	0.4370	0.4382	0.4394	0.4406	0.4418	0.4429	0.4441
1.6	0.4452	0.4463	0.4474	0.4484	0.4495	0.4505	0.4515	0.4525	0.4535	0.4545
1.7	0.4554	0.4564	0.4573	0.4582	0.4591	0.4599	0.4608	0.4616	0.4625	0.4633
1.8	0.4641	0.4649	0.4656	0.4664	0.4671	0.4678	0.4686	0.4693	0.4699	0.4706
1.9	0.4713	0.4719	0.4726	0.4732	0.4738	0.4744	0.4750	0.4756	0.4761	0.4767
2.0	0.4772	0.4778	0.4783	0.4788	0.4793	0.4798	0.4803	0.4808	0.4812	0.4817
2.1	0.4821	0.4826	0.4830	0.4834	0.4838	0.4842	0.4846	0.4850	0.4854	0.4857
2.2	0.4861	0.4864	0.4868	0.4871	0.4875	0.4878	0.4881	0.4884	0.4887	0.4890
2.3	0.4893	0.4896	0.4898	0.4901	0.4904	0.4906	0.4909	0.4911	0.4913	0.4916
2.4	0.4918	0.4920	0.4922	0.4925	0.4927	0.4929	0.4931	0.4932	0.4934	0.4936
2.5	0.4938	0.4940	0.4941	0.4943	0.4945	0.4946	0.4948	0.4949	0.4951	0.4952
2.6	0.4953	0.4955	0.4956	0.4957	0.4959	0.4960	0.4961	0.4962	0.4963	0.4964
2.7	0.4965	0.4966	0.4967	0.4968	0.4969	0.4970	0.4971	0.4972	0.4973	0.4974
2.8	0.4974	0.4975	0.4976	0.4977	0.4977	0.4978	0.4979	0.4979	0.4980	0.4981
2.9	0.4981	0.4982	0.4982	0.4983	0.4983	0.4984	0.4985	0.4985	0.4986	0.4986
3.0	0.4987	0.4987	0.4987	0.4988	0.4988	0.4989	0.4989	0.4989	0.4990	0.4990

| 참고문헌 |

곽노균 외 1인, 계량경영학, 다산출판사, 1994.

권혁인, 서비스모델, 한경사, 2010.

기획재정부, 한국의 서비스 산업과 육성정책, 2007.

김기홍 · 조인환 · 유도재 · 정웅용, 고객관계중심의 서비스경영론, 대왕사, 2005.

김병태 외 3인, 서비스시스템 운영관리, 대경, 2009.

김서영 · 류길홍, KS 콜센터 서비스 인증을 위한 Guide Book, 한국서비스인증연구원, 2010.

김승욱, 섬기는 멘토 감성 서비스, 필통, 2007.

김승욱, 다문화 콘서트, 법문사, 2009.

김승욱, 섬기는 멘토 감성서비스, 도서출판 글로벌, 2007.

김승욱 · 강기두, 개정판 고객관계관리(CRM)원론, 법문사, 2012.

김승욱 외 1인, 고객관계관리(CRM)원론, 법문사, 2012.

김연성 외 4인, 글로벌 품질경영, 박영사, 2009.

김종원 · 김계수 · 김남영 · 김상원 · 유태종 · 윤영수 · 이성희 · 편제범 공역, 경영과학의 이해, 센게이지 러닝 코리아, 2017.

김종원 · 김대길, "기대일치와 인지된 혜택이 대학의 온라인 수업의 만족도와 지속적 사용의도에 미치는 영향," 정보시스템연구, 제29권 제4호, 2020년 12월, pp.153-169.

김종원 · 이문봉 · 김은정 · 황선주 공역, 경영학의 이해, 초아출판사, 2021.

김태웅, 서비스 기업의 운영관리, 신영사, 2005.

김현수 · 김민수 · 박혜윤, "항공사 서비스 품질 요인이 재이용의도와 고객의 감정반응에 미치는 영향," 서비스경영학회지, 제23권 제2호, 2022년 6월, pp.257-277.

김형준 외 1인, 혁신 생산관리, 형설출판사, 2010.

박용태 외 7인, 서비스 공학, 생능출판사, 2010.

박형호 외 4인, 제품 · 서비스 운영관리, 도서출판 청람, 2008.

삼일회계법인, 서비스 기업의 성공조건, 김영사, 1993.

서비스경영연구회(편역), 서비스 경영, 한경사, 2002.

서비스사이언스연구회, 서비스사이언스, 매일경제신문사, 2007.

송경진 번역, 클라우스 슈밥의 제4차 산업혁명, 메가스터디북스, 2016.

송병선 · 김종원, 경영전략과 기업혁신, 도서출판 청람, 2017.

신유근, 경영학원론, 다산출판사, 2009.

안상형 외 2인. 21세기 품질경영. 박영사, 2008.

원석희, 서비스 품질경영, 형설출판사, 1998.

원석희, 서비스 운영관리, 형설출판사, 2010.

이경환 외 1인, 서비스 생산관리, 경문사, 1999.

이순용, 제품 · 서비스 생산관리론, 법문사, 1999.

정승환 · 이돈희 · 이상식, 프로세스 관점의 서비스 품질경영, 한경사, 2022.

조상리, "서비스종업원 감사가 고객 감사와 고객행동에 미치는 영향," 서비스경영학회지, 제23권 제3호, 2022년 9월, pp.49-68.

최성용 외 4인, 현대 서비스 운영관리, 삼영사, 2004.

최진기, 한 권으로 정리하는 4차 산업혁명, 이지퍼블리싱, 2018.

채현식 · 김은정 · 김종원, "배달 앱 온 · 오프라인 서비스 품질과 전환비용, 고객만족, 그리고 지속적 사용의도에 관한 실증적 연구," 한국산업정보학회논문지, 제26권 제6호, 2021년 12월, pp.35-46.

통계청, 장래인구추계, 2020.

한국은행, 2006년 고용표로 본 우리나라의 고용구조 및 노동연관효과, 2009.

한국표준협회, KS Q ISO9001:2015.

LG경제연구원, 저생산성의 서비스 산업, 해법은 없나, 2007.

OECD Factbook(통계연보), 2006.

Patton, M.E., Dancing Service(서비스 경영론), 현학사, 2002.

AMA, *Marketing Definitions: A Glossary of Marketing Terms, Committee on Definitions of American Marketing Association*, 1960.

Berry, L., "Service Marketing in Different," *Business*, May-June 1980.

Berry, L., "Relationship Marketing," In Berry, L.(eds.), *Emerging Perspectives of Services Marketing*, American Marketing Association, 1983.

Berry, L. and Parasuraman, A. *Marketing Services: Competing Through Quality*, The Free Press, 1991.

Berthon, P. & Hagel, J. "The Real Value of Online Communities," *Harvard Business Review*, Vol.74, No.3, 1996.

Berthon, P., Pitt, L.F., Watson, R.T., "The World-Wide-Web as an Advertising Medium: Toward an understanding of conversion efficiency," *Journal of Advertising Research*, Vol.36, No.1, 1996.

Bessom, R., "Unique Aspects of Marketing of Services," *Arizona Business Bulletin*, November, 1973.

Blois, K.J., "The Marketing of Services-An Approach," *European Journal of Marketing*, 1974.

Bowen, D., Chase R. and Cummings T., *Service Management Effectiveness: Balancing Strategy, Organization and Human Resources, Operations, and Marketing*, Jossey-Bass Publishers, 1990.

Bowen, D., Siehl, C. and Schneider, B., "A Framework for Analyzing Customer Service Orientation in Manufacturing," *Academy of Management Review*, January, 1989.

Chase, R., "Where Does the Customer Fit in a Service Operation," *Harvard Business Review*, November-December, 1978.

Chase, R. and Aquilano, N., Production and Operations Management: A Life Cycle Approach, 6th ed., Irwin, 1992.

Chase, R. and Erickson, W., "The Service Factory," *Academy of Management Executive*, 2, 1988.

Chase, R. and Garvin, D., "The Service Factory," *Harvard Business Review*, July-August, 1989.

Chase, R. and Hayes, R., "Operations'Role in Service Firm Competitiveness," *Sloan Management Review*, Vol.33, No.1, Fall, 1991.

Chase, R. and Tansik, D., "The Customer Contact Model for Organization Design," *Management Science*, Vol.29, No.9, 1983.

Clark, C., *The Conditions of Economic Progress*, London: MacMillan, 1940.

Collier, D., *The Service/Quality Solution: Using Service Management to Gain Competitive Advantage*, Irwin, 1994.

Crosby, P., *Quality is Free*, McGraw-Hill, 1979.

Davis, S., *Future Perfect*, Reading, Mass.: Addision-Wesley, 1987.

Davis, M.M. and Heineke, J., *Operations Management, Integrating Manufacturing and Services*, 5th ed., McGraw-Hill, 2005.

Deming, W.E., *Quality, Productivity and Competitive Position*, MIT center for Advanced Engineering Study, Cambridge, Mass., 1982.

Finch, B.J. and Luebbe, R.I., *Operations Management: Competing in a Changing Environment*, Dryden Press, 1975.

Fisher, A., *The Clash of Progress and Security*, London: MacMillan, 1935.

Fitzsimmons, J., *Strategic Role of Information in Services*, Kluwer Academic Publishers, 1993.

Fitzsimmons, J. and Fitzsimmons, M., *Service Management for Competitive Advantage*, McGraw-Hill, 1995.

Fitzsimmons, J. and Fitzsimmons, M., *Service Management*, McGraw-Hill, 2008.

Gaither, N., *Production and Operations Management*, 6th ed., Dryden Press, 1994.

Gallouj, F., *Innovation in the Service Economy: The new Wealth of Nations*, Edward Elgar, 2002.

George, M., *Lear Six Sigma for Service*, McGraw-Hill, 2003.

Giarini, O., Notes on the Concept of Service Quality and Economic Value, In Brown, S. et al.(eds.), *Quality in Service-Multidisciplinary and Multinational Perspectives*, Lexington Books, 1990.

Gottfredson, "Strategic Sourcing: From Periphery to the Core", *Harvard Business Review*,

February 2005.

Grőnroos, C., "A Service-Oriented Approach to Marketing of Service," *European Journal of Marketing*, 1984, pp.588-601.

Grönroos, C., "An Applied Service Marketing Theory," *European Journal of Marketing*, 1982.

Grönroos, C., *Service Management and Marketing: Managing the Moments of Truth in Service Competition*, Lexington Books, 1990.

Grönroos, C., *Service Management and Marketing: Customer Management in Service Competition*, Wiley, 2000.

Gummeson, E., *Marketing-A Long-term Interactive Relationship, Contribution to a New Marketing Theory*, Stockholm, Sweden, Marketing Technology Center, 1987.

Gummeson, E., "Nine Lessons on Service Quality," *Total Quality Management*, February, 1989.

Hanser, J.R. and Clausing, D., "The House of Quality," *Harvard Business Review*, May-June, 1988.

Hayes, R. and Wheelwright, S., "Linking Manufacturing Process and Product Life Cycles," *Harvard Business Review*, January-February, 1979.

Hefley, B. and Murphy, W., *Service Science, Management, and Engineering*, Springer, 2008.

Heizer, J. and Render, B., *Operations Management*, 4th ed., Prentice-Hall, 1999.

Hellriegel, D. and Slocum, J., *Management*, 5th ed., Addison-Wesley, 1989.

Heskett, J., *Managing in the Service Economy*, Harvard Business School Press, 1986.

Heskett, J., "Lessons in the Service Sector," *Harvard Business Review*, March-April, 1987.

Heskett, J., "Rethinking Strategy for Service Management," In David Bowen(eds.), *Service Management Effectiveness*, 1990.

Himes, S., "Yield Management: A Tool for Capacity-Constrained Service Firm," *Journal of Operations Management*, Vol.8, No.4, October, 1989.

Himes, S. and Mutkoski, S.," The Express Guest Check: Saving Steps with Process Design," *The Cornell H.R.A. Quarterly*, Vol.30, No.2, August, 1989.

Huff, D., "A Programmed Solution for Approximating an Optimum Retail Location," *Land Economics*, August, 1966.

Ishikawa, K., *Guide to Quality Control, Asian Productivity Organization*, Tokyo, 1976.

Julta, D., Bodorik, P., Hajnal, C., and Davis, C., *Making Business Sense of Electronic Commerce*, IEEE Computer, 32(3), 1999.

Juran, J.M., *Quality Control*, 3rd ed., McGraw-Hill, 1974.

Kahn, H., Brown, W. and Martel, L., *The Next 200 Years: A Scenario for America and the World*, New York: William Morrow and Company, 1976.

Kalakota, R. and Winston, A.B., "Frontiers of Electronic Commerce," Addison-Wesley, MA, 1996.

Kotler, P., *Marketing Management*, 6th ed., Prentice-Hall, 1988.

Krajewsky, L.J. and Ritzman, L.P., *Operations Management: Strategy Analysis*, 4th ed., Addision-Wesley Publishing Co., 1996.

Lambert, D. and Stock, J., *Strategic Logistics Management*, 3rd ed., Irwin, 1933.

Lehtinen, J.R., Customer Oriented Service System, *Service Management Institute Working Paper*, Helsinki, Finland, 1983.

Lewis, R.C. and Booms, H., The Marketing Aspect of Service Quality. In Berry, L., Shostack, G., and Upah, G.(eds.), Emerging Perspective on Service Marketing, American Marketing Association, Chicago, IL, 1983, pp.99-107.

Lovelock, C. and Wright, L., *Principles of Service Marketing and Management*, Prentice-Hall, NJ, 2002.

Lovelock, C. and Wirtz, *Service Marketing*, Pearson-Prentice-Hall, 2007.

Lovelock, C., "Classifying Services to Gain Strategic Marketing Insights," *Journal of Marketing*, Summer, 1983.

Lovelock, C.H. and Yip, G.S., "Developing Global Strategies for Service Businesses," *California Management Review*, 38(2), 1996.

Lovelock, C., *Product-Plus: How Product + Service = Competitive Advantage*, McGraw-Hill, 1994.

Lovelock, C., *Services Marketing*, Prentice-Hall, 1991.

Lovelock, C., *Services Marketing, Text, Cases & Readings*, Prentice-Hall, 1984.

Lovelock, C., "Strategies for Managing Demand in Capacity-Constrained Service Organizations," *Service Industries Journal*, Vol.4, No.3, November, 1984.

Maister, D., "The Psychology of Waiting Lines," In J. Czepiel etal.(eds.), *The Service Encounter*, Lexington Books, 1985.

Maister, D. and Lovelock, C.H., "Managing Facilitator Services," *Sloan Management Review*, 1982.

Marcus, A., *Business and Society: Ethics, Goverment and the World Economy*, Irwin, 1993.

Massie, J. and Douglas, J., *Managing: A Contemporary Introduction*, 5th ed., Prentice-Hall, 1992.

Mathe, H. and Shapiro, R., *Integrating Service Strategy in the Manufacturing Company*, Chapman & Hall, 1993.

Metters, R., King-Metters, K. and Pullman, M., *Successful Service Operations Management*, Thomson, 2003.

McClain, J., Thomas, R. and Mazolla, J., *Operations Management*, 3rd ed., Prentice-Hall, 1992.

McLaughlim, C. and Coffy, S., "Measuring Productivity in Service," *International Journal of Service Indusrty Management*, Vol.1, No.1, 1990.

Mehra, S. and Inman, R., "JIT Implementation within a Service Industry: A Case Study," *International Journal of Service Industry Management*, Vol.1, No.3, 1990.

Murdick, R., Render, B., and Russell, R., *Service Operations Management*, Allyn and Bacon, 1990.

Oliva, T., Oliver, R. and MacMillan, I., "A Catastrophe Model for Developing Service Satisfaction Strategies," *Journal of Marketing*, July, 1992.

Parasuraman, A., Zeithaml, V. and Berry, L., "A Conceptual Model of Service Quality and Its Implications for Future Research," *Journal of Marketing*, Vol.49, Fall, 1985.

Parasuraman, A., Zeithaml, V. and Berry, L., "SERVQUAL: A Multiple-item Scale for Measuring Consumer Perceptions of Service Quality," *Journal of Retailing*, 64(1), 1988.

Parasuraman A., Berry, L. and Zeithaml, V., "Understanding Customer Expectations of Service," *Sloan Management Review*, Spring, 1991.

Pfeifer P., "The Airline Discount Fare Allocation Problem," *Decision Science*, Vol. 20, Winter, 1989.

Poter, M.E., *Competitive Strategy: Technique for Analyzing Industries and Competitors*, The Free Press, 1980.

Poter, M.E., *Competitive Advantage*, The Free Press, 1985.

Quinn, J., Baruch J. and Paquette, P., "Technology in Service," *Scientific American*, Vol.257, No.6, December, 1987.

Quinn, J., Doorley T. and Paquette, P., "Beyound Products: Services-Based Strategy," *Harvard Business Review*, March-April, 1990.

Quinn, J. and Gagnon, C., "Will Services Follow Manufacturing in Decline?," *Harvard Business Review*, November-December, 1986.

Rathmell, J., *Marketing in the Service Sector*, Cambridge, Mass.: Winthrop, 1974.

Regan, W.," The Service Revolution," *Journal of Marketing*, July, 1963.

Reichheld, F. and Sasser, W., "Zero Defections: Quality Comes to Services," *Harvard Business Review*, September-October, 1990.

Roach, S., "Technology and the Service Sector: America's Hidden Competitive Challenge," In B. Guile and J. Quinn(eds.), *Technology in Services: Policies for Growth, Trade, and Employment*, National Academy Press, 1988.

Roach, S., "Service Under Siege - The Restructuring Imperative," *Harvard Business Review*, September-Octorber, 1991.

Rust, R. and Oliver, R., *Service Quality: New Directions in Theory and Practice* (eds.), Sage Publications, 1994.

Sasser, W., "Match Supply and Demand in Service Industries," *Harvard Business Review*, November-December, 1976.

Sasser, W., Olsen R. and Wyckoff, D., *Management of Service Operations*, Allyn and Bacon, 1978.

Schmenner, R.W., "How can Service Business Survive and Prosper?," *Sloan Management Review*, Spring, 1986.

Schmenner, R.W., *Service Operations Management*, Prentice-Hall, 1995.

Schonberger, R., *Building A Chain of Customers: Linking Business Functions to Create the World Class Company*, The Free Press, 1990.

Schonberger, R. and E. Knod, Jr., *Operations Management: Continuous Improvement*, 5th ed., Irwin, 1994.

Schonberger, R., *Synchroservice!*, Irwin, 1994.

Schonberger, R., *Operations Management: Meeting Customer Demands*, McGraw-Hill, 2001.

Schroeder, R.G., *Operations Management Decision Making in the Operations Function*, 4th ed., McGraw-Hill, 1993.

Sherman, D., "Improving the Productivity of Service Business," *Sloan Management Review*, Vol.25, No.3, Spring, 1984.

Shiffler, R. and Coye, R., "Monitoring Employee Performance in Service Operations," *International Journal of Operations and Production Management*, Vol.8, No.2, 1988.

Shostack, L., *How to Design a Service, European Journal of Marketing*, 16(1), 1982.

Shostack, L., "Designing Services That Deliver," *Harvard Business Review*, January-February, 1984.

Shostack, L., "Service Positioning Through Structural Change," *Journal of Marketing*, January, 1987.

Shostack, L., "Service Blueprints Help to Iron Out System Design Flaws Before Front Liners Take the Fall," *The Service Edge*, July-August, 1990.

Skinner, W., "The Focused Factory," *Harvard Business Review*, May-June, 1974.

Stevenson, W.J., *Production/Operations Management*, 4th ed., Irwin, 1983.

Suprenant, C., and Solomon, M., "Predictability and Personalization in the Service Encounter," *Journal of Marketing*, Vol.51, April, 1987.

Taguchi, G., "Off-line and On-line Quality Control Systems," *Proceedings of the International Conference on Quality Control*, Tokyo, 1989.

Taguchi, G. and Clausing, D., "Robust Quality," *Harvard Business Review*, January-February, 1990.

Thomas, D., "Strategy is Different in Service Business," *Harvard Business Review*, July-August, 1978.

Toffler, A., *The Third Wave, William and Morrow*, 1980.

Voss, C.A., Armistead, C., Johnston, V., Morris, V., *Operations Management in Service Industries and the Public Sector*, 1985.

Wemmerlov, U., A *Taxonomy for Service Processes and Iits Implications for System Design, International Journal of Service Industry Management*, 1(3), 1990.

Zeithaml, V., Parasuraman, A. and Berry, L., "Communication and Control Processes in the Delivery of Service Quality," *Journal of Marketing*, April, 1988.

Zeithaml, V., Parasuraman, A. and Berry, L., *Delivering Quality Service: Balancing Customer Perceptions and Expectations*, NY: The Free Press, 1990.

Zemke, R. and Connellan, T., "e-Service: 24 ways to keep your customers when the competition is just a click away," Amacom, NY, 2001.

| 찾아보기 |

[저자약력]

김종원 교수(동의대학교 경영정보학과, jokim@deu.ac.kr)

인하대학교에서 경영학 학사, 미국 네브래스카 주립대학교에서 MBA(경영학 석사)와 경영학 박사학위를 취득하였다. 현재 동의대학교 경영정보학과 교수로서 서비스경영, 경영학입문, 기업경영의 이해, 경영과학의 이해, 글로벌 경영전략, 경영지원시스템 등을 강의하고 있다.

주요 경력사항으로 동의대학교 상경대학 학장(2017~2019), 경영대학원 원장(2017~2019), 한국산업정보학회 편집위원장(2015~2018), 한국정보시스템학회 회장(2018), 한국산업정보학회 회장(2019), 한국인터넷전자상거래학회 회장(2020년)을 역임했으며, 2023년 한국경영정보학회 회장을 맡고 있다.

주요 수상내역으로 한국경영정보학회 춘계학술대회 최우수논문상(2021), 한국산업정보학회 춘추계학술대회 (최)우수논문상(2009~2021, 7회), 한국정보시스템학회 춘추계학술대회 우수논문상(2017, 2회), 한국정보시스템학회 지도자상(2016), 한국인터넷전자상거래학회 지도자상(2017), 마르퀴즈 세계인명사전 등재(2018 & 2019, 2회), 앨버트 넬슨 마르퀴즈 평생공로상(2018), 대한민국 인물대상(2016), 대한민국 이슈메이커 대상(2013), 동의대학교 best teaching award(2013) 등을 수상하였다.

연구 활동으로 SSCI, SCOPUS 저널 포함 70편 이상의 논문을 국내외 유명 학회지에 게재하였으며, 저술 활동으로 경영학의 이해(초아출판사), 서비스운영관리(도서출판 청람), 경영의 이해(초아출판사), 경영전략과 기업혁신(도서출판 청람), 글로벌 전략(초아출판사), 경영과학의 이해(센게이지 러닝 코리아), 생산운영관리(한경사), 생산운영관리(교보문고) 등 경영학 관련 역저서를 공동 집필하였다.

박진영 교수(선문대학교 경영학과, pjy7242@sunmoon.ac.kr)

인하대학교에서 경영학 박사학위를 취득하였고, 현재 ㈜스마트제조융합기술센터 대표이사로 겸직 중이며, 품질관리기술사, 정보처리기사, 경영지도사 등 자격을 보유하고 있다.

1994년부터 ㈜서비스전략경영연구소 대표이사와 한국표준협회 수석전문위원을 지내면서 기업을 대상으로 제조와 서비스 분야의 품질, 생산 관련 컨설팅과 교육 등을 주로 수행해 왔으며, 2014년 민관합동 스마트공장추진단 창단 때부터 기술위원과 중소벤처기업부 스마트제조혁신추진단 평가위원으로 활동하고 있다.

주로 스마트 제조와 서비스 분야에 대하여 연구, 교육 및 컨설팅을 수행하고 있으며, 주요 관심분야는 제조와 서비스 분야의 스마트 공장 구축, 스마트 서비스 구축, 공정 최적화, 레이아웃 설계 및 구축, 성과측정 및 평가, 품질관리 등이다.

2013년도 인천지방중소기업청장상, 2014년도 중소기업청장상 수상, 2018년과 2021년도에 중소벤처기업진흥공단 이사장상을 수상하였다.

저서로는 스마트 생산관리, 스마트제조기술의 이해, 6시그마 추진매뉴얼 따라하기-제조편-, 6시그마 추진매뉴얼 따라하기-서비스편-, 서비스 품질비용 측정과 관리, 유통정보 등이 있다.

서비스 경영

2023년 9월 1일 1판 1쇄 인쇄
2023년 9월 5일 1판 1쇄 발행

저 자 | 김종원 · 박진영
발행인 | 이수영
발행처 | 도서출판 청람
서울시 마포구 독막로 288(대흥동, 세양상가 109호)
전 화 | 02)3272-2601~2
팩 스 | 02)3272-2603
이메일 | crbooks@daum.net
홈페이지 | http://www.crbooks.co.kr
등 록 | 2000년 8월 26일 제6-0509호

ISBN 978-89-5972-978-4 93320 [정가 28,000원]